독자의 1초를 아껴주는 정성을 만나보세요!

세상이 아무리 바쁘게 돌아가더라도 책까지 아무렇게나 빨리 만들 수는 없습니다.
인스턴트 식품 같은 책보다 오래 익힌 술이나 장맛이 밴 책을 만들고 싶습니다.
땀 흘리며 일하는 당신을 위해 한 권 한 권 마음을 다해 만들겠습니다.
마지막 페이지에서 만날 새로운 당신을 위해 더 나은 길을 준비하겠습니다.

모두의 앱 인벤터

App Inventor for Everyone

초판 발행 · 2020년 11월 13일
초판 3쇄 발행 · 2023년 5월 15일

지은이 · 김경민
발행인 · 이종원
발행처 · (주)도서출판 길벗
출판사 등록일 · 1990년 12월 24일
주소 · 서울시 마포구 월드컵로 10길 56(서교동)
대표전화 · 02)332-0931 | **팩스** · 02)323-0586
홈페이지 · www.gilbut.co.kr | **이메일** · gilbut@gilbut.co.kr

기획 및 책임편집 · 이슬(leeseul@gilbut.co.kr) | **디자인** · 여동일 | **제작** · 이준호, 손일순, 이진혁
영업마케팅 · 임태호, 전선하, 차명환, 박민영, 지운집, 박성용 | **영업관리** · 김명자 | **독자지원** · 윤정아, 최희창

교정교열 · 황진주 | **전산편집** · 도설아 | **출력 및 인쇄** · 예림인쇄 | **제본** · 예림바인딩

• 이 도서의 국립중앙도서관 출판예정도서목록(CIP)은 서지정보유통지원시스템(http://seoji.nl.go.kr)과 국가자료종합목록구축시스템(http://kolis-net.nl.go.kr)에서 이용하실 수 있습니다.(CIP제어번호: CIP2020045401)

ISBN 979-11-6521-331-2 93000 (길벗 도서번호 080226)

정가 22,000원

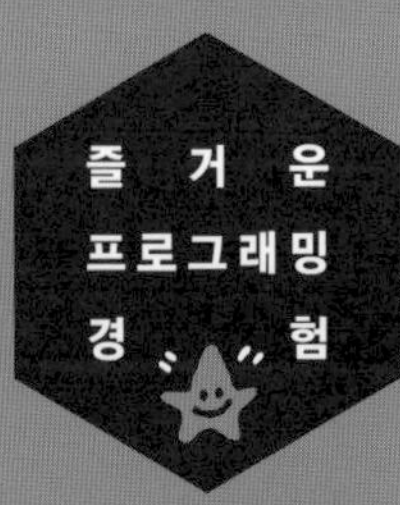

모두의 앱 인벤터

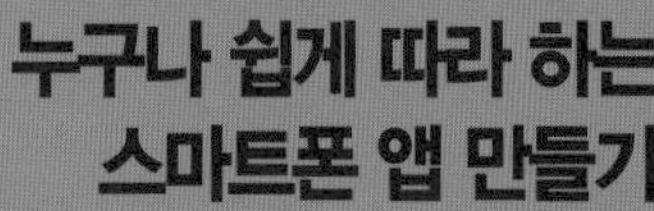

누구나 쉽게 따라 하는
스마트폰 앱 만들기

김경민 지음

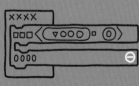

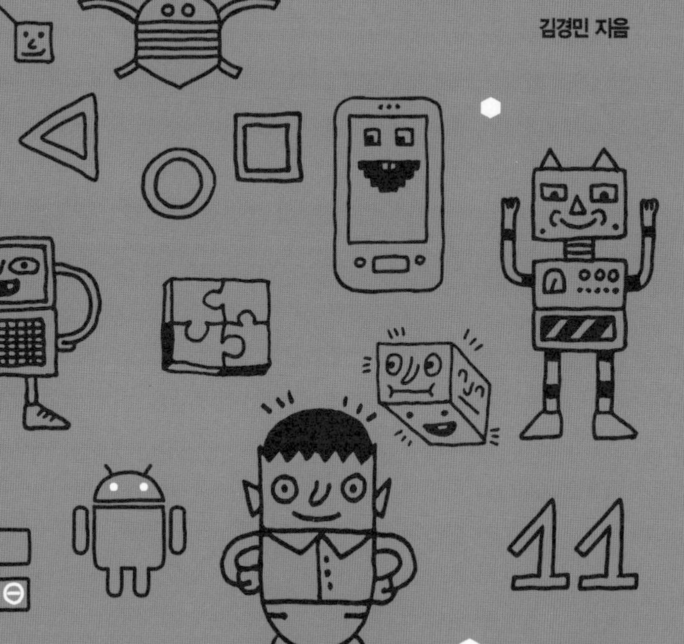

길벗

지은이가 교육 현장에서 보여준 노력이 책으로 나온다고 하여 그의 오랜 친구이자 동료 교사로서 반가운 마음으로 살펴보았습니다. 다가오는 미래에 필요한 인재를 양성하기 위해 교육 현장에 SW 교육이 도입되었고 실천 사례와 교육 자료가 점차 쌓이고 있지만 아직까지 부족한 점이 많습니다. 특히 SW에 관심을 가지고 더 공부하려는 재능있는 학생들을 가르칠 깊이 있는 내용, 실제 생활에 활용할 수 있는 교육 자료가 부족한 것이 사실입니다. 그래서 이 책이 학생들에게 더할 나위 없이 좋은 교육 자료가 될 것입니다. 이 책은 타임 타이머 앱, 급식 조회 앱, 영어 단어장 앱 등 학생들의 학교 생활과 밀접한 소재로 구성되었기에 학생들이 더욱 흥미를 가지고 공부할 수 있을 것입니다. 특히, 이미지 분류 앱 만들기를 실습하면서 곧 교육 현장에서 도입될 인공지능과 데이터 처리 같은 교육 내용을 미리 체험해 볼 수 있어서 학생들에게 SW 교육을 가르치는 교사에게도 많은 도움이 될 것 같습니다. 교사들에게도 이 책이 프로그래밍과 SW 교육에 대한 이해를 높이는 데 좋은 참고서가 될 것입니다.

이기태 | 교사

최근 교육 현장에서는 프로그래밍 교육을 정규 교과에 도입하고, 피지컬 컴퓨팅 장비를 구입하는 등 많은 변화가 있었습니다. 그러나 엔트리처럼 PC로만 만들고 실행하는 프로그램을 주로 교육하고 있어서 아이들이 학습한 내용을 자신의 실생활에 적용해 보는 데 어려움이 있었습니다. 하지만 이 책으로 아이들이 앱 인벤터를 배워서 스스로 필요한 앱을 구상하고, 만들고, 스마트폰으로 바로 사용해 본다면 학습의 즉각적인 효험을 느낄 수 있습니다. 더불어, 코딩을 통해 일상생활에서 느끼는 문제를 해결하는 데 더 많은 관심을 가질 수 있으리라 생각합니다.

정종영 | 교사

초등학교 6학년 때 엔트리와 스크래치를 배웠고, 중학생이 되고 처음 앱 인벤터를 접했습니다. 엔트리나 스크래치와 같은 블록 코딩으로 스마트폰에서 사용할 수 있는 앱을 만든다니 정말 신기했습니다. 특히, 실생활에서도 쓸 수 있는 만보기나 점수판, 시간표 등을 만드는 게 재미있었습니다. 블록으로 코딩하니까 어렵지 않았고, 복잡한 블록도 이해하기 쉽게 설명되어 있어서 앱을 쉽게 만들 수 있었습니다. 모든 앱을 완성하고 나서 정말 뿌듯했습니다.

김동현 | 중학생

이 책은 블록을 가져와 단순히 조립하는 형태가 아니라, 왜 이 블록이 필요한지 블록의 내용이 무엇인지를 아주 자세히 설명해 주어서 앱 인벤터를 처음 배우는 사람이 기초를 단단하게 다질 수 있게 해줍니다. 인공지능 관련 앱이나 확장 기능을 사용하고 외부 자료를 가져와 응용하는 것은 난이도가 높지만 완성한 후의 즐거움이 상당합니다. 몇 차례 반복하여 연습해 보면 실력을 높일 수 있습니다.

김순성 | 직장인

처음에는 앱을 만드는 과정을 따라 하면서 헷갈리기도 했지만, 팁에 설명된 내용을 보면서 앱을 완성할 수 있었습니다. 내가 직접 만든 앱이 움직이고 역할을 수행하는 모습을 보며 매우 뿌듯했고 신기했습니다. 이 책을 통해 앱 인벤터를 사용해 보면서 원하는 앱을 만들 수 있다는 것에 재미를 느꼈고, 앱이 동작하는 모습이 인상 깊었습니다.

안성환 | 초등학생

책에서 알려주는 대로 차근차근 따라 하다 보면 앱을 만들 수 있었고, 실제로 스마트폰에서 사용할 수 있었습니다. 앱을 만드는 데 필요한 여러 레이블이나 버튼 등의 기능을 이용하여 앱을 만들고, 스마트폰에 설치하여 실시간으로 확인하는 방법도 배웠습니다. 앱을 만드는 일이 어렵고 시간과 노력이 많이 든다는 걸 깨달은 만큼 다른 블록 코딩 프로그램보다 어려웠지만, 이 책을 보고 쉽게 따라 할 수 있어서 좋았습니다.

이혜림 | 초등학생

“

이 책이 출간되기 전에
최초의 독자가 먼저 읽고 따라해 보았습니다.
베타테스트에 참여해 주신 모든 분께 감사드립니다!

”

앱 인벤터(App Inventor)는 안드로이드 앱을 누구나 쉽고 빠르게 만들도록 도와주는 앱 개발 도구이며, 이름이 가진 뜻 그대로 앱 인벤터를 이용하는 사람이라면 누구나 앱 발명가가 될 수 있습니다. 일반적으로 안드로이드 앱을 만들려면 텍스트로 된 명령어를 프로그래밍 언어의 문법에 맞게 입력해야 합니다. 그래서 프로그래밍에 대한 지식이 없는 사람에게 앱 만들기는 전문가의 영역으로만 느껴집니다. 하지만 앱 인벤터는 블록 모양의 명령어를 마우스로 가져와 퍼즐 조각을 맞추듯 조립하기만 하면 됩니다. 명령어를 외울 필요도 없고 키보드로 직접 입력하지 않아도 됩니다. 요즘은 초등학교 때부터 스크래치나 엔트리와 같은 블록 프로그래밍 방식의 교육용 프로그래밍 언어를 배우기 때문에 이를 경험해 본 학생이라면 앱 인벤터를 더 쉽게 시작할 수 있을 것입니다.

앱 인벤터가 다른 교육용 프로그래밍 언어와 차별화되는 점은 실생활의 문제를 해결하는 데 도움이 되는 프로그램을 만들 수 있다는 것입니다. 우리가 편리하게 사용하는 수많은 앱은 사실 누군가가 생활 속의 불편함을 발견하고 이를 해결하기 위해 만든 것입니다. 여러분도 앱 인벤터를 이용하여 나 또는 다른 누군가의 문제를 해결하는 데 도움이 되는 앱을 만들 수 있습니다. 물론, 앱 인벤터로는 전문적인 앱 개발 도구로 만든 것만큼 정교하고 복잡한 앱을 만들 수는 없지만, 반짝이는 아이디어만 있다면 충분히 실용적이고 가치 있는 앱을 만들 수 있습니다.

이 책은 실생활에 유용한 앱을 따라 만들면서 자연스럽게 앱 인벤터를 배우도록 구성되어 있습니다. 단순히 만들기를 따라 하는 데 그치지 말고, 완성한 앱을 사용해 보고 불편한 점을 개선하고 다양한 기능을 추가해 보길 바랍니다. 책에서 앱 인벤터의 모든 기능을 다루지는 못했지만 내가 만든 앱에 새로운 기능들을 추가하다 보면 책에서 다루지 않은 기능들도 자연스럽게 사용할 수 있게 될 것입니다. 그리고 어느 순간 머릿속에 떠오르는 대로 거침없이 앱을 만드는 자신을 발견하게 될 것입니다.

이 책을 선택한 여러분은 분명 앱 만들기에 관심이 많을 것입니다. 요리사만 요리하는 것이 아니고 작가만 글을 쓰는 것이 아니듯이 전문 개발자만 앱을 만드는 것이 아닙니다. 여러분도 충분히 앱을 만들 수 있습니다. 이 책을 통해 앱 만들기의 즐거움과 나만의 아이디어로 새로운 앱을 만들어 나가는 성취감을 느껴보시길 바랍니다.

2020년 11월

김경민

이 책은 다음과 같이 크게 세 부분으로 나뉩니다.

앱 인벤터 시작하기 ▶ 1~4장	앱 인벤터가 무엇인지 알아보고, 간단한 앱을 만들면서 앱 인벤터의 화면 구성과 사용법을 배웁니다.
앱 인벤터 연습하기 ▶ 5~10장	시간표 앱, 디데이 앱, 영어 단어장 앱 등 일상생활에 도움이 될 만한 앱을 직접 만들어 봅니다. 그리고 내가 만든 앱에 개선할 점이 있는지 파악하여 실제로 사용하는 데 어려움이 없도록 완성도를 높입니다.
앱 인벤터 고수되기 ▶ 11~14장	외부 API나 IoT와 관련된 플랫폼을 활용하여 급식 조회 앱, 손가락 달리기 게임 앱, 이미지 분류 앱, IoT 전등 앱 등 난이도가 높은 앱을 만들면서 실력을 키웁니다.

본격적으로 앱을 만들기 시작하는 '앱 인벤터 연습하기'와 '앱 인벤터 고수되기' 부분에서는 하나의 앱을 만들 때마다 다음과 같은 구성을 반복하면서 앱 만드는 과정을 배울 수 있습니다.

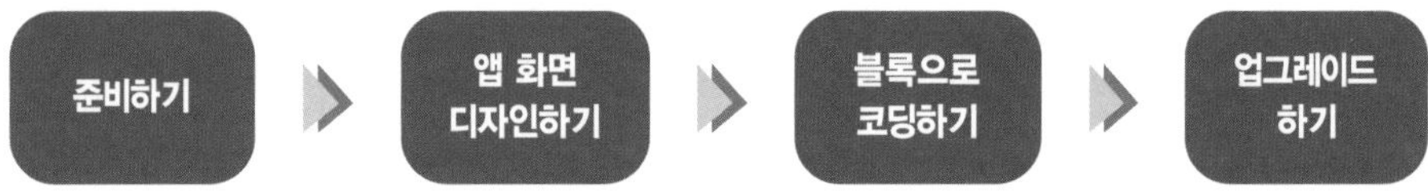

- **준비하기** 앱 인벤터 프로젝트를 시작하고, 앱을 만드는 데 필요한 이미지나 소리 파일을 가져오거나 외부 API나 인공지능 기술을 사용하기 위한 준비를 마칩니다.
- **앱 화면 디자인하기** 단계에서는 각종 컴포넌트를 사용해 앱의 겉모습을 꾸밉니다.
- **블록으로 코딩하기** 단계에서는 앱 화면에 포함된 컴포넌트가 어떤 역할을 할지 블록으로 코딩합니다.
- **업그레이드하기** 단계에서는 코드를 더 쉽게 개선하거나 앱 자체를 개선하여 좀 더 실용적인 앱을 만듭니다.

예제 파일 내려받기

① 길벗출판사(https://www.gilbut.co.kr/) 홈페이지에 접속합니다.

② 검색창에 **도서명**으로 [모두의 앱 인벤터]를 검색한 후 **실습 예제**를 선택하여 **예제 파일**을 원하는 폴더에 내려받습니다.

③ 내려받은 파일의 압축을 풉니다.

④ 앱 인벤터 사이트(http://appinventor.mit.edu/)에 로그인합니다.

⑤ [프로젝트] 〉 [내 컴퓨터에서 프로젝트(.aia) 가져오기…]를 선택하고 [파일 선택]을 클릭합니다. 예제 파일이 있는 폴더에서 실행할 파일을 클릭하고 [열기]를 누르면 예제를 확인할 수 있습니다.

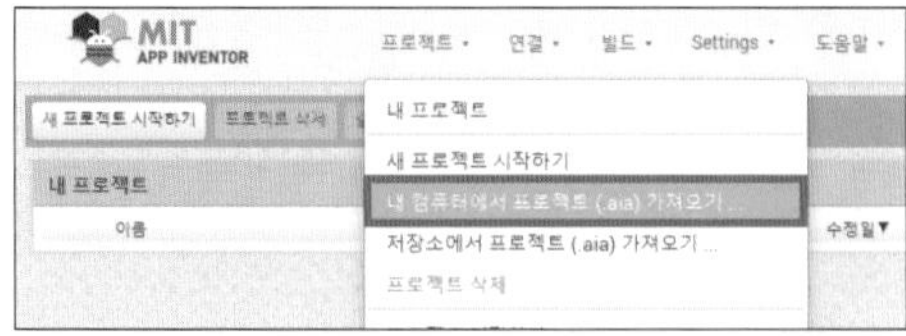

앱 인벤터 갤러리에서 예제 파일 가져오기

① 앱 인벤터(http://ai2.appinventor.mit.edu/)에 접속한 후 로그인합니다.

② 내 프로젝트 화면 상단에 있는 [Login to Gallery]를 클릭합니다(갤러리를 처음 사용한다면 이메일과 이름을 넣는 화면이 나타날 수 있습니다. 빈칸에 이메일, 이름, 성을 입력하고 [Submit] 버튼을 클릭합니다).

③ 갤러리 화면이 나타나면 검색창에 'moduappinventor'를 입력한 후 [Search] 버튼을 클릭합니다.

④ 검색 결과 중 원하는 프로젝트를 찾은 후 [Load App Into MIT App Inventor]를 클릭합니다. 잠시 기다리면 예제 파일이 내 프로젝트에 추가되고 추가된 프로젝트가 열립니다(참고로, 13장과 14장은 '확장기능'을 사용하므로 공유가 불가능합니다).

목 차

둘째 마당 앱 인벤터 연습하기

• 첫째마당 •

앱 인벤터 시작하기

앱 인벤터가 무엇인지 알아보고, 간단한 앱을 몇 가지 만들면서 앱 인벤터의 화면 구성과 사용법을 배워 봅시다.

1장

앱 인벤터와의 첫 만남

이번 장에서는 본격적으로 앱을 만들기에 앞서 앱 인벤터란 무엇인지 알아보고 앱 인벤터를 사용하기 위해 준비해야 할 사항들을 살펴보겠습니다.

1 앱 인벤터 살펴보기

우리가 일상생활에서 유용하게 사용하는 안드로이드 앱들은 앱 개발에 관한 지식이 있는 전문가들이 안드로이드 스튜디오와 같은 전문 앱 개발 도구에서 자바(Java)나 코틀린(Kotlin) 등의 프로그래밍 언어를 이용하여 만듭니다.

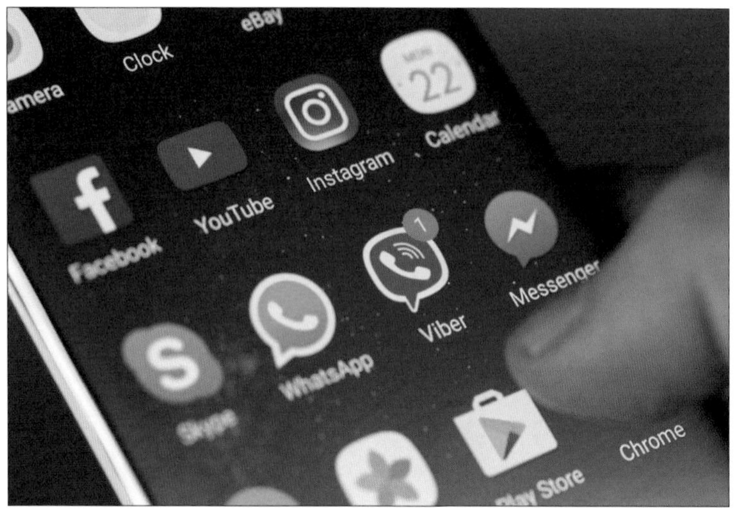

다양한 안드로이드 앱

전문가가 아니더라도 프로그래밍 언어와 개발 도구를 다루는 법을 배우면 누구나 앱을 만들 수 있습니다. 하지만 '앱을 하나 만들어 볼까' 하는 마음을 먹고 앱 개발 프로그램을 들여다보면 알 수 없는 영어 명령어들과 복잡한 메뉴 때문에 어디서부터 앱을 만들어야 할지 머리가 아프고 가슴이 답답해집니다.

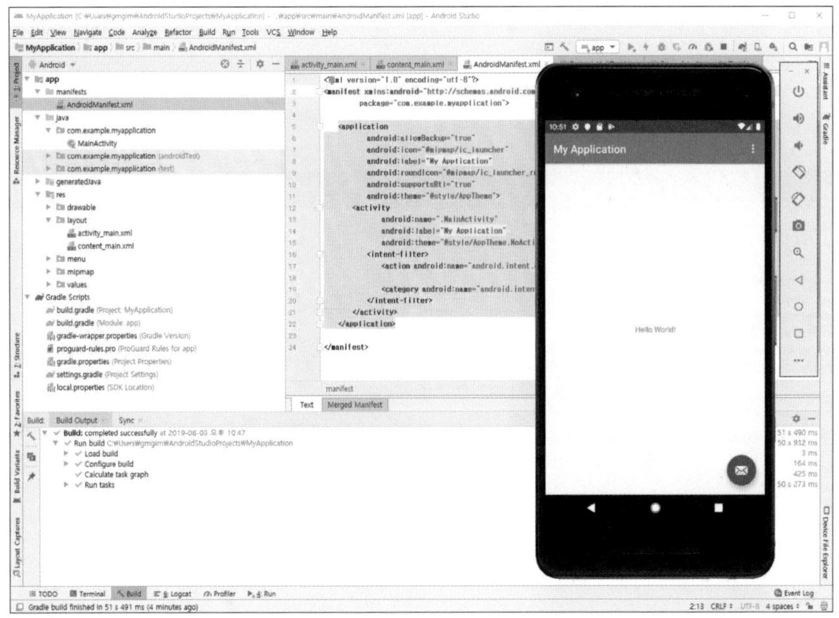

안드로이드 스튜디오 실행 화면

이때, 블록으로 프로그래밍하여 앱을 만들 수 있는 '앱 인벤터'를 이용하면 복잡한 영어 명령어를 직접 입력할 필요 없이 미리 만들어져 있는 명령 블록을 마우스로 끌어와서 조립하는 방식으로 앱을 개발할 수 있습니다. 개발 방식이 직관적이고 이해하기 쉬워서 앱 개발에 관한 지식이 전혀 없는 사람도 30분 정도면 간단한 앱을 하나 만들 수 있습니다.

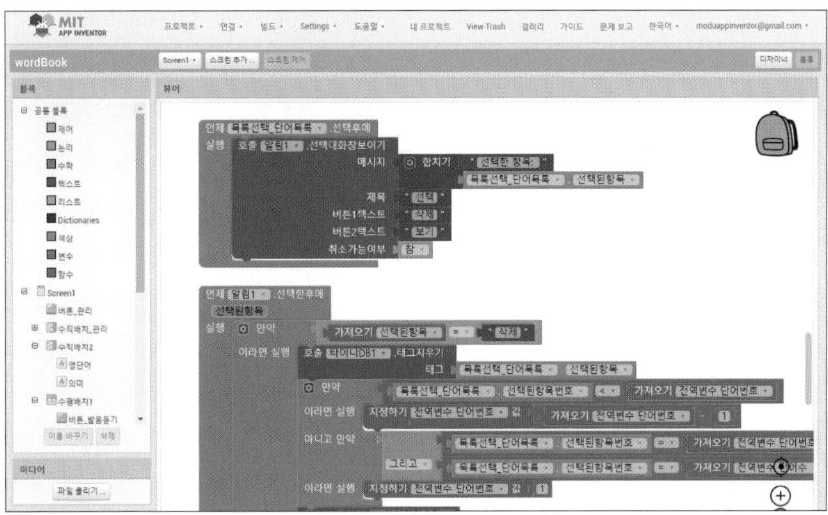

앱 인벤터 실행 화면

특히 요즘에는 초등학교에서부터 엔트리나 스크래치와 같은 교육용 프로그래밍 언어를 이용하여 소프트웨어 교육을 실시하고 있기 때문에 수업 시간에 블록 코딩을 해 본 학생이라면 자연스럽게 앱 인벤터를 시작할 수 있을 것입니다.

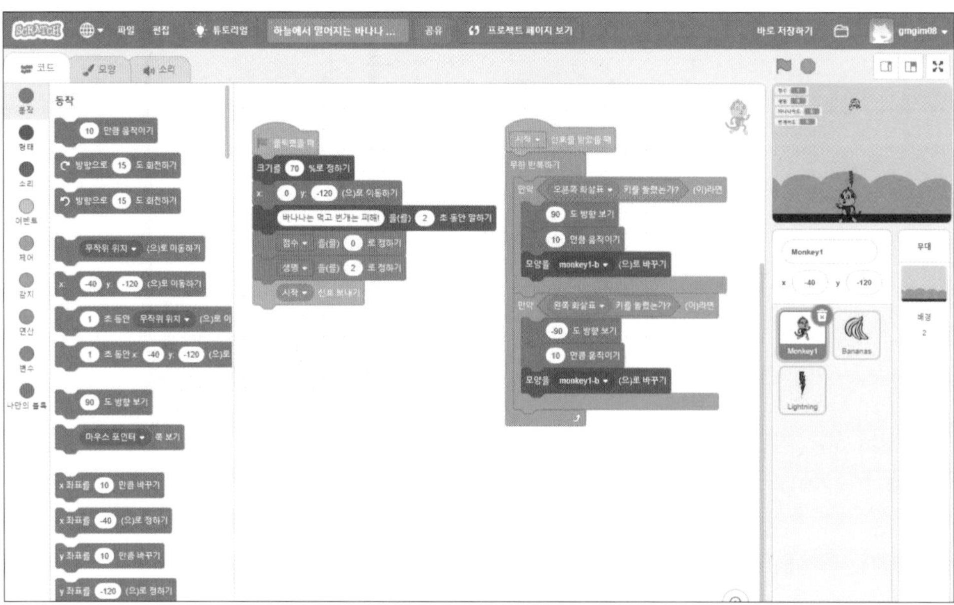

스크래치 실행 화면

교육용 프로그래밍 언어로써 앱 인벤터가 엔트리나 스크래치와 다른 점은 앱 인벤터로 실생활의 문제를 해결하기 위한 실용적인 프로그램을 만들어 볼 수 있다는 것입니다. 엔트리나 스크래치는 기능이 한정되어 있고 컴퓨터에서만 실행되므로 실생활에 적용 가능한 프로그램을 만들기에는 무리가 있습니다. 하지만 앱 인벤터를 이용하면 실생활에서 발생하는 문제를 해결할 수 있는 프로그램을 만들 수 있습니다.

앱 인벤터 공식 사이트를 살펴보면 전 세계의 학생들이 앱 인벤터를 이용하여 학교에 있는 학습 준비물 목록을 알려주는 앱, 시각 장애인 친구를 위한 학교 복도 길 안내 앱, 친구들의 공부를 도와주는 앱 등 생활 주변에서 발견한 문제를 해결하는 앱을 만들고 있다는 것을 알 수 있습니다.

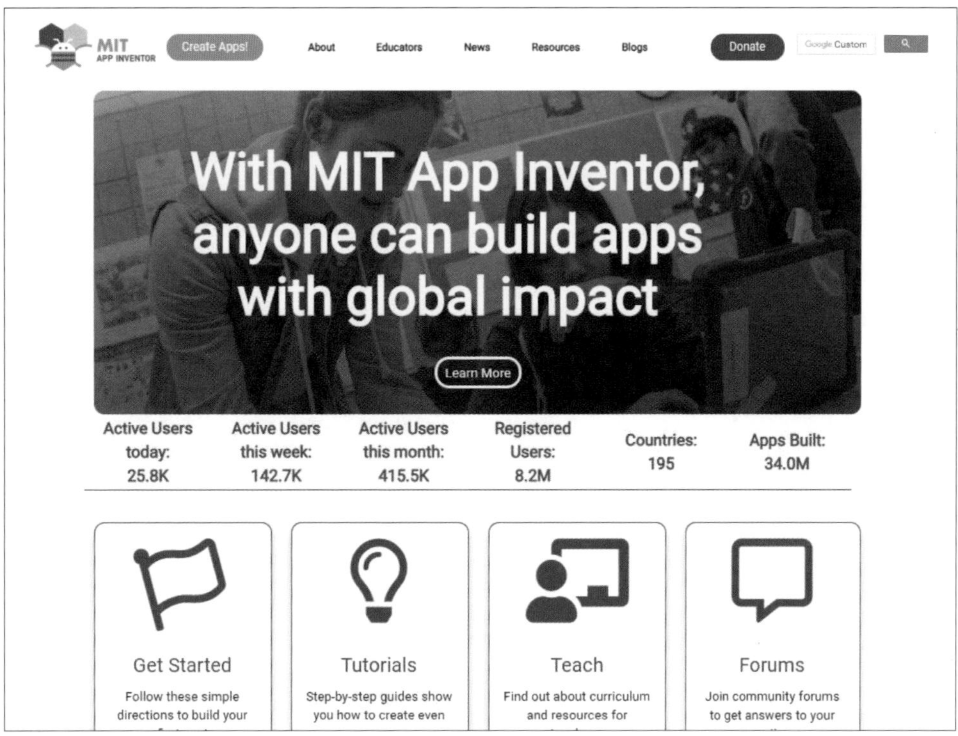

앱 인벤터 공식 사이트(http://appinventor.mit.edu/) 화면

이처럼 소프트웨어(SW) 교육의 목적이 소프트웨어에 대한 이해를 바탕으로 실생활에서 발생하는 문제를 해결하는 능력을 기르는 데 있다는 점을 생각해 볼 때, 앱 인벤터는 좀 더 실질적인 교육이 이루어질 수 있게 도와주는 훌륭한 교육용 프로그래밍 언어입니다.

앞에서 설명한 특징 외에도 앱 인벤터는 다음과 같은 특징을 가지고 있습니다.

1 | 컴퓨터에 별도의 개발 도구를 설치할 필요 없이 크롬 브라우저로 앱 인벤터 사이트에 접속만 하면 바로 앱을 만들 수 있습니다.

2 | 프로젝트 파일이 자동으로 서버에 저장되기 때문에 파일 관리에 특별히 신경 쓸 필요가 없습니다. 학교 컴퓨터실에서 앱을 만들다가 컴퓨터를 끌 때 파일을 따로 저장할 필요가 없으며, 집에서 앱 인벤터에 접속만 하면 학교에서 만들던 앱을 바로 이어서 만들 수 있습니다.

3 | 개발 환경과 명령어가 한글화되어 있어 영어에 익숙하지 않은 사람들도 쉽게 사용할 수 있습니다.

4| 앱 인벤터에서 제공하는 제한적인 기능들만 사용해서 앱을 만들어야 하기 때문에 전문 개발 도구를 이용하여 만든 앱이 가지고 있는 기능을 앱 인벤터로는 구현하지 못할 수도 있습니다.

앱 인벤터는 현재 MIT(매사추세츠 공과대학교)에서 운영하고 있지만, 최초에는 구글에서 안드로이드 앱을 쉽게 만들 수 있게 지원하려는 목적으로 만들었기 때문에 iOS용 앱을 만들 수는 없습니다. 아이폰이나 아이패드에서 앱 인벤터로 만든 앱을 실행해 볼 수 있는 iOS용 컴패니언 앱이 있기는 하지만 앱 인벤터로 만든 앱을 iOS 기기에 직접 설치해서 사용하는 것은 불가능합니다.

앱 인벤터로 iOS용 앱은 만들지 못함

TIP
2021년 3월에 iOS용 MIT AI2 Companion 앱이 출시되어 아이폰이나 아이패드에서도 앱 인벤터로 만든 앱을 테스트해 볼 수 있게 되었습니다. 아직 제대로 작동하지 않는 부분이 있기 때문에 앱을 테스트할 때는 안드로이드 기기를 사용하는 것이 좋습니다.

2 앱 인벤터를 사용하기 위한 필수 준비물

앱 인벤터를 사용하기 전에 준비할 것은 딱 두 가지입니다. 크롬 브라우저와 구글 아이디입니다. 크롬 브라우저가 컴퓨터에 설치되어 있고, 구글 아이디가 있다면 바로 **3**번 과정으로 이동하고, 앱 인벤터를 사용해 본 적이 있다면 이 과정을 모두 건너뛰고 32쪽으로 갑니다.

1 인터넷 검색창에서 **크롬**을 검색하거나 주소창에 **https://www.google.com/chrome**을 입력하여 크롬 다운로드 사이트에 접속한 후 **Chrome 다운로드** 버튼을 클릭하여 크롬 브라우저를 설치합니다.

> **TIP** 앱 인벤터에 접속하기 위한 브라우저가 꼭 크롬일 필요는 없습니다. 파이어폭스, 사파리, 엣지에서도 앱 인벤터를 사용할 수 있습니다. 단 인터넷 익스플로러에서는 앱 인벤터를 사용할 수 없습니다.

2 크롬 브라우저를 실행하여 **구글**(https://www.google.co.kr)에 접속합니다. 구글 사이트의 오른쪽 상단에 있는 **로그인** 버튼을 클릭한 후 **계정 만들기**를 클릭하여 구글 계정을 만듭니다.

3 앞서 만든 계정으로 구글에 로그인하고 검색창에서 **앱 인벤터**를 검색합니다. 검색 결과 중 첫 번째로 보이는 **MIT App Inventor**를 클릭하거나 주소창에 **https://appinventor.mit.edu**를 입력하여 앱 인벤터 사이트로 이동합니다.

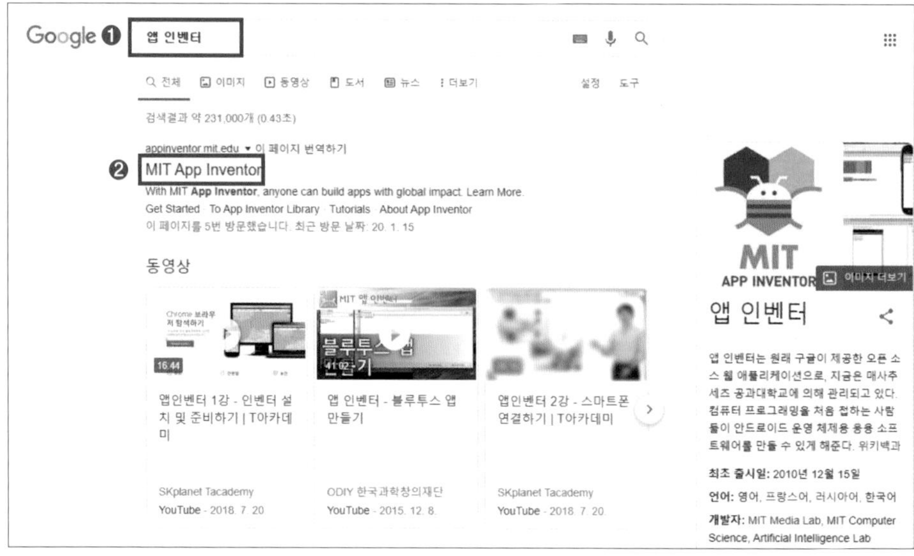

4 앱 인벤터 사이트에서 **Create Apps!** 버튼을 클릭하여 앱 개발 페이지로 이동합니다.

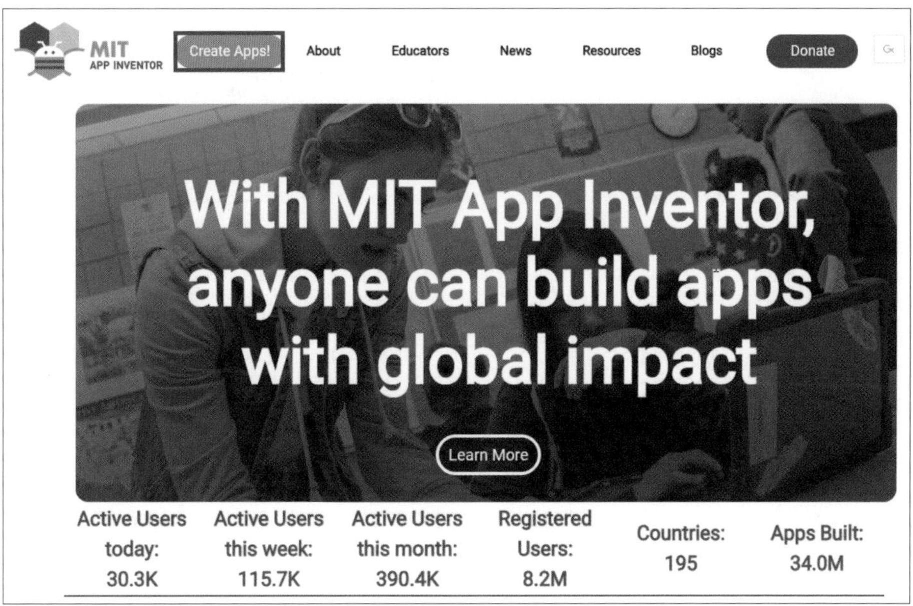

5 앱 인벤터에 접속하기 위해 사용할 구글 아이디를 선택합니다.

6 계정을 선택하면 나타나는 이용약관에서 **I accept the terms of service!** 버튼을 클릭합니다.

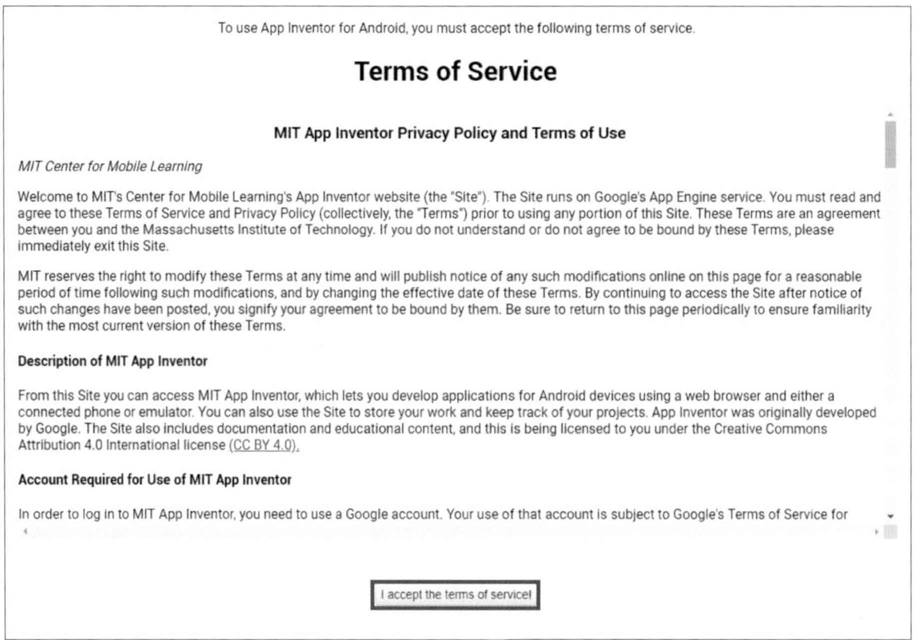

7 이용약관 창이 닫히면 다음 그림과 같이 앱 인벤터에 접속할 때마다 뜨는 스플래시 스크린이 나타나는데 일단 **Continue** 버튼을 클릭하여 닫습니다.

> **TIP** 스플래시 스크린에는 앱 인벤터 서비스에 관한 변동 사항이나 업데이트에 관한 정보가 수시로 공지되므로 접속할 때마다 유심히 살펴봐야 합니다.

8 처음 앱 인벤터에 접속하면 스플래시 스크린을 닫은 후 튜토리얼(Tutorial) 창이 나타나는데 일단 **CLOSE** 버튼을 클릭하여 창을 닫습니다.

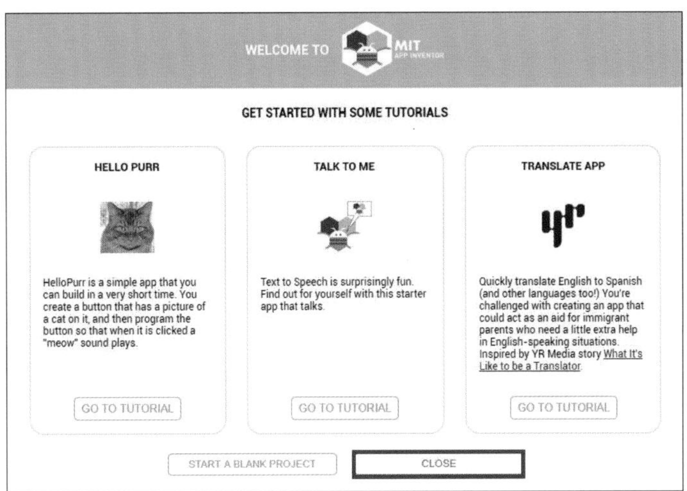

TIP

튜토리얼 창의 'GO TO TUTORIAL' 버튼을 클릭하면 HELLO PURR(고양이 소리를 내는 앱), TALK TO ME(글자를 읽어주는 앱), TRANSLATE APP(번역기 앱)이 내 프로젝트에 추가되고, 프로젝트를 열면 화면 왼쪽에 앱을 따라 만들 수 있도록 도와주는 설명서가 제공됩니다. 설명이 영어로 되어 있어 보기엔 불편하지만 사진과 영상을 통해 앱을 따라서 만들어 볼 수 있으므로 관심 있는 앱이 있다면 한번 따라 해 보기 바랍니다.

9 상단 메뉴에서 **English**를 클릭한 후 목록에 있는 언어 중 **한국어**를 선택합니다.

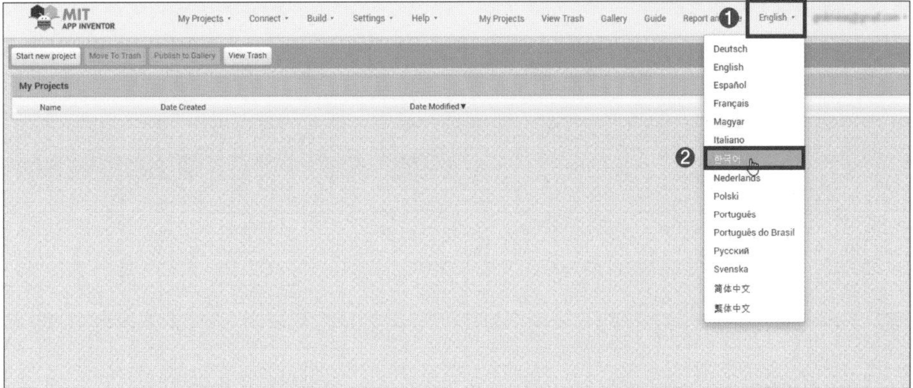

10 이제 앱 인벤터 사용을 위한 준비를 마쳤습니다. 다음 접속을 위해 현재 페이지를 **북마크**에 추가합니다.

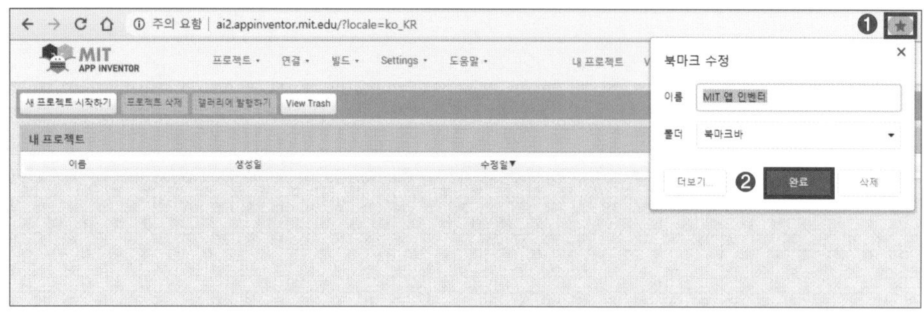

3 앱 인벤터 구석구석 살펴보기

앱 인벤터를 사용할 준비가 완료되었으면 앱 인벤터가 어떻게 구성되어 있는지 알아볼까요?

1. 상단 메뉴

상단 메뉴는 프로젝트 관리, 앱 테스트, 앱 빌드, 도움말 등과 관련된 기능들로 구성되어 있습니다.

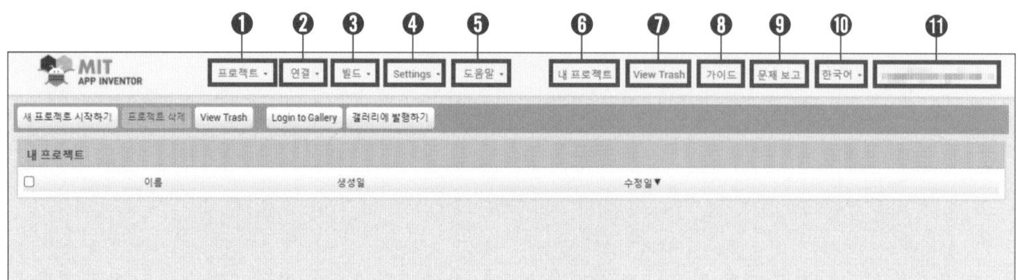

❶ **프로젝트:** 프로젝트 생성, 가져오기, 삭제하기, 다른 이름으로 저장하기, 내보내기 등 프로젝트를 관리하기 위한 기능을 제공합니다.

❷ **연결:** 스마트 기기 또는 에뮬레이터와 연결하여 앱을 테스트할 때 사용합니다.

❸ **빌드:** 앱을 스마트 기기에 설치하거나 apk 파일을 내려받을 때 사용합니다.

❹ **Settings:** 앱 인벤터에 접속했을 때 이전에 작업하던 프로젝트를 자동으로 열어주는 설정(Enable/Disable Project Autoload)과 난독증이 있는 사람들을 위해 글꼴을 바꿔주는 설정(Enable/Disable OpenDyslexic)이 있습니다.

❺ **도움말:** 앱 인벤터와 관련된 각종 정보 및 공식 사이트에 있는 문서와 도움말 등에 접속할 수 있는 링크를 제공합니다.

❻ **내 프로젝트:** 프로젝트 목록 화면을 보여 줍니다.

❼ **View Trash:** 삭제한 프로젝트들을 복구하거나 완전히 삭제하는 기능을 제공합니다.

❽ **가이드:** 앱 인벤터 사용법을 소개하는 공식 사이트의 문서 페이지를 엽니다.

❾ **문제 보고:** 앱 인벤터에 관한 질문과 답변이 이루어지는 MIT App Inventor Support Forum 페이지로 이동합니다.

❿ **언어:** 세계 각국의 언어로 개발 환경을 설정할 수 있습니다.

⓫ **계정:** 프로필을 설정하거나 로그아웃할 때 사용합니다.

> **TIP**
> Settings, View Trash와 같이 한글로 번역되지 않은 메뉴들은 앱 인벤터 한글화 업데이트 이후에 새롭게 추가된 메뉴들입니다. 앱 인벤터에 새로운 기능이 추가된 후에 한글화 업데이트가 이루어지기 때문에 한국어로 번역된 앱 인벤터를 사용하다 보면 번역되지 않은 메뉴나 블록들을 종종 만날 수 있습니다.

상단 메뉴 바로 아래의 버튼들은 프로젝트를 추가, 삭제하고 공유할 때 사용합니다.

프로젝트 추가, 삭제 및 공유 관련 버튼

❶ **새 프로젝트 시작하기:** 새로운 프로젝트를 만들고, 이를 내 프로젝트에 추가합니다.

❷ **프로젝트 삭제:** 프로젝트 이름 앞에 있는 체크박스를 선택하면 활성화됩니다. 삭제할 프로젝트를 체크한 후 버튼을 클릭하면 선택한 프로젝트가 Trash로 이동합니다.

❸ **View Trash:** 삭제된 프로젝트들을 보여주는 화면으로 이동합니다. 삭제된 프로젝트를 다시 복구하거나 영구적으로 삭제할 수 있습니다.

❹ **Login to Gallery:** 전 세계 앱 인벤터 사용자가 공유한 앱을 확인하고 내 프로젝트로 가져오는 기능을 제공합니다.

❺ **갤러리에 발행하기:** 프로젝트 이름 앞에 있는 체크박스를 선택하면 활성화됩니다. 발행(공유)할 프로젝트를 선택한 후 버튼을 클릭하면 발행을 위한 정보 입력 화면으로 이동합니다.

프로젝트를 생성한 후 프로젝트 편집 화면으로 이동했을 때 보이는 상단 메뉴의 버튼들은 스크린을 추가, 삭제, 선택하고 화면 모드를 바꿀 때 사용합니다.

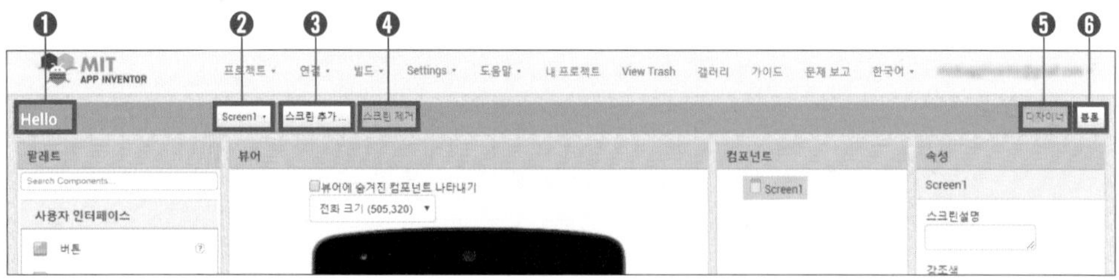

스크린 추가, 삭제 및 화면 모드 전환 버튼

❶ **프로젝트 이름:** 현재 프로젝트의 이름이 표시됩니다.

❷ **Screen1:** 스크린 목록에서 스크린을 선택하여 이동합니다.

❸ **스크린 추가:** 새로운 스크린을 추가합니다. 스크린은 최대 10개까지 만들 수 있습니다.

❹ **스크린 제거:** 현재 실행중인 스크린을 삭제합니다.

❺ **디자이너:** 블록 화면에서 디자이너 화면으로 이동합니다.

❻ **블록:** 디자이너 화면에서 블록 화면으로 이동합니다.

2. 디자이너 화면

디자이너 화면에서는 앱의 화면을 만들고, 화면을 구성하는 컴포넌트들의 속성을 지정합니다.

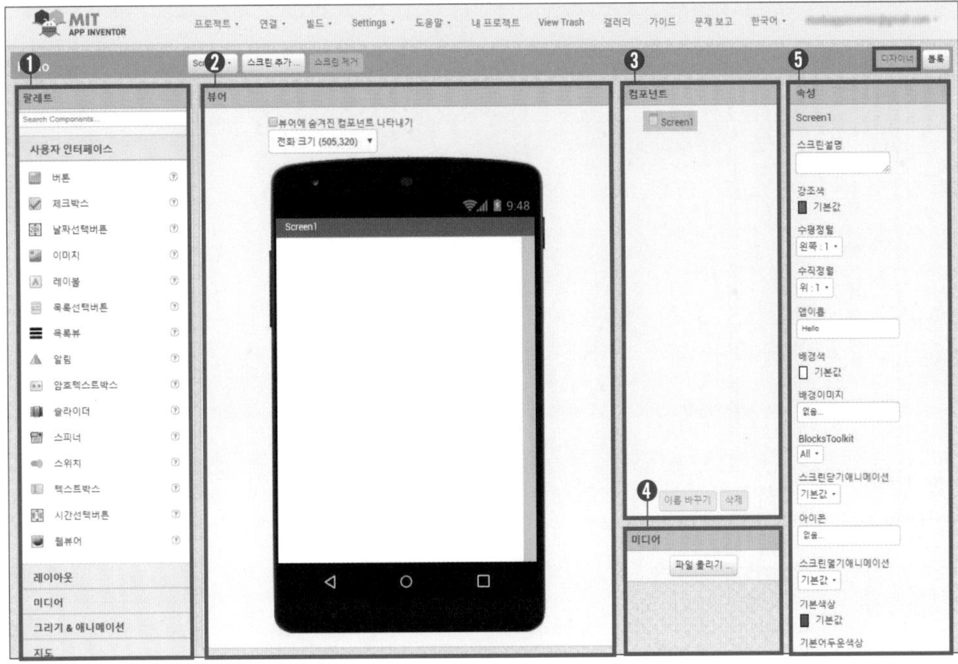

디자이너 화면

❶ **팔레트:** 앱을 만드는 데 필요한 부품인 컴포넌트(Component)들을 모아 놓은 곳입니다. 팔레트를 서랍장으로 보면 사용자 인터페이스, 레이아웃, 미디어 등은 서랍이 됩니다. 앱을 만드는 데 필요한 부품(컴포넌트)들은 각 서랍에 용도별로 분류되어 있기 때문에 필요에 따라 서랍을 열어서(클릭해서) 꺼내 쓰면 됩니다.

❷ **뷰어:** 팔레트에 있는 컴포넌트를 가져와서 앱의 화면과 기능을 구성하는 작업 공간으로, 앱 화면이 어떻게 보일지 미리 알 수 있습니다.

❸ **컴포넌트:** 뷰어에 있는 컴포넌트 목록이 표시되는 곳으로, 컴포넌트 이름 바꾸기와 삭제하기 기능을 제공합니다.

❹ **미디어:** 앱에 필요한 이미지, 소리 등의 파일을 업로드하고 관리하는 곳입니다.

❺ **속성:** 뷰어에 있는 각 컴포넌트의 속성을 확인하고 설정하는 곳입니다.

3. 블록 화면

블록 화면은 화면 상단에 있는 **블록** 버튼을 클릭하면 나타납니다. 블록 화면에서는 주어진 명령 블록들을 조합하여 앱을 작동시키기 위한 코드를 만듭니다.

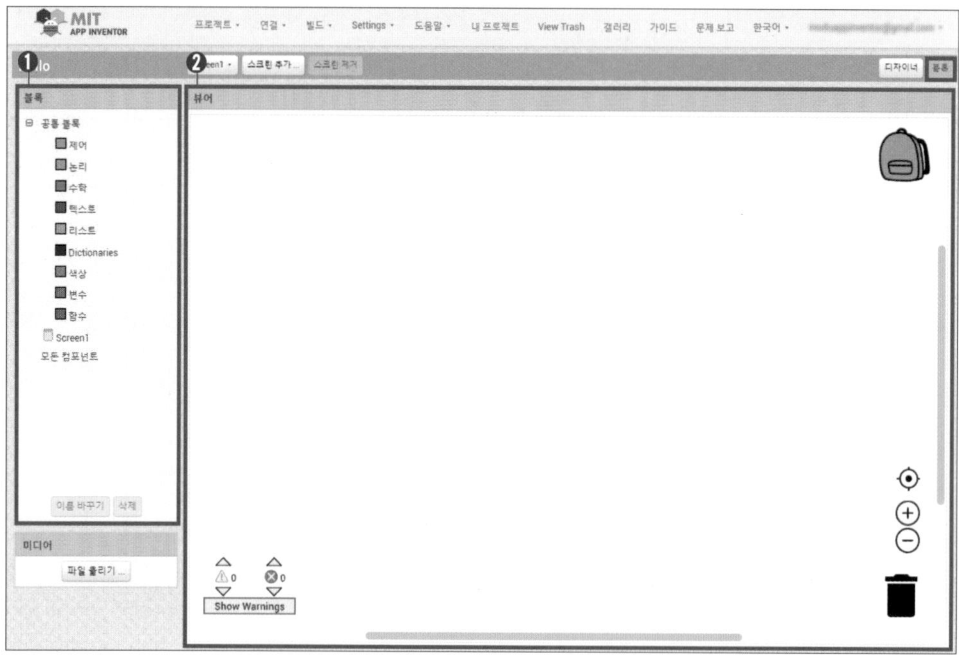

블록 화면

❶ **블록:** 앱의 동작을 만드는 데 필요한 명령 블록들이 모여 있는 곳으로, 공통 블록, Screen, 컴포넌트로 구분되어 있습니다. 공통 블록의 제어, 논리, 수학 등을 서랍이라고 생각하면 각 서랍 안에는 프로그램의 논리 구조를 만드는 데 필요한 블록들이 기능별로 분류되어 있습니다. 마찬가지로 Screen 서랍에는 스크린을 제어하기 위한 블록들이 들어 있으며, 컴포넌트 서랍에는 각 컴포넌트를 제어하는 데 필요한 블록들이 들어 있습니다. 현재는 스크린에 컴포넌트를 가져다 놓지 않았기 때문에 위의 그림에서 컴포넌트 서랍이 보이지 않습니다.

❷ **뷰어:** 블록 패널에 있는 각 서랍에서 필요한 블록들을 가져와 앱을 작동시키기 위한 코드를 만드는 곳입니다.

지금까지 앱 인벤터란 무엇인지 알아보고 앱 인벤터를 사용하기 위한 준비를 마쳤습니다. 다음 장에서는 간단한 앱을 만들어 보면서 앱 인벤터로 앱을 만드는 방법에 대해 알아보겠습니다.

아주 간단한 앱 만들기

앱 인벤터에서 앱을 만들 때는 '프로젝트 준비하기 → 컴포넌트를 이용하여 앱 화면 디자인하기 → 블록 코딩을 이용하여 기능 만들기' 순으로 진행합니다. 여기서는 아주 간단한 앱을 만들면서 앱을 만드는 기본 과정과 테스트하는 방법을 배워 보겠습니다.

1 프로젝트 준비하기

먼저, 새로운 프로젝트를 만드는 작업부터 시작해 보겠습니다.

1 26쪽에서 미리 추가해 둔 북마크나 구글 검색을 이용하여 앱 인벤터 사이트(https://appinventor.mit.edu)에 접속합니다.

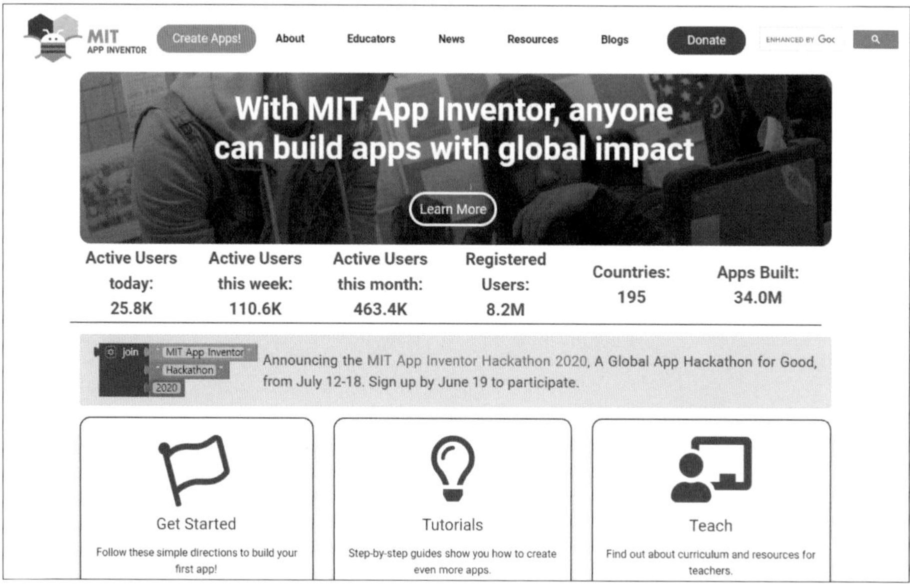

2 Create Apps! 버튼을 클릭한 후 **구글 계정**을 이용하여 로그인합니다.

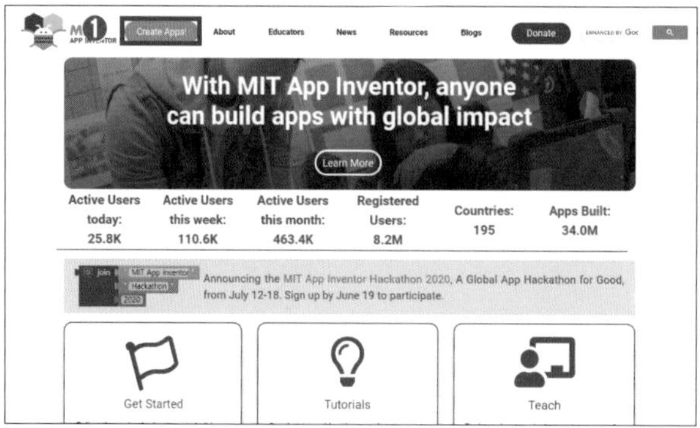

3 앱 인벤터 만들기 화면(http://ai2.appinventor.mit.edu/)이 나타나면 화면 상단의 **프로젝트** 메뉴에서 **새 프로젝트 시작하기**를 선택합니다.

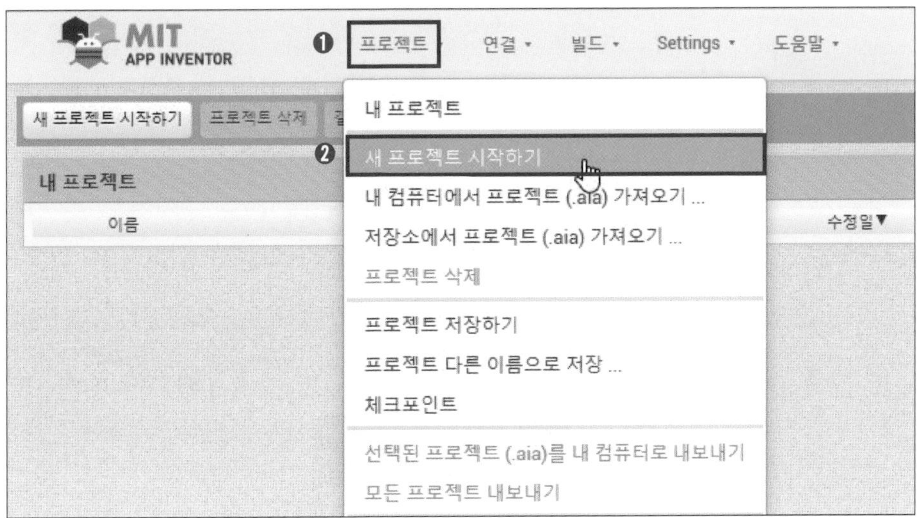

4 프로젝트 이름을 입력하는 창이 뜨면 Hello를 입력하고 **확인** 버튼을 클릭합니다.

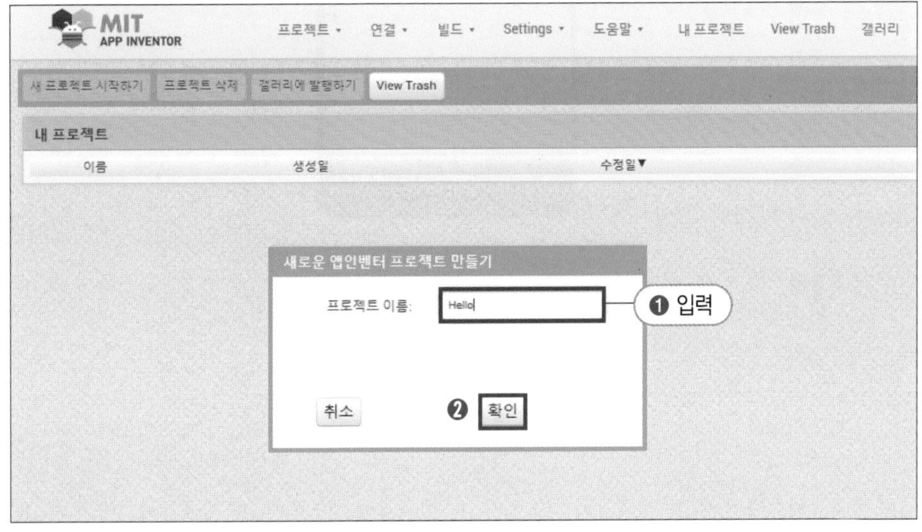

TIP 프로젝트 이름은 한글로 쓸 수 없고 알파벳으로 시작해야 하며 숫자, 알파벳, 밑줄(_) 외 다른 문자는 포함할 수 없습니다.

2 컴포넌트로 앱 화면 디자인하기

프로젝트를 생성했으면 디자이너 화면에서 컴포넌트를 이용하여 앱 화면을 구성해 보겠습니다.

1 프로젝트가 처음 생성되면 프로젝트의 화면을 디자인할 수 있는 **디자이너** 화면이 나타납니다.

> **TIP** 오른쪽 상단에 보이는 ⓐ 디자이너 버튼 혹은 ⓑ 블록 버튼을 누르면 각 화면으로 이동할 수 있습니다.

2 화면 왼쪽에 있는 **팔레트** 패널의 **사용자 인터페이스** 서랍에서 **레이블**을 드래그하여 **뷰어** 패널의 **Screen1**로 가져옵니다.

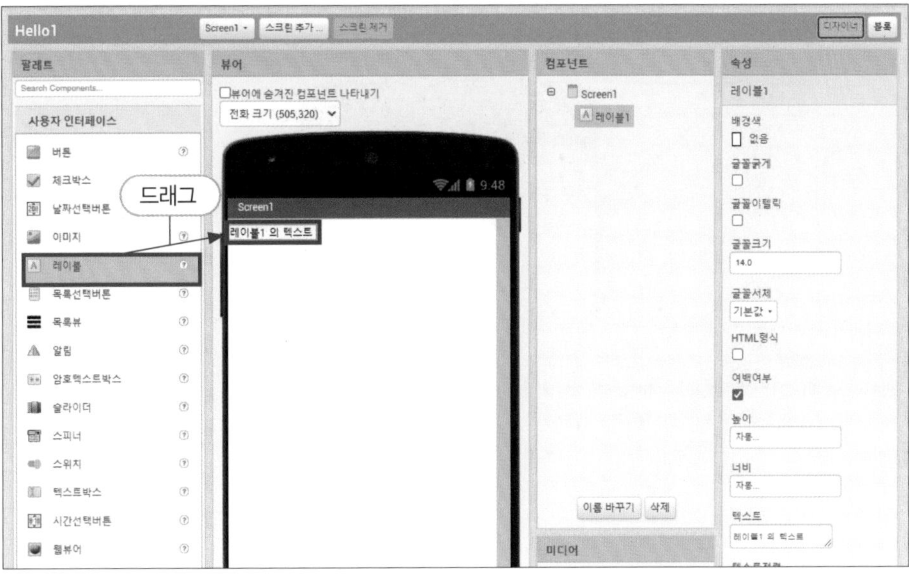

3 화면 오른쪽에 있는 **속성** 패널에서 **레이블1**의 **텍스트** 속성의 값을 **Hello World**로 바꿉니다.

4 **팔레트** 패널의 **사용자 인터페이스** 서랍에서 **버튼**을 드래그하여 **레이블1** 아래쪽에 배치합니다.

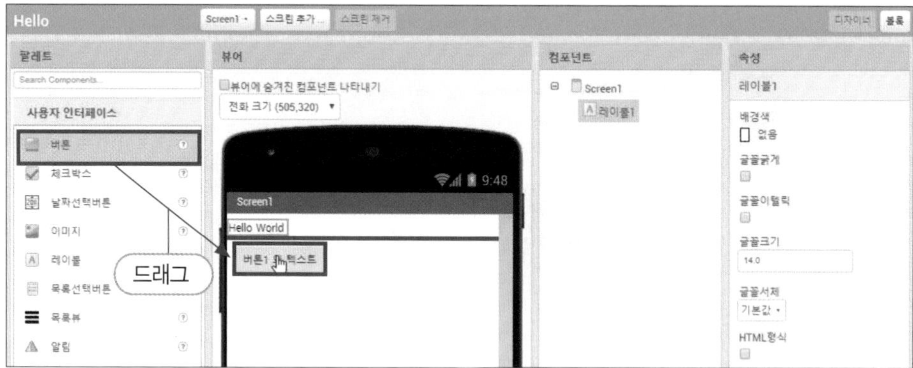

TIP
컴포넌트를 배치하기 위해 스크린으로 가져오면 스크린에 컴포넌트가 들어갈 위치를 알려주는 파란색 선이 생깁니다. 이 선을 보면 컴포넌트가 어디에 들어갈지 파악할 수 있습니다.

3 블록으로 앱 코딩하기

디자이너 화면에서의 작업이 앱의 껍데기를 만드는 작업이라면 블록 화면에서의 작업은 껍데기에 생명을 불어넣는 것과 같습니다. 블록을 이용하여 앱의 기능을 완성해 보겠습니다.

1 블록으로 코드를 만들기 위해 화면 오른쪽 상단의 **블록** 버튼을 클릭하여 **블록** 화면으로 이동합니다.

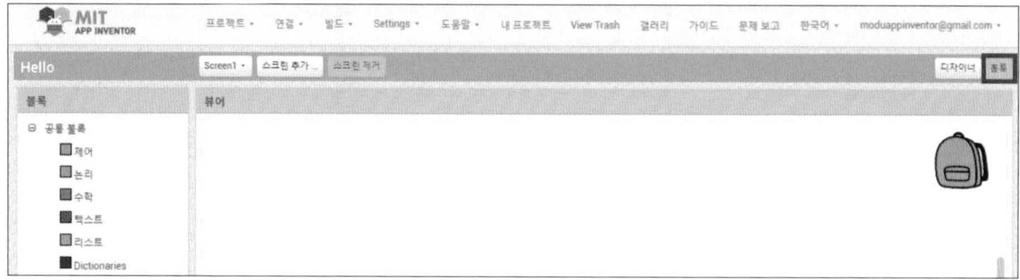

2 버튼을 클릭했을 때 실행될 기능을 만들기 위해 **블록** 패널에 있는 **버튼1**을 선택한 후 그 안에 있는 `언제 버튼1.클릭했을때` 블록을 **뷰어**로 드래그하여 가져옵니다.

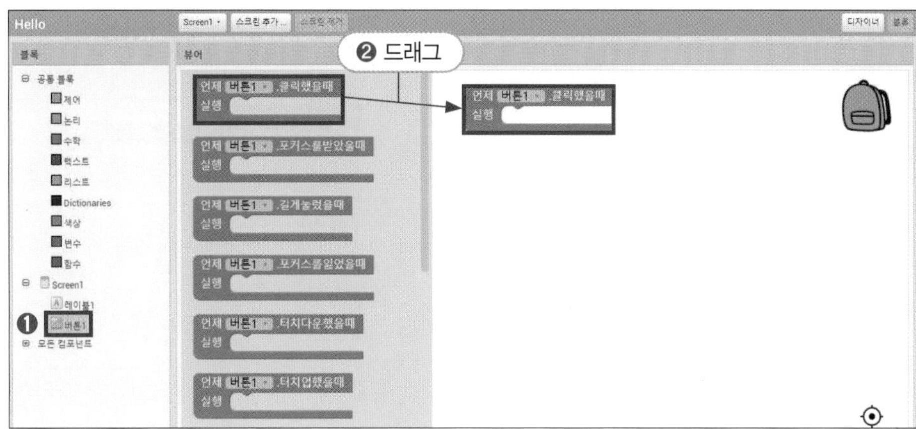

3 **블록** 패널에 있는 **레이블1**을 선택한 후 그 안에 있는 `지정하기 레이블1.텍스트 값` 블록을 드래그하여 `언제 버튼1.클릭했을때` 블록의 **실행** 영역에 연결합니다.

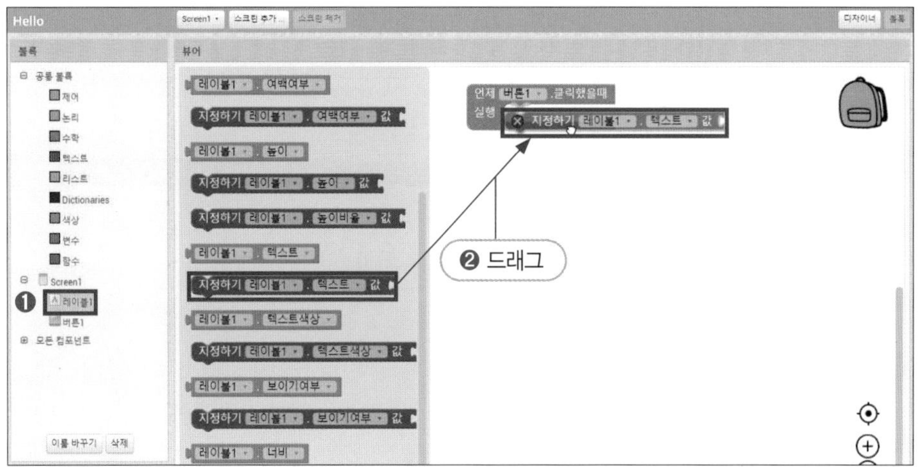

TIP `지정하기 레이블1.텍스트 값` 블록의 오목한 부분을 `언제 버튼1.클릭했을 때` 블록의 `실행` 영역에 있는 볼록한 부분에 가까이 가져가면 노란색 테두리가 생깁니다. 이때 블록을 놓으면 '딱' 소리와 함께 두 블록이 결합됩니다.

4 **블록** 패널의 **텍스트**를 선택한 후 " " 블록을 드래그하여 지정하기 레이블1.텍스트 값 블록 뒤에 연결합니다.

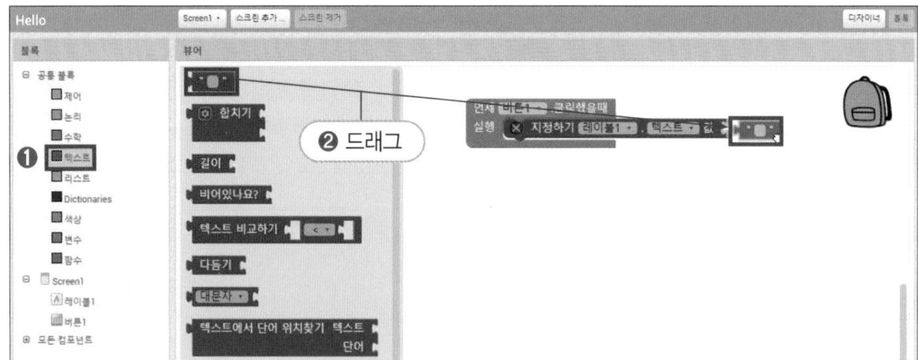

TIP " " 블록 왼쪽의 튀어나온 부분을 지정하기 레이블1.텍스트 값 블록 오른쪽의 움푹 들어간 부분에 가까이 가져가면 지정하기 블록의 쏙 들어간 부분에 노란색 테두리가 생깁니다. 이때 블록을 놓으면 '딱' 소리와 함께 두 블록이 결합됩니다.

5 " " 블록에 **앱 인벤터의 세계에 오신 것을 환영합니다**를 입력합니다.

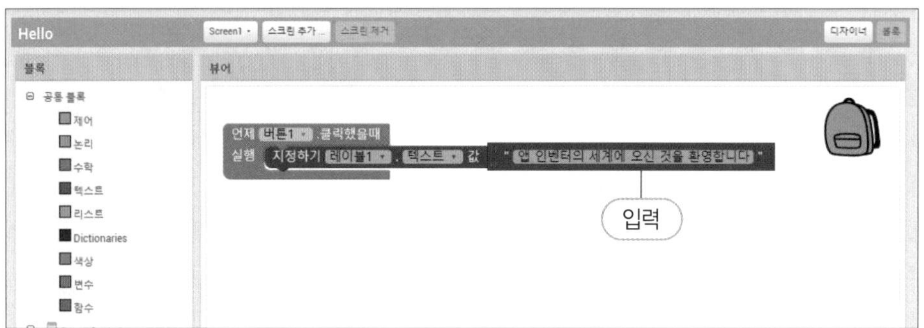

이것으로 코딩이 끝났습니다. 이제 앱이 스마트폰에서 제대로 작동하는지 확인해 보겠습니다.

4 컴패니언을 사용하여 앱 실행하기

스마트폰에서 앱의 동작을 확인하기 위해서는 MIT에서 제공하는 컴패니언(Companion)이라는 앱을 사용해야 합니다. 컴패니언은 앱 인벤터로 만든 앱을 쉽게 테스트해 볼 수 있게 도와주는 앱으로, 정식 명칭은 MIT AI2 Companion입니다. Companion은 우리말로 동반자, 한 쌍 중의 한 짝이라는 의미인데, 이 의미처럼 앱 인벤터와 컴패니언 앱은 떼려야 뗄 수 없는 관계입니다. 앱 인벤터를 계속 사용하다 보면 왜 컴패니언 앱의 이름이 컴패니언인지 알 수 있게 될 것입니다.

컴패니언 앱을 이용하여 앱을 테스트하는 방법은 크게 두 가지입니다. 하나는 앱을 만들면서 실시간으로 테스트하는 것이고, 다른 하나는 완성된 앱의 설치 파일을 스마트폰에 내려받아서 실행해 보는 것입니다.

1. 실시간 테스트하기

작업 중인 프로젝트를 컴패니언 앱에 연결하면 만들고 있는 앱의 모습을 스마트폰에서 실시간으로 확인할 수 있습니다. 프로젝트와 컴패니언 앱을 실시간으로 연결하는 방법은 무선 네트워크를 이용한 연결, 에뮬레이터를 이용한 연결, USB 케이블을 이용한 연결 총 3가지입니다.

에뮬레이터를 이용하려면 MIT에서 제공하는 안드로이드 에뮬레이터를 컴퓨터에 설치한 후 에뮬레이터에 컴패니언 앱을 설치해야 하고, USB 케이블을 이용하려면 컴퓨터에 연결 프로그램을 따로 설치해야 합니다. 두 방법 모두 컴퓨터에 프로그램을 설치하고 에뮬레이터 또는 스마트폰에 설정해야 할 것들이 많기 때문에 번거롭습니다. 하지만 무선 네트워크 연결을 이용하면 컴퓨터에 따로 프로그램을 설치할 필요 없이 스마트폰에 컴패니언 앱만 설치하면 작업 중인 프로젝트를 바로 테스트할 수 있어서 매우 편리합니다. 따라서 이 책에서는 가장 간편한 방법인 무선 네트워크 연결을 이용하여 앱을 테스트해 보겠습니다.

1 스마트폰의 Play **스토어** 앱을 실행하고 MIT AI2 Companion을 찾아 **설치**한 후 **실행**합니다.

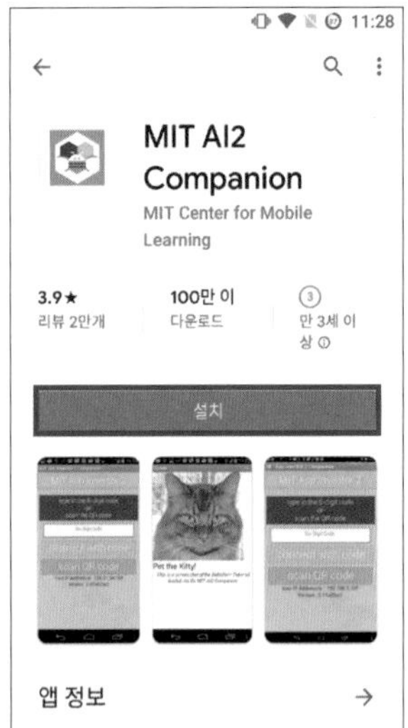

TIP
컴패니언 앱을 처음 실행했을 때 저장소와 카메라에 관한 접근 권한을 허용할지를 묻는 팝업창이 나타난다면 반드시 '허용'을 클릭해야 합니다. '거부'를 클릭하면 컴패니언 앱을 정상적으로 사용할 수 없게 됩니다.

2 앱 인벤터 화면 상단의 **연결** 메뉴에서 **AI 컴패니언**을 선택합니다.

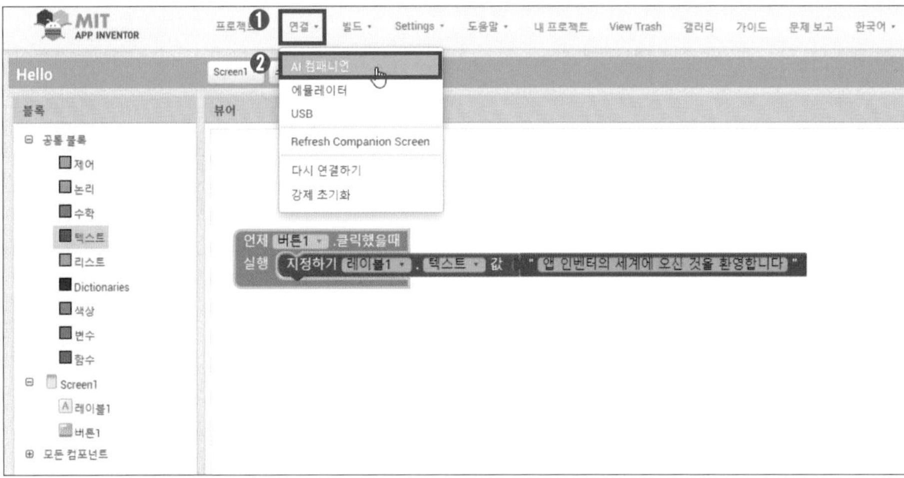

3 QR 코드가 모니터 화면에 나타나면 컴패니언 앱의 **scan QR code** 버튼을 클릭한 후 QR 코드를 스캔합니다.

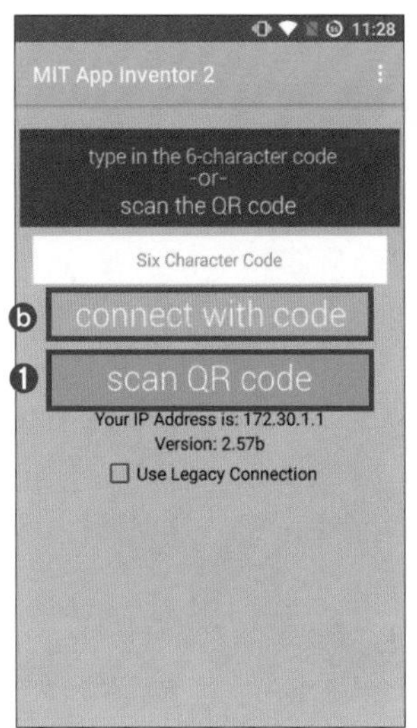

TIP
QR 코드 스캔 대신에 QR 코드 옆에 있는 ⓐ 여섯 자리 코드를 컴패니언 앱에 입력한 후 ⓑ connect with code 버튼을 클릭하여 연결할 수도 있습니다.

4 모니터 화면에 진행 상태를 알려주는 창이 나타났다가 사라진 후에 스마트폰 화면에 'Hello World'가 나타납니다. **버튼1 텍스트**를 클릭하여 글자가 '앱 인벤터의 세계에 오신 것을 환영합니다'로 바뀌는지 확인해 봅니다.

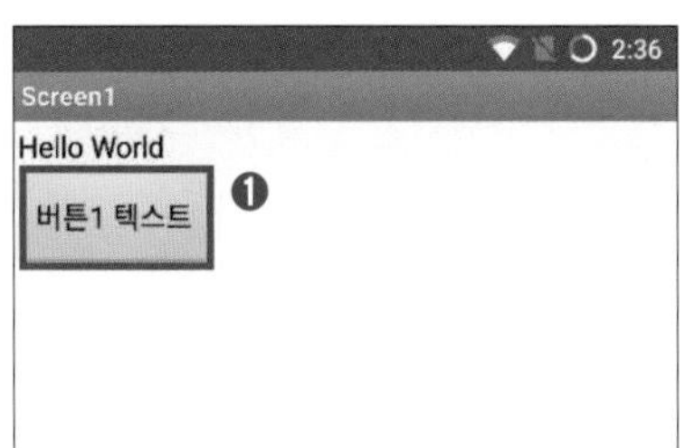

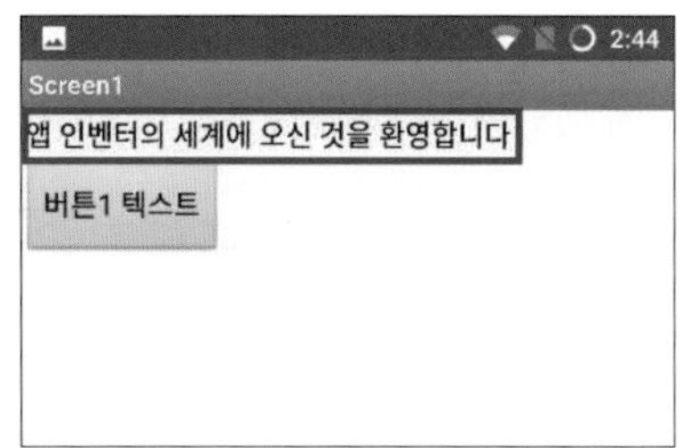

TIP
앱 인벤터와 컴패니언 사이의 연결이 잘못된 경우 앱 인벤터 상단의 '연결' 메뉴에서 '다시 연결하기'를 클릭하여 연결을 초기화하고 컴패니언 앱을 껐다 켠 후 다시 연결하면 됩니다. 스마트폰의 모바일 데이터를 사용하여 연결하면 연결이 잘 되지 않거나 연결된 이후에도 잘 끊어지므로 가급적 컴퓨터와 스마트폰이 같은 네트워크(공유기)에 연결된 상태에서 연결을 시도하는 것이 좋습니다.

5 앱 인벤터에서의 작업이 스마트폰에 실시간으로 반영되는지 확인하기 위해 앱 인벤터의 **디자이너** 화면으로 이동합니다. 그리고 **컴포넌트** 패널에서 **버튼1**을 클릭한 후 **속성** 패널에서 **텍스트** 속성의 값을 **확인**으로 바꿉니다.

TIP '속성' 패널에서 '버튼1'의 '텍스트' 속성 값을 바꾼 후 마우스로 텍스트 상자 바깥쪽을 한 번 클릭하거나 연결 메뉴의 'Refresh Companion Screen'을 클릭해야 수정된 사항이 스마트폰에 실시간으로 반영됩니다. '디자이너' 화면에서 수정한 작업이 앱 화면에 실시간으로 반영되지 않는다면 연결이 끊어진 것이므로 다시 연결합니다.

6 스마트폰 화면에 보이는 버튼의 텍스트가 '확인'으로 바뀌었는지 확인해 봅니다.

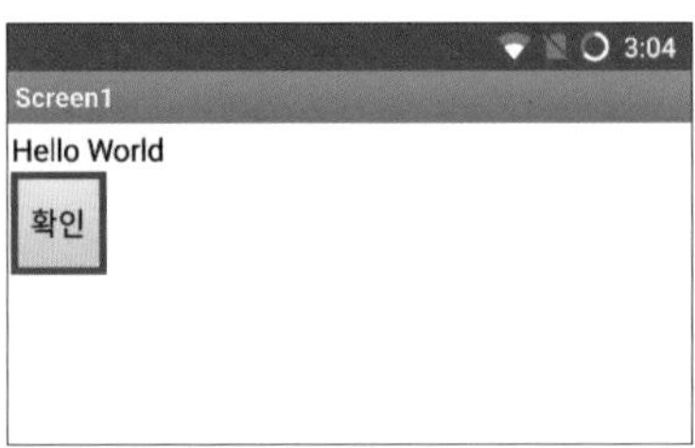

TIP 만약 안드로이드 기기를 가지고 있지 않다면 에뮬레이터를 이용하여 컴퓨터에서 앱을 테스트해 볼 수 있습니다. 에뮬레이터를 설치하고 실행하는 방법은 부록에 자세히 설명하였으니 참고하기 바랍니다.

2. apk 파일을 설치하여 테스트하기

이번에는 안드로이드용 설치 파일인 apk 파일을 만들어서 스마트폰에 설치해 보겠습니다. 앱 인벤터는 두 가지 방법으로 apk 파일을 제공하는데, 하나는 QR 코드 스캔을 통해 스마트폰에 내려받는 것이고 다른 하나는 컴퓨터에 내려받는 것입니다. 특별한 경우가 아니라면 컴퓨터에 apk 파일을 내려받을 필요는 없으므로 QR 코드를 스캔하여 스마트폰에 apk 파일을 내려받아 설치하는 방법을 알아보겠습니다.

1 앱 인벤터 화면 상단의 **빌드** 메뉴에서 **Android App(.apk)**을 클릭합니다.

2 진행 상황을 표시하는 창이 나타났다가 사라지면 QR 코드가 모니터 화면에 나타납니다. 컴패니언 앱의 **scan QR code** 버튼을 클릭한 후 QR 코드를 스캔합니다.

TIP 일반적인 QR 코드 스캔 앱으로도 apk 파일을 내려받을 수 있으므로 꼭 캠퍼니언 앱을 사용할 필요는 없습니다.

3 스캔이 완료되어 파일을 다운로드할지 묻는 메시지창이 나타나면 **확인** 버튼을 클릭하여 파일을 내려받습니다.

TIP apk 파일을 어떤 프로그램을 이용하여 내려받을지를 묻는 메시지창이 나타나면 'Chrome' 브라우저를 선택하고 '항상' 버튼을 선택하면 이후부터는 연결 프로그램을 선택하는 메시지창이 나타나지 않습니다. 연결 프로그램은 크롬 브라우저가 아닌 다른 브라우저를 사용해도 상관없습니다.

4 다운로드되었다는 메시지창이 나타나면 **열기**를 클릭합니다. 파일이 열리면 앱 설치 화면이 나타나고 **설치**를 클릭하면 설치가 시작됩니다.

TIP 내려받은 apk 파일은 스마트폰 내부 저장소의 Download 폴더에 저장되므로 파일 탐색기를 이용하여 Download 폴더에 있는 apk 파일을 찾아서 설치해도 됩니다.

설치할 때 나타나는 각종 경고 처리하기

브라우저로 apk 파일을 내려받은 후 열기를 눌렀을 때 스마트폰의 설정 상태에 따라 출처를 알 수 없다는 경고가 나타날 수도 있습니다. 출처를 알 수 없는 앱을 설치하기 위한 설정 방법은 안드로이드 운영체제의 버전에 따라 다릅니다.

오레오 이전 버전에서는 다음 그림과 같이 apk 파일을 열었을 때 나타나는 메시지창에서 설정을 눌러 보안 설정으로 이동한 후 '알 수 없는 소스'를 '허용'으로 설정해 주면 됩니다.

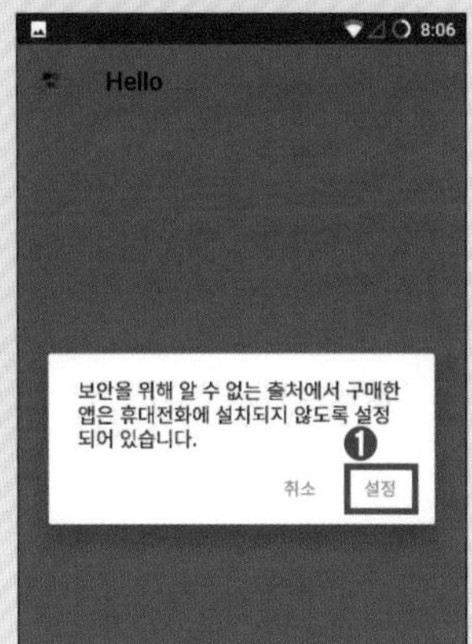

안드로이드 오레오 이전 버전에서 출처를 알 수 없는 앱 설정하기

안드로이드 오레오 버전부터는 메시지창에서 '설정'을 누르면 브라우저 앱의 알 수 없는 앱 설치 설정 화면으로 이동합니다. 여기서 '앱 설치 허용'으로 설정해 주면 앱을 설치할 수 있게 됩니다. 만약 파일 탐색기를 이용하여 apk 파일을 설치하고자 한다면 파일 탐색기 앱의 설정 화면에서 '앱 설치 허용'으로 설정해 주어야 합니다.

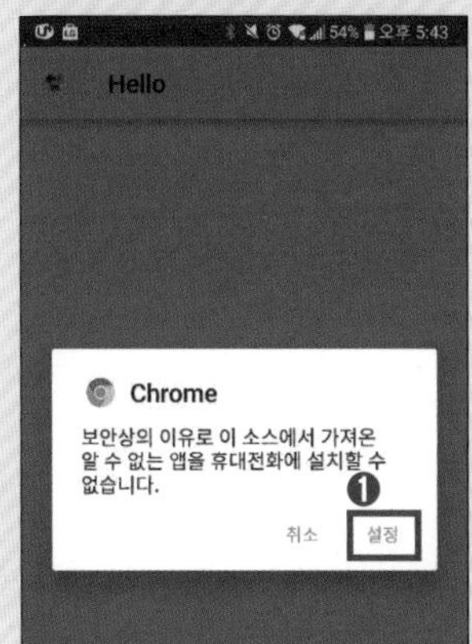

안드로이드 오레오 버전부터 출처를 알 수 없는 앱 설정하기

출처를 알 수 없는 앱을 설치하기 위한 설정은 최초에 한 번만 해주면 되기 때문에 이전에 알 수 없는 앱 설치를 '허용'으로 설정해 두었다면 앱을 설치하는 과정에서 이 부분과 관련된 메시지창이 나타나지 않을 것입니다.

그리고 apk 파일을 열어 '설치'를 눌렀을 때 'Play 프로젝트에 의해 차단됨'이라는 창이 나타날 경우 '무시하고 설치'를 클릭해야 앱이 설치됩니다. 앱을 설치하고 '검사를 위해 앱을 전송할까요?'라는 창이 나타나면 '전송'을 클릭합니다.

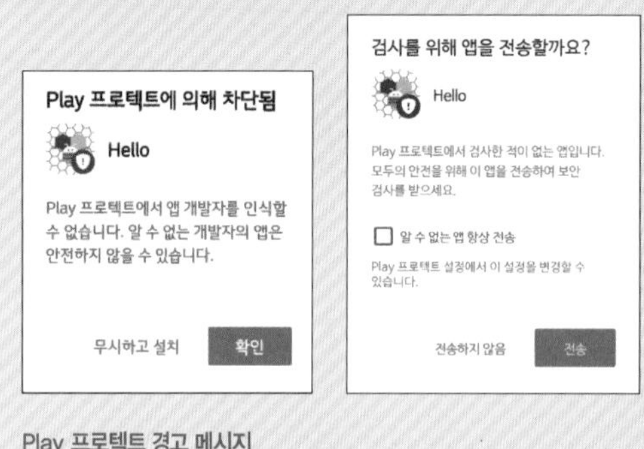

Play 프로텍트 경고 메시지

5 앱 설치가 완료되면 **열기**를 누르면 앱이 실행됩니다.

TIP '완료' 버튼을 눌러 창을 닫았다면 스마트폰에 생성된 Hello 앱의 아이콘을 눌러 앱을 실행합니다.

앱이 잘 실행되었나요? 앱이 잘 실행되었다면 앱 인벤터를 사용할 모든 준비를 무사히 마친 것입니다. 다음 장부터는 본격적으로 일상생활에 도움이 되는 앱들을 만들어 보겠습니다.

만보기 앱 첫 번째 버전 만들기

처음으로 만들어 볼 앱은 걷기 운동에 도움을 주는 만보기입니다. 걷기는 건강을 위해 할 수 있는 운동 중 가장 쉬운 운동입니다. 만보기 앱도 이 책에서 만드는 앱 중 가장 만들기 쉬운 앱입니다. 하지만 처음으로 만드는 앱인 만큼 과정을 좀 더 상세히 설명하기 위해 3장과 4장에 걸쳐서 완성해 보겠습니다.

미 | 리 | 보 | 기

초기 화면

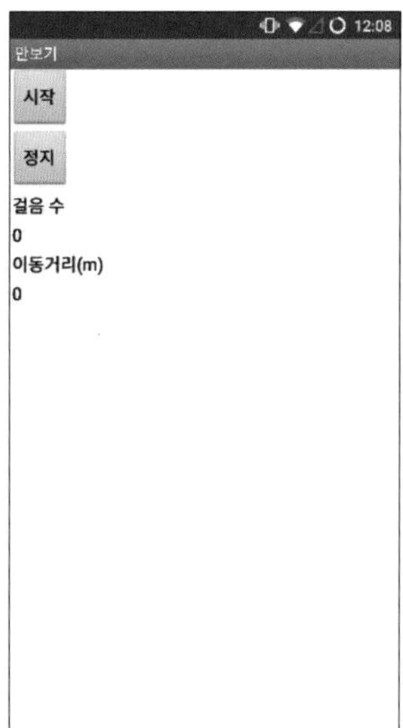

• **시작** 버튼을 누르면 걸음 수를 측정합니다.

시작 버튼을 누른 이후 화면

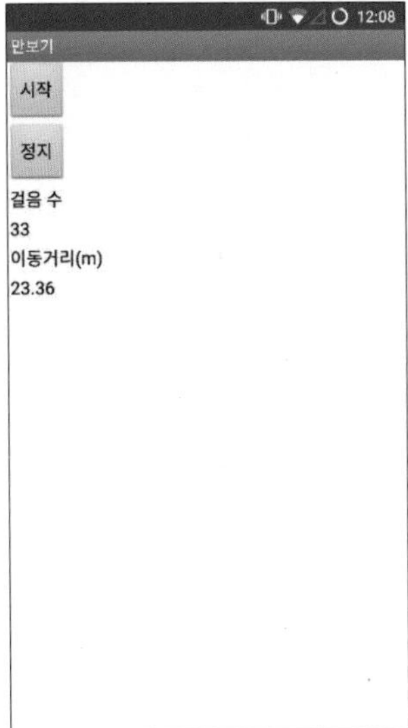

• 걷기 시작하면 걸음 수와 이동거리를 나타내는 숫자가 변합니다.
• **정지** 버튼을 누르면 걸음 수 측정을 멈춥니다.

완성 앱 미리보기

완성된 앱의 실제 동작이 궁금하다면 QR 코드를 스캔하여 파일을 스마트폰에 설치한 후 확인해 봅니다.

- **스마트폰 설치 파일** https://bit.ly/2WeRbWU
- **프로젝트 파일** example_pedometer1.aia

1 프로젝트 준비하기

앱 인벤터에 접속하여 만보기 앱을 만들기 위한 새로운 프로젝트를 추가하겠습니다.

1 앱 인벤터(http://ai2.appinventor.mit.edu/)에 로그인한 후 **프로젝트** 메뉴의 **새 프로젝트 시작하기**를 선택합니다.

2 프로젝트 이름을 **pedometer**(만보기)로 입력하고 **확인** 버튼을 클릭합니다.

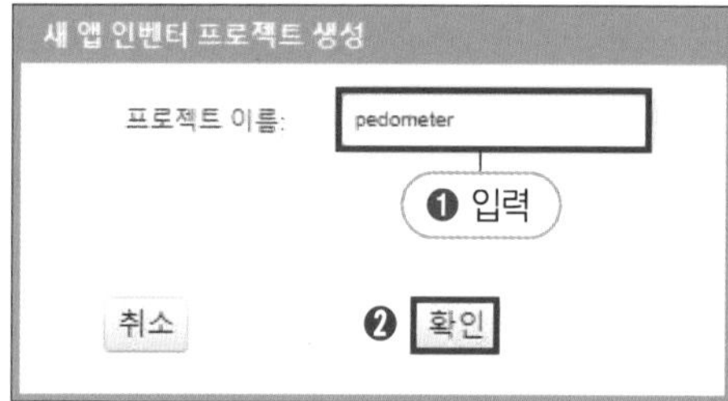

2 컴포넌트로 앱 화면 디자인하기

디자이너 화면에서 앱의 화면 구성과 기능을 위해 필요한 컴포넌트들을 스크린에 배치해 보겠습니다. 이번 장에서는 만보기의 기능을 테스트해 볼만한 수준으로 간단하게 만든 후, 다음 장에서 앱의 디자인과 기능을 발전시켜 좀 더 완성도 있는 만보기 앱을 만들어 보겠습니다.

만보기 앱 화면의 기본 형태는 다음 그림과 같습니다.

뷰어와 컴포넌트 패널을 살펴보고 각 컴포넌트의 종류가 무엇인지, 또 해당 컴포넌트가 어떤 기능을 할지 생각해 보세요.

1 앱 화면을 디자인할 때 가장 먼저 할 일은 **Screen1** 속성을 설정하는 것입니다. 화면 오른쪽에 있는 **속성** 패널에서 **앱이름**과 **제목**을 **만보기**로 바꿉니다.

TIP '앱이름'은 앱을 스마트폰에 설치했을 때 앱 아이콘 밑에 표시되는 이름이 됩니다. '제목'은 스크린 위쪽에 있는 회색 막대에 표시되는 스크린의 이름을 설정하는 속성입니다. 특별히 설정할 필요가 없는 속성들은 기본 상태로 둡니다.

2 다음으로 만보기를 작동시키는 데 필요한 버튼을 스크린(Screen1)에 배치하겠습니다. 화면 왼쪽에 있는 **팔레트** 패널의 **사용자 인터페이스** 서랍에서 **버튼**을 드래그하여 **Screen1**에 추가합니다.

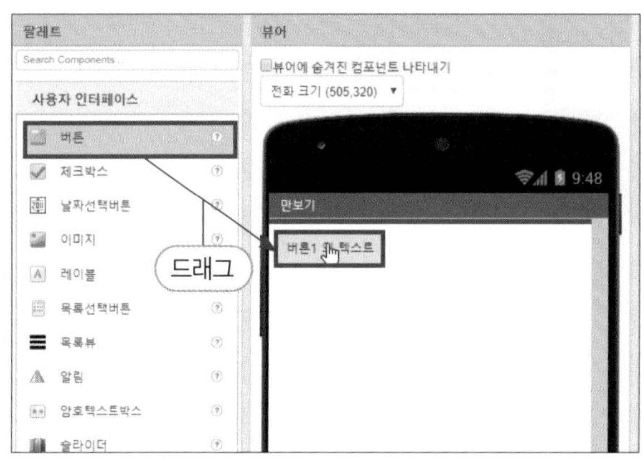

TIP '버튼' 컴포넌트는 클릭을 감지하는 기능이 있어서 사용자가 버튼을 클릭하면 특정 기능을 실행합니다.

3 **컴포넌트** 패널의 **이름 바꾸기** 버튼을 클릭하여 **새 이름**을 **버튼_시작**으로 바꾸고 **확인** 버튼을 클릭합니다.

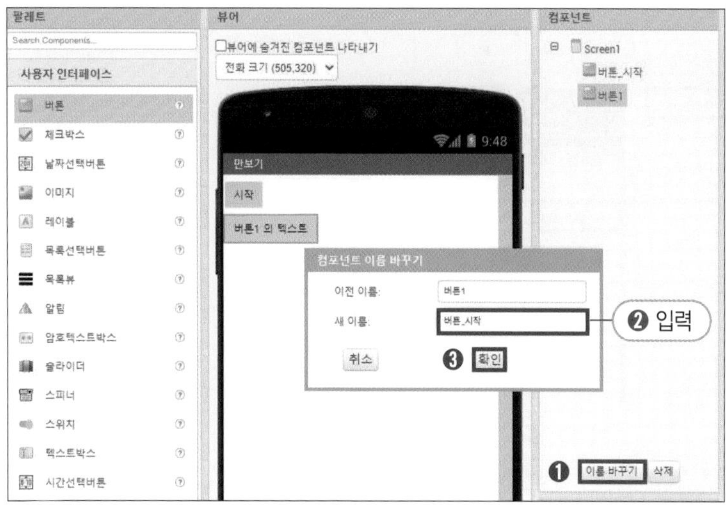

TIP
버튼의 이름을 바꾸지 않더라도 앱을 만드는 데는 문제가 없습니다. 하지만 버튼 이름이 '버튼1, 버튼2, 버튼3'처럼 아무 의미 없는 이름으로 지정되어 있으면 버튼이 많아졌을 때 각 버튼이 어떤 일을 하는지 알 수 없어 버튼의 기능을 구현할 때 불편합니다. 따라서 버튼의 이름은 버튼이 하는 일과 관련된 이름으로 바꾸는 것이 좋습니다.

4 **속성** 패널에서 **버튼_시작**의 **텍스트** 속성을 **시작**으로 바꿉니다.

TIP
버튼의 이름을 바꾸는 이유가 개발자가 헷갈리지 않도록 하기 위한 것이라면, 버튼의 텍스트 속성을 바꾸는 이유는 사용자에게 버튼의 기능을 안내하기 위함입니다. 버튼의 텍스트 속성을 바꾸면 버튼에 쓰여진 글자가 바뀌기 때문에 사용자가 이 버튼의 기능을 바로 알 수 있습니다.

5 **팔레트** 패널의 **사용자 인터페이스** 서랍에서 **버튼**을 하나 더 드래그하여 **시작** 버튼 아래에 추가합니다.

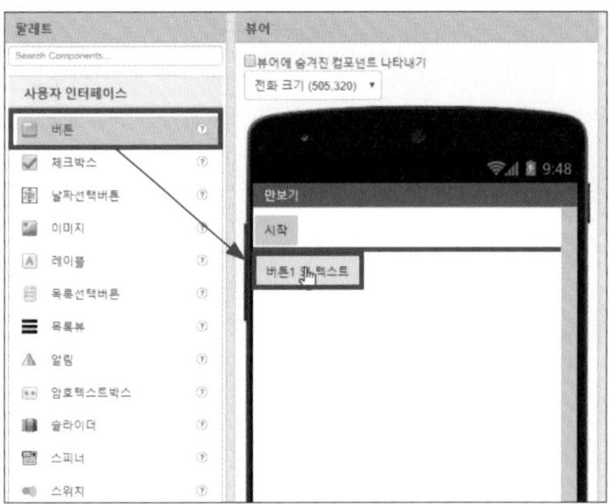

6 **컴포넌트** 패널의 **이름 바꾸기** 버튼을 클릭하여 '버튼1'의 이름을 **버튼 정지**로 바꾸고 **확인** 버튼을 클릭합니다. 컴포넌트의 이름에 띄어쓰기가 되어 있으면 앱 인벤터에서 자동으로 밑줄(_)로 바꿉니다. 따라서 컴포넌트 이름을 바꿀 때 '버튼_정지'로 입력하지 않고 '버튼 정지'로 입력해도 됩니다.

7 **속성** 패널에서 **버튼_정지**의 **텍스트** 속성을 **정지**로 바꿉니다.

8 이제 **레이블**을 이용하여 화면에 걸음 수를 표시하는 부분을 만들겠습니다. **팔레트** 패널의 **사용자 인터페이스** 서랍에서 **레이블**을 드래그하여 **정지** 버튼 아래에 가져다 놓습니다.

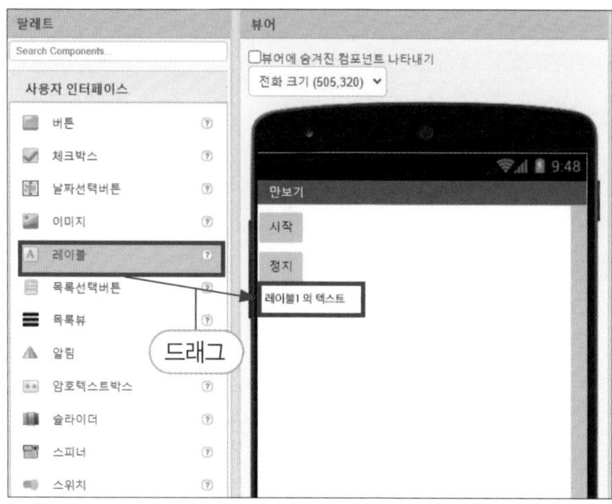

TIP
'레이블' 컴포넌트는 화면에 글자를 표시할 때 사용합니다.

9 **속성** 패널에서 **레이블1**의 **텍스트** 속성을 **걸음 수**로 바꿉니다.

10 다시 한번 **사용자 인터페이스** 서랍에서 **레이블**을 가져와 **걸음 수** 아래에 추가합니다.

11 **컴포넌트** 패널의 **이름 바꾸기** 버튼을 클릭하여 '레이블2'의 이름을 **레이블 걸음수**로 바꾸고 **확인** 버튼을 클릭합니다.

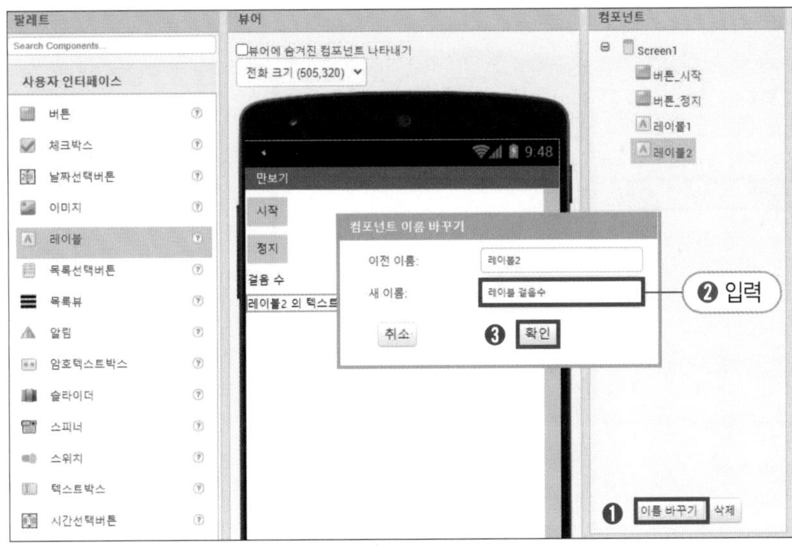

> **TIP** '레이블_걸음수'에 사용자의 실제 걸음 수가 표시되도록 하려면 블록 화면에서 '레이블_걸음수' 서랍에 있는 블록을 이용하여 코드를 만들어야 합니다. 블록 화면에서는 스크린이 보이지 않기 때문에 이름을 통해 각 레이블을 구분할 수 있어야 원활하게 코딩할 수 있습니다. 따라서 블록 작업에 사용되는 레이블의 이름은 레이블의 용도에 맞게 바꾸는 것이 좋습니다. 레이블_걸음수 위에 있는 레이블1은 레이블_걸음수에 표시되는 값이 무엇을 의미하는지 설명하는 용도로만 사용될 뿐 블록 작업에는 사용되지 않으므로 굳이 이름을 바꾸지 않았습니다.

12 **속성** 패널에서 **레이블_걸음수**의 **텍스트** 속성을 **0**으로 바꿉니다.

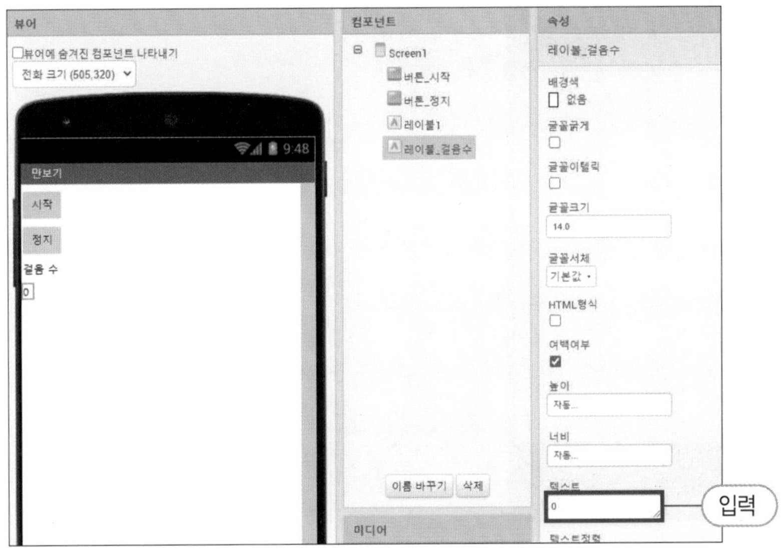

13 **사용자 인터페이스** 서랍에서 새 **레이블**을 가져와 **0** 아래에 추가합니다.

14 **속성** 패널에서 '레이블2'의 **텍스트** 속성을 **이동거리(m)**로 바꿉니다.

15 다시 한번 **사용자 인터페이스** 서랍에서 **레이블**을 가져와 **이동거리(m)** 아래에 추가합니다.

16 **컴포넌트** 패널의 **이름 바꾸기** 버튼을 클릭하여 '레이블3'의 이름을 **레이블 이동거리**로 바꾸고 **확인** 버튼을 클릭합니다.

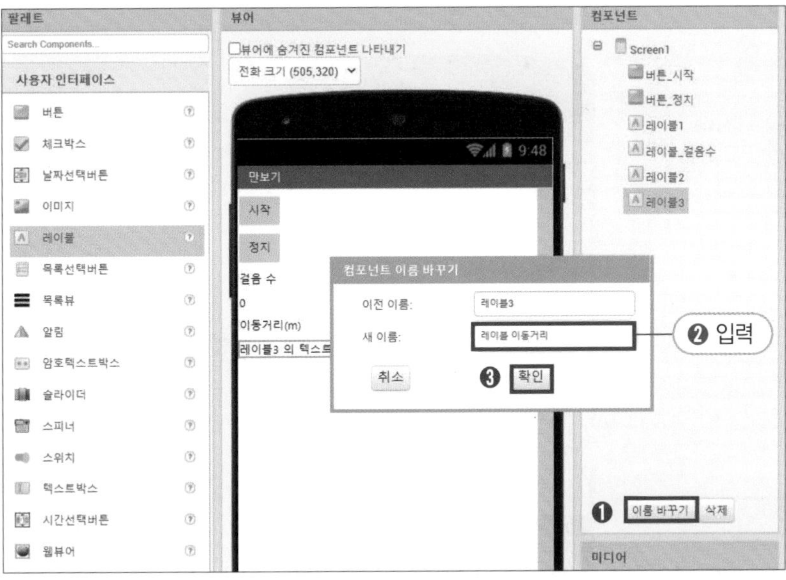

17 **속성** 패널에서 '레이블_이동거리'의 **텍스트** 속성을 **0**으로 바꿉니다.

18 마지막으로, 걸음 수를 측정하는 **만보기** 컴포넌트를 스크린에 추가하겠습니다. **팔레트** 패널의 **센서** 서랍에서 **만보기**를 드래그하여 Screen1에 추가합니다.

> **TIP**
> '만보기' 컴포넌트는 스마트폰의 가속도 센서를 이용하여 사용자의 걸음을 감지할 수 있게 만든 컴포넌트로 걸음 수와 이동거리를 알려 줍니다. 만보기의 속성 중 '보폭'에 입력되어 있는 0.73은 사용자의 보폭이 0.73m(73cm)라고 가정한 것이므로 정확한 만보기 앱을 만들고 싶다면 보폭 값을 만보기 앱을 사용할 사람의 보폭에 맞게 바꾸면 됩니다.

잠깐만요

보이지 않는 컴포넌트

'만보기' 컴포넌트는 스크린에 추가해도 스크린에 표시되지 않고 스크린 밑에 있는 보이지 않는 컴포넌트 영역에만 표시됩니다. 앱 인벤터에는 '만보기' 컴포넌트처럼 화면 구성에는 사용되지 않지만 앱의 기능을 구현하는 데 사용되는 보이지 않는 컴포넌트가 다양하게 있습니다.

보이지 않는 컴포넌트들

3 블록으로 앱 코딩하기

이제 블록 화면으로 이동하여 앱의 동작을 만들어 보겠습니다. 현재 상태에서는 시작 버튼과 정지 버튼을 클릭해도 아무런 반응이 없지만 블록으로 코드를 만들어 주면 버튼을 클릭했을 때 앱이 마치 살아 있는 것처럼 반응할 것입니다.

1 오른쪽 상단에 있는 **블록** 버튼을 클릭하여 블록 화면으로 이동합니다.

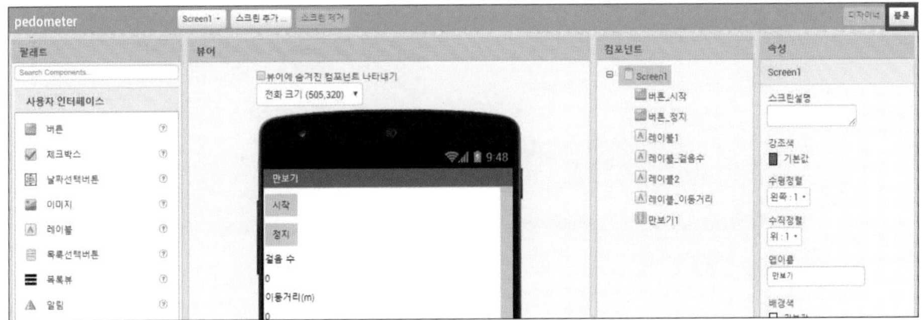

2 **시작** 버튼을 클릭했을 때 만보기가 시작되도록 **블록** 패널에서 **버튼_시작**을 선택한 후 블록 목록에서 언제 버튼1.클릭했을때 블록을 **뷰어** 패널로 가져옵니다.

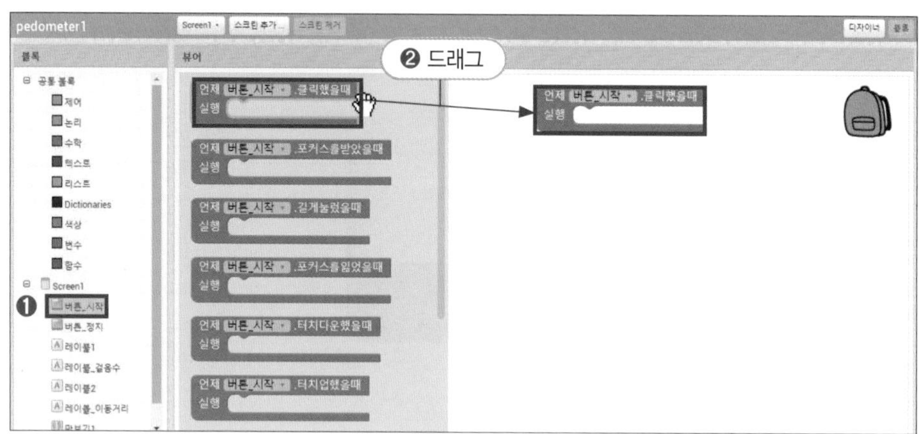

잠깐만요

이벤트와 이벤트 핸들러

'이벤트'는 우리말로 '사건'을 의미하는데, 버튼을 클릭하거나 화면을 드래그하는 등 사용자의 행동으로 발생하기도 하고 정해진 시간이 지났거나, 음악 재생이 완료되는 등 내부적인 원인 때문에 자동으로 발생하기도 합니다. '이벤트 핸들러'는 이벤트가 발생했을 때 동작하는 코드로, 각 컴포넌트 서랍에 있는 언제 ~때 형식의 이벤트 핸들러 블록을 이용하여 만들면 됩니다. 앱은 버튼을 클릭하거나 스마트폰을 흔드는 것과 같은 이벤트에 반응하여 이벤트 핸들러가 실행되는 방식으로 작동하기 때문에 변수와 함수는 만드는 코드를 제외한 모든 코드들은 이벤트 핸들러 블록의 실행 영역 안에 들어갑니다. 각 컴포넌트마다 처리할 수 있는 이벤트가 다르기 때문에 컴포넌트 서랍을 열었을 때 황토색의 이벤트 핸들러 블록이 여러 개인 경우도 있고 없는 경우도 있습니다. 이벤트 핸들러 블록을 살펴보면 앱을 어떤 방식으로 작동시킬 수 있을지 알 수 있으므로 새로운 컴포넌트를 사용할 때마다 눈여겨 보기 바랍니다.

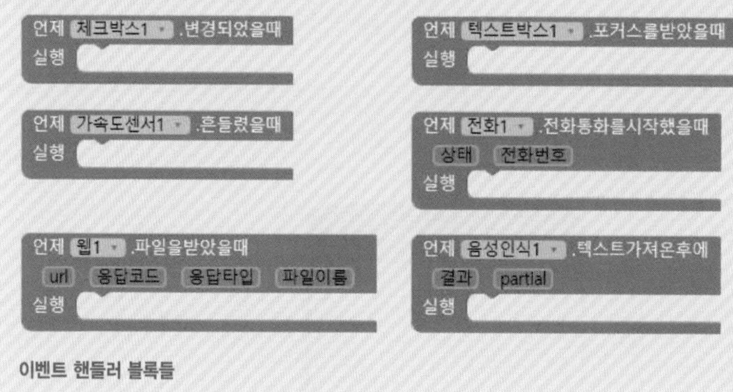

이벤트 핸들러 블록들

3 **블록** 패널에서 **만보기1**을 선택한 후 블록 목록에서 `호출 만보기1.시작하기` 블록을 가져와 `언제 버튼1.클릭했을때` 블록 안쪽에 연결합니다.

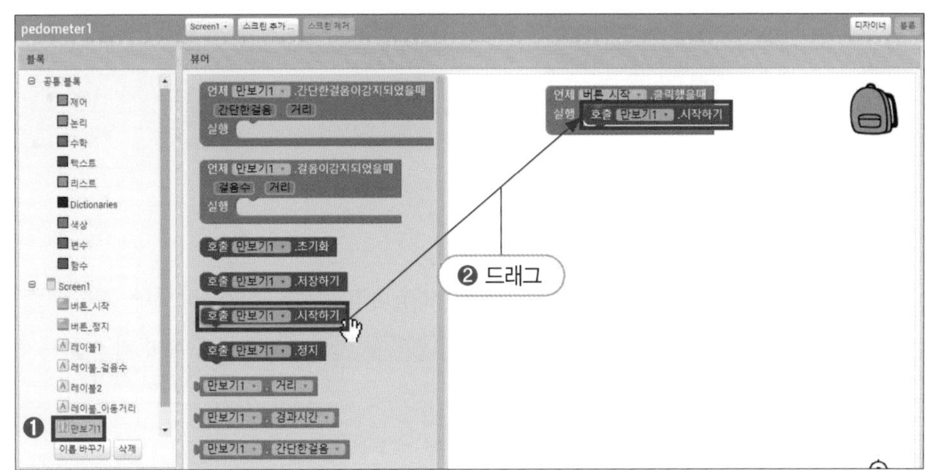

> **TIP**
> 지금 가져온 블록처럼 '호출'로 시작하는 보라색 블록을 '함수 호출' 블록이라 부릅니다. `호출 만보기1.시작하기` 블록은 Pedomoter에 내장되어 있는 함수 중 '시작하기'라는 이름을 가진 함수를 호출하여 실행시킵니다. '시작하기' 함수가 실행되면 걸음 수 측정이 시작됩니다.

잠깐만요

함수와 함수 호출

프로그램을 만들다 보면 특정 코드 덩어리가 여러 곳에서 반복적으로 사용되기도 합니다. 이때 매번 코드 덩어리를 새로 만드는 것은 비효율적입니다. 코드 덩어리를 한 번 만들어 이름을 붙여 두면 해당 코드 덩어리가 필요할 때마다 이름을 불러서 어떤 코드 덩어리를 실행할지 알려 주어 코드가 훨씬 간결해지고 프로그램도 효율적으로 만들 수 있습니다.

바로 '함수'가 특정 동작을 수행하는 데 필요한 코드를 묶어서 이름 붙인 코드 덩어리이며, '함수 호출'은 코드 덩어리가 가진 기능을 이름을 이용하여 간편하게 불러와서 사용하는 것입니다.

앱 인벤터의 각 컴포넌트에는 컴포넌트에 내장되어 있는 함수를 사용할 수 있게 해 주는 다양한 호출 블록이 있습니다. 앱 인벤터의 보라색 호출 블록은 함수 자체의 모습이 아니라 단지 함수를 불러오는 명령어일 뿐입니다. 이 호출 블록을 이용하면 복잡한 함수의 기능을 간편하게 불러와 사용할 수 있습니다.

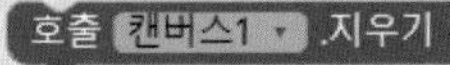

호출 녹음기1 .시작하기

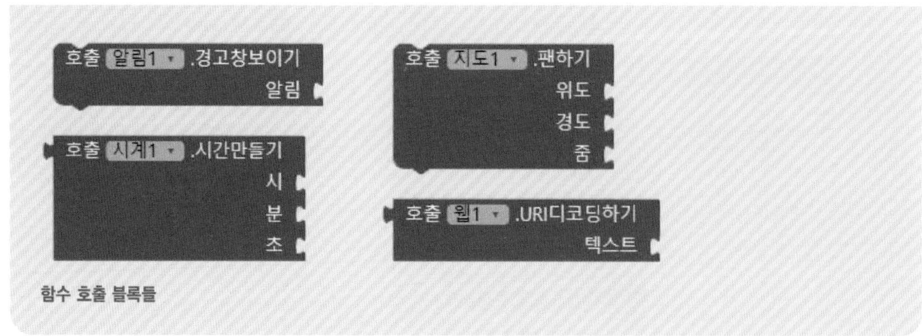

함수 호출 블록들

4 이번에는 **정지** 버튼을 클릭했을 때 만보기가 정지되도록 해 보겠습니다. **블록** 패널에서 **버튼_정지**를 선택한 후 블록 목록에서 `언제 버튼_정지.클릭했을때` 블록을 **뷰어** 패널로 가져옵니다.

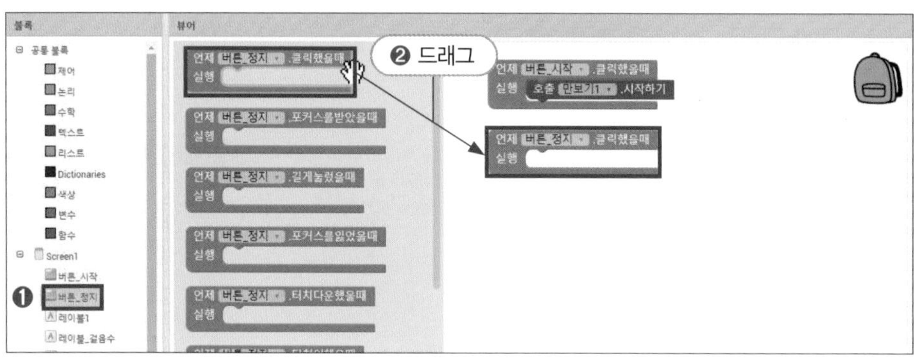

5 **블록** 패널에서 **만보기1**을 선택한 후 블록 목록에서 `호출 만보기1.정지` 블록을 가져와서 `언제 버튼_정지.클릭했을때` 블록 안쪽에 연결합니다.

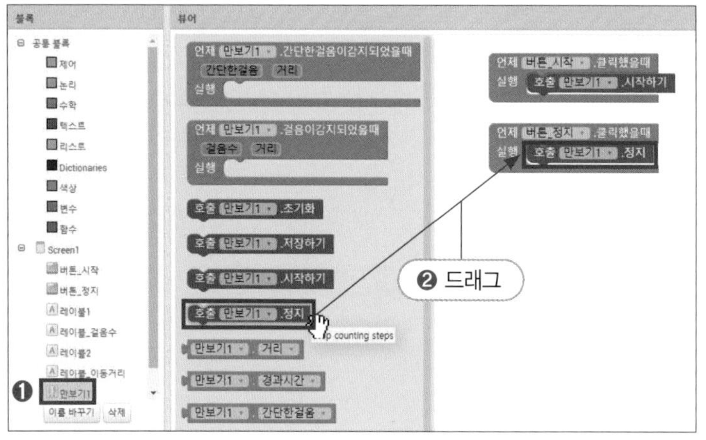

TIP `호출 만보기1.정지` 블록은 Pedometer에 내장되어 있는 함수 중 '정지'라는 이름을 가진 함수를 호출하여 실행시킵니다. '정지' 함수가 실행되면 걸음 수 측정을 멈춥니다.

6 걸음 수와 이동거리가 앱 화면에 표시되도록 **블록** 패널에서 **만보기1**을 선택한 후 블록 목록에서 언제 만보기1.걸음이감지되었을때 블록을 **뷰어** 패널로 가져옵니다.

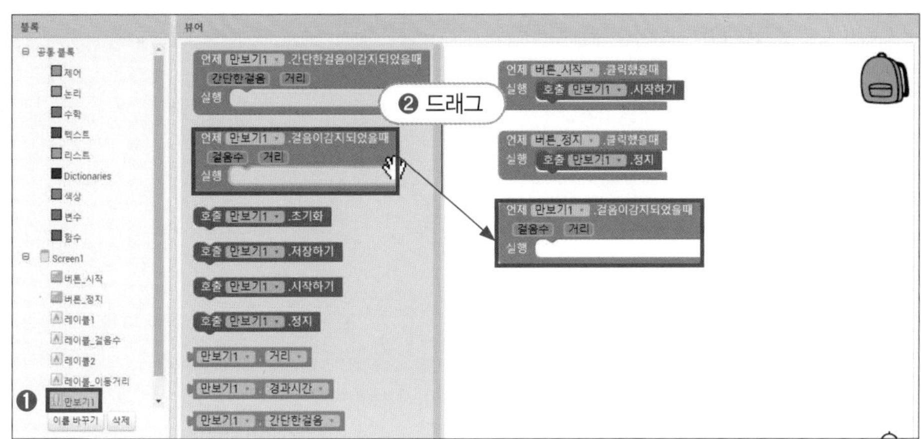

TIP 걸음 수 이벤트는 사용자가 한 걸음을 뗄 때마다 발생합니다. 만보기가 시작 상태일 때만 걸음 수 이벤트가 발생하므로 걸음 수를 측정하기 위해서는 '시작' 버튼을 먼저 눌러야 합니다.

7 **블록** 패널에서 **레이블_걸음수**를 선택한 후 블록 목록에서 지정하기 레이블_걸음수.텍스트 값 블록을 가져와서 언제 만보기1.걸음이감지되었을때 블록 안쪽에 연결합니다.

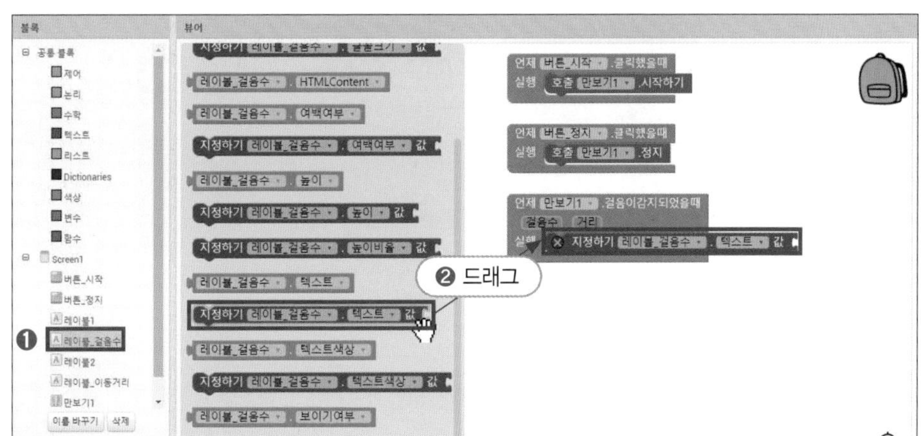

TIP 이 블록처럼 지정하기 로 시작하는 초록색 블록을 '속성 설정' 블록이라 부릅니다. 디자이너 화면에서 설정한 컴포넌트의 속성 값을 앱이 실행되는 중에 바꿔야 할 때 이 블록을 사용합니다.

잠깐만요

소켓과 플러그

지정하기 블록을 관찰해 보면 오른쪽 끝이 움푹 들어가 있습니다. 여기에는 다음 그림처럼 왼쪽이 볼록 튀어나온 블록과 연결할 수 있는데요. 이때 블록의 들어가 있는 부분을 '소켓'이라고 부르고, 튀어나온 부분을 '플러그'라 부릅니다.

전기 기구의 플러그와 소켓이 연결되면 전기가 흐르는 것처럼 블록의 소켓과 플러그가 연결되면 값이 흐르게 됩니다. 플러그가 있는 블록에는 주로 숫자, 문자 등과 같은 값이 들어 있는데, 플러그를 소켓에 끼우면 플러그가 있는 블록에 들어 있던 값이 소켓이 있는 블록으로 전달되어 소켓이 있는 블록을 실행하는 데 사용됩니다.

8 언제 만보기1.걸음이감지되었을때 블록 안에 있는 **걸음수** 위에 마우스 커서를 올리면 선택할 수 있는 두 개의 블록이 표시됩니다. 이 중 가져오기 걸음수 블록을 드래그하여 지정하기 레이블_걸음수.텍스트 값 블록에 끼웁니다.

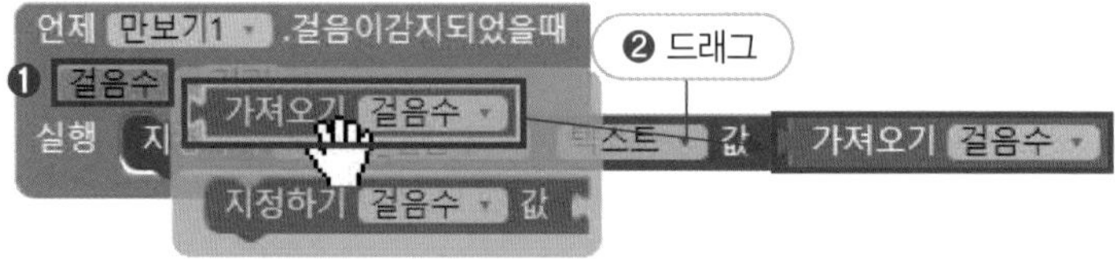

TIP

걸음 이벤트가 발생할 때마다 이를 처리하기 위해 언제 만보기1.걸음이감지되었을때 이벤트 핸들러 블록이 실행되고, 이 블록 안에 있는 변수인 '걸음수'에는 실제 걸음 수가 누적되어 저장됩니다. 가져오기 걸음수 블록은 변수 안에 있는 값을 가져오는 역할을 하며, 이 값을 레이블_걸음수의 텍스트 속성 값으로 지정하면 걸음이 감지될 때마다 앱 화면에 걸음 수가 표시됩니다.

잠깐만요

변수란?

변수는 '변하는 수'라는 뜻으로 프로그램을 만드는 데 필요한 숫자, 문자 등의 값을 저장해 두는 공간입니다. 예를 들어, 공을 넣을 수 있는 상자가 있다고 생각해 보겠습니다. 상자 안에는 공을 세 개 넣을 수도 있고 네 개 넣을 수도 있고 아예 넣지 않을 수도 있습니다. 상황에 따라 상자 안의 공의 개수는 변합니다.

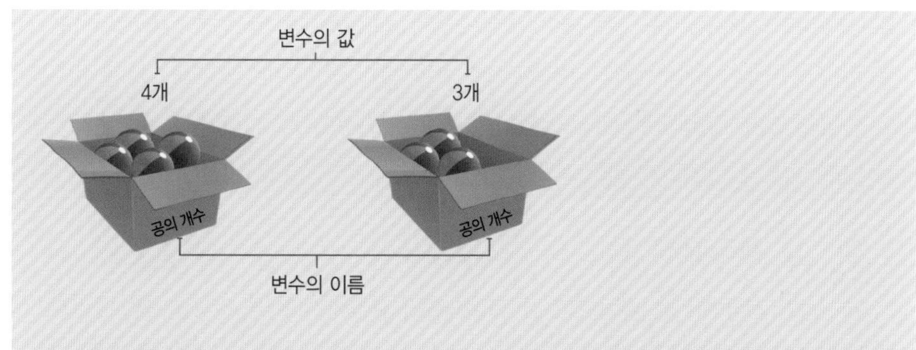

이 그림에서처럼 상자의 이름인 '공의 개수'가 '변수의 이름'이고, 상자 안에 들어 있는 공의 개수인 '3' 또는 '4'를 '변수의 값'이라고 합니다.

9 **블록** 패널에서 **레이블_이동거리**를 선택한 후 블록 목록에서 `지정하기 레이블_이동거리.텍스트 값` 블록을 가져와서 `지정하기 레이블_걸음수.텍스트 값` 블록 아래에 연결합니다.

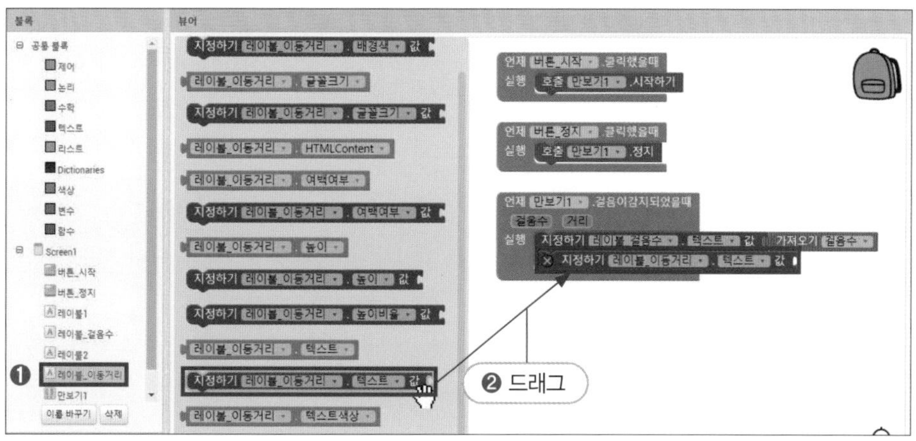

10 `언제 만보기1.걸음이감지되었을때` 블록 안에 있는 **거리** 위에 마우스 커서를 올린 후 `가져오기 거리` 블록을 드래그하여 `지정하기 레이블_이동거리.텍스트 값` 블록에 끼웁니다.

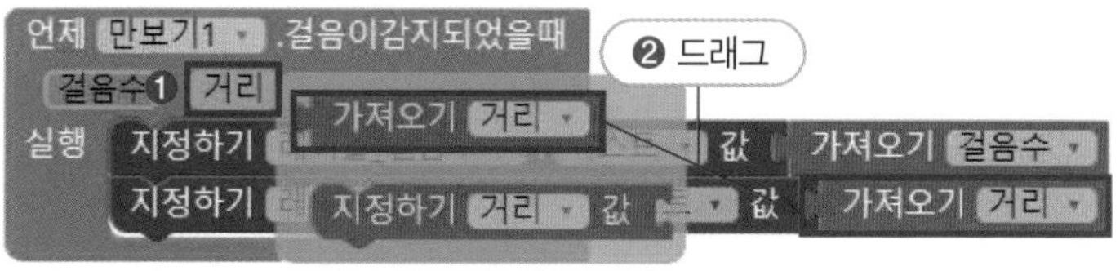

TIP

거리는 '걸음 수X보폭'으로 계산되는 값으로, '만보기' 컴포넌트의 보폭 속성이 달라지면 거리 값도 달라집니다. `가져오기 거리` 블록을 '레이블_이동거리'의 텍스트 속성 값으로 지정해 주면 걸음이 감지될 때마다 앱 화면에 이동한 거리가 출력됩니다.

지금까지 만보기 앱의 첫 번째 버전을 만들어 보았습니다. 다음 단계로 넘어가기 전에 컴패니언 앱을 이용하여 실시간으로 연결(39쪽 참고)하거나 apk 파일을 설치(43쪽 참고)해서 지금까지 만든 앱이 제대로 작동하는지 확인해 보기 바랍니다.

✓ 체크리스트

☐ **시작** 버튼을 클릭하고 걷기 시작하면 걸음 수와 이동거리 숫자가 증가함.

☐ **정지** 버튼을 클릭하고 걸으면 걸음 수와 이동거리 숫자에 변화가 없음.

만보기 앱 두 번째 버전 만들기

3장에 이어서 만보기 앱을 만들어 보겠습니다. 앞서 만든 만보기 앱은 만보기 기능을 테스트하기 위해 아주 간단하게 만들었기 때문에 제대로 된 앱이라고 볼 수 없습니다. 디자인을 개선하고 저장 기능과 초기화 기능을 추가해서 좀 더 완성된 형태의 만보기 앱으로 업그레이드해 보겠습니다.

미 | 리 | 보 | 기

초기 화면

• **시작** 버튼을 클릭하면 걸음 수를 측정합니다.

시작 버튼을 누른 이후 화면

- 걷기 시작하면 걸음 수와 이동거리를 나타내는 숫자가 변합니다.
- **정지** 버튼을 클릭하면 걸음 수 측정을 멈춥니다.
- **저장** 버튼을 클릭하면 걸음 수와 이동거리가 저장됩니다.
- **저장** 버튼을 클릭하고 앱을 종료한 후 다시 실행시키면 **시작** 버튼을 클릭했을 때 앞서 저장한 걸음 수에 이어 걸음 수를 세기 시작합니다.
- **초기화** 버튼을 클릭하면 걸음 수와 이동거리가 0으로 초기화됩니다.

완성 앱 미리보기

완성된 앱의 실제 동작이 궁금하다면 QR 코드를 스캔하여 파일을 스마트폰에 설치한 후 확인해 봅니다.

- **스마트폰 설치 파일** https://bit.ly/32sg5GO
- **프로젝트 파일** example_pedometer2.aia

1 프로젝트 준비하기

앞에서 만든 만보기 앱을 업그레이드하기 위해 앱 인벤터에 접속한 후 pedometer 프로젝트를 열겠습니다.

앱 인벤터(http://ai2.appinventor.mit.edu/)에 접속하여 로그인하면, 브라우저를 닫기 전에 마지막으로 작업했던 pedometer 프로젝트가 열립니다.

TIP
마지막으로 작업한 프로젝트가 pedometer가 아니라면 상단의 '프로젝트' 메뉴에서 '내 프로젝트'를 클릭한 후 프로젝트 목록 화면에서 'pedometer'를 선택하면 됩니다. 만약 이전에 작업하던 프로젝트가 자동으로 열리지 않는다면 화면 상단의 'Settings' 메뉴에서 'Enable Project Autoload'를 클릭하여 다음 접속부터는 프로젝트가 자동으로 열리게 설정합니다.

2 컴포넌트로 앱 화면 디자인하기

새로운 기능을 설정하기 위해 버튼을 추가하고 배치를 바꾸겠습니다. 그리고 걸음 수와 이동거리가 잘 보이도록 글자 크기를 키우고 화면 가운데로 정렬해 보겠습니다.

1 화면에 있는 버튼을 수평으로 배치하기 위해 **팔레트** 패널의 **레이아웃** 서랍에서 **수평배치**를 가져와 **시작** 버튼 위에 추가합니다.

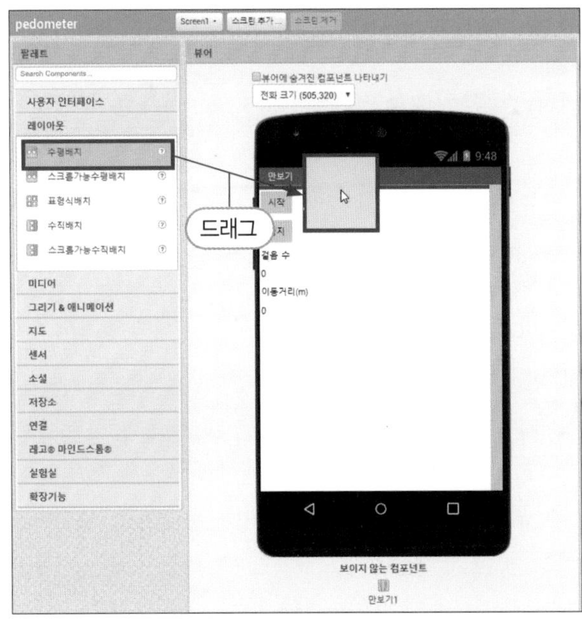

잠깐만요

레이아웃이란?

레이아웃은 컴포넌트를 배치하는 데 사용되는 틀입니다. '팔레트' 패널의 '레이아웃' 서랍을 열면 총 5가지의 레이아웃을 확인할 수 있으며 레이아웃 안에 레이아웃을 넣을 수도 있어서 몇 가지 레이아웃을 조합하여 컴포넌트를 다양한 형태로 배치할 수 있습니다.

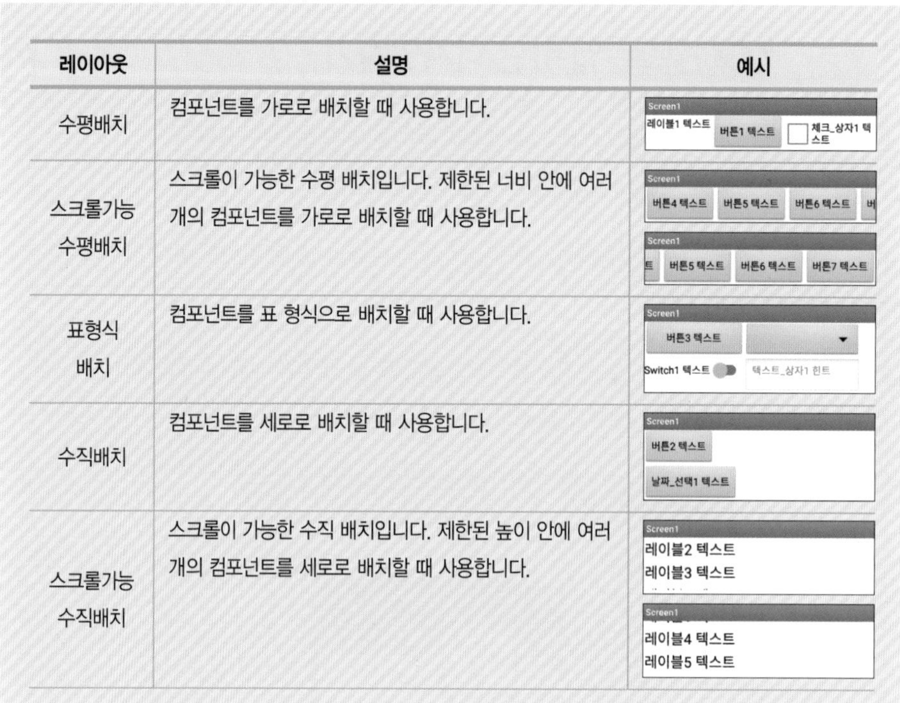

레이아웃	설명	예시
수평배치	컴포넌트를 가로로 배치할 때 사용합니다.	Screen1 / 레이블1 텍스트 / 버튼1 텍스트 / 체크_상자1 텍스트
스크롤가능 수평배치	스크롤이 가능한 수평 배치입니다. 제한된 너비 안에 여러 개의 컴포넌트를 가로로 배치할 때 사용합니다.	Screen1 / 버튼4 텍스트 / 버튼5 텍스트 / 버튼6 텍스트 / Screen1 / 버튼5 텍스트 / 버튼6 텍스트 / 버튼7 텍스트
표형식 배치	컴포넌트를 표 형식으로 배치할 때 사용합니다.	Screen1 / 버튼3 텍스트 / Switch1 텍스트 / 텍스트_상자1 힌트
수직배치	컴포넌트를 세로로 배치할 때 사용합니다.	Screen1 / 버튼2 텍스트 / 날짜_선택1 텍스트
스크롤가능 수직배치	스크롤이 가능한 수직 배치입니다. 제한된 높이 안에 여러 개의 컴포넌트를 세로로 배치할 때 사용합니다.	Screen1 / 레이블2 텍스트 / 레이블3 텍스트 / Screen1 / 레이블4 텍스트 / 레이블5 텍스트

2 **속성** 패널에서 **수평배치1**의 **너비** 속성에서 **자동...** 클릭하면 4가지 선택 항목이 나옵니다. 그 중 **부모 요소에 맞추기**를 선택하고 **확인** 버튼을 클릭합니다.

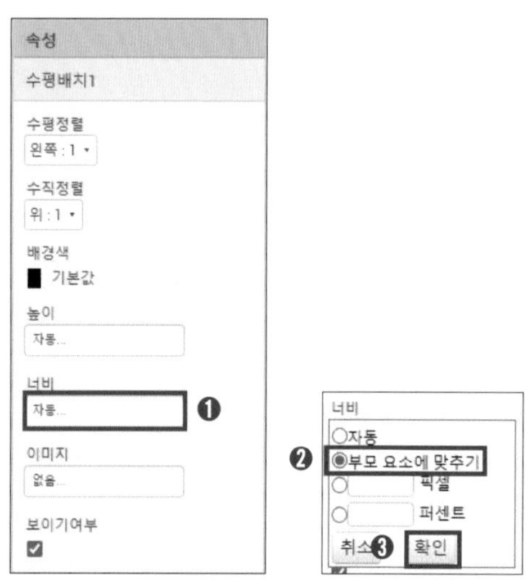

TIP 너비를 '부모 요소에 맞추기'로 설정하면 수평배치1의 너비가 수평배치1의 부모인 Screen1의 너비와 같아집니다.

컴포넌트의 높이와 너비를 설정하는 방법

컴포넌트의 높이와 너비는 총 4가지 방법으로 설정할 수 있습니다.

속성 값	설명	예시
자동	컴포넌트 안에 있는 글자 크기에 따라 컴포넌트의 크기가 결정됩니다. 레이아웃의 경우에는 레이아웃 안에 있는 컴포넌트의 크기에 맞춰서 레이아웃의 크기가 결정됩니다.	Screen1 글꼴크기14 글꼴크기25
부모 요소에 맞추기	컴포넌트의 크기가 부모의 크기에 맞게 늘어납니다. 스크린에 바로 배치된 컴포넌트의 부모는 스크린이 되고 레이아웃 안에 배치된 컴포넌트의 부모는 레이아웃이 됩니다.	Screen1 너비 부모 요소에 맞추기 높이 부모 요소에 맞추기
픽셀	컴포넌트의 크기를 픽셀 단위로 설정합니다.	Screen1 너비100픽셀 너비150픽셀 높이40픽셀 높이80픽셀
퍼센트	컴포넌트의 크기를 스크린 크기에 대한 백분율로 지정합니다. 예를 들어 어떤 컴포넌트의 높이를 20%로 정했다면 그 컴포넌트가 레이아웃 안에 있더라도 레이아웃 크기에 상관없이 스크린 높이의 20%로 설정됩니다.	Screen1 너비50퍼센트 너비80퍼센트

3 **시작** 버튼과 **정지** 버튼을 **수평배치1** 안에 넣습니다.

4 **저장** 버튼을 만들기 위해 **팔레트** 패널의 **사용자 인터페이스** 서랍에서 **버튼**을 가져와서 **정지** 버튼 오른쪽에 넣습니다.

5 **컴포넌트** 패널의 **이름 바꾸기** 버튼을 클릭하여 **버튼1**의 이름을 **버튼 저장**으로 바꾸고 **확인** 버튼을 클릭합니다.

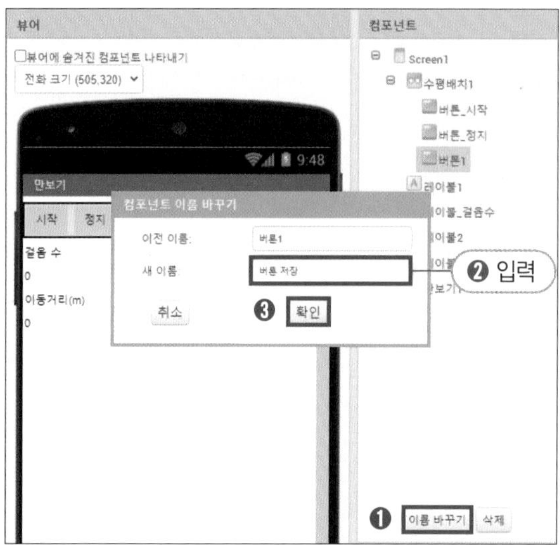

6 **속성** 패널에서 **버튼_저장**의 **텍스트** 속성을 **저장**으로 바꿉니다.

7 **초기화** 버튼을 만들기 위해 **팔레트** 패널의 **사용자 인터페이스** 서랍에서 **버튼**을 가져와서 **저장** 버튼 오른쪽에 추가합니다.

8 **컴포넌트** 패널의 **이름 바꾸기** 버튼을 클릭하여 **버튼1**의 이름을 **버튼 초기화**로 바꾸고 **확인** 버튼을 클릭합니다.

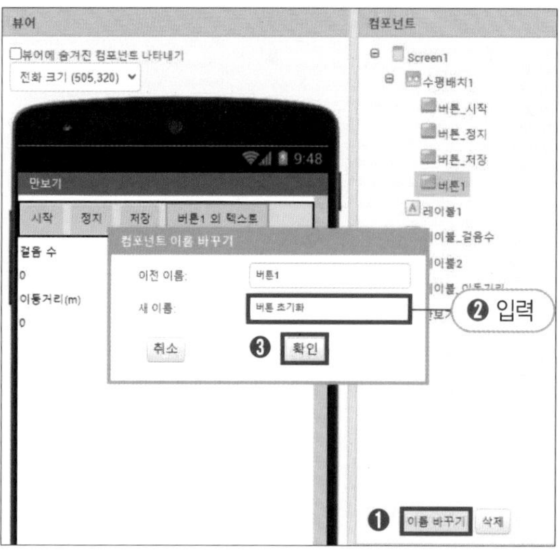

9 **버튼_초기화**의 **텍스트** 속성을 **초기화**로 바꿉니다.

10 **뷰어** 패널에서 **시작** 버튼을 선택하거나 **컴포넌트** 패널에서 **버튼_시작**을 선택한 후 **속성** 패널에서 **너비** 속성을 **부모 요소에 맞추기**로 선택하고 **확인** 버튼을 클릭합니다.

11 **시작** 버튼의 **너비** 속성을 바꾼 방법과 똑같이 **정지**, **저장**, **초기화** 버튼의 **너비** 속성을 모두 **부모 요소에 맞추기**로 바꿉니다.

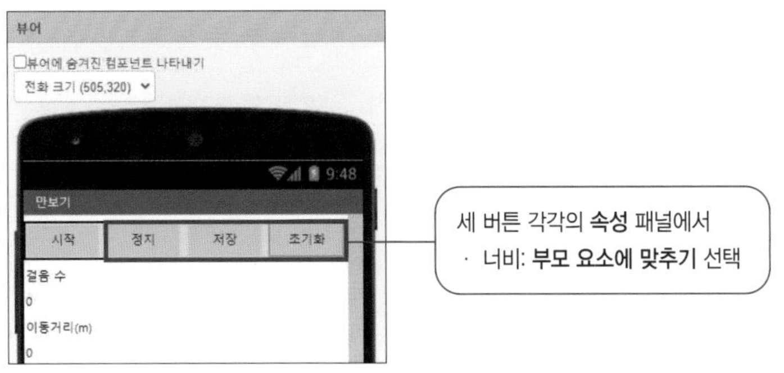

세 버튼 각각의 속성 패널에서
· 너비: 부모 요소에 맞추기 선택

TIP 수평배치1 안에 있는 버튼 4개의 너비를 '부모 요소에 맞추기'로 바꾸면, 버튼 4개가 부모인 수평배치1의 너비를 4등분하여 나눠 가집니다. 스크린이나 레이아웃에 컴포넌트를 여러 개 배치할 때 컴포넌트를 하나 넣자마자 너비를 바로 '부모 요소에 맞추기'로 바꾸면 컴포넌트 하나가 부모 영역을 가득 채우기 때문에 다음 컴포넌트를 배치하기 불편합니다. 그래서 레이아웃에 컴포넌트를 여러 개 넣을 때는 배치가 끝난 후에 속성을 설정하는 것이 더 편할 때가 많습니다.

12 만보기 앱에서 가장 중요한 정보인 걸음 수가 화면에 잘 보이도록 글꼴 크기를 키우겠습니다. **컴포넌트** 패널에서 **레이블_걸음수**를 클릭한 후 **속성** 패널에서 **글꼴크기**를 80으로 바꿉니다.

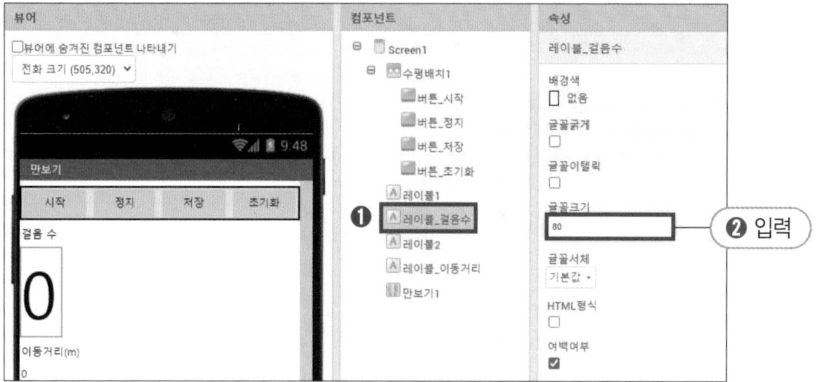

13 이동거리도 중요한 정보이므로 크게 키우되, 걸음 수 크기보다는 작게 하겠습니다. **컴포넌트** 패널에서 **레이블_이동거리**를 클릭한 후 **글꼴크기**를 50으로 바꿉니다.

14 마지막으로, 텍스트 정보를 정렬하여 보기 좋게 만들겠습니다. **컴포넌트** 패널에서 **Screen1**을 클릭한 후 **속성** 패널에서 **수평정렬**을 **가운데 : 3**으로 바꿉니다.

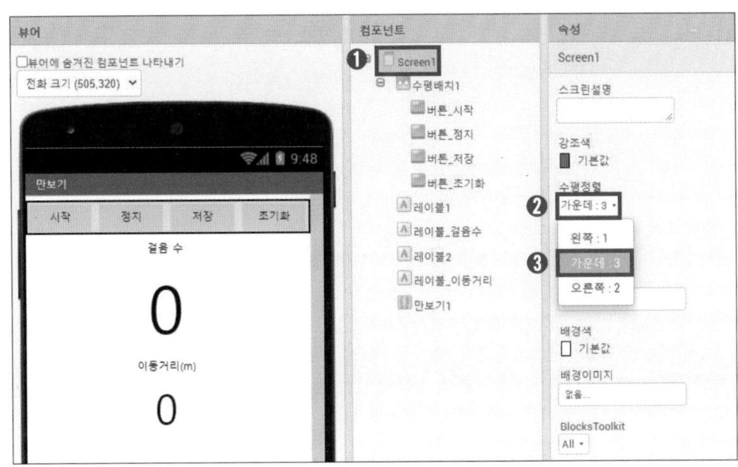

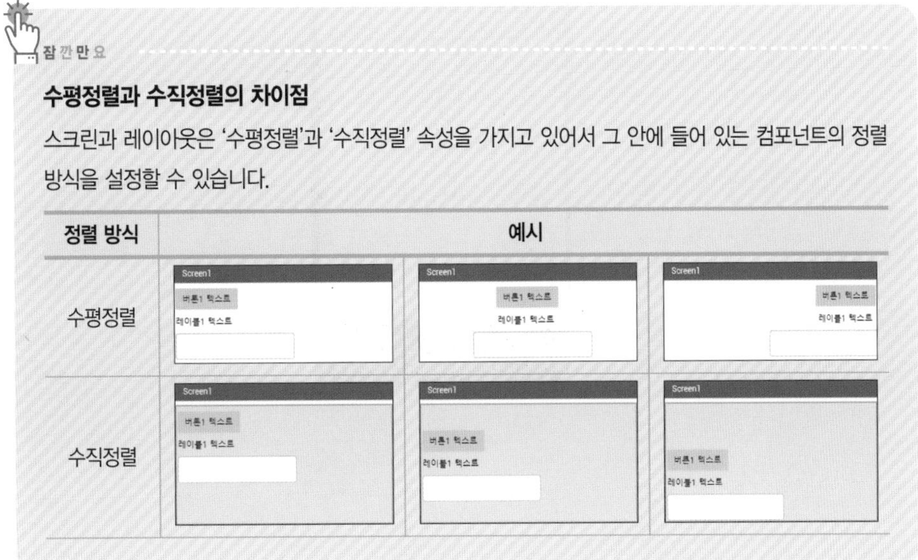

잠깐만요

수평정렬과 수직정렬의 차이점

스크린과 레이아웃은 '수평정렬'과 '수직정렬' 속성을 가지고 있어서 그 안에 들어 있는 컴포넌트의 정렬 방식을 설정할 수 있습니다.

정렬 방식	예시		
수평정렬	Screen1 버튼1 텍스트 레이블1 텍스트	Screen1 버튼1 텍스트 레이블1 텍스트	Screen1 버튼1 텍스트 레이블1 텍스트
수직정렬	Screen1 버튼1 텍스트 레이블1 텍스트	Screen1 버튼1 텍스트 레이블1 텍스트	Screen1 버튼1 텍스트 레이블1 텍스트

3 블록으로 앱 코딩하기

블록 화면으로 이동하여 새롭게 추가된 저장 버튼과 초기화 버튼이 제 기능을 하도록 만들어 보겠습니다.

1 화면 오른쪽 상단에 있는 **블록** 버튼을 클릭하여 **블록** 화면으로 이동합니다.

2 먼저, **저장** 버튼을 클릭했을 때 걸음 수와 이동거리가 저장되도록 만들겠습니다. **블록** 패널에서 **버튼_저장**을 클릭한 후 블록 목록에서 언제 버튼_저장.클릭했을때 블록을 **뷰어** 패널로 가져옵니다.

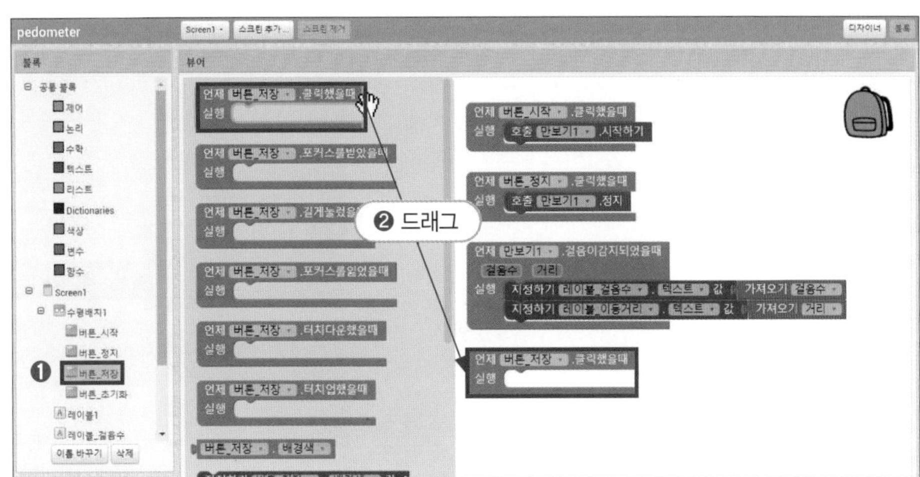

TIP 지금 만들고 있는 만보기 앱은 3장의 만보기 앱을 이어서 만드는 것이므로 이전에 만들었던 블록들이 '뷰어' 패널에 남아 있습니다.

3 **블록** 패널에서 **만보기1**을 선택한 후 블록 목록에서 호출 만보기1.저장하기 블록을 가져와 언제 버튼_저장.클릭했을때 블록 안쪽에 연결합니다.

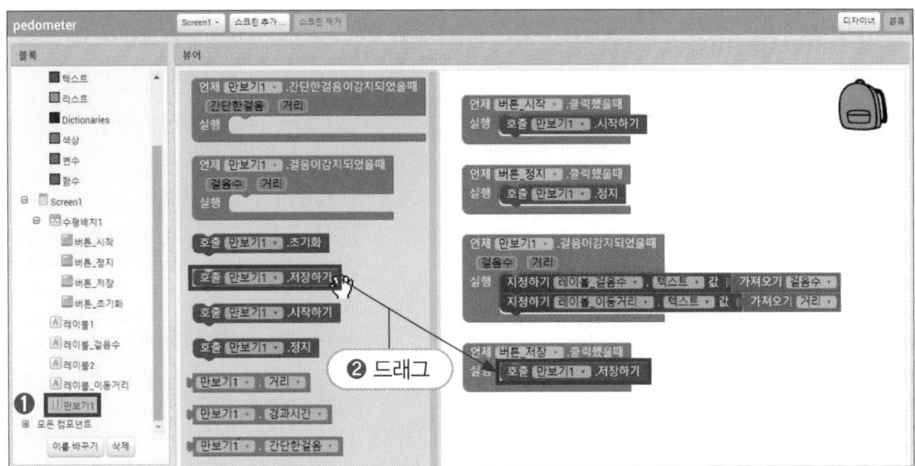

TIP '저장' 버튼을 클릭하면 지금까지의 걸음 수와 이동거리가 스마트폰에 저장됩니다. 앱을 종료하고 다시 실행하여 '시작' 버튼을 클릭하면 이전에 저장된 걸음 수와 이동거리에 이어서 측정이 시작됩니다.

4 이번에는 초기화 버튼을 클릭하면 걸음 수와 이동거리가 0이 되도록 만들겠습니다. **블록** 패널에서 **버튼_초기화**를 선택한 후 블록 목록에서 언제 버튼_초기화.클릭했을때 블록을 가져와 **뷰어** 패널에 추가합니다.

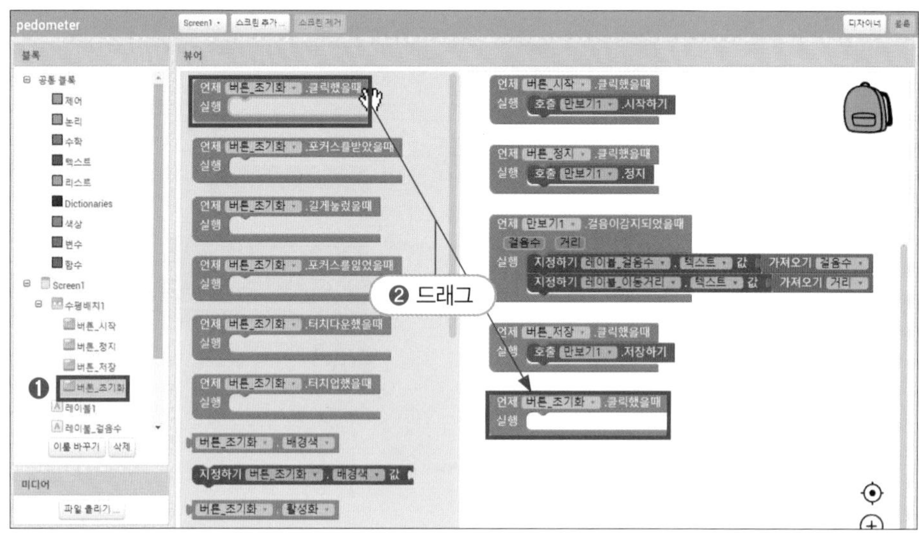

5 **블록** 패널에서 **만보기1**을 선택한 후 블록 목록에서 호출 만보기1.초기화 블록을 가져와 언제 버튼_초기화.클릭했을때 블록 안쪽에 연결합니다.

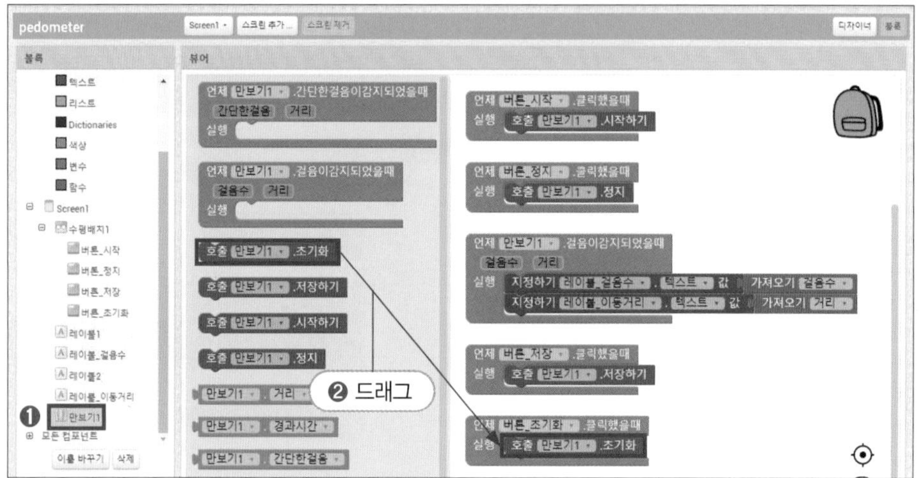

TIP

여기까지 만든 상태에서 '초기화' 버튼을 클릭하면 걸음 수와 이동거리를 저장하는 변수의 값이 0이 됩니다. 하지만 앱 화면에 보이는 걸음 수와 이동거리는 그대로일 것입니다. 만보기가 초기화되었음을 사용자가 알 수 있게 하려면 화면에 표시되는 걸음 수와 이동거리도 0으로 바꿔야 합니다.

6 앱 화면에 표시되는 걸음 수와 이동거리를 초기화하는 코드를 만들겠습니다. 이번에는 복제를 이용해서 블록 코드를 만들어 보겠습니다. 우선 언제 만보기1.걸음이감지되었을때 블록 안에 있는 지정하기 레이블_걸음수.텍스트 값 블록을 마우스 오른쪽 버튼으로 클릭한 후 **복제하기**를 클릭하면 선택한 블록과 같은 블록이 하나 더 생깁니다.

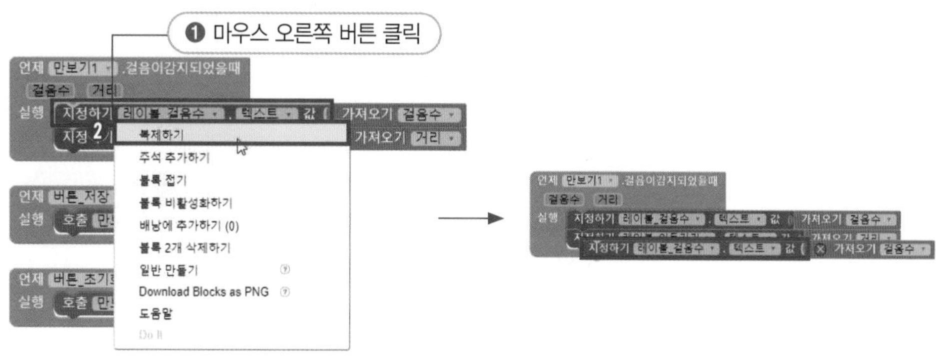

TIP 새로운 코드를 만들기 위해 필요한 블록이 이미 '뷰어' 패널에 있다면 '블록' 패널의 각 서랍에서 필요한 블록을 찾아서 가져오는 것보다 이미 나와 있는 블록을 복제해서 사용하는 것이 더 빠르고 편리합니다.

7 복제한 블록을 언제 버튼_초기화.클릭했을때 블록 안쪽에 다음과 같이 연결합니다.

8 이때 가져오기 걸음수 블록은 필요가 없으므로 블록을 드래그하여 화면 오른쪽 아래에 있는 휴지통에 넣어 삭제합니다.

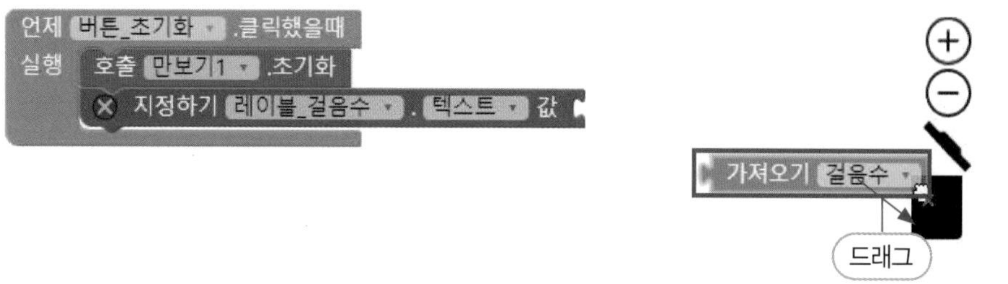

TIP 휴지통에 버리는 대신 블록을 선택한 후 Delete 를 누르거나 마우스 오른쪽 버튼을 눌러 '블록 삭제하기'를 선택해도 됩니다.

9 **블록** 패널에서 **텍스트**를 선택한 후 블록 목록에서 " " 블록을 가져와 지정하기 레이블_걸음수.텍스트 값 블록의 소켓에 끼웁니다. 그리고 " " 블록의 빈칸을 클릭하여 0을 입력합니다.

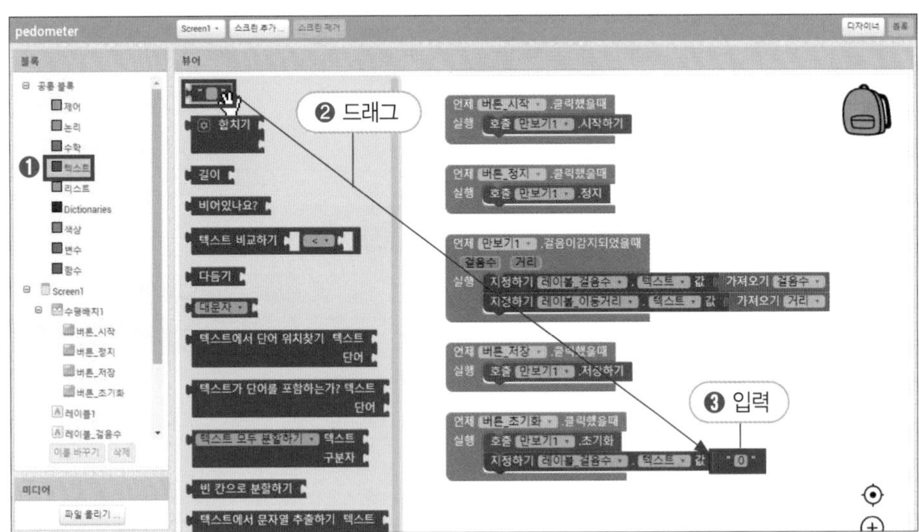

10 이번에는 지정하기 레이블_걸음수.텍스트 값 블록을 복제한 후 원본 블록 바로 아래에 연결합니다.

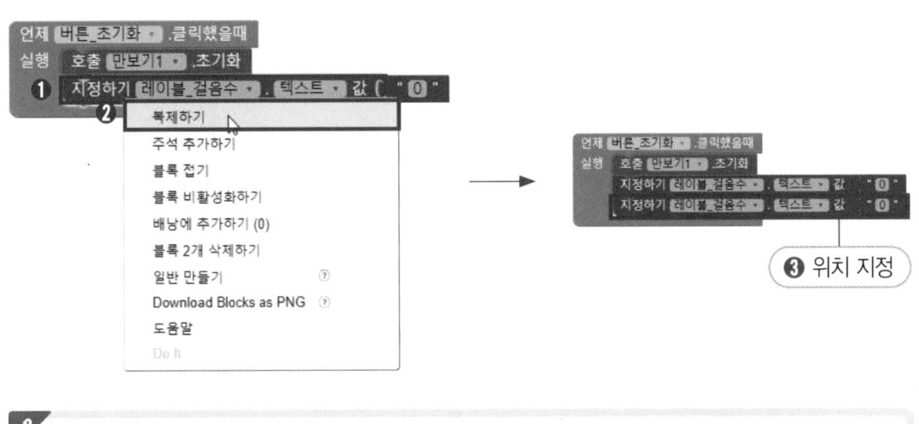

TIP 복제하기 대신 블록이 선택된 상태에서 Ctrl + C와 Ctrl + V를 차례로 눌러 복사하여 붙여 넣어도 됩니다.

11 복제된 지정하기 레이블_걸음수.텍스트 값 블록의 **레이블_걸음수**를 클릭하여 **레이블_이동거리**로 바꾸면 이동거리를 **0**으로 초기화하는 코드가 됩니다.

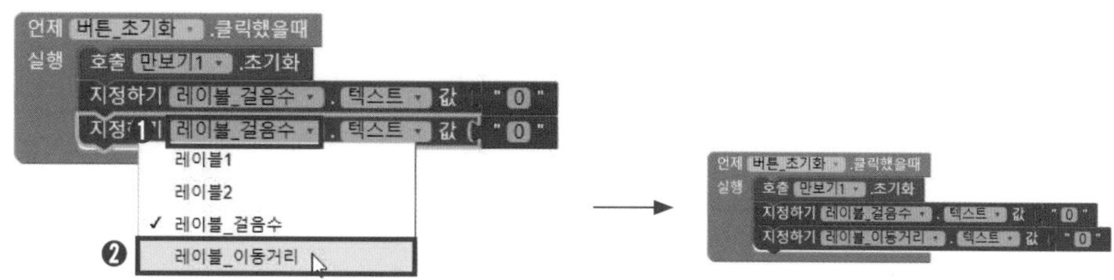

> **TIP** 이제 '초기화' 버튼을 클릭하면 누적된 걸음 수와 이동거리가 0으로 초기화되고, 화면에 보이는 숫자도 0으로 바뀌게 됩니다. 이미 저장되어 있는 걸음 수와 이동거리는 초기화되지 않습니다.

이것으로 만보기 앱 만들기가 끝났습니다. 컴패니언 앱을 이용하여 실시간으로 연결(39쪽 참고)하거나 apk 파일을 설치(43쪽 참고)해서 지금까지 만든 앱이 제대로 작동하는지 확인해 보기 바랍니다.

체크리스트

- [ ] **시작** 버튼을 클릭하고 걷기 시작하면 걸음 수와 이동거리 숫자가 증가함.
- [ ] **정지** 버튼을 클릭하고 걸으면 걸음 수와 이동거리 숫자에 변화가 없음.
- [ ] **저장** 버튼을 클릭한 후 앱을 재시작하고 시작 버튼을 클릭하면 저장된 걸음 수와 이동거리에 이어서 측정을 시작함.
- [ ] **초기화** 버튼을 클릭하면 걸음 수와 이동거리가 0이 됨.

나만의 아이디어 더하기

지금까지 간단한 형태의 만보기 앱을 만들어 보았습니다. 제대로 된 만보기 앱이 되려면 디자인이나 기능 면에서 개선해야 할 부분이 아직 많이 남아 있습니다. 개선을 위한 아이디어를 몇 가지 예로 들자면 다음과 같습니다.

1. 걷기 운동을 한 시간을 측정하는 기능 추가하기
2. 운동 시간과 몸무게를 이용하여 걷기 운동으로 소비된 칼로리를 계산하는 기능 추가하기
3. 운동 기록을 일별로 저장하여 관리하는 기능 추가하기
4. 실수로 뒤로 가기 버튼을 눌러도 앱이 바로 종료되지 않는 기능 추가하기
5. 좀 더 멋지고 세련된 디자인으로 변경하기

만보기 앱에 여러분 만의 새로운 아이디어를 추가해 봅시다. 지금 당장 새로운 아이디어가 떠오르지 않는다면 일단은 이 페이지를 건너뛰어도 됩니다. 앞으로 이 책을 통해 공부하는 과정에서 만보기 앱에 접목시킬 새로운 기능을 발견할 수도 있고, 괜찮은 아이디어가 불현듯 떠오를 수도 있으니까요. 그리고 아이디어가 잘 떠오르지 않는다면 Play 스토어 앱에 있는 다양한 만보기 앱을 설치해서 사용해 보고 맘에 드는 기능을 모방해서 만드는 것도 좋은 공부가 될 것입니다.

포스트잇 붙이는 공간

· 둘째마당 ·

앱 인벤터 연습하기

일상에 도움이 될 만한 앱을 만들고 업그레이드하면서 앱을 만드는 과정에 익숙해져 봅시다.

점수판 앱 만들기

이번 장에서는 운동 경기를 할 때 점수를 기록하는 점수판을 만들어 보겠습니다. 친구들과 축구, 농구, 배드민턴 등 각종 경기를 할 때 점수판이 있으면 더 쉽게 점수를 기억할 수 있고 경기를 보는 친구들은 더 재미있게 관람할 수 있을 것입니다.

미 | 리 | 보 | 기

초기 화면

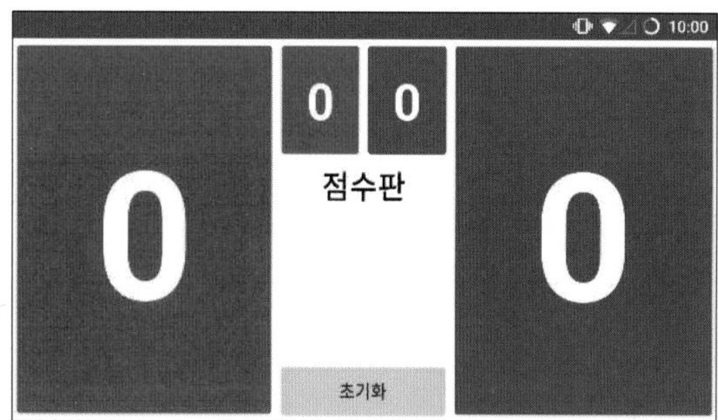

- 현재 점수를 표시하는 큰 버튼 2개와 세트 점수를 표시하는 작은 버튼 2개, 초기화를 위한 버튼 1개로 구성되어 있습니다.
- 각 팀의 현재 점수와 세트 점수는 0으로 초기화되어 있습니다.

버튼을 클릭했을 때

- 4개의 점수 버튼은 한 번씩 클릭할 때마다 점수를 표시하는 숫자가 1씩 더해집니다.
- 4개의 점수 버튼은 길게 클릭하면 점수를 표시하는 숫자가 1씩 줄어듭니다.
- **초기화** 버튼을 클릭하면 현재 점수와 세트 점수가 모두 0으로 초기화됩니다.

스마트폰의 뒤로 가기 버튼을 눌렀을 때

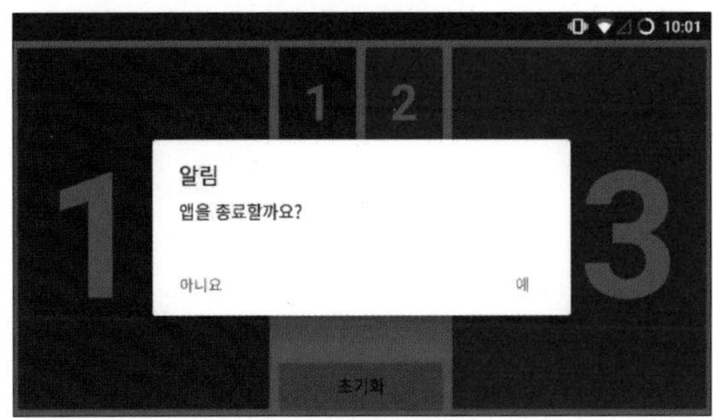

- 앱을 종료할지 묻는 선택대화창이 나타납니다.
- 선택대화창의 **예**를 클릭하면 앱이 종료됩니다.

완성 앱 미리보기

완성된 앱의 실제 동작이 궁금하다면 QR 코드를 스캔하여 파일을 스마트폰에 설치한 후 확인해 봅니다.

- **스마트폰 설치 파일** https://bit.ly/3hcNtVN
- **프로젝트 파일** example_scoreBoard.aia

1 프로젝트 준비하기

앱 인벤터에 접속하여 점수판 앱을 만들기 위한 새로운 프로젝트를 추가하겠습니다.

1 앱 인벤터(http://ai2.appinventor.mit.edu/)에 접속하여 로그인한 후 **프로젝트** 메뉴에서 **새 프로젝트 시작하기**를 선택합니다.

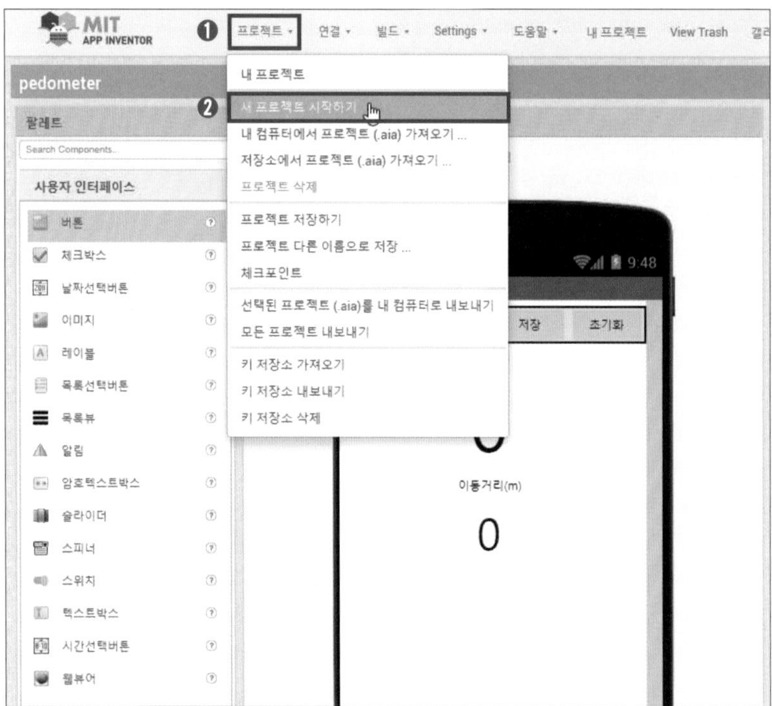

2 프로젝트 이름을 scoreBoard로 입력하고 **확인** 버튼을 클릭합니다.

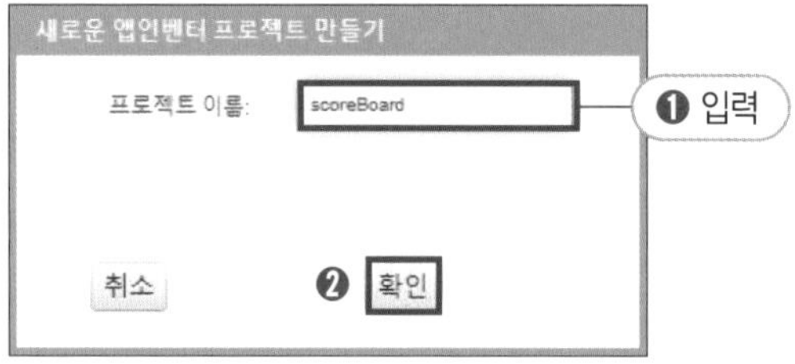

2 컴포넌트로 앱 화면 디자인하기

프로젝트가 생성되었으면 디자이너 화면에서 앱의 화면을 만들겠습니다. 점수판 앱 화면의 기본 형태는 다음 그림과 같습니다.

1 **스크린**(Screen1)의 **속성**을 [앱이름: **점수판**], [스크린방향: **가로**], [테마: **장치 기본값**], [제목보이기: **체크 해제**]로 바꿉니다.

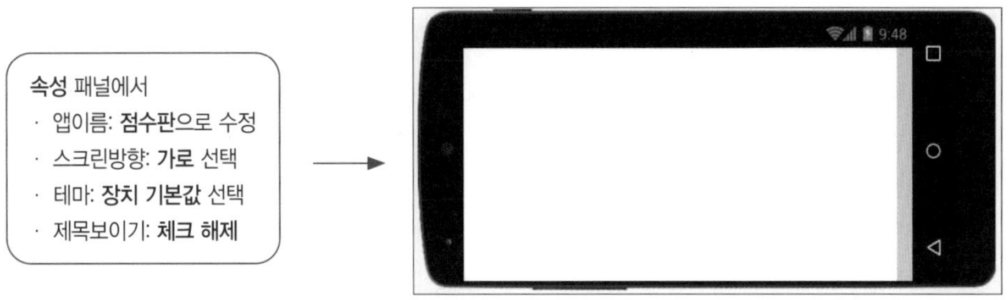

TIP
스크린 방향을 '가로'로 설정하면 스마트폰을 회전시키더라도 스크린 방향이 세로로 바뀌지 않고 가로로 계속 유지됩니다. 그리고 제목보이기를 체크 해제하면 스크린 상단에 표시되는 제목(Screen1)의 회색 영역이 사라집니다.

잠깐만요

테마(Theme)란?

스크린의 속성 중 '테마'를 이용하면 화면에 표시되는 사용자 인터페이스의 모양을 바꿀 수 있습니다. 테마가 기본값인 '클래식'으로 설정되어 있으면 구형 안드로이드 운영체제에서 쓰던 사용자 인터페이스가 화면에 출력되지만 '장치 기본값'으로 바꾸면 현재 앱을 실행시키고 있는 스마트폰 운영체제에 맞는 사용자 인터페이스가 화면에 출력됩니다. 이 외에도 '검정 타일 텍스트'나 'Dark'로 속성을 바꾸면 화면에 보이는 사용자 인터페이스의 모양과 색깔이 조금씩 달라집니다.

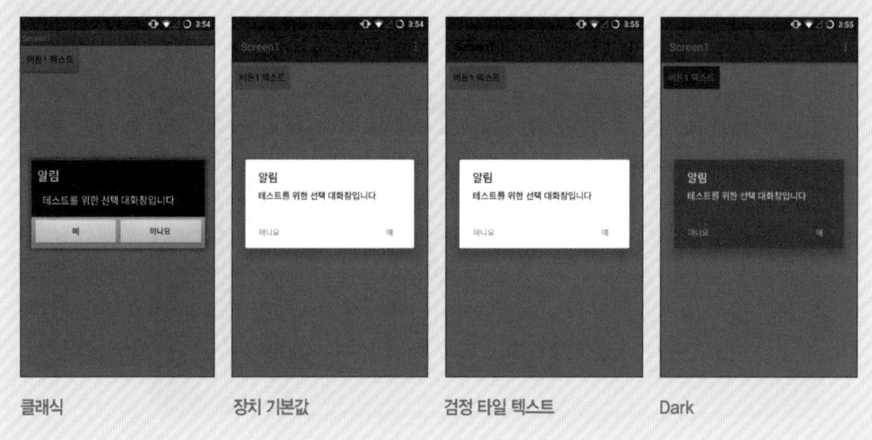

클래식 장치 기본값 검정 타일 텍스트 Dark

2 ❶ **팔레트** 패널의 **레이아웃** 서랍에서 **수평배치**를 가져와 Screen1에 추가하고, ❷ **수평배치1**의 **속성** 패널에서 [높이: **부모 요소에 맞추기**], [너비: **부모 요소에 맞추기**]로 선택합니다.

3 ❶ **팔레트** 패널의 **사용자 인터페이스** 서랍에서 **버튼**을 2개 가져와 **수평배치1**에 추가하고, ❷ **레이아웃** 서랍에서 **수직배치**를 가져와 두 버튼 사이에 추가합니다.

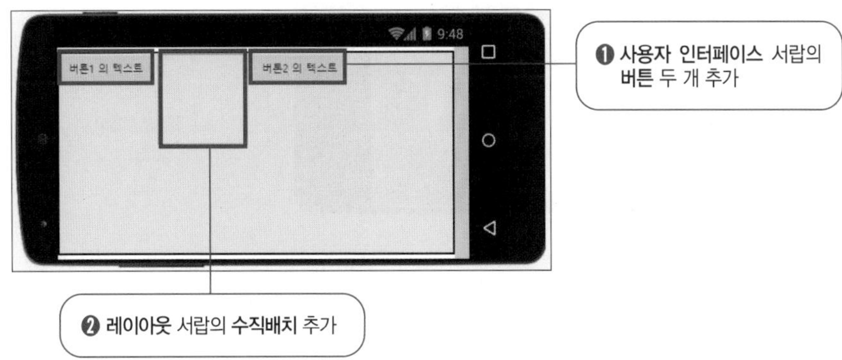

4 ❶ **버튼1**의 이름을 **버튼_A점수**로 바꾸고, **속성**을 [배경색: **빨강**], [글꼴굵게: **체크**], [글꼴크기: 140], [높이: **부모 요소에 맞추기**], [너비: **부모 요소에 맞추기**], [텍스트: 0], [텍스트색상: **흰색**]으로 바꿉니다. ❷ **버튼2**의 이름을 **버튼_B점수**로 바꾸고, **속성**을 [배경색: **파랑**], [글꼴굵게: **체크**], [글꼴크기: 140], [높이: **부모 요소에 맞추기**], [너비: **부모 요소에 맞추기**], [텍스트: 0], [텍스트색상: **흰색**]으로 바꿉니다.

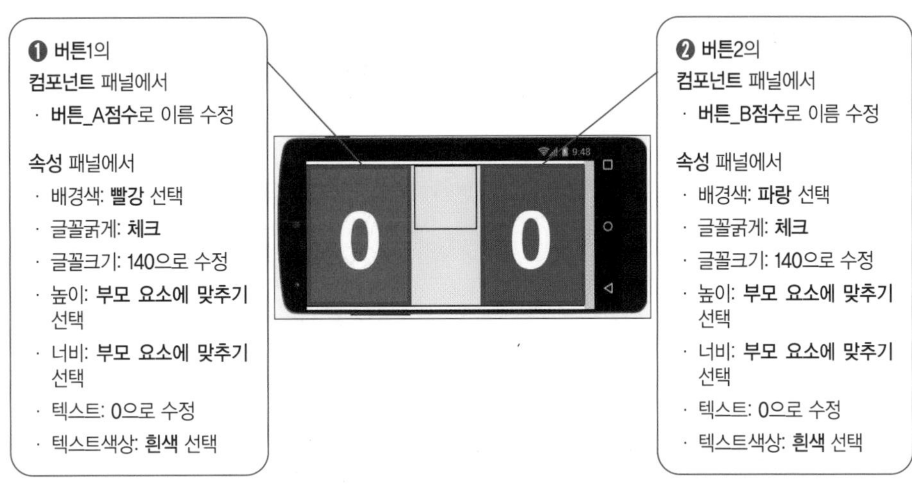

5 **수직배치1**의 **속성** 패널에서 [높이: **부모 요소에 맞추기**], [너비: **26 퍼센트**]로 바꿉니다.

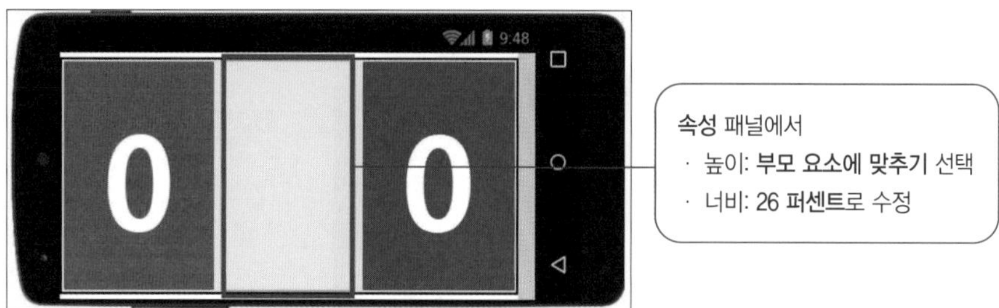

TIP
수직배치가 너비의 26%를 먼저 차지하면 남는 너비는 74%가 됩니다. '버튼_A점수'와 '버튼_B점수'는 모두 너비를 '부모 요소에 맞추기'로 설정했으므로 두 버튼은 남은 너비를 공평하게 37%씩 나눠 가집니다.

6 ❶ **레이아웃** 서랍의 **수평배치**를 가져와 **수직배치1**에 추가하고 ❷ **속성** 패널에서 [높이: **30 퍼센트**], [너비: **부모 요소에 맞추기**]로 바꿉니다.

7 ❶ **사용자 인터페이스** 서랍의 **레이블**을 가져와 **수직배치1**에 추가하고 ❷ **속성** 패널에서 [글꼴크기: 25], [높이: **부모 요소에 맞추기**], [너비: **부모 요소에 맞추기**], [텍스트: **점수판**], [텍스트정렬: **가운데 : 1**]로 바꿉니다.

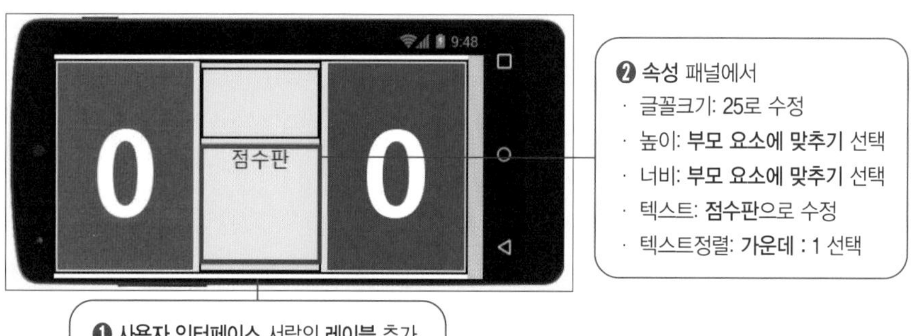

8 ❶ **사용자 인터페이스** 서랍의 **버튼**을 가져와 **수직배치1**에 추가하고 ❷ **버튼1**의 이름을 **버튼_초기화**로 바꾸고 ❸ **속성** 패널에서 [배경색: **밝은 회색**], [너비: **부모 요소에 맞추기**], [텍스트: **초기화**]로 바꿉니다.

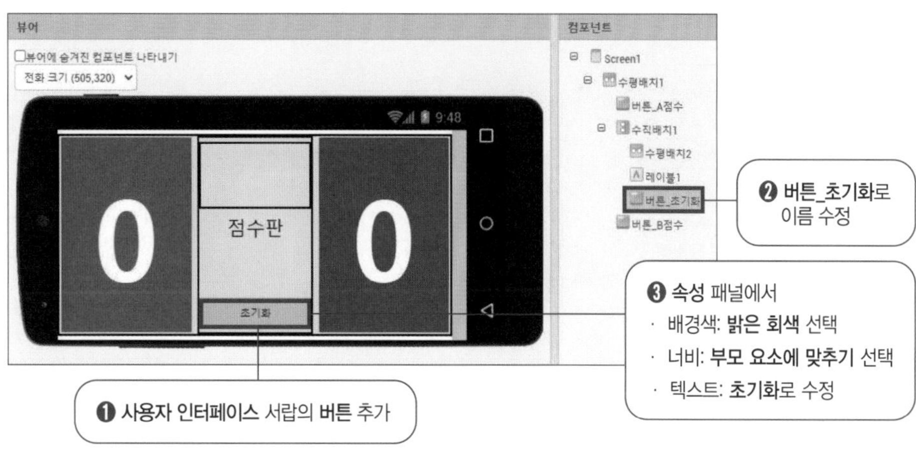

TIP 버튼을 수직배치1에 추가할 때 점수판 위가 아니라 아래에 추가해야 합니다. 버튼이 점수판 위로 들어가지 않도록 주의하세요.

9 ❶ **사용자 인터페이스** 서랍에서 **버튼** 2개를 차례로 가져와 **수평배치2**에 추가한 후 ❷ **버튼1**의 이름을 **버튼_A세트**로, **버튼2**의 이름을 **버튼_B세트**로 바꿉니다.

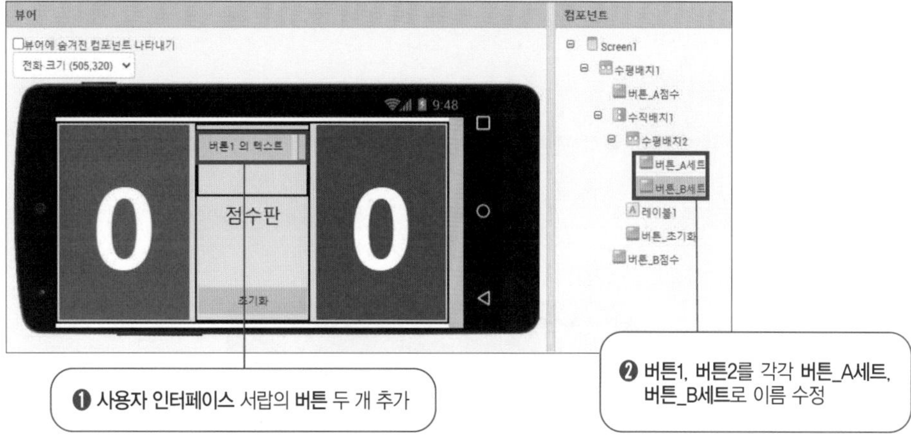

10 ❶ **버튼_A세트**의 **속성** 패널에서 [배경색: **빨강**], [글꼴굵게: **체크**], [글꼴크기: **40**], [높이: **부모 요소에 맞추기**], [너비: **부모 요소에 맞추기**], [텍스트: **0**], [텍스트색상: **흰색**]으로 바꾸고, ❷ **버튼_B세트**의 **속성** 패널에서 [배경색: **파랑**], [글꼴굵게: **체크**], [글꼴크기: **40**], [높이: **부모 요소에 맞추기**], [너비: **부모 요소에 맞추기**], [텍스트: **0**], [텍스트색상: **흰색**]으로 바꿉니다.

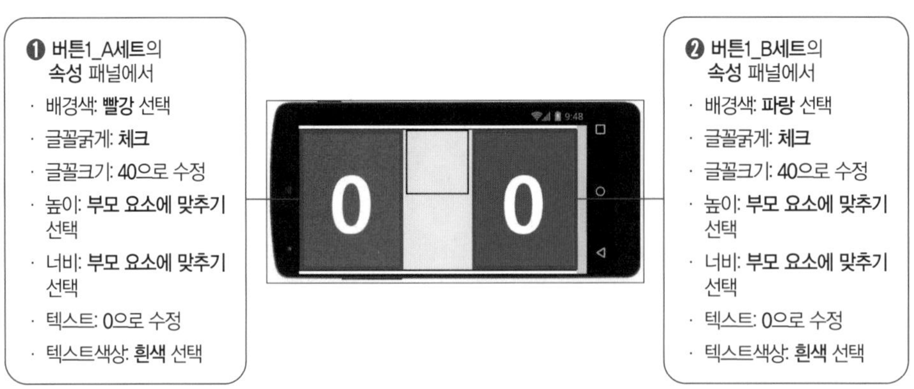

3 블록으로 앱 코딩하기

이제 블록 코딩으로 각 버튼에 기능을 적용하여 앱이 작동하도록 해 보겠습니다.

1 오른쪽 상단에 있는 **블록** 버튼을 클릭하여 **블록** 화면으로 이동합니다.

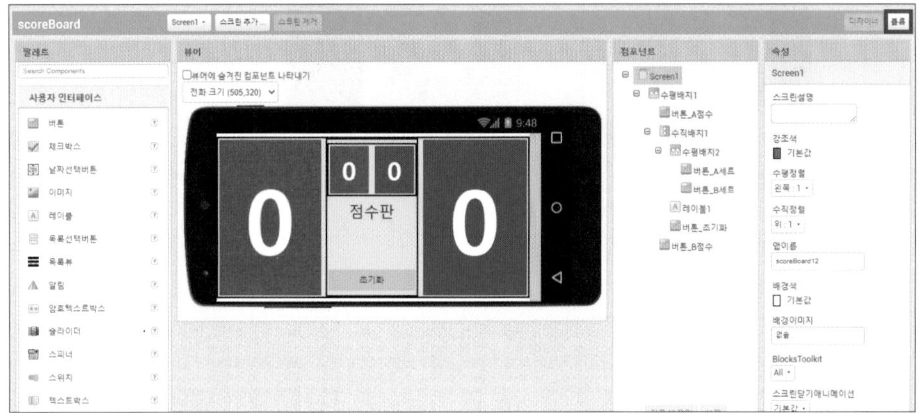

2 **버튼_A점수**를 클릭할 때마다 **버튼_A점수**에 표시되는 숫자가 1씩 커지도록 언제 버튼_A점수.클릭했을때 블록을 다음과 같이 구성합니다.

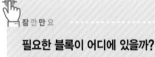

버튼_A점수를 클릭하면 **버튼_A점수**의 **텍스트**에 1을 더한 값이 버튼_A점수의 텍스트로 지정됩니다. 예를 들어, 버튼_A점수의 텍스트 값이 0인 상태에서 버튼을 클릭하면 버튼_A점수의 텍스트 값이 1이 되고 텍스트 값이 1인 상태에서 다시 한 번 클릭하면 텍스트 값이 2가 됩니다.

필요한 블록이 어디에 있을까?

예제 코드를 보고 따라 만들기 위해서는 코드를 구성하는 블록을 '블록' 패널의 어느 서랍에서 가져와야 하는지 알아야 합니다. 서랍은 크게 두 종류로 나뉘는데 하나는 공통 블록에 속한 9개의 서랍이고, 다른 하나는 스크린에 속한 컴포넌트 서랍입니다.

방금 만든 코드는 총 5개의 블록으로 이루어져 있는데 그중 3개의 블록에는 '버튼_A점수'라는 컴포넌트 이름이 표시되어 있습니다. 컴포넌트의 이름이 표시된 블록은 해당 컴포넌트 서랍을 열어서 찾으면 됩니다.

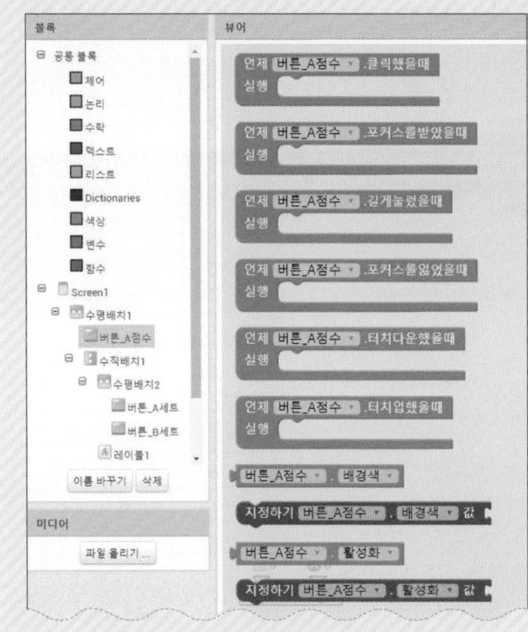

나머지 블록은 컴포넌트의 이름이 표시되어 있지 않으므로 공통 블록에서 찾을 수 있습니다. 이때는 블록의 색깔을 보고 블록의 위치를 알 수 있습니다. 여기서는 나머지 블록의 색깔이 파란색인데, 공통 블록에서 색깔이 파란 것은 '수학' 서랍이므로 나머지 2개의 블록은 '수학' 서랍 안에서 찾을 수 있습니다.

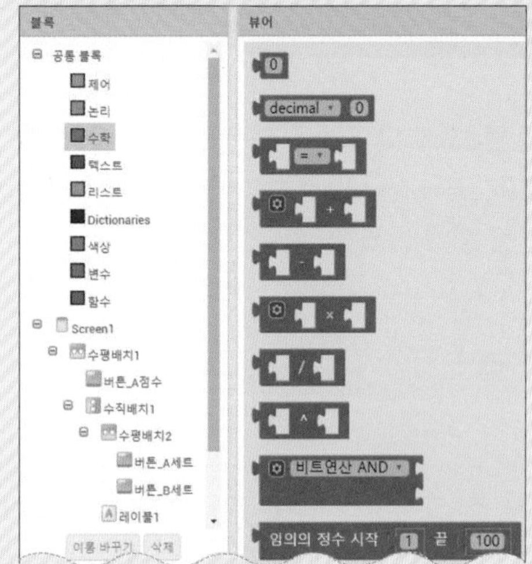

참고로, 101쪽 코드의 더하기 기호가 있는 파란색 긴 블록은 수학 서랍 안에 있는 [블록] 블록입니다. 또한, [1] 블록은 [0] 블록을 가져와 '0'을 클릭하여 '1'로 고칩니다.

3 **버튼_B점수**를 클릭할 때마다 **버튼_B점수**에 표시되는 숫자가 1씩 커지도록 언제 버튼_B점수.클릭했을때 블록을 다음과 같이 구성합니다.

TIP 언제 버튼_A점수.클릭했을때 블록을 복제한 뒤 '버튼_B점수'라고 표기된 세 군데를 클릭하여 '버튼_A점수'로 바꾸면 쉽게 만들 수 있습니다.

4 **버튼_A세트**를 클릭할 때마다 **버튼_A세트**에 표시되는 숫자가 1씩 커지도록 언제 버튼_A세트.클릭했을때 블록을 구성합니다.

```
언제 버튼_A세트 .클릭했을때
실행 지정하기 버튼_A세트 . 텍스트 값 버튼_A세트 . 텍스트 + 1
```

TIP '버튼_A점수'와 '버튼_A세트'를 헷갈리지 않도록 주의하세요.

5 **버튼_B세트**를 클릭할 때마다 **버튼_B세트**에 표시되는 숫자가 1씩 커지도록 언제 버튼_B세트.클릭했을때 블록을 구성합니다.

```
언제 버튼_B세트 .클릭했을때
실행 지정하기 버튼_B세트 . 텍스트 값 버튼_B세트 . 텍스트 + 1
```

6 **버튼_A점수**를 길게 누르면 **버튼_A점수**에 표시되는 숫자가 1씩 작아지도록 언제 버튼_A점수.길게눌렀을때 블록을 구성합니다.

```
언제 버튼_A점수 .길게눌렀을때
실행 지정하기 버튼_A점수 . 텍스트 값 버튼_A점수 . 텍스트 - 1
```

버튼_A점수를 길게 누르면 **버튼_A점수**의 **텍스트**에서 1을 뺀 값이 버튼_A점수의 텍스트로 지정됩니다. 예를 들어, **버튼_A점수**의 **텍스트** 값이 1인 상태에서 버튼을 길게 누르면 **버튼_A점수**의 **텍스트** 값이 0이 되고, **텍스트** 값이 0인 상태에서 다시 한 번 버튼을 길게 누르면 **텍스트** 값이 −1이 됩니다.

7 **버튼_B점수**를 길게 누르면 **버튼_B점수**에 표시되는 숫자가 1씩 작아지도록 언제 버튼_B점수.길게눌렀을때 블록을 구성합니다.

```
언제 버튼_B점수 .길게눌렀을때
실행 지정하기 버튼_B점수 . 텍스트 값 버튼_B점수 . 텍스트 - 1
```

8 **버튼_A세트**를 길게 누르면 **버튼_A세트**에 표시되는 숫자가 1씩 작아지도록 언제 버튼_A세트.길게눌렀을때 블록을 구성합니다.

```
언제 버튼_A세트 .길게눌렀을때
실행 지정하기 버튼_A세트 . 텍스트 값 버튼_A세트 . 텍스트 - 1
```

9 **버튼_B세트**를 길게 누르면 **버튼_B세트**에 표시되는 숫자가 1씩 작아지도록 언제 버튼_B세트.길게눌렀을때 블록을 구성합니다.

```
언제 버튼_B세트 .길게눌렀을때
실행 지정하기 버튼_B세트 . 텍스트 값 버튼_B세트 . 텍스트 - 1
```

10 **버튼_초기화**를 클릭하면 현재 점수와 세트 점수가 모두 0으로 초기화되도록 언제 버튼_초기화.클릭했을때 블록을 구성합니다.

```
언제 버튼_초기화 .클릭했을때
실행 지정하기 버튼_A점수 . 텍스트 값 " 0 "
     지정하기 버튼_A세트 . 텍스트 값 " 0 "
     지정하기 버튼_B점수 . 텍스트 값 " 0 "
     지정하기 버튼_B세트 . 텍스트 값 " 0 "
```

TIP

"0" 블록은 '텍스트' 서랍에 있는 " " 블록을 가져와 '0'을 입력하여 만들 수 있습니다. 또한, 버튼의 텍스트 값을 지정할 때 "0" 블록 대신 '수학' 서랍에 있는 0 블록을 사용해도 됩니다.

잠깐만요

"0" 블록과 0 블록의 차이점

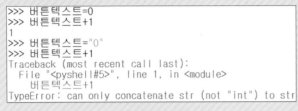

"0" 블록에 들어 있는 값인 0은 '문자'이고 0 블록에 들어있는 값인 0은 '숫자'이기 때문에 이 둘은 서로 다른 값입니다. 일반적인 프로그래밍 언어에서는 "0"과 같은 숫자 형태의 문자와 0과 같은 일반적인 숫자를 구분해서 사용하지 않으면 오류가 발생합니다. 예를 들어, 파이썬(Python)에서 '버튼텍스트'라는 변수를 만들어 그 안에 숫자 0을 넣고 + 연산을 하면 정상적으로 계산되지만 '버튼텍스트'에 문자 "0"을 넣은 후 + 연산을 하면 다음 그림과 같이 에러가 발생합니다.

```
>>> 버튼텍스트=0
>>> 버튼텍스트+1
1
>>> 버튼텍스트="0"
>>> 버튼텍스트+1
Traceback (most recent call last):
  File "<pyshell#5>", line 1, in <module>
    버튼텍스트+1
TypeError: can only concatenate str (not "int") to str
```

파이썬에서 숫자 형태의 문자에 숫자를 더했을 때 발생하는 에러

하지만 앱 인벤터는 상황에 따라 문자를 숫자로, 숫자를 문자로 자동으로 바꾸기 때문에 숫자 형태의 문자와 일반적인 숫자를 엄격하게 구분해서 사용하지 않아도 됩니다. 우리가 조금 전에 만든 코드를 살펴보면 숫자 형태의 '문자'가 들어 있는 버튼_A점수.텍스트 블록에 '숫자' 1을 더했다는 것을 확인할 수 있습니다. 에러가 발생하지 않고 제대로 실행되는지 테스트를 통해 직접 확인해 보기 바랍니다.

'숫자 형태의 문자'와 '숫자'의 덧셈

지금까지 만든 앱이 잘 작동하는지 컴패니언 앱을 이용하여 실시간으로 연결(39쪽 참고)하거나 apk 파일을 설치(43쪽 참고)해서 지금까지 만든 앱이 제대로 작동하는지 확인해 보기 바랍니다.

✓ 체크리스트

- ☐ 각 점수 버튼을 클릭하면 버튼의 숫자가 1씩 증가함.
- ☐ 각 점수 버튼을 길게 누르면 버튼의 숫자가 1씩 감소함.
- ☐ **초기화** 버튼을 클릭하면 모든 점수 버튼의 숫자가 0이 됨.

4 앱 업그레이드하기

지금까지 만든 점수판 앱을 실제로 사용하기에는 몇 가지 문제점이 있습니다. 그중 스마트폰의 화면 자동 꺼짐 기능 때문에 점수판에 있는 버튼을 주기적으로 클릭하지 않으면 화면이 자동으로 꺼지는 문제와 실수로 뒤로 가기 버튼을 눌렀을 때 앱이 바로 종료되는 문제를 해결해 보겠습니다.

1. 화면이 꺼지지 않게 만들기

시계 컴포넌트와 알림 컴포넌트를 이용하여 화면이 자동으로 꺼지지 않게 만들어 보겠습니다.

1 새로운 컴포넌트를 추가하기 위해 오른쪽 상단의 **디자이너** 버튼을 클릭하여 **디자이너** 화면으로 이동합니다.

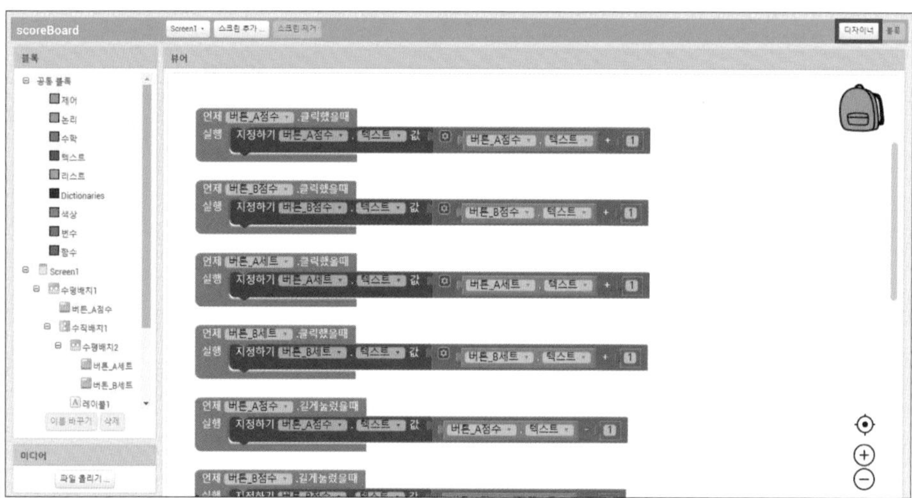

2 ❶ **팔레트** 패널의 **센서** 서랍에 있는 **시계**를 Screen1에 추가하고 ❷ **속성** 패널에서 [타이머간격: 10000]으로 바꿉니다.

> **TIP** '시계'와 같이 보이지 않는 컴포넌트는 스크린의 아무 곳에나 옮겨 놓으면 스크린 아래쪽에 있는 '보이지 않는 컴포넌트' 영역에 표시됩니다.

> **TIP** '시계' 컴포넌트를 이용하면 일정 시간이 지날 때마다 주기적으로 이벤트를 발생시킬 수 있는데, 이렇게 시간 간격에 의해 발생하는 이벤트를 '타이머'라 부릅니다. 시계의 '속성' 패널에 있는 '타이머간격'은 타이머 이벤트가 발생하는 간격을 조절하는 속성으로, 1/1000초 단위로 입력합니다. 예를 들어 1000을 입력하면 1초에 한 번씩 타이머 이벤트가 발생하고 10000을 입력하면 10초에 한 번씩 타이머 이벤트가 발생합니다.

3 **팔레트** 패널의 **사용자 인터페이스** 서랍에 있는 **알림**을 Screen1으로 가져옵니다.

> **TIP** '알림' 컴포넌트를 이용하면 앱 화면에 다양한 형태의 메시지창을 띄울 수 있습니다.

4 **블록** 화면으로 이동한 후 타이머 이벤트가 일어날 때마다 경고창이 나타나도록 언제 시계1.타이머가작동할때 블록을 구성합니다.

디자이너 화면에서 타이머간격을 10000으로 설정했으므로 10초에 한 번씩 '타이머'라고 적힌 경고창이 나타납니다. 스마트폰은 지정된 시간 동안 동작을 감지하지 못하면 화면이 자동으로 꺼지는데, 이때 타이머 이벤트를 이용하여 주기적으로 경고창을 띄우면 계속 동작이 있는 것으로 인식하여 화면이 꺼지지 않습니다. 단, 사용자가 스마트폰 화면이 자동으로 꺼지지 않게 설정했다면 이 코드는 쓸모가 없어집니다.

5 경고창을 이용하여 화면이 자동으로 꺼지는 것은 막았지만 필요 없는 '테스트'라는 글자가 화면에 주기적으로 보입니다. 경고창이 보이지 않도록 만들기 위해 **디자이너** 화면으로 이동하여 ❶ **뷰어** 패널에서 **알림1**을 클릭한 후 ❷ **속성** 패널에서 [배경색: **없음**], [텍스트색상: **없음**]으로 바꿉니다.

> **TIP** 경고창의 배경색과 텍스트 색상을 '없음'으로 바꾸면 경고창이 투명해지기 때문에 사용자의 눈에 보이지 않게 됩니다.

2. 뒤로 가기 버튼을 눌렀을 때 앱이 종료되지 않게 만들기

스마트폰의 **뒤로 가기** 버튼(⮌ 또는 ◁)을 눌렀을 때 앱 종료를 선택할 수 있는 대화창이 나타나게 해서 앱이 바로 종료되지 않게 만들어 보겠습니다.

1 **블록** 화면으로 이동하여 **뒤로 가기** 버튼을 눌렀을 때 선택대화창이 나타나도록 언제 Screen1.뒤로가기버튼을눌렀을때 블록을 구성합니다.

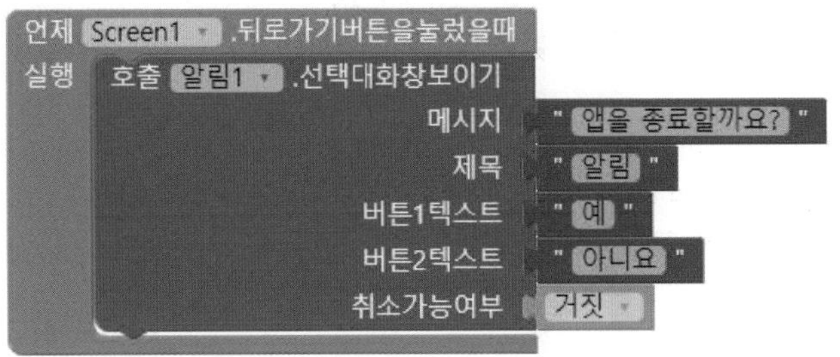

선택대화창은 메시지에 대한 응답을 선택할 수 있는 두 개의 버튼이 있는 알림창입니다. 메시지 소켓에는 알림창 중앙에 표시되는 질문, 제목 소켓에는 알림창 상단에 표시되는 제목, 버튼1텍스트와 버튼2텍스트 소켓에는 알림창 하단에 표시되는 각 버튼의 이름을 지정합니다. 취소가능여부 소켓에는 기본적으로 참 블록이 연결되어 있는데 취소가능여부가 참일 경우 선택대화창 하단에 알림창을 닫는 용도로 사용할 수 있는 취소 버튼이 하나 더 만들어집니다. 여기에서는 버튼2(아니요)가 취소 버튼과 같은 역할을 하므로 취소가능여부를 **거짓**으로 만들어서 취소 버튼이 보이지 않게 만듭니다.

TIP '뒤로 가기' 버튼은 기본적으로 앱 화면을 닫는 기능을 하지만 언제 Screen1.뒤로가기버튼을눌렀을때 블록을 이용하면 '뒤로 가기' 버튼에 다양한 기능을 부여할 수 있습니다.

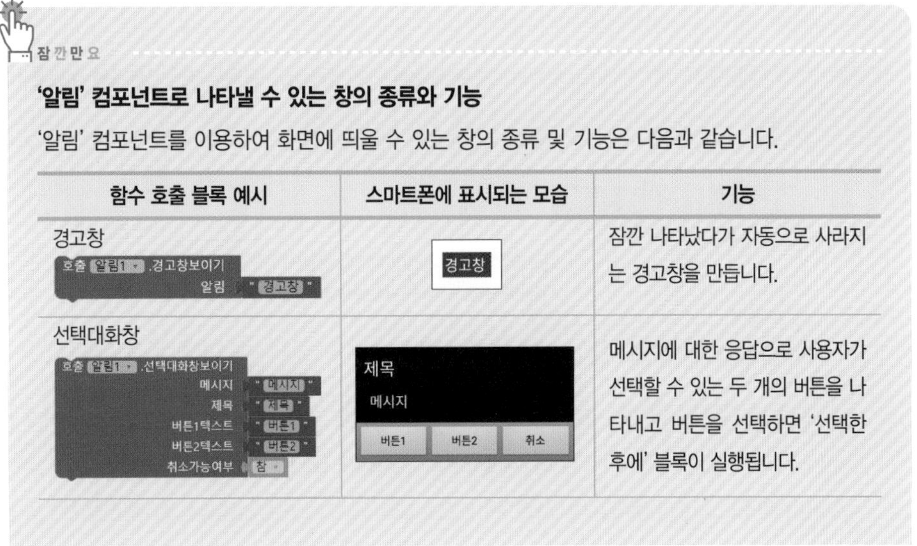

잠깐만요

'알림' 컴포넌트로 나타낼 수 있는 창의 종류와 기능

'알림' 컴포넌트를 이용하여 화면에 띄울 수 있는 창의 종류 및 기능은 다음과 같습니다.

함수 호출 블록 예시	스마트폰에 표시되는 모습	기능
경고창 호출 알림1 .경고창보이기 알림 " 경고창 "	경고창	잠깐 나타났다가 자동으로 사라지는 경고창을 만듭니다.
선택대화창 호출 알림1 .선택대화창보이기 메시지 " 메시지 " 제목 " 제목 " 버튼1텍스트 " 버튼1 " 버튼2텍스트 " 버튼2 " 취소가능여부 참	제목 메시지 버튼1 버튼2 취소	메시지에 대한 응답으로 사용자가 선택할 수 있는 두 개의 버튼을 나타내고 버튼을 선택하면 '선택한 후에' 블록이 실행됩니다.

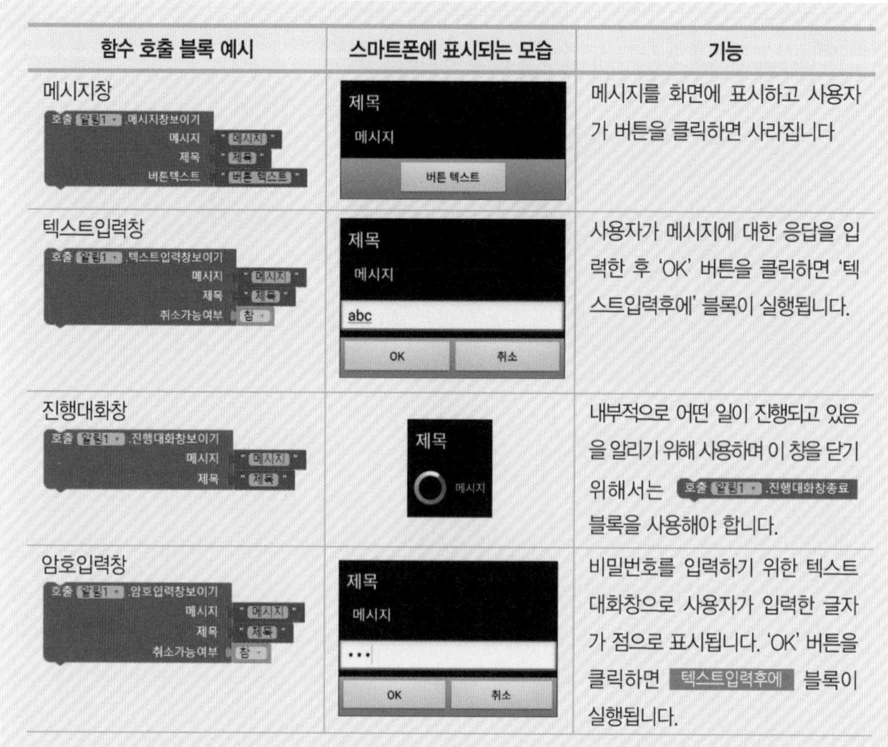

함수 호출 블록 예시	스마트폰에 표시되는 모습	기능
메시지창 호출 알림1 .메시지창보이기 / 메시지 " 메시지 " / 제목 " 제목 " / 버튼텍스트 " 버튼 텍스트 "	제목 / 메시지 / 버튼 텍스트	메시지를 화면에 표시하고 사용자가 버튼을 클릭하면 사라집니다
텍스트입력창 호출 알림1 .텍스트입력창보이기 / 메시지 " 메시지 " / 제목 " 제목 " / 취소가능여부 참	제목 / 메시지 / abc / OK / 취소	사용자가 메시지에 대한 응답을 입력한 후 'OK' 버튼을 클릭하면 '텍스트입력후에' 블록이 실행됩니다.
진행대화창 호출 알림1 .진행대화창보이기 / 메시지 " 메시지 " / 제목 " 제목 "	제목 / 메시지	내부적으로 어떤 일이 진행되고 있음을 알리기 위해 사용하며 이 창을 닫기 위해서는 호출 알림1 .진행대화창종료 블록을 사용해야 합니다.
암호입력창 호출 알림1 .암호입력창보이기 / 메시지 " 메시지 " / 제목 " 제목 " / 취소가능여부 참	제목 / 메시지 / ••• / OK / 취소	비밀번호를 입력하기 위한 텍스트 대화창으로 사용자가 입력한 글자가 점으로 표시됩니다. 'OK' 버튼을 클릭하면 텍스트입력후에 블록이 실행됩니다.

창에 표시되는 메시지를 이용하여 사용자에게 다양한 정보를 제공할 수 있기 때문에 각 창을 용도에 맞게 활용하면 좀 더 친절한 앱을 만들 수 있습니다.

2 선택대화창의 **예** 버튼을 선택했을 때만 앱이 종료되도록 언제 알림1.선택한후에 블록을 구성합니다.

```
언제 알림1 .선택한후에
  선택된항목
실행  만약  가져오기 선택된항목 = " 예 "
      이라면 실행  앱 종료
```

언제 알림1.선택한후에 블록 안에 있는 **선택된항목**은 선택대화창에서 클릭한 버튼의 텍스트가 저장되어 있는 변수입니다. 이 위에 마우스 커서를 올리면 가져오기 선택된항목 블록이 나타나며 이 블록을 이용하면 변수에 저장되어 있는 값을 가져올 수 있습니다. 만약 **선택된항목**의 값이 **예**와 같다면, 즉 선택대화창에서 **예** 버튼을 선택했다면 앱 종료 블록이 실행되어 앱이 종료됩니다. 만약 **선택된항목**의 값이 **아니요**라면 선택대화창이 닫히고 아무런 일도 일어나지 않습니다.

조건에 따른 명령 실행

프로그램을 만들다 보면 주어진 조건에 따라 프로그램이 다른 동작을 수행하도록 만들어야 하는 경우가 많은데 이때 사용되는 블록이 만약/이라면/실행 블록입니다. 만약/이라면/실행 블록의 '만약'에 연결된 조건이 '참'일 때만 실행 영역에 들어있는 명령이 실행되고 조건이 '거짓'이면 아무것도 실행되지 않습니다. 조건은 주로 '논리' 서랍에 있는 블록들과 '수학' 서랍에 있는 비교 연산 블록으로 만드는데, 어떤 경우에 참이 되고 어떤 경우에 거짓이 되는지 다음 예시를 통해 알아보겠습니다.

새롭게 추가한 기능이 잘 작동하는지 스마트폰을 이용하여 테스트해 봅시다. 다만, 앱 종료 기능을 테스트하려면 앱을 스마트폰에 설치해야 합니다. 컴패니언 앱에서는 앱 종료 블록이 실행되지 않기 때문에 종료 기능을 테스트할 수 없으므로 apk 파일을 설치(43쪽 참고)해서 지금까지 만든 앱이 제대로 작동하는지 확인해 보기 바랍니다.

✓ 체크리스트

- ☐ 앱 화면이 꺼지지 않고 계속 유지됨.
- ☐ **뒤로 가기** 버튼을 누르면 선택대화창이 나타남.
- ☐ 선택대화창에서 **예** 버튼을 클릭하면 앱이 종료됨.

나만의 아이디어 더하기

지금까지 만든 점수판 앱을 실제로 사용해 보면 다양한 문제점을 발견할 수 있을 것입니다. 문제를 해결하기 위한 방법과 새롭게 추가할 기능을 생각해 봅시다. 점수판 앱 개선을 위한 아이디어를 몇 가지 예로 들면 다음과 같습니다.

1. 점수가 0보다 작아지지 않도록 만들기
2. 날짜별, 게임별 점수 저장 기능 추가하기
3. 경기 시간 측정을 위한 타이머 기능 추가하기
4. 선수들이 코트 체인지를 했을 때 점수판도 좌우가 바뀌도록 만드는 기능 추가하기
5. 디자인을 좀 더 멋지게 바꾸기

포스트잇 붙이는 공간

시간표 앱 만들기

이번 장에서는 시간표가 기억나지 않을 때 바로 확인할 수 있는 시간표 앱을 만들어 보겠습니다. 시간표는 초·중·고등학생과 대학생은 물론 선생님에게도 학교 생활을 위해 필요한 앱입니다. 시간표 앱을 만드는 방법을 이해하고 나에게 필요한 기능만 있는 나만의 시간표 앱을 만들어 봅시다.

미 | 리 | 보 | 기

초기 화면

시간표

	월	화	수	목	금
1	-	-	-	-	-
2	-	-	-	-	-
3	-	-	-	-	-
4	-	-	-	-	-
5	-	-	-	-	-
6	-	-	-	-	-

- 요일을 나타내는 첫 번째 행의 버튼과 시간을 나타내는 첫 번째 열의 버튼은 클릭에 반응하지 않습니다.
- 나머지 버튼을 클릭하면 과목을 선택할 수 있는 목록선택창이 나타납니다.
- 시간표가 입력되어 있지 않은 상태에서는 과목 선택 버튼들의 텍스트가 '–'으로 표시됩니다.

목록선택창 화면

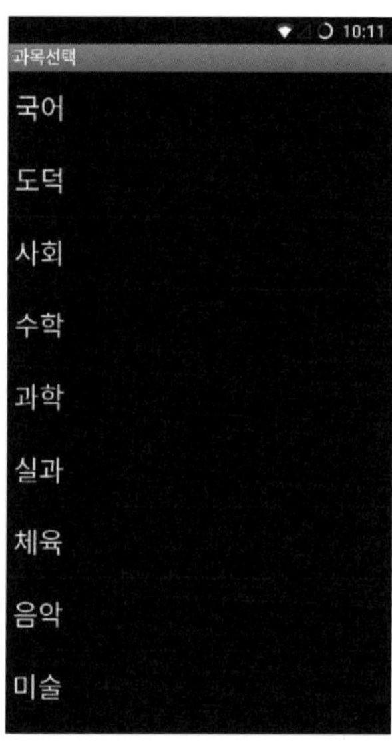

- 버튼을 클릭하면 국어, 도덕, 사회, 수학, 과학, 실과, 체육, 음악, 미술, 영어, 창체 중 하나를 선택할 수 있는 목록선택창이 나타납니다.
- 과목을 선택하면 목록선택창이 닫히고 버튼에 선택한 과목이 표시됩니다.

앱 재시작 화면

1:03

시간표

	월	화	수	목	금
1	국어	국어	국어	국어	국어
2	도덕	영어	수학	수학	영어
3	사회	수학	창체	사회	사회
4	수학	과학	영어	과학	실과
5	과학	실과	체육	미술	체육
6	체육	음악	-	미술	창체

- 버튼에 과목을 지정하면 지정된 과목은 자동으로 데이터베이스에 저장됩니다.
- 앱을 종료한 후 다시 실행하면 데이터베이스에 저장되어 있던 값을 불러와 각 버튼에 표시합니다.

완성 앱 미리보기

완성된 앱의 실제 동작이 궁금하다면 QR 코드를 스캔하여 파일을 스마트폰에 설치한 후 확인해 봅니다.

- **스마트폰 설치 파일** https://bit.ly/2BqCoS0
- **프로젝트 파일** example_timeTable.aia

1 프로젝트 준비하기

앱 인벤터에 접속하여 시간표 앱을 만들기 위한 새로운 프로젝트를 추가하겠습니다.

1 앱 인벤터(http://ai2.appinventor.mit.edu/)에 접속하여 로그인한 후 **프로젝트** 메뉴에서 **새 프로젝트 시작하기**를 선택합니다.

2 프로젝트 이름을 **timeTable**로 입력하고 **확인** 버튼을 클릭합니다.

2 컴포넌트로 앱 화면 디자인하기

프로젝트가 생성되었으면 디자이너 화면에서 앱의 화면을 만드는 작업을 시작해 보겠습니다. 시간표 앱 화면의 기본 형태는 다음 그림과 같습니다.

1 먼저, Screen1의 **속성** 패널에서 [앱이름: **시간표**], [제목보이기: **체크 해제**]로 바꿉니다.

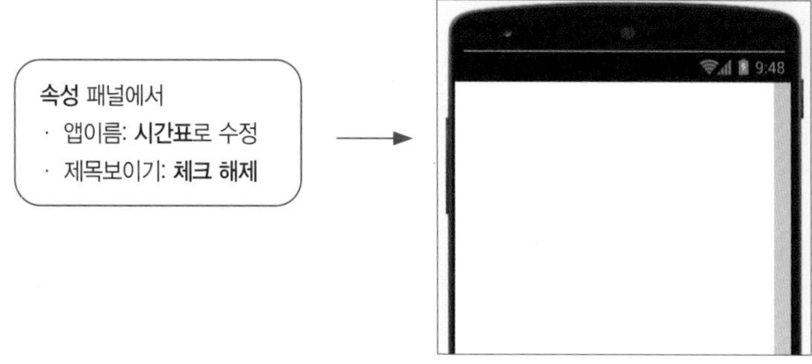

2 ❶ **팔레트** 패널의 **사용자 인터페이스** 서랍에서 **레이블**을 가져와 Screen1에 추가한 후 ❷ **속성** 패널에서 [글꼴크기: 30], [텍스트: **시간표**]로 바꿉니다.

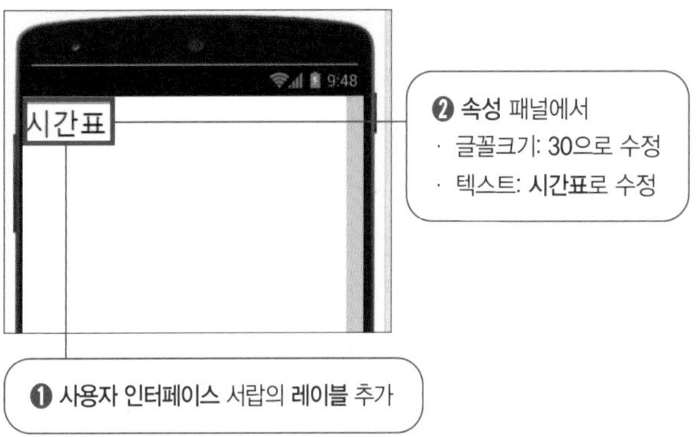

3 ❶ **레이아웃** 서랍에서 **표형식배치**를 가져와 **레이블1** 아래에 추가한 후 ❷ **속성** 패널에서 [열: 6], [너비: **부모 요소에 맞추기**], [행: 7]로 바꿉니다.

TIP 표형식배치1의 속성을 6열, 7행으로 설정하면 보이지는 않지만 총 42(6 X 7)개의 칸이 생깁니다.

잠깐만요

표형식배치 칸 구분하기

표형식배치는 칸으로 이루어져 있지만 열과 행을 나누는 선이 보이지 않기 때문에 일반적인 상태에서는 칸을 구분할 수 없습니다. 하지만 표에 배치할 컴포넌트를 표 안으로 가져오면 컴포넌트가 들어갈 자리에 파란색 테두리가 생겨 칸을 구분할 수 있습니다.

4 ❶ **사용자 인터페이스** 서랍에서 **버튼**을 가져와 **표형식배치1**의 첫 번째 행, 첫 번째 열에 넣고 ❷ **속성** 패널에서 [활성화: **체크 해제**], [너비: **15 퍼센트**], [텍스트: **(빈칸)**]으로 바꿉니다.

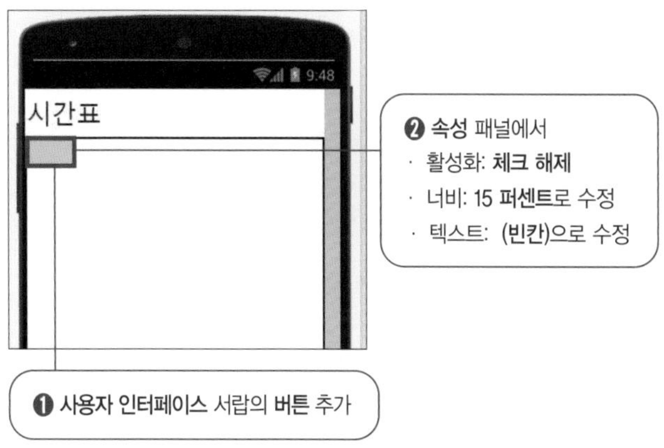

TIP

버튼의 '활성화' 속성을 체크 해제하면 버튼을 사용할 수 없게 됩니다. 그러면 뷰어에 보이는 버튼의 상태에는 변화가 없지만 스마트폰을 연결해서 보면 버튼이 희미해지고 클릭에 반응하지 않는 것을 확인할 수 있습니다.

5 ❶ **사용자 인터페이스** 서랍에서 새로운 **버튼**을 가져와 **표형식배치1**의 첫 번째 행, 두 번째 열에 추가하고, ❷ **속성** 패널에서 [활성화: **체크 해제**], [너비: **17 퍼센트**], [텍스트: **월**]로 바꿉니다.

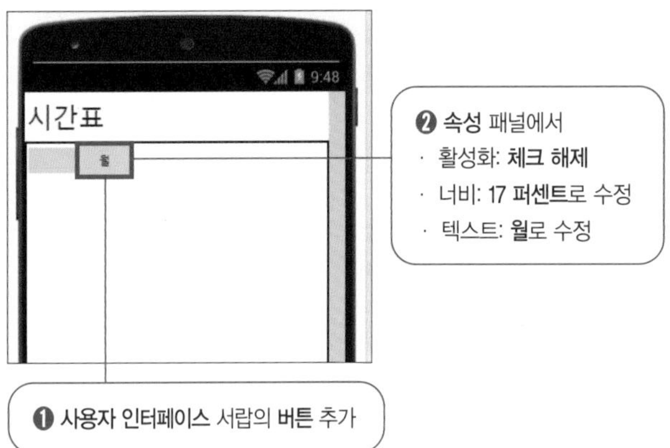

6 ❶ **표형식배치1**의 첫 번째 행의 남은 칸에 **버튼** 4개를 차례대로 추가하고 ❷ **속성** 패널에서 [활성화: **체크 해제**], [너비: **17 퍼센트**]로 모두 바꿉니다. 그리고 각 버튼의 **텍스트**를 **화, 수, 목, 금**으로 바꿉니다.

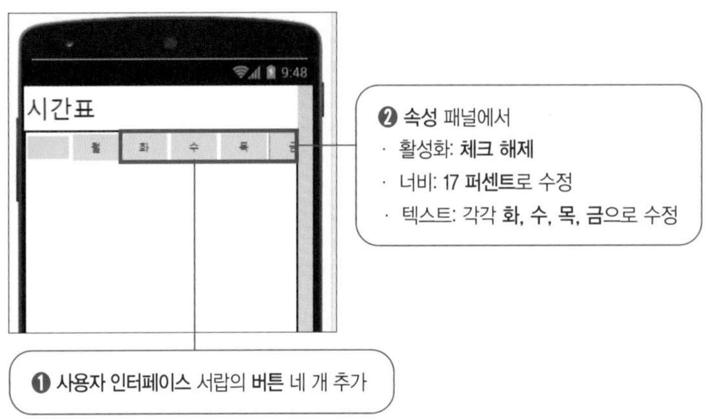

TIP

첫 번째 행에 들어가는 버튼들의 너비는 모두 더했을 때 100%가 되도록 설정되어 있습니다. 뷰어에서 봤을 때는 '금요일' 버튼이 잘려 보이지만 스마트폰으로 확인해 보면 버튼 6개가 정확하게 스크린 너비를 가득 채우는 것을 확인할 수 있습니다. 버튼을 추가할 때 행이 가득 차 새 버튼을 추가하기 불편하다면 이미 추가된 버튼의 너비를 먼저 설정한 후 새 버튼을 추가해 보세요.

7 ❶ 5번 과정을 참고하여 새로운 버튼을 **표형식배치1**의 두 번째 행, 첫 번째 열에 넣고, ❷ **속성** 패널에서 [활성화: **체크 해제**], [텍스트: 1]로 바꿉니다.

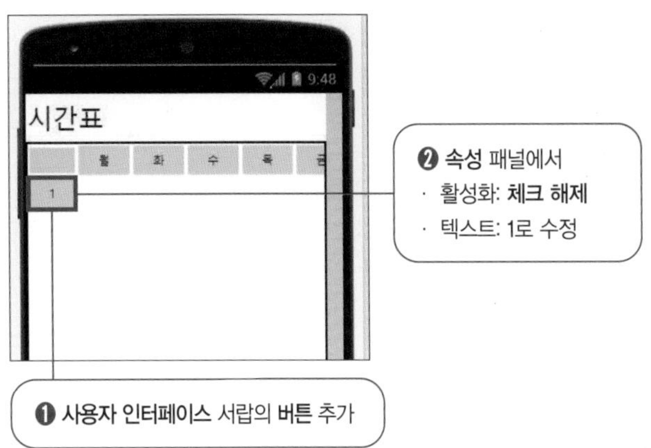

TIP

표형식배치에 들어가는 컴포넌트의 너비는 같은 열에 있는 컴포넌트 중 너비가 가장 긴 컴포넌트의 너비와 같아집니다. 첫 번째 행, 첫 번째 열에 들어가는 버튼의 너비를 15%로 지정해 두었으므로 두 번째 행, 첫 번째 열에 들어가는 버튼의 너비는 따로 지정하지 않아도 15%가 됩니다(처음 버튼을 추가했을 때는 기본 텍스트가 길기 때문에 넓은 너비를 차지하고 있다가 텍스트를 1로 수정한 후에는 너비가 15%로 바뀝니다).

8 ❶ 추가로 **버튼** 5개를 가져와 **표형식배치1**의 첫 번째 열의 빈칸에 차례대로 추가합니다. ❷ 그리고 **속성** 패널에서 [활성화: **체크 해제**]로 바꾸고 각 버튼의 **텍스트** 속성은 위에서부터 차례대로 2, 3, 4, 5, 6으로 바꿉니다.

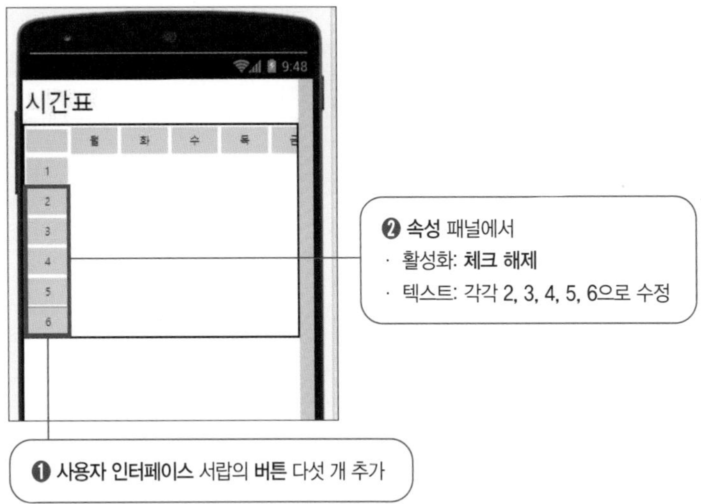

9 ❶ 또 다른 **버튼**을 **표형식배치1**의 두 번째 행, 두 번째 열(월요일 1교시)에 추가한 후 ❷ **컴포넌트** 패널에서 버튼의 이름을 **b01**로 바꾸고 ❸ **속성** 패널에서 [**텍스트: –(하이픈)**]으로 바꿉니다.

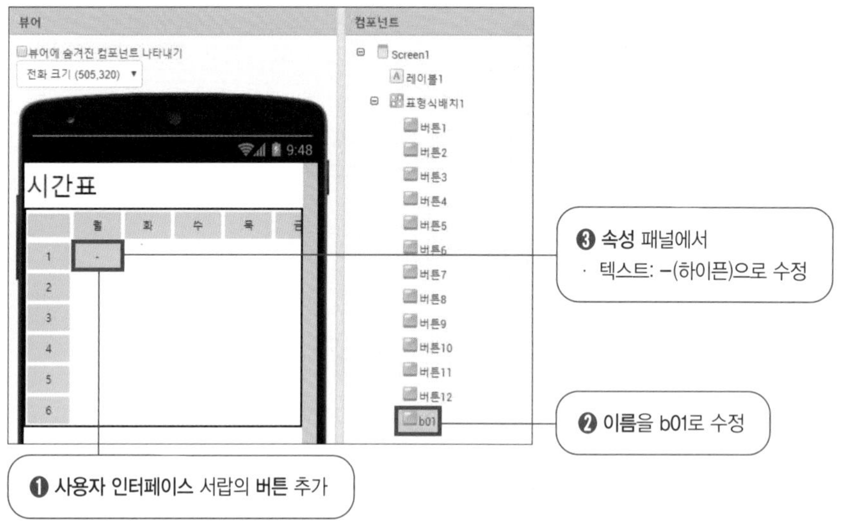

TIP
요일별 과목을 표시하는 버튼을 30개 추가할 예정이므로 버튼의 이름은 최대한 간편하게 button의 머리글자와 추가되는 순서를 합쳐서 b01, b02, b03처럼 만들겠습니다.

10 ❶ **표형식배치1**에서 월요일 2~6교시에 해당하는 빈칸에 새 **버튼**을 추가하고 ❷ 버튼의 이름을 각각 **b02, b03, b04, b05, b06**으로 바꿉니다. ❸ 그리고 각 버튼의 **속성** 패널에서 [**텍스트: –(하이픈)**]으로 바꿉니다.

11 ❶ 남아 있는 모든 빈칸에 새 **버튼**을 추가하고 ❷ 버튼의 이름을 화요일은 **b07~b12**, 수요일은 **b13~b18**, 목요일은 **b19~b24**, 금요일은 **b25~b30**으로 바꿉니다. ❸ 그리고 모든 버튼의 **속성**을 [텍스트: **–(하이픈)**]으로 바꿉니다.

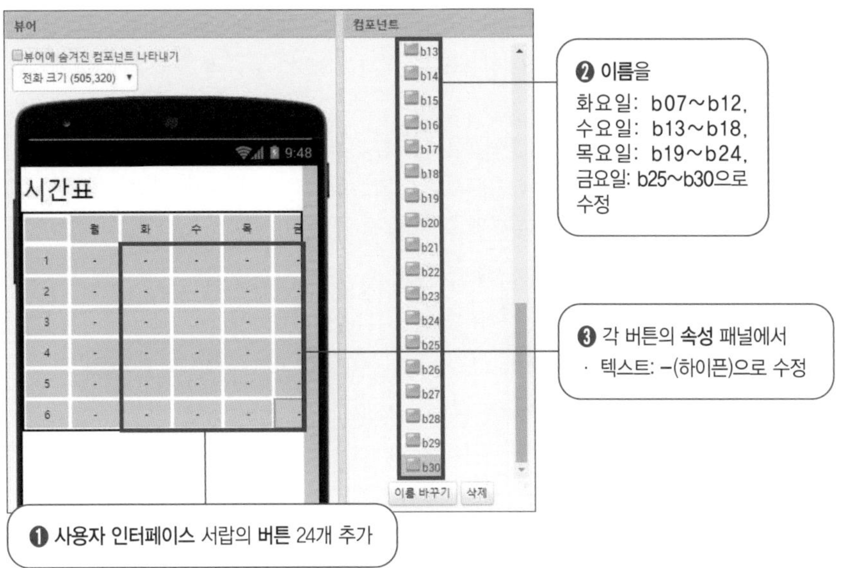

12 ❶ **사용자 인터페이스** 서랍에서 **목록선택버튼**을 가져와서 **표형식배치1** 아래에 배치합니다. ❷ **속성** 패널에서 [제목: **과목선택**], [보이기여부: **체크 해제**]로 바꾸고, ❸ **뷰어** 패널에서 **뷰어에 숨겨진 컴포넌트 나타내기**에 체크합니다.

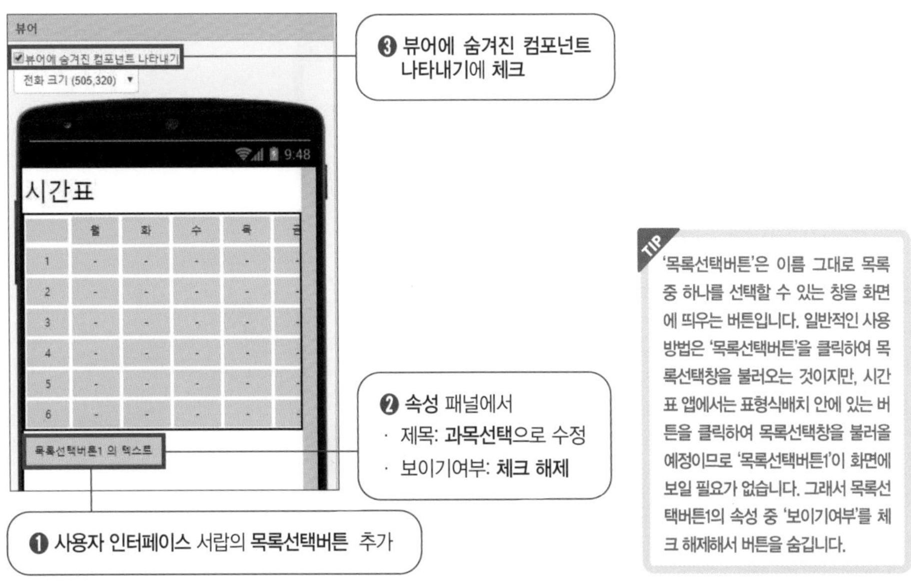

TIP
'목록선택버튼'은 이름 그대로 목록 중 하나를 선택할 수 있는 창을 화면에 띄우는 버튼입니다. 일반적인 사용 방법은 '목록선택버튼'을 클릭하여 목록선택창을 불러오는 것이지만, 시간표 앱에서는 표형식배치 안에 있는 버튼을 클릭하여 목록선택창을 불러올 예정이므로 '목록선택버튼1'이 화면에 보일 필요가 없습니다. 그래서 목록선택버튼1의 속성 중 '보이기여부'를 체크 해제해서 버튼을 숨깁니다.

뷰어에 숨겨진 컴포넌트 나타내기

컴포넌트의 속성 중 하나인 '보이기여부'는 앱 화면을 구성하는 데 사용되는 모든 컴포넌트가 가지고 있는 속성으로, 이 속성을 체크 해제하면 컴포넌트가 화면에서 보이지 않게 됩니다. '컴포넌트' 패널의 목록에는 존재하지만 뷰어에는 보이지 않는 컴포넌트가 있다면 그 컴포넌트는 보이기여부가 체크 해제된 것입니다.

숨겨진 컴포넌트를 뷰어에서 확인하고 싶다면 '뷰어' 패널 상단에 있는 '뷰어에 숨겨진 컴포넌트 나타내기'에 체크하면 됩니다. 그러면 숨겨진 컴포넌트가 뷰어에 나타나기는 하지만 컴포넌트의 보이기여부 속성을 바꾼 것은 아니기 때문에 실제 앱 화면에는 숨겨진 컴포넌트가 나타나지 않습니다.

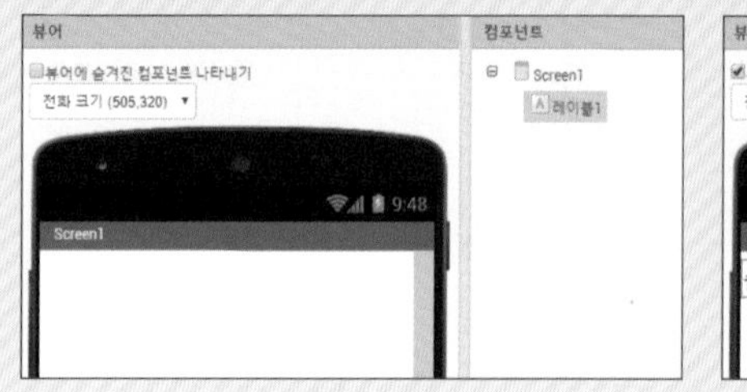

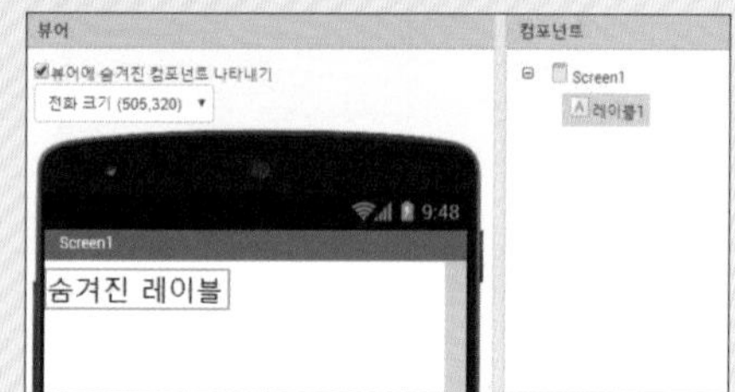

13 마지막으로, **저장소** 서랍에 있는 **타이니DB**를 **Screen1**에 추가합니다.

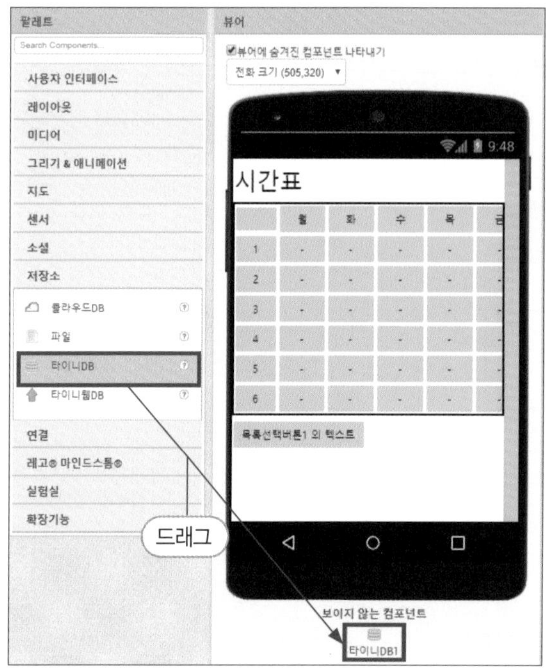

TIP

'타이니DB'는 보이지 않는 컴포넌트로, 앱에 데이터를 저장하기 위한 용도로 사용됩니다. 변수에 저장된 데이터는 앱이 종료되면 사라지지만 타이니DB에 저장된 데이터는 앱이 종료되더라도 사라지지 않기 때문에 앱을 다시 실행했을 때 저장되어 있는 데이터를 불러와 사용할 수 있습니다. 시간표 앱에서 타이니DB는 시간표 데이터를 저장하고 불러오기 위한 용도로 사용합니다.

3 블록으로 앱 코딩하기

이제 블록 코딩으로 각 컴포넌트에 기능을 적용하여 앱이 작동하도록 해 보겠습니다.

1 오른쪽 상단에 있는 **블록** 버튼을 클릭하여 **블록** 화면으로 이동합니다.

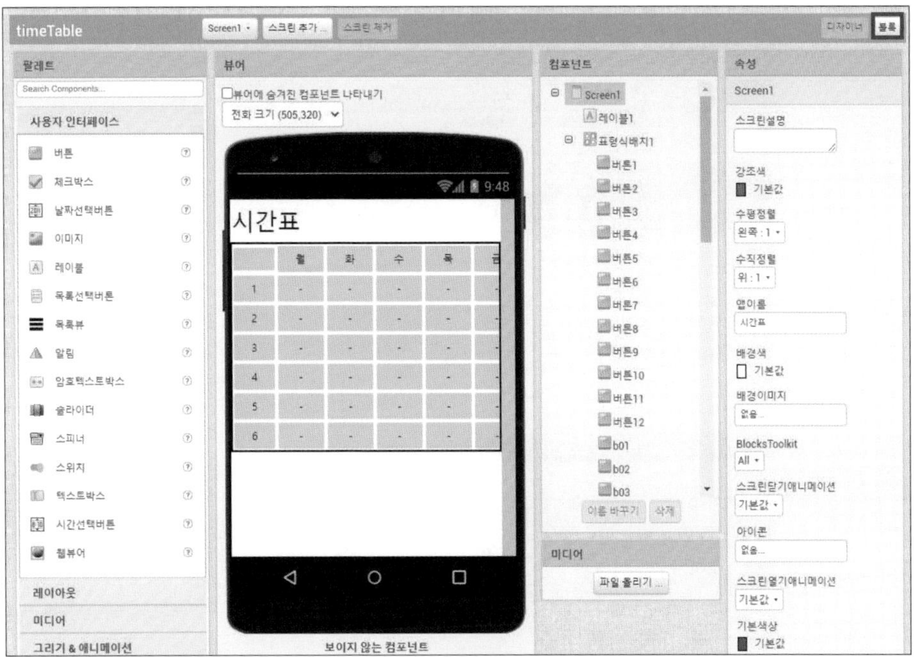

2 사용자가 b01~b30 버튼 중 어떤 버튼을 클릭했는지 저장하기 위한 변수인 **클릭한버튼**을 만들고 값을 초기화합니다.

전역변수 만들기 클릭한버튼 초기값 " "

클릭한버튼의 값은 앱 실행 중에 사용자가 어떤 버튼을 누르냐에 따라 수시로 변하기 때문에 어떤 값으로 초기화해도 상관없으며, 여기서는 **빈 텍스트** 블록으로 초기화했습니다.

TIP 이 블록은 주황색인 '변수' 서랍에서 전역변수 만들기 이름 초기값 블록을 가져와 이름을 클릭하여 '클릭한버튼'으로 고쳐 만들 수 있습니다.

지역변수와 전역변수

변수 중 특정 블록 안에서만 사용되는 변수를 '지역변수'라 하고, 제한 없이 모든 곳에서 사용할 수 있는 변수를 '전역변수'라 합니다.

예를 들어 언제 만보기1.걸음이감지되었을때 블록에 있는 변수인 '걸음수'를 언제 만보기1.걸음이감지되었을때 블록 안에서 사용하면 오류가 발생하지 않지만 언제 버튼1.클릭했을 때 블록 안에서 사용하면 오류가 발생합니다(블록 왼쪽에 빨간색 X가 나타남). '걸음수'처럼 특정 블록 안에서만 사용할 수 있는 변수를 지역변수라고 합니다.

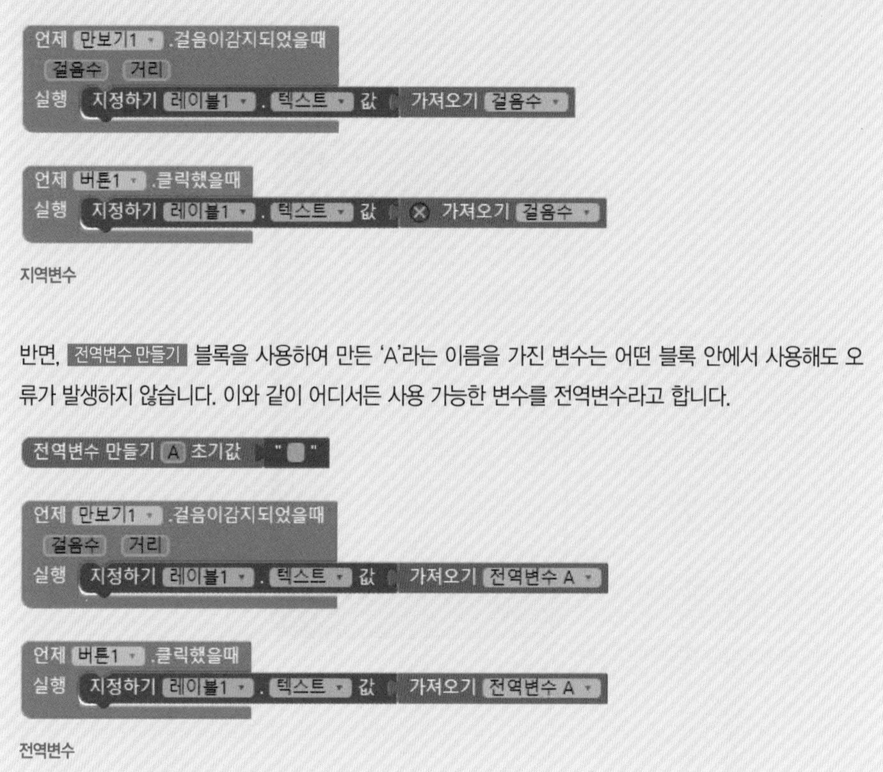

지역변수

반면, 전역변수 만들기 블록을 사용하여 만든 'A'라는 이름을 가진 변수는 어떤 블록 안에서 사용해도 오류가 발생하지 않습니다. 이와 같이 어디서든 사용 가능한 변수를 전역변수라고 합니다.

전역변수

3 전역변수 만들기 이름 초기값 블록을 하나 더 추가해서 타이니DB의 태그로 사용할 값을 저장하기 위한 변수인 **태그이름**을 만들고 값을 초기화합니다.

전역변수 만들기 태그이름 초기값 " "

태그는 타이니DB에 데이터를 저장하고 불러올 때 각 데이터를 구분하기 위해 사용하는 값으로 처음에는 **빈 텍스트**로 초기화합니다.

4 목록선택창에 표시될 항목을 지정하기 위해 언제.Screen1.초기화되었을때 블록을 구성합니다.

언제 Screen1 .초기화되었을때
실행 지정하기 목록선택버튼1 . 요소문자열 값 " 국어,도덕,사회,수학,과학,실과,체육,음악,미술,영어,창체,- "

언제.Screen1.초기화되었을때 블록은 스크린이 열릴 때 자동으로 실행되는 블록으로, 변수나 컴포넌트 속성의 초기값을 지정하는 용도로 많이 사용됩니다. 앱이 시작되면 언제.Screen1.초기화되었을때 블록에 의해 **목록선택버튼1**의 **요소문자열** 값이 **국어, 도덕, 사회, 수학, 과학, 실과, 체육, 음악, 미술, 영어, 창체, -**으로 지정됩니다. 텍스트 블록의 마지막에 있는 하이픈(-)은 비어 있는 시간을 표시하기 위한 것이므로 빠뜨리지 말고 입력합니다.

잠깐만요

'목록선택버튼'의 요소를 지정하는 법

'목록선택버튼'을 이용하면 지정된 요소로 이루어진 목록선택창을 화면에 띄울 수 있습니다. 목록선택창에 표시될 요소는 리스트 또는 문자열로 지정할 수 있는데, 여기서는 문자열로 지정하는 방법에 대해 알아보겠습니다. 목록선택버튼의 속성인 '요소문자열'은 목록선택창에 표시되는 요소들로 이루어진 문자열로 '국어, 도덕, 사회, 수학, 과학, 실과, 체육, 음악, 미술, 영어, 창체, -'처럼 각 요소가 쉼표(,)로 구분된 형태여야 합니다. '요소문자열'의 값은 블록을 이용하여 지정할 수도 있지만 '디자이너' 화면의 '속성' 패널에서 바로 입력할 수도 있습니다. '속성' 패널에서 요소문자열을 입력할 때도 각 요소를 쉼표로 구분해서 입력합니다.

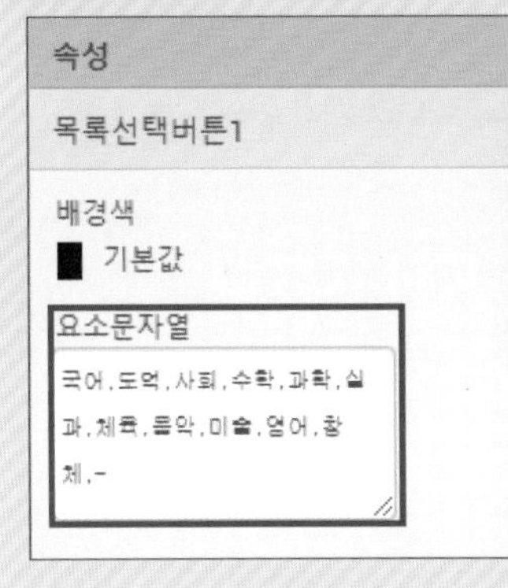

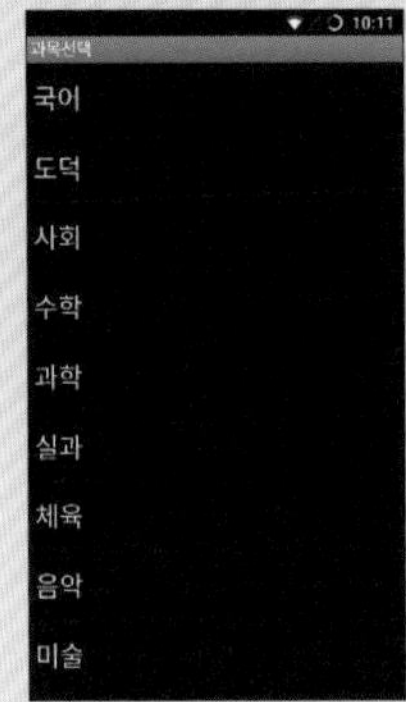

5 b01을 클릭하면 과목을 선택할 수 있는 목록선택창이 나오도록 언제 b01.클릭했을 때 블록을 구성합니다.

언제 b01 .클릭했을때
실행 호출 목록선택버튼1 .열기

TIP
'목록선택버튼'을 클릭하면 목록선택창이 자동으로 열리기 때문에 '열기' 함수를 호출할 필요가 없지만, 다른 버튼을 이용하여 목록선택창을 열려면 '열기' 함수를 호출해야 합니다.

6 언제 b01.클릭했을 때 블록에 **클릭한버튼**과 **태그이름** 값을 지정하는 블록을 추가합니다.

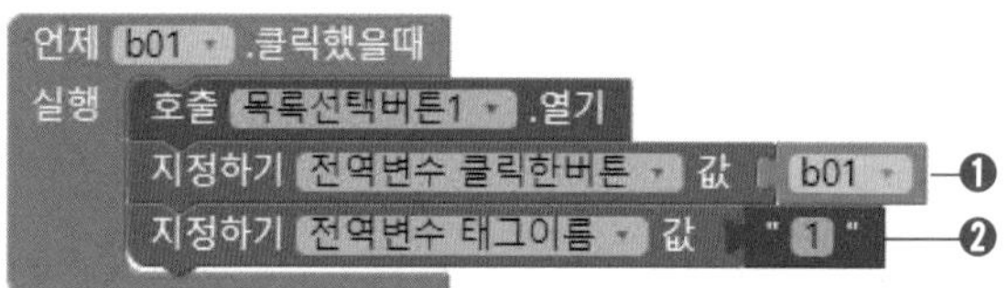

❶ b01 블록은 **b01** 서랍의 제일 아래쪽에 있는 블록으로, 버튼 자체를 나타내는 블록입니다. **b01** 버튼을 클릭하면 변수 **클릭한버튼**에 b01이 저장됩니다.

❷ 변수 **태그이름**에는 목록선택창에서 선택한 과목을 타이니DB에 저장할 때 사용할 태그 값이 저장됩니다. 태그이름을 버튼의 이름에 있는 번호와 같게 만들면 나중에 저장된 값을 불러오는 코드를 작성할 때 헷갈리지 않게 작업할 수 있습니다.

TIP
지정하기 전역변수 클릭한버튼 값 블록은 '변수' 서랍에서 지정하기 (빈칸) 값 블록을 가져와 빈칸을 클릭한 후 해당 변수를 선택하여 만들 수 있습니다.

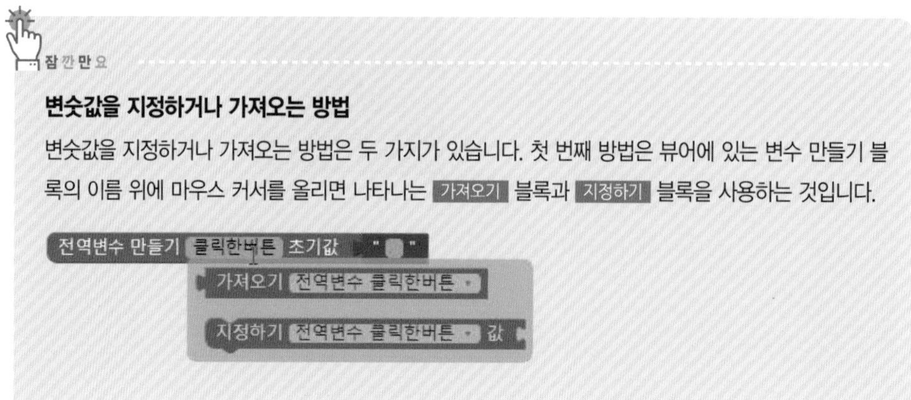

잠깐만요

변숫값을 지정하거나 가져오는 방법

변숫값을 지정하거나 가져오는 방법은 두 가지가 있습니다. 첫 번째 방법은 뷰어에 있는 변수 만들기 블록의 이름 위에 마우스 커서를 올리면 나타나는 가져오기 블록과 지정하기 블록을 사용하는 것입니다.

두 번째 방법은 '변수' 서랍에 있는 가져오기 블록과 지정하기 블록을 뷰어에 배치한 후 변수 '이름'을 클릭하면 나타나는 목록에서 원하는 변수 이름을 선택하는 것입니다.

공통 블록
제어
논리
수학
텍스트
리스트
색상
변수
전역변수 만들기 이름 초기값
가져오기
지정하기 값
지역변수 만들기 이름 초기값
실행
가져오기
지정하기 값
전역변수 클릭한버튼
전역변수 태그이름

7 **b02~b30** 버튼의 동작을 위한 블록의 구조가 **b01** 버튼의 동작을 위한 블록의 구조와 같으므로 나머지 29개의 블록은 언제 b01.클릭했을때 블록을 복제하여 다음과 같이 만듭니다.

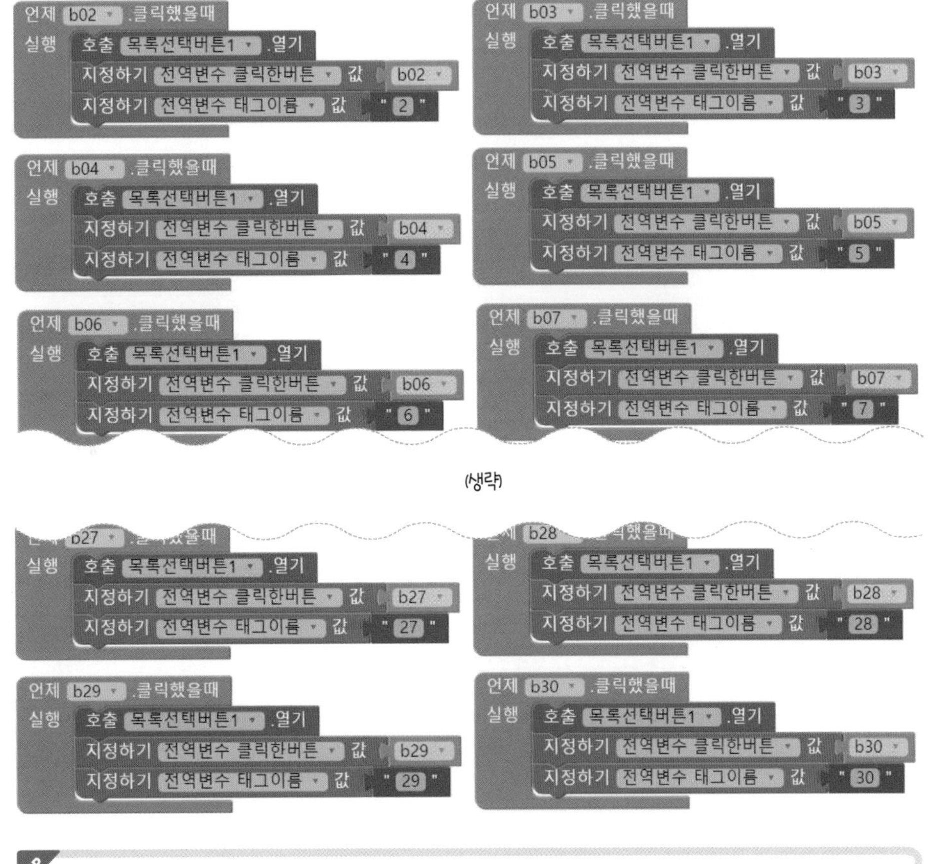

TIP

비슷하게 생긴 이벤트 핸들러 블록이 30개나 되므로 버튼의 이름과 태그이름의 값을 주의해서 수정하지 않으면 오류가 발생할 수 있습니다. 버튼 이름에 있는 숫자와 태그이름의 숫자를 일치시키세요.

8 버튼을 클릭한 후 목록선택창에 있는 과목을 선택하면 버튼에 선택한 과목이 표시되도록 언제 목록선택버튼1.선택후에 블록을 구성합니다.

목록선택버튼1 블록에는 목록선택창에서 선택한 과목명이 들어 있는데, 이 값은 지정하기버튼.텍스트 블록으로 목록선택창을 열기 위해 **클릭한 버튼**의 **텍스트**로 지정됩니다.

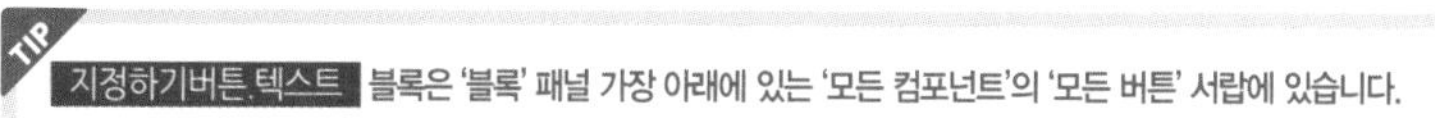
TIP
지정하기버튼.텍스트 블록은 '블록' 패널 가장 아래에 있는 '모든 컴포넌트'의 '모든 버튼' 서랍에 있습니다.

잠깐만요

'모든 컴포넌트'란?

블록 패널 가장 아래에 자리잡고 있는 '모든 컴포넌트'에는 스크린에 있는 모든 컴포넌트를 제어할 수 있는 만능 블록이 담겨 있습니다. 그렇다면 '모든 컴포넌트'에 있는 블록과 개별 컴포넌트에 있는 블록은 어떻게 다를까요? 같은 기능을 하는 다음의 두 블록을 살펴볼까요?

'모든 컴포넌트'의 '지정하기' 블록

'버튼1' 서랍에 있는 '지정하기' 블록

일반적인 컴포넌트 블록은 제어할 컴포넌트의 이름이 '버튼1'과 같은 식으로 정해져 있지만, '모든 컴포넌트' 블록은 어떤 컴포넌트를 제어할지 정해져 있지 않습니다. '모든 컴포넌트' 블록은 다음 그림과 같이 컴포넌트 소켓에 제어하고자 하는 컴포넌트를 지정하면 일반 컴포넌트 블록과 똑같은 기능을 할 수 있습니다.

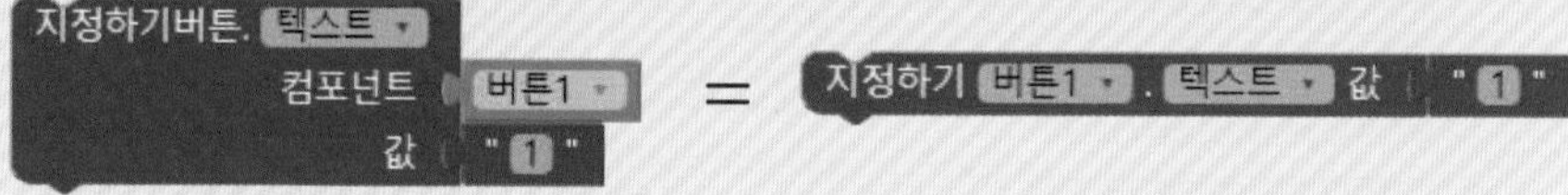

그러므로 '모든 컴포넌트' 블록은 컴포넌트 소켓에 연결되는 블록을 바꾸기만 하면 스크린에 있는 같은 종류의 컴포넌트를 모두 제어할 수 있기 때문에 같은 종류의 컴포넌트 수가 많고 각 컴포넌트를 제어하기 위한 코드의 구조가 비슷할 경우 유용하게 사용할 수 있습니다. 아직까지는 '모든 컴포넌트'를 왜 사용하는지 잘 이해되지 않을 수도 있지만 시간표 앱을 계속 만들다 보면 '모든 컴포넌트'가 얼마나 유용한지 이해할 수 있을 것입니다.

9 `언제 목록선택버튼1.선택후에` 블록에 현재 버튼에 표시되어 있는 과목을 저장하기 위한 블록을 추가합니다.

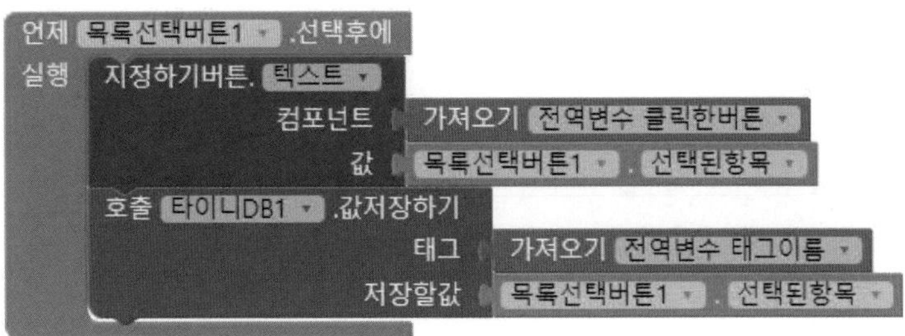

b01~b30 버튼을 클릭할 때마다 변수 **태그이름**에 저장되는 숫자가 1~30으로 달라집니다. 이 숫자를 태그로 사용하여 목록선택창에서 선택한 과목, 즉 목록선택창을 열기 위해 클릭한 버튼에 표시되는 과목명을 **타이니DB**에 저장합니다.

타이니DB는 무슨 뜻일까?

타이니(Tiny)는 '아주 작은'이라는 뜻으로, 타이니DB는 말 그대로 아주 작은 데이터베이스(Database)입니다. 이름처럼 타이니DB에는 복잡한 구조의 데이터를 저장할 수 없으며 태그 하나당 값 하나만 저장할 수 있습니다. 타이니DB에 저장된 값은 변수에 저장된 값과 달리, 앱이 종료되더라도 사라지지 않기 때문에 앱을 다시 실행했을 때 저장된 데이터를 가져와 사용할 수 있습니다.

타이니DB의 속성인 '네임스페이스'는 데이터가 저장되는 공간의 이름 설정하는 속성으로, 타이니DB를 서류 보관함에 비유하자면 네임스페이스에 '입력된 값'은 서류 보관함의 서랍 중 하나의 이름, '태그'는 서랍 안에 있는 서류철을 구분하기 위해 붙여 놓은 이름표, '저장할 값'은 서류철 속 서류로 볼 수 있습니다.

지금 만들고 있는 시간표 앱은 시간표를 하나만 저장하기 때문에 따로 네임스페이스를 신경 쓸 필요가 없지만, 예를 들어 1학기 시간표와 2학기 시간표를 따로 저장하고 싶다면 1학기 시간표를 저장하기 전에 네임스페이스를 '1학기'로 지정하고, 2학기 시간표를 저장하기 전에 네임스페이스를 '2학기'로 지정하면 2개의 시간표를 따로 저장하여 불러올 수 있습니다.

10 앱이 실행될 때마다 월요일 1교시 과목을 자동으로 불러올 수 있게 **3**에서 만들었던 `언제 Screen1.초기화되었을때` 블록에 **타이니DB1**에 저장된 값을 **b01** 버튼에 표시하는 블록을 추가합니다.

```
언제 Screen1 .초기화되었을때
실행 지정하기 목록선택버튼1 . 요소문자열 값 " 국어,도덕,사회,수학,과학,실과,체육,음악,미술,영어,창체,- "
     지정하기 b01 . 텍스트 값 호출 타이니DB1 .값가져오기
                                   태그 " 1 "
                                   찾는태그가이없을경우 " - "
```

타이니DB1에 값을 저장할 때 태그 1의 **b01** 버튼에 표시되는 과목을 저장했으므로 값을 가져올 때도 태그 **1**을 이용하여 **b01** 버튼에 표시할 과목을 가져오면 됩니다. `호출 타이니DB1.값가져오기` 블록을 이용하여 가져온 값을 **b01**의 **텍스트**로 지정하면 월요일 1교시 과목이 화면에 표시됩니다.

11 나머지 시간표도 앱이 실행될 때 자동으로 버튼에 표시되도록 다음과 같이 블록을 추가합니다.

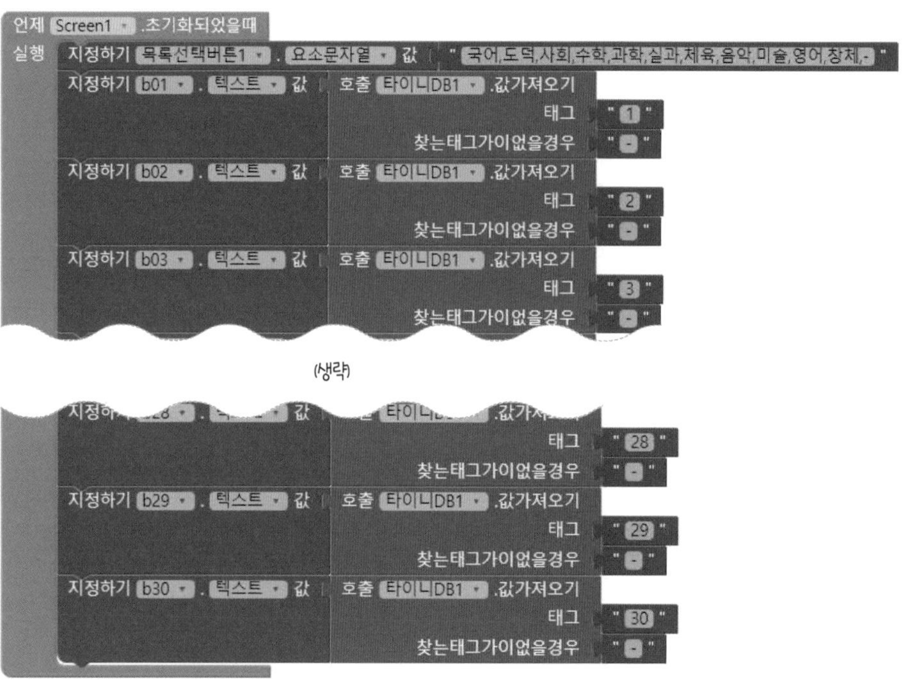

> **TIP**
> 'b01' 버튼의 텍스트를 가져온 방법과 같은 방법으로 'b02~b29' 버튼의 텍스트를 가져옵니다. 추가해야 할 블록이 많아 귀찮기는 하지만 블록을 복제한 후 버튼 이름과 태그 값만 수정하면 쉽게 만들 수 있습니다.

지금까지 만든 앱이 잘 작동하는지 컴패니언 앱을 이용하여 실시간으로 연결(39쪽 참고)하거나 apk 파일을 설치(43쪽 참고)해서 지금까지 만든 앱이 제대로 작동하는지 확인해 보기 바랍니다.

✓ 체크리스트

- ☐ **월요일 1교시 ~ 금요일 6교시** 버튼을 클릭하면 과목 선택창이 나타남.
- ☐ 과목 선택창에서 과목을 선택하면 클릭한 버튼에 선택한 과목이 표시됨.
- ☐ 앱을 다시 실행하면 이전에 만든 시간표가 화면에 나타남.

4 앱 업그레이드하기

이번 장에서는 앱의 기능이 아닌 코드를 업그레이드해 보겠습니다. 시간표 앱에 사용된 30개의 버튼을 제어하기 위해 똑같은 구조의 블록 30개를 반복해서 사용했습니다. 그러니 코드가 너무 길어져 보기가 힘들고 만들기도 귀찮았습니다. 이번에는 30개의 클릭 이벤트 핸들러가 하던 일을 한 개의 클릭 이벤트 핸들러가 할 수 있게 만들고, 저장된 시간표를 불러오기 위해 사용했던 30개의 블록도 한 덩어리의 블록으로 줄여 보겠습니다.

1 30개의 버튼을 하나로 묶어서 관리하기 위한 변수인 **버튼리스트**를 만들고, 초기값 소켓에 리스트 만들기 블록을 연결합니다.

```
전역변수 만들기 버튼리스트 초기값 ⚙ 리스트 만들기
```

TIP 리스트(list)는 '목록'이라는 뜻으로 여러 자료를 묶어서 관리할 수 있습니다. 리스트 만들기 블록은 소켓에 연결된 항목을 하나로 묶어서 리스트로 만들어 주는 역할을 합니다.

2 리스트 만들기 블록의 톱니바퀴 아이콘을 눌러 소켓을 30개로 만들고, 각 소켓에 b01 ~ b30 블록을 차례로 연결합니다.

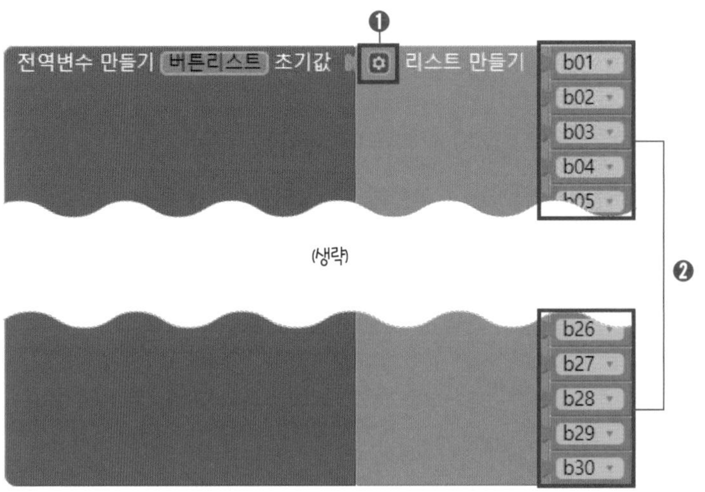

모양을 바꿀 수 있는 블록

블록 중에 톱니바퀴 아이콘(⚙)이 있는 블록은 모양을 바꿔 기능을 확장할 수 있습니다. 이런 블록을 '뮤테이터(mutator, 돌연변이 유발 유전자)' 블록이라 부르는데, 리스트 만들기 블록도 '뮤테이터' 블록 중 하나입니다. 리스트 만들기 블록은 기본적으로 소켓이 2개밖에 없습니다. 하지만 톱니바퀴 아이콘을 클릭하여 나타나는 메뉴에서 왼쪽에 있는 항목 블록을 오른쪽에 있는 리스트 블록 안에 넣으면 추가한 블록의 개수만큼 리스트 만들기 블록에 소켓이 추가됩니다.

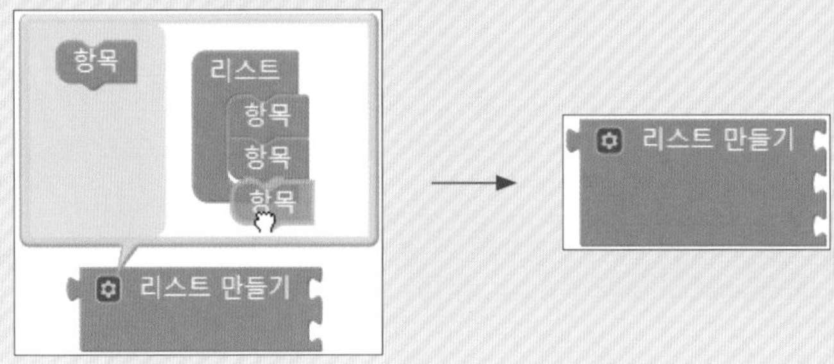

3 **b01~b30** 중 어떤 버튼을 클릭하더라도 목록선택창이 열리고, **클릭한버튼**이 변수 **컴포넌트**에 저장되도록 언제든지버튼.클릭했을 때 블록을 구성합니다.

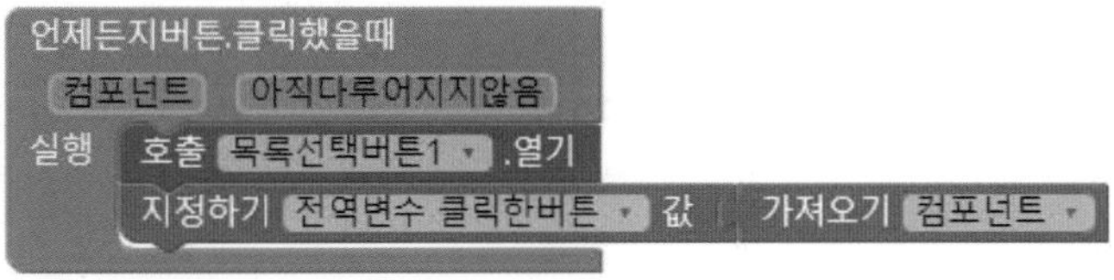

언제든지버튼.클릭했을때
컴포넌트
아직다루어지지않음
실행
호출 목록선택버튼1 .열기
지정하기 전역변수 클릭한버튼 값
가져오기 컴포넌트

언제든지버튼.클릭했을 때 블록은 스크린에 있는 모든 버튼의 클릭에 반응하여 실행되고 이 블록 안에 있는 변수인 **컴포넌트**에는 **클릭한버튼**이 저장되므로 이 값을 이용하여 어떤 버튼을 클릭했는지 알 수 있습니다.

TIP 언제든지버튼.클릭했을 때 블록은 '모든' 컴포넌트의 '모든 버튼' 서랍에 있습니다.

4 언제든지버튼.클릭했을 때 블록에 **태그이름** 값을 지정하는 블록을 추가합니다.

언제든지버튼.클릭했을때
컴포넌트
아직다루어지지않음
실행
호출 목록선택버튼1 .열기
지정하기 전역변수 클릭한버튼 값
가져오기 컴포넌트
지정하기 전역변수 태그이름 값
위치 구하기 항목
가져오기 컴포넌트
리스트
가져오기 전역변수 버튼리스트

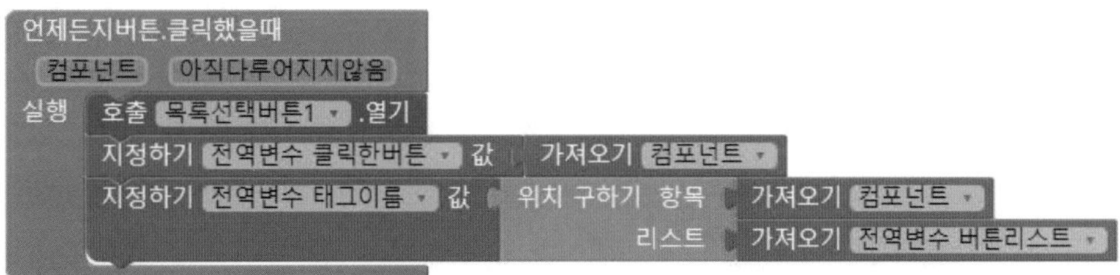

위치 구하기 블록을 이용하면 리스트에서 특정 항목이 몇 번째 위치에 있는지를 구할 수 있습니다. **버튼리스트**에는 b01~b30까지의 버튼이 순서대로 들어 있으므로 **버튼리스트**에서 각 버튼의 위치는 버튼 이름에 있는 숫자와 같습니다. 따라서 **태그이름**에 **클릭한버튼**의 이름에 있는 숫자 대신 **버튼리스트**에서 버튼의 위치를 구해 넣어주면 됩니다. 즉 버튼의 위치가 **태그이름**이 되므로 만약 b01 버튼을 클릭했다면 **태그이름**은 **버튼리스트**에서 b01 버튼의 위치인 1이 되고 b10 버튼을 클릭했다면 **태그이름**은 **버튼리스트**에서 b10 버튼의 위치인 10이 됩니다.

5 129쪽의 5에서 만든 언제 b01.클릭했을때 ~ 언제 b30.클릭했을때 블록을 대신할 언제든지버튼.클릭했을 때 블록을 완성했으니 필요 없는 30개의 블록을 삭제합니다.

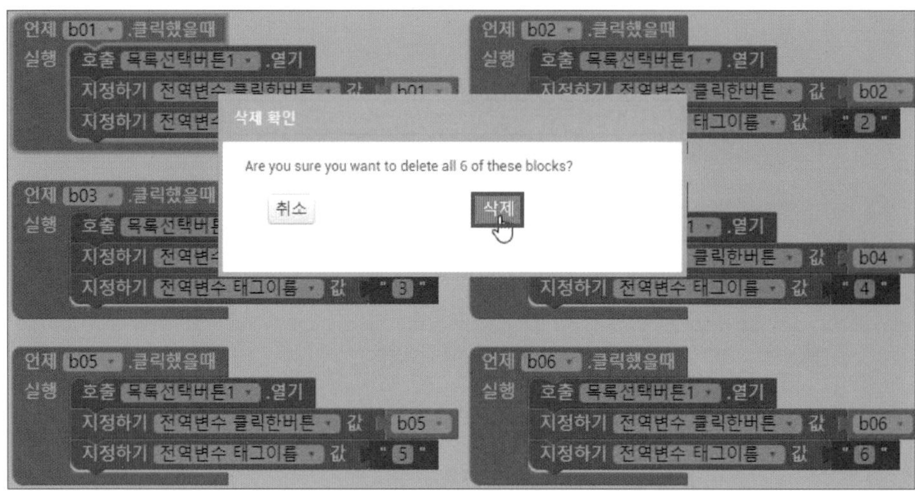

TIP 언제 b00.클릭했을때 블록을 선택한 후 Delete를 누르면 삭제 확인창이 나타납니다. 이때 '삭제' 버튼을 클릭하면 선택한 블록이 삭제됩니다. 언제 b00.클릭했을때 블록에서 마우스 오른쪽 버튼을 클릭한 후 '블록 6개 삭제하기'를 선택해도 됩니다.

6 이번에는 132쪽의 10에서 만든 언제 Scree1.초기화되었을 때 블록 안에 있는 지정하기 b01.텍스트 ~ 지정하기 b30.텍스트 블록을 대신할 블록을 만들겠습니다. 먼저, 지정하기 b01.텍스트 ~ 지정하기 b30.텍스트 블록을 삭제합니다.

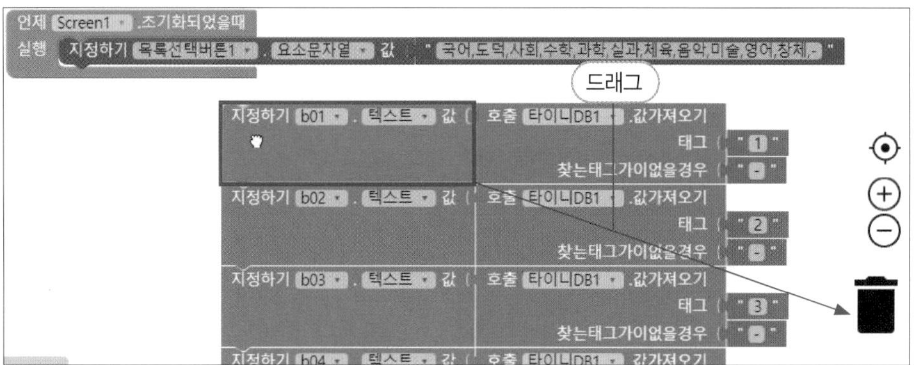

TIP 삭제할 블록 중 가장 위쪽에 있는 지정하기 b01.텍스트 값 블록을 선택한 후 마우스로 끌어서 휴지통으로 가져가면 아래쪽에 연결되어 있던 블록까지 한꺼번에 삭제할 수 있습니다.

7 언제 Scree1.초기화되었을때 블록에 각각 반복 인덱스 블록을 추가하고, **끝** 값을 **30**으로 바꿉니다.

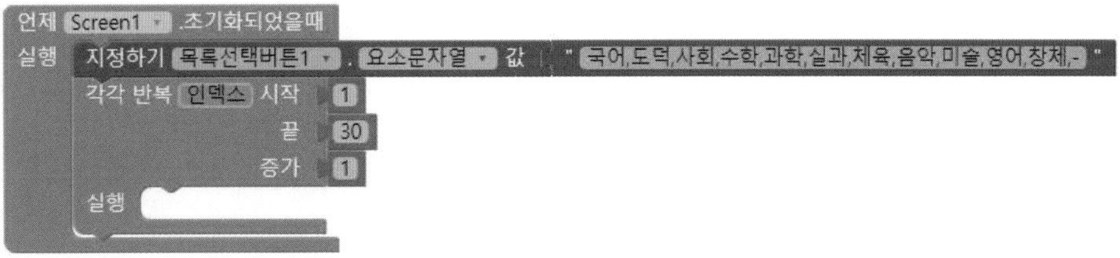

언제 Screen1 .초기화되었을때
실행 지정하기 목록선택버튼1 . 요소문자열 값 " 국어,도덕,사회,수학,과학,실과,체육,음악,미술,영어,창체,- "
각각 반복 인덱스 시작 1
끝 30
증가 1
실행

각각 반복 인덱스 블록은 언제 Scree1.초기화되었을때 블록의 실행 영역에 있는 블록을 인덱스 값이 변할 때마다 한 번씩 실행시킵니다. 시작 값이 1, 끝 값이 30, 증가 값이 1이면 인덱스는 1에서 30까지 1씩 증가하면서 30번 변하게 되므로 실행 영역에 들어갈 블록의 반복 횟수는 총 30회가 됩니다. 실행 영역에 블록을 한 줄만 넣으면 이 블록이 30번 반복 실행되므로 방금 삭제한 30줄의 블록을 대신할 수 있게 됩니다.

TIP
각각 반복 인덱스 블록은 '제어' 서랍에 있습니다. 이 블록 안에 있는 '인덱스'를 클릭한 후 다른 이름을 입력하면 수정할 수 있으므로 인덱스라는 이름 대신 다른 이름으로 바꿔서 사용해도 됩니다.

8 각각 반복 인덱스 블록의 실행 영역 안에 지정하기버튼.텍스트 블록을 추가하고 컴포넌트를 지정하는 블록을 다음과 같이 구성합니다.

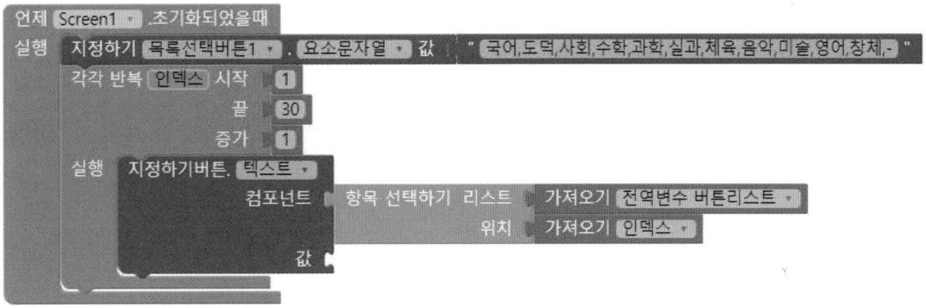

언제 Screen1 .초기화되었을때
실행 지정하기 목록선택버튼1 . 요소문자열 값 " 국어,도덕,사회,수학,과학,실과,체육,음악,미술,영어,창체,- "
각각 반복 인덱스 시작 1
끝 30
증가 1
실행 지정하기버튼. 텍스트
컴포넌트 항목 선택하기 리스트 가져오기 전역변수 버튼리스트
위치 가져오기 인덱스
값

항목 선택하기 블록을 이용하면 리스트의 특정 위치에 있는 항목을 가져올 수 있습니다. 항목 선택하기 블록은 인덱스 값이 1이면 버튼리스트의 첫 번째 항목인 b01을 가져오고 인덱스 값이 2면 버튼리스트의 두 번째 항목인 b02를 가져옵니다. 즉, 인덱스가 1~30까지 변하는 동안 항목 선택하기 블록은 b01~b30까지의 버튼을 차례대로 가져오게 됩니다.

9 **타이니DB1**에서 가져온 값을 지정하기버튼.텍스트 블록의 값으로 지정하는 블록을 추가합니다.

```
언제 Screen1 .초기화되었을때
실행 지정하기 목록선택버튼1 . 요소문자열 값 " 국어,도덕,사회,수학,과학,실과,체육,음악,미술,영어,창체,- "
     각각 반복 인덱스 시작 1
                    끝 30
                   증가 1
     실행 지정하기버튼. 텍스트
                  컴포넌트 항목 선택하기 리스트 가져오기 전역변수 버튼리스트
                                    위치 가져오기 인덱스
                        값 호출 타이니DB1 .값가져오기
                                      태그 가져오기 인덱스
                            찾는태그가이없을경우 " - "
```

인덱스가 1이면 **b01** 버튼의 텍스트를 태그 1에 저장되어 있는 값으로 지정하고, 인덱스가 2면 **b02** 버튼의 텍스트를 태그 2에 저장되어 있는 값으로 지정하게 됩니다. 이와 같은 방식으로 인덱스가 증가할 때마다 인덱스를 태그로 사용해서 타이니DB1에 저장되어 있던 값을 가져온 후 버튼의 텍스트 값으로 지정해 주면 30개의 버튼에 과목이 표시됩니다.

코드가 모두 수정되었습니다. 314개의 블록이 필요했던 코드가 65개 블록으로 줄어들었습니다. 지금까지 만든 앱이 잘 작동하는지 컴패니언 앱을 이용하여 실시간으로 연결(39쪽 참고)하거나 apk 파일을 설치(43쪽 참고)해서 지금까지 만든 앱이 제대로 작동하는지 확인해 보기 바랍니다.

✓ 체크리스트

- ☐ **월요일 1교시~금요일 6교시** 버튼을 클릭하면 과목 선택창이 나타남.
- ☐ 과목 선택창에서 과목을 선택하면 클릭한 버튼에 선택한 과목이 표시됨.
- ☐ 앱을 다시 실행하면 이전에 만든 시간표가 화면에 나타남.

나만의 아이디어 더하기

이번 장에서 만든 시간표 앱은 시간표를 표시하는 아주 단순한 기능밖에 없습니다. 디자인도 버튼을 나열해 놓은 수준이라 다소 밋밋합니다. 다음과 같이 시간표에 추가할 새로운 기능과 디자인을 생각해 봅시다.

1. 연도별 시간표를 따로 저장하는 기능 추가하기
2. 시간표를 다른 사람에게 공유하는 기능 추가하기
3. 과제, 준비물 등 수업과 관련된 메모를 작성하는 기능 추가하기
4. 같은 과목은 같은 색깔로 표시하는 기능 추가하기
5. 실수로 버튼을 눌러서 시간표가 바뀌는 일이 없도록 잠금 기능 만들기

포스트잇 붙이는 공간

7장

랜덤 뽑기 앱 만들기

이번 장에서는 다양한 선택지 중 한 가지를 고르기 어려울 때 빠른 결정에 도움을 줄 수 있는 랜덤 뽑기 앱을 만들어 보겠습니다. 음식 메뉴 선택, 조 모임 과제 배분, 운동 경기 팀 나누기 등 다양한 선택의 순간에 랜덤 뽑기 앱을 활용하면 선택의 어려움을 쉽게 해결할 수 있을 것입니다. 지금부터 랜덤 뽑기 앱을 만드는 방법을 이해하고, 실생활에 활용 가능한 나만의 랜덤 뽑기 앱을 만들어 봅시다.

미리보기

초기 화면

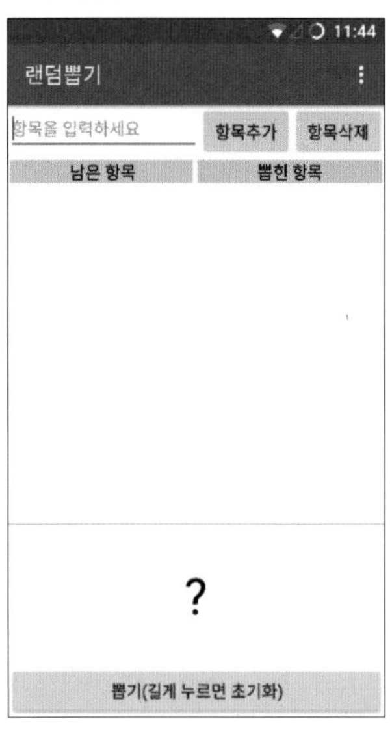

- **텍스트박스**에 뽑을 항목을 입력하고 **항목추가** 버튼을 클릭하면 **남은 항목** 영역에 입력한 항목이 표시됩니다.
- **항목삭제** 버튼을 클릭한 후 **목록선택창**에 보이는 항목을 선택하면 선택한 항목이 **남은 항목** 영역에서 삭제됩니다.
- **뽑기** 버튼을 클릭하면 랜덤 뽑기가 진행됩니다.
- **뽑기** 버튼을 길게 누르면 **뽑힌 항목**이 초기화됩니다.

항목을 추가했을 때

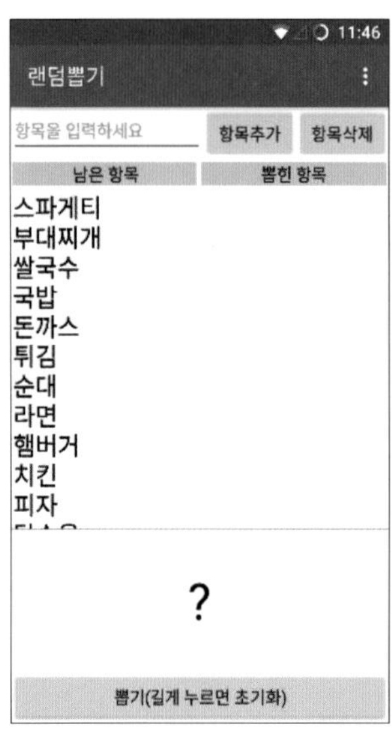

- 새롭게 추가되는 항목은 **남은 항목** 영역의 가장 위쪽에 표시됩니다.
- 추가된 항목이 **남은 항목** 영역을 벗어날 정도로 많을 때는 위아래로 스크롤해서 내용을 확인할 수 있습니다.

뽑기 버튼을 클릭했을 때

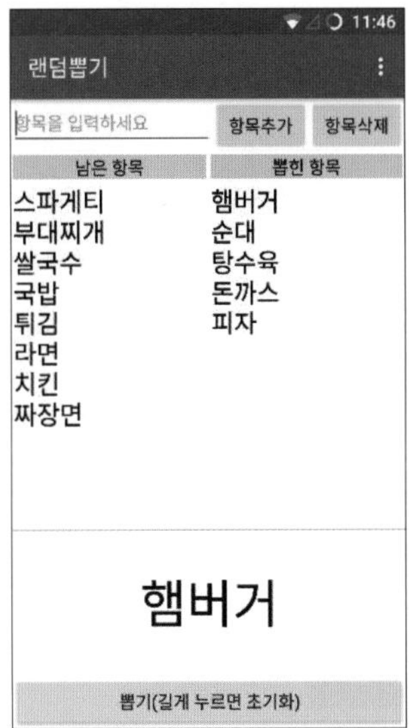

- **뽑기** 버튼을 클릭하면 0.1초에 한 번씩 **남은 항목** 영역에 있는 항목 중 하나가 화면 아래쪽에 무작위로 표시되었다가 사라지는 가짜 뽑기가 10번 반복됩니다.
- 가짜 뽑기가 끝나면 진짜 뽑힌 항목이 화면 아래쪽에 표시되고 선택된 항목이 **남은 항목** 영역에서 **뽑힌 항목** 영역으로 이동합니다.
- **뽑기** 버튼을 길게 누르면 **뽑힌 항목** 영역에 있던 항목들이 다시 **남은 항목** 영역으로 이동하여 **뽑힌 항목**이 초기화됩니다.

완성 앱 미리보기

완성된 앱의 실제 동작이 궁금하다면 QR 코드를 스캔하여 파일을 스마트폰에 설치한 후 확인해 봅니다.

- **스마트폰 설치 파일** https://bit.ly/3k01AAn
- **프로젝트 파일** example_randomPicker.aia

1 프로젝트 준비하기

랜덤 뽑기 앱을 만들기 위해 새로운 프로젝트를 추가하는 작업부터 시작하겠습니다.

1 앱 인벤터(http://ai2.appinventor.mit.edu/)에 접속하여 로그인한 후 **프로젝트** 메뉴에서 **새 프로젝트 시작하기**를 선택합니다.

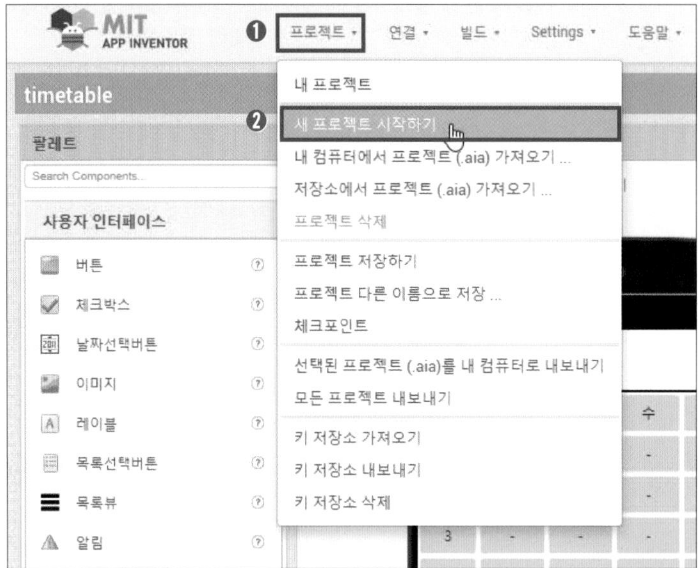

2 프로젝트 이름을 **randomPicker**로 입력하고 **확인** 버튼을 클릭합니다.

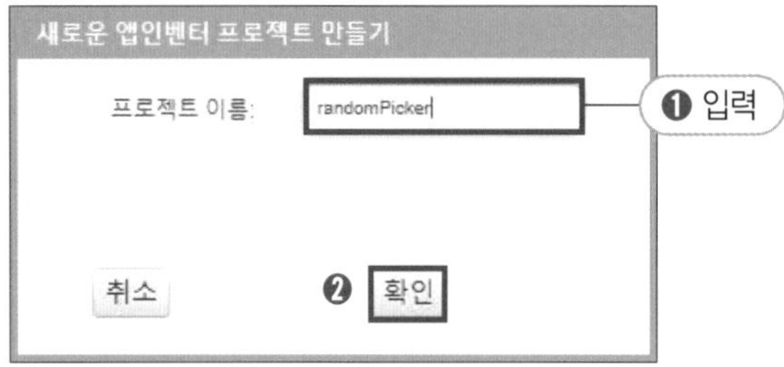

2 컴포넌트로 앱 화면 디자인하기

프로젝트가 생성되었으면 디자이너 화면에서 앱의 화면을 만드는 작업부터 시작해 보겠습니다. 랜덤 뽑기 앱 화면의 기본 형태는 다음 그림과 같습니다.

랜덤 뽑기 앱 화면 미리보기

1 **스크린**(Screen1)의 **속성** 패널에서 [앱이름: **랜덤뽑기**], [테마: **장치 기본값**], [제목: **랜덤뽑기**]로 바꿉니다.

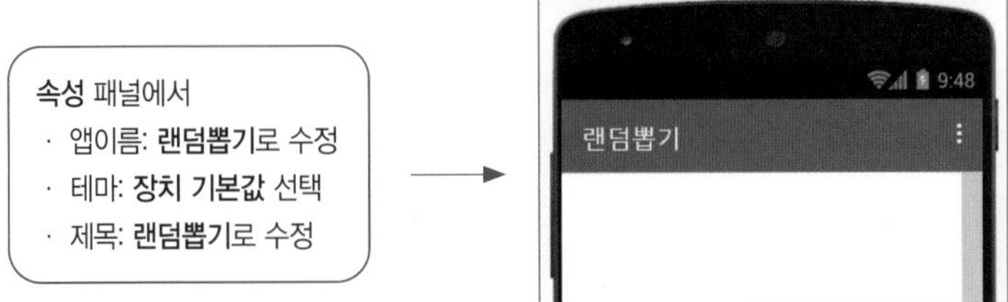

2 ❶ **레이아웃 서랍**에서 **수평배치**를 가져와서 **스크린**에 추가한 후 ❷ **속성** 패널에서 [너비: **부모 요소에 맞추기**]로 바꿉니다.

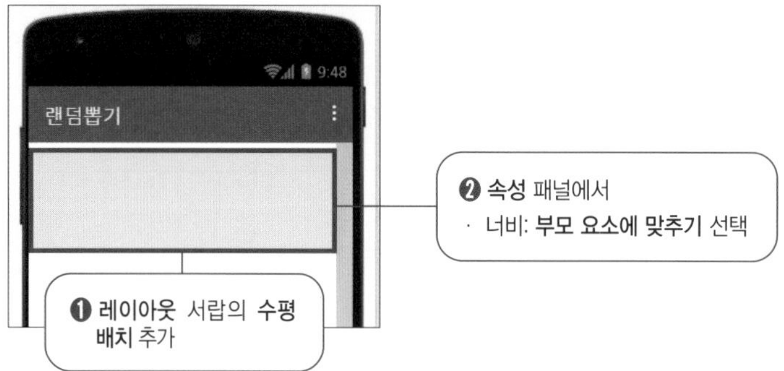

3 ❶ **사용자 인터페이스** 서랍에서 **텍스트박스**를 가져와 **수평배치1**에 추가하고 ❷ **텍스트박스1**의 **속성** 패널에서 [너비: **부모 요소에 맞추기**], [힌트: **항목을 입력하세요**]로 바꿉니다.

TIP 텍스트박스를 클릭하여 키보드가 나타나면 사용자가 글자를 입력할 수 있게 해 주는 컴포넌트입니다.

4 ❶ **사용자 인터페이스** 서랍에서 **버튼**을 가져와 **수평배치1**에 추가합니다. ❷ **버튼1**의 이름을 **버튼_추가**로 바꾸고 ❸ **속성** 패널에서 [텍스트: **항목추가**]로 바꿉니다.

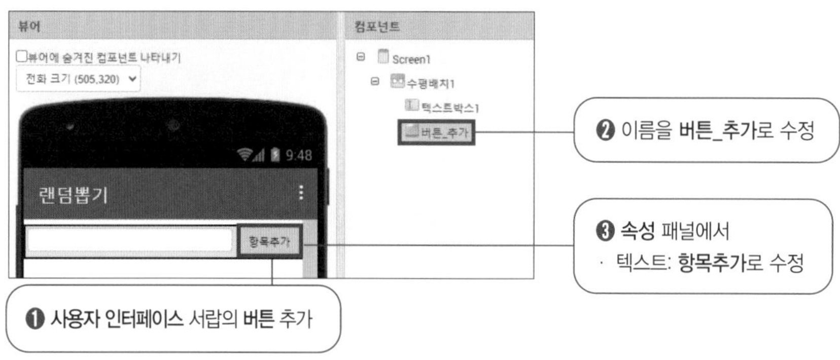

5 ❶ **사용자 인터페이스** 서랍에서 **목록선택버튼**을 가져와 **수평배치1**에 추가합니다. ❷ **컴포넌트** 패널에서 **목록선택버튼1**의 이름을 **목록선택_삭제**로 바꾸고 ❸ **속성** 패널에서 [텍스트: **항목삭제**]로 바꿉니다.

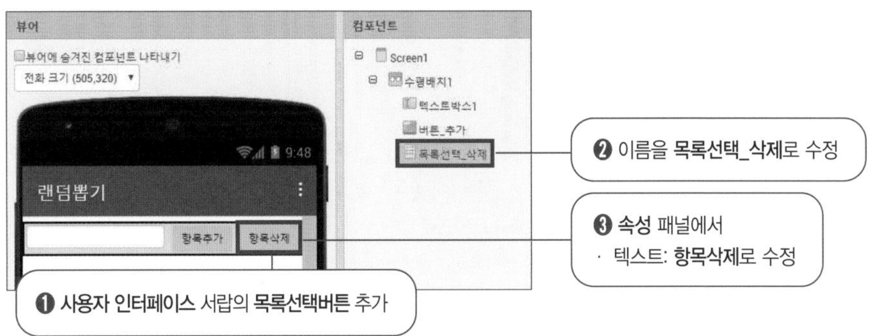
뷰어
뷰어에 숨겨진 컴포넌트 나타내기
전화 크기 (505,320)
9:48
랜덤뽑기
항목추가
항목삭제
컴포넌트
Screen1
수평배치1
텍스트박스1
버튼_추가
목록선택_삭제
❷ 이름을 목록선택_삭제로 수정
❸ 속성 패널에서
· 텍스트: 항목삭제로 수정
❶ 사용자 인터페이스 서랍의 목록선택버튼 추가

6 ❶ **레이아웃** 서랍에서 **수평배치**를 하나 더 가져와 **스크린**에 추가하고 ❷ **속성** 패널에서 [너비: **부모 요소에 맞추기**]로 바꿉니다.

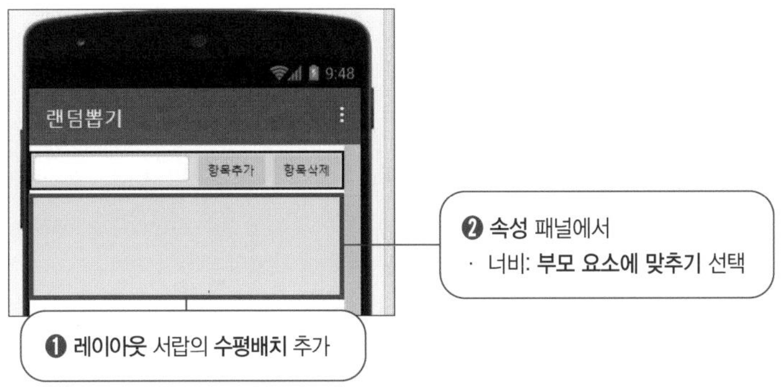
9:48
랜덤뽑기
항목추가
항목삭제
❷ 속성 패널에서
· 너비: 부모 요소에 맞추기 선택
❶ 레이아웃 서랍의 수평배치 추가

7 ❶ **사용자 인터페이스** 서랍에서 **레이블** 2개를 가져와 **수평배치2**에 추가합니다. ❷ **레이블1**의 **속성**을 [배경색: **밝은 회색**], [너비: **부모 요소에 맞추기**], [텍스트: **남은 항목**], [텍스트정렬: **가운데 : 1**]로 바꾸고, ❸ **레이블2**의 **속성**을 [배경색: **밝은 회색**], [너비: **부모 요소에 맞추기**], [텍스트: **뽑힌 항목**], [텍스트정렬: **가운데** : 1]로 바꿉니다.

❷ 레이블1의 속성 패널에서
· 배경색: 밝은 회색 선택
· 너비: 부모 요소에 맞추기 선택
· 텍스트: 남은 항목으로 수정
· 텍스트정렬: 가운데 : 1 선택
9:48
랜덤뽑기
항목추가
항목삭제
남은 항목
뽑힌 항목
❶ 사용자 인터페이스 서랍의
레이블 2개 추가
❸ 레이블2의 속성 패널에서
· 배경색: 밝은 회색 선택
· 너비: 부모 요소에 맞추기 선택
· 텍스트: 뽑힌 항목으로 수정
· 텍스트정렬: 가운데 : 1 선택

8 **사용자 인터페이스** 서랍과 **레이아웃** 서랍에서 **수평배치**, **레이블**, **수직배치**, **버튼**을 차례로 가져와 **스크린**에 추가합니다.

9 **수평배치3**의 **속성** 패널에서 [높이: **부모 요소에 맞추기**], [너비: **부모 요소에 맞추기**]로 바꿉니다.

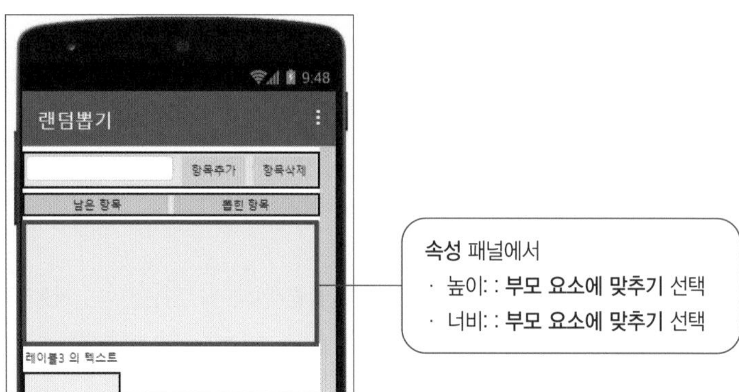

10 ❶ **레이아웃** 서랍에서 **스크롤가능수직배치**를 2개 가져와 **수평배치3**에 추가하고 ❷ **속성** 패널에서 모두 [높이: **부모 요소에 맞추기**], [너비: **부모 요소에 맞추기**]로 바꿉니다.

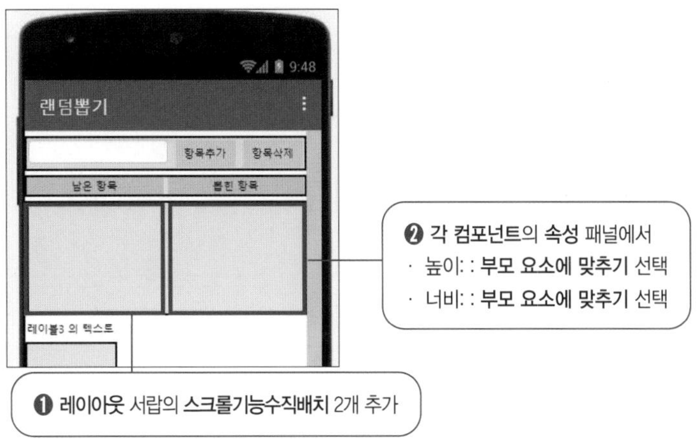

11 ❶ **사용자 인터페이스** 서랍에서 새 **레이블**을 가져와 **스크롤가능수직배치1** 안에 추가하고 ❷ 이름을 **남은항목**으로 바꾼 다음 ❸ **속성**을 [글꼴크기: **20**], [너비: **부모 요소에 맞추기**], [텍스트: **(빈칸)**]으로 바꿉니다.

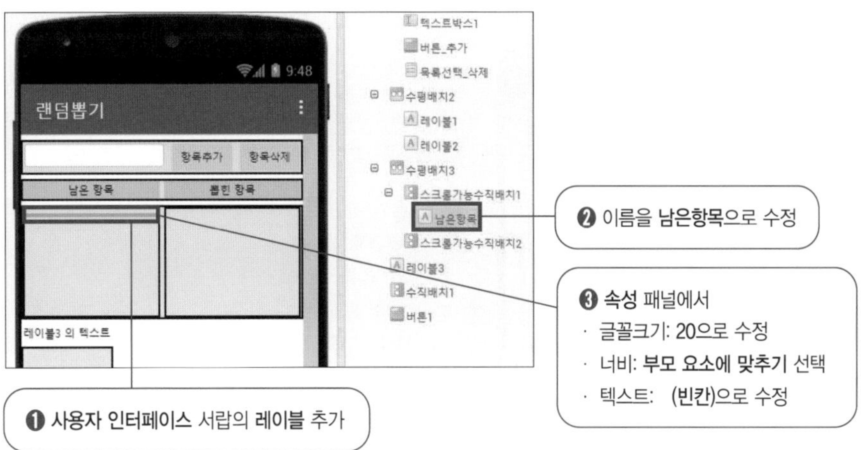

12 ❶ **사용자 인터페이스** 서랍에서 새 **레이블**을 가져와 **스크롤가능수직배치2** 안에 추가하고 ❷ 이름을 **뽑힌항목**으로 바꾼 다음 ❸ **속성**을 [글꼴크기: **20**], [너비: **부모 요소에 맞추기**], [텍스트: **(빈칸)**]으로 바꿉니다.

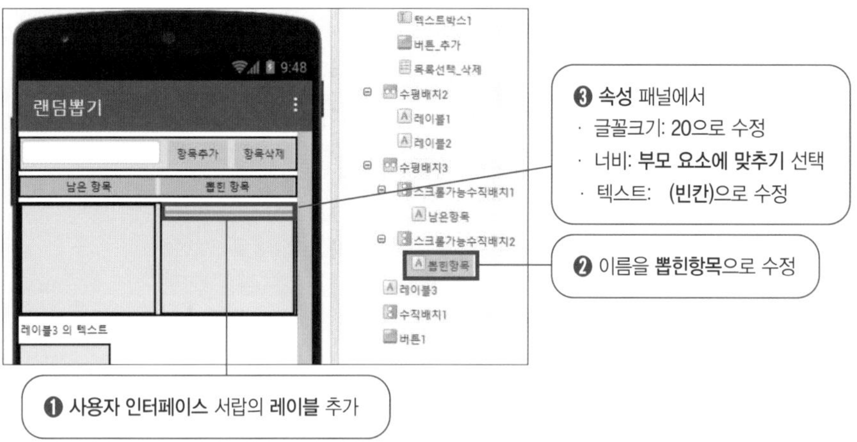

13 **레이블3**의 속성을 [배경색: **회색**], [여백여부: **체크 해제**], [높이: **1 픽셀**], [너비: **부모 요소에 맞추기**], [텍스트: **(빈칸)**]으로 바꿉니다.

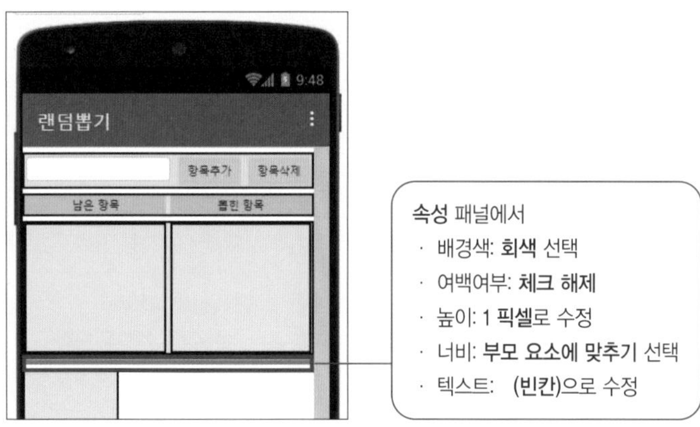

TIP

레이블3은 화면에 글자를 출력하는 용도가 아니라 선을 표시하는 용도로 활용합니다. 레이블의 배경색, 높이, 너비를 잘 활용하면 화면에 원하는 색상의 가로선 또는 세로선을 표시할 수 있습니다. 레이블 주변에는 기본적으로 약간(2픽셀)의 여백이 존재하는데, 이 때문에 레이블로 만든 선의 양쪽 끝에 여백이 생기게 됩니다. 이러한 여백을 없애고 싶다면 '여백여부' 속성을 체크 해제하면 됩니다. 레이블 주변의 여백은 앱 인벤터 스크린상에서는 확인할 수 없고 스마트폰에서 확인할 수 있습니다.

14 **수직배치1**의 **속성**을 [수직정렬: **가운데 : 2**], [높이: **20 퍼센트**], [너비: **부모 요소에 맞추기**]로 바꿉니다.

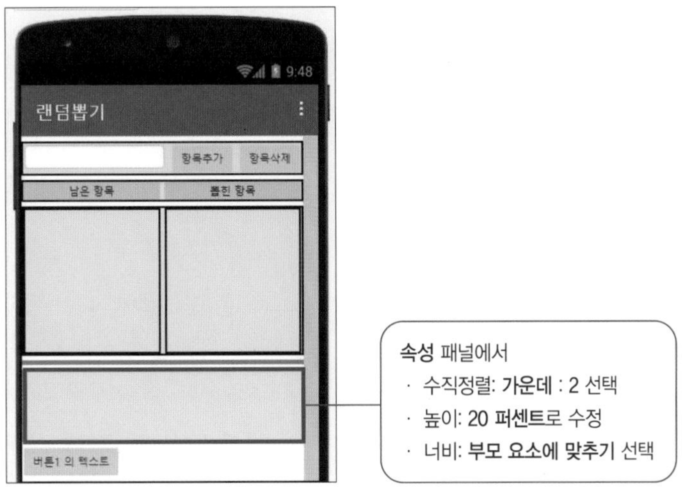

15 ❶ **사용자 인터페이스** 서랍에서 새 **레이블**을 가져와 **수직배치1** 안에 추가하고 ❷ 이름을 **현재뽑힌항목**으로 바꾼 다음 ❸ **속성**을 [글꼴크기: **40**], [너비: **부모 요소에 맞추기**], [텍스트: **?**], [텍스트정렬: **가운데 : 1**]로 바꿉니다.

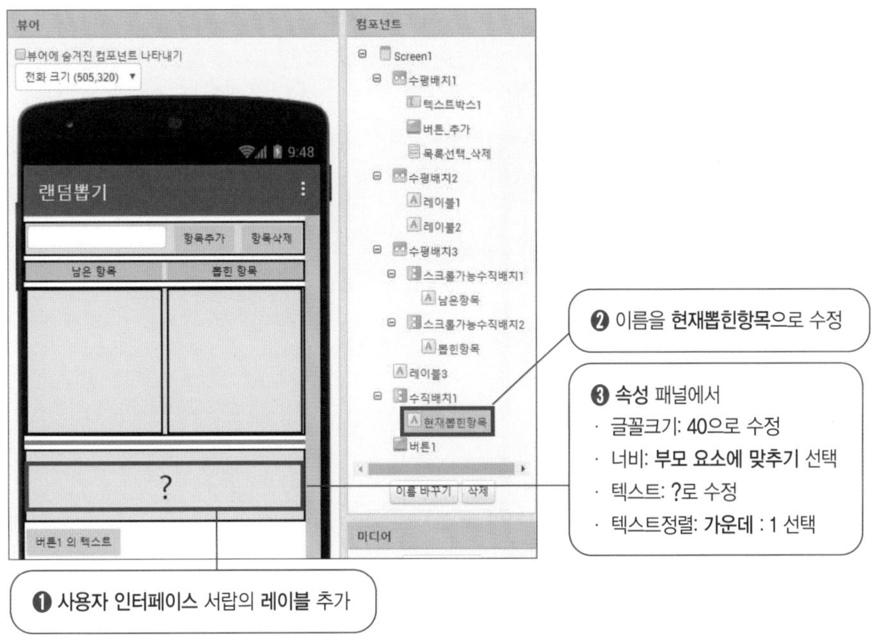

16 ❶ **버튼1**의 이름을 **버튼_뽑기**로 바꾸고 ❷ **속성**을 [너비: **부모 요소에 맞추기**], [텍스트: **뽑기(길게 누르면 초기화)**]로 바꿉니다.

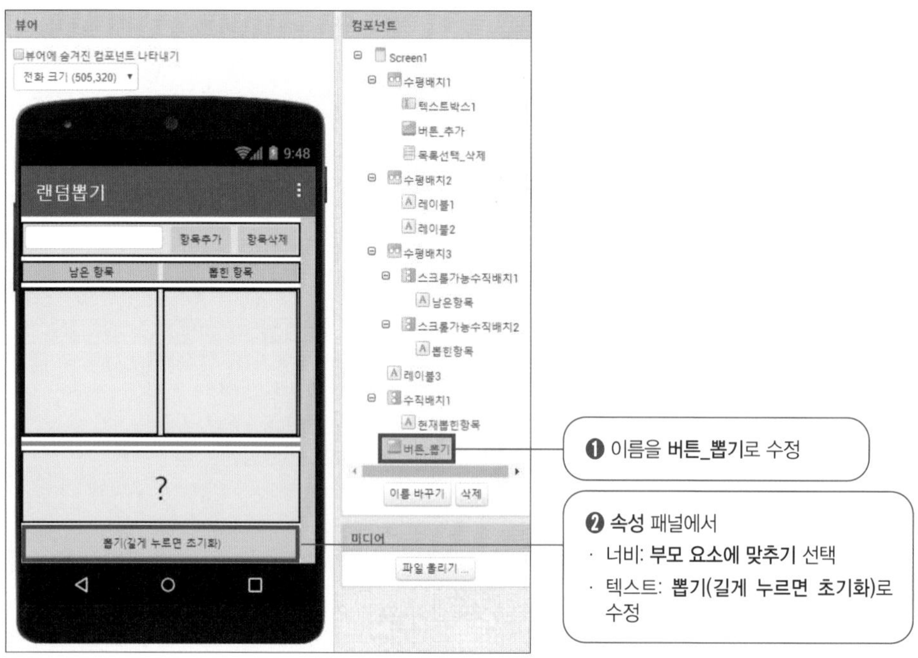

17 마지막으로, 알림창을 띄우기 위해 **사용자 인터페이스** 서랍에서 **알림**을 스크린으로 가져옵니다.

잠깐만요

스크린 크기 바꾸기

'뷰어' 패널에 있는 스크린은 기본적으로 '전화 크기(505, 320)'로 설정되어 있어서 스마트폰 화면에서 앱이 어떻게 보일지 짐작해 볼 수 있습니다. 스마트폰보다 화면이 더 큰 태블릿에서 앱이 어떻게 보일지 확인하고 싶으면 '전화 크기(505, 320)'를 클릭한 후 '태블릿 크기' 또는 '모니터 크기'를 선택하여 스크린의 크기를 바꾸면 됩니다. 단, 스크린 크기 설정은 스크린(Screen1)의 속성인 크기조정 값이 '반응형'일 때만 가능합니다.

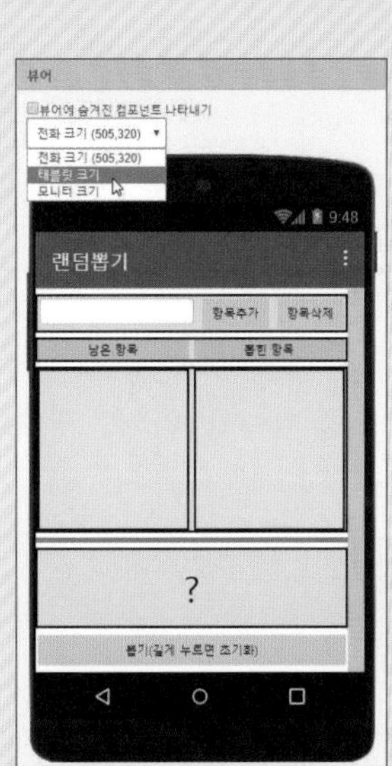

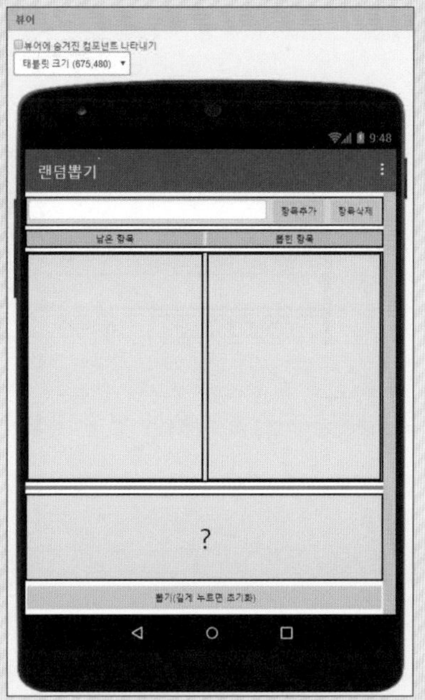

전화 크기와 태블릿 크기 설정

이외에도 디자인 작업을 할 때 스크린이 작아서 여러 컴포넌트를 배치하기 어려울 경우 스크린을 크게 설정하면 훨씬 더 편리하게 작업할 수 있습니다.

3 블록으로 앱 코딩하기

이제 블록 코딩으로 각 컴포넌트에 기능을 적용하여 앱이 작동하도록 해 보겠습니다.

1 오른쪽 상단에 있는 **블록** 버튼을 클릭하여 **블록** 화면으로 이동합니다.

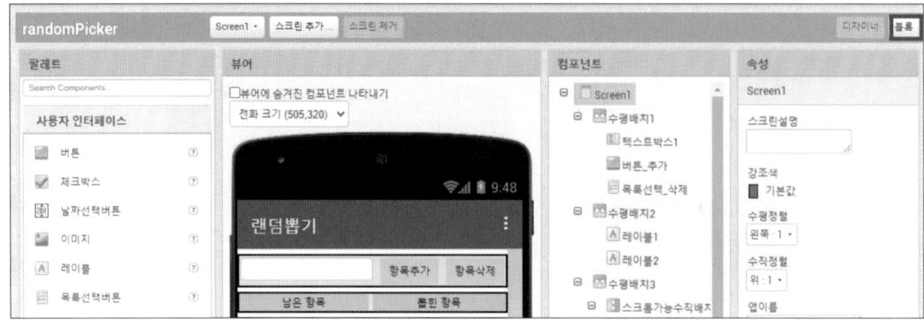

2 사용자가 입력한 항목을 저장하기 위한 변수인 **항목리스트**를 만들고, 리스트 형태로 초기화합니다.

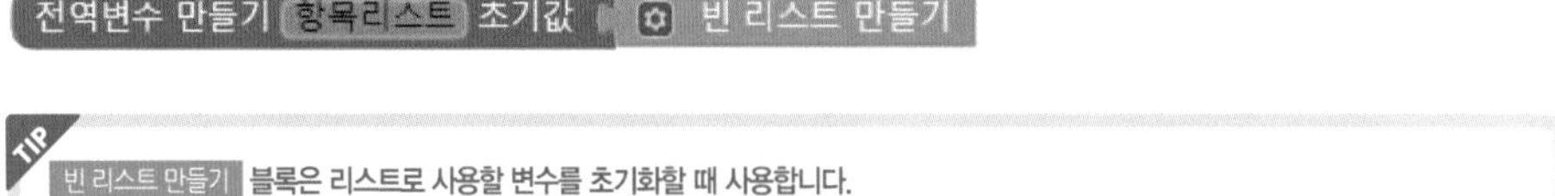

TIP
빈 리스트 만들기 블록은 리스트로 사용할 변수를 초기화할 때 사용합니다.

3 뽑기를 통해 임의로 선택된 항목들을 저장하기 위한 변수인 **뽑힌항목리스트**를 만들고, 리스트 형태로 초기화합니다.

전역변수 만들기 뽑힌항목리스트 초기값 빈 리스트 만들기

4 뽑기에 사용되는 숫자를 저장하기 위한 변수인 **임의의수**를 만들고, 0으로 초기화합니다.

전역변수 만들기 임의의수 초기값 0

5 **텍스트박스1**에 입력된 값이 '없을 때'와 '있을 때' 각각 **버튼_추가**를 클릭하면 서로 다른 명령을 실행하도록 언제 버튼_추가.클릭했을때 블록을 구성해 보겠습니다. 먼저, **텍스트박스1**에 아무것도 입력하지 않은 상태에서 **버튼_추가**를 클릭하면 경고창이 나타나도록 만약 / 이라면 실행 / 아니라면 블록의 실행 영역에 다음과 같이 블록을 구성합니다.

언제 버튼_추가 .클릭했을때
실행 만약 텍스트박스1 . 텍스트 = " "
이라면 실행 호출 알림1 .경고창보이기
알림 " 추가할 항목을 입력해 주세요 "
아니라면

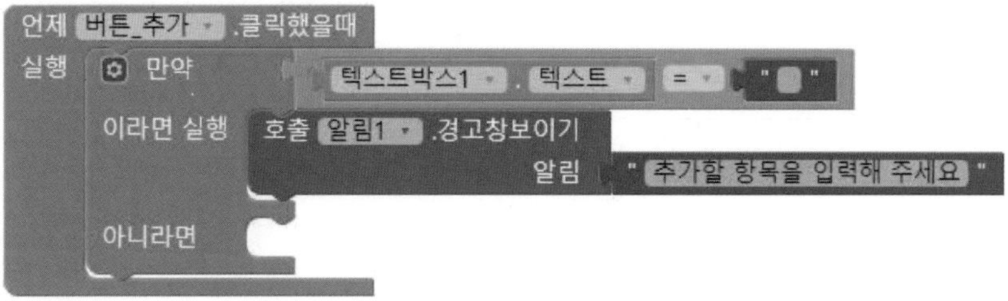

6 **텍스트박스1**이 비어 있지 않으면 **텍스트박스1**에 입력된 값을 **항목리스트**에 저장하고 **항목리스트**를 화면에 출력하도록 만약 / 이라면 실행 / 아니라면 블록의 아니라면 영역에 다음과 같이 블록을 구성합니다.

언제 버튼_추가 .클릭했을때
실행 만약 텍스트박스1 . 텍스트 = " "
이라면 실행 호출 알림1 .경고창보이기
알림 " 추가할 항목을 입력해 주세요 "
아니라면 항목 삽입하기 리스트 가져오기 전역변수 항목리스트
위치 1
항목 텍스트박스1 . 텍스트 ❶
지정하기 남은항목 . 텍스트 값 항목 합치기 구분자 " ₩n "
리스트 가져오기 전역변수 항목리스트 ❷
지정하기 텍스트박스1 . 텍스트 값 " " ❸

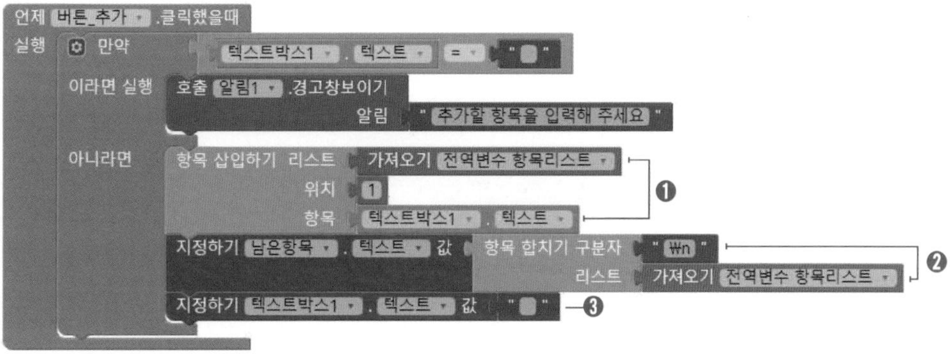

❶ 사용자가 입력한 항목을 **항목리스트**의 ❶ 위치에 삽입합니다.

❷ **항목리스트**의 각 항목을 **줄바꿈 문자(₩n)**와 합쳐서 하나의 문자열로 만든 후 **남은항목** 레이블에 한 줄에 한 항목씩 출력합니다. 가장 최근에 입력한 항목이 **항목리스트**의 ❶ 위치에 있기 때문에 **항목리스트**를 문자열로 만들어서 레이블에 출력하면 첫 번째 줄에 가장 최근에 입력한 항목이 표시됩니다.

❸ **텍스트박스1**에 입력된 값을 지우기 위해 **텍스트박스1**의 **텍스트** 값을 **빈 텍스트**로 지정합니다. 이렇게 하지 않으면 다음 항목을 입력하기 위해 이전에 입력한 항목을 사용자가 직접 지워야 하는 불편함이 발생합니다.

잠깐만요

리스트에 항목을 삽입하면 일어나는 일

항목 삽입하기 블록을 이용하면 새로운 항목을 리스트의 몇 번 위치에 넣을지 지정할 수 있습니다. 예를 들어 3번 위치에 새로운 항목(복숭아)을 추가하면 새로 추가된 항목이 3번이 되고 기존 항목들은 뒤로 한 칸씩 밀려 각 항목의 위치에 변화가 발생합니다.

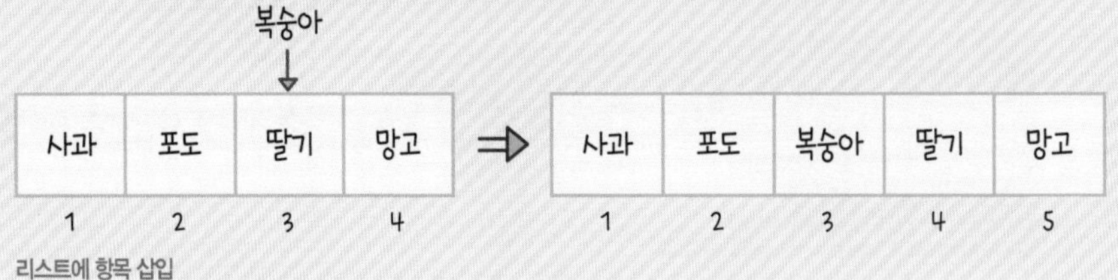

리스트에 항목 삽입

항목 합치기 블록을 이용하여 리스트의 각 항목을 연결한 문자열을 만들 때 구분자는 합쳐지는 각 항목 사이에 들어가는 문자가 됩니다. 일반적인 문자를 구분자로 사용하면 각 구분자가 항목 사이에 들어가 있는 문자열로 만들어지고 이 문자열을 화면에 출력하면 항목과 구분자가 같이 출력됩니다. 그런데 '₩n'을 구분자로 사용하면 '₩n'은 화면에 출력되지 않고 '₩n'이 있던 자리에서 줄바꿈이 일어납니다. '₩n'은 줄바꿈을 나타내는 문자로, 각 항목 사이에서 Enter를 입력한 것과 같은 효과를 냅니다.

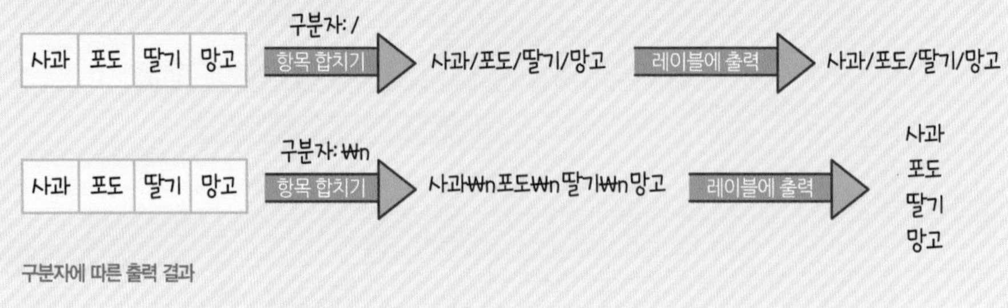

구분자에 따른 출력 결과

7 **목록선택_삭제**(항목삭제 버튼)를 클릭하면 나타나는 목록선택창에 **항목리스트**의 항목들이 표시되도록 언제 목록선택_삭제.선택전에 블록을 구성합니다.

'선택전에' 이벤트는 목록선택버튼을 클릭하거나 목록선택버튼의 **열기** 함수를 호출했을 때 발생하는 이벤트로, 목록선택창이 열리기 전에 화면에 표시될 목록을 지정하는 데 사용합니다.

8 목록선택창에서 선택한 항목을 **항목리스트**에서 삭제하고, 바뀐 **항목리스트**가 화면에 출력되도록 언제 목록선택_삭제.선택전에 블록을 구성합니다.

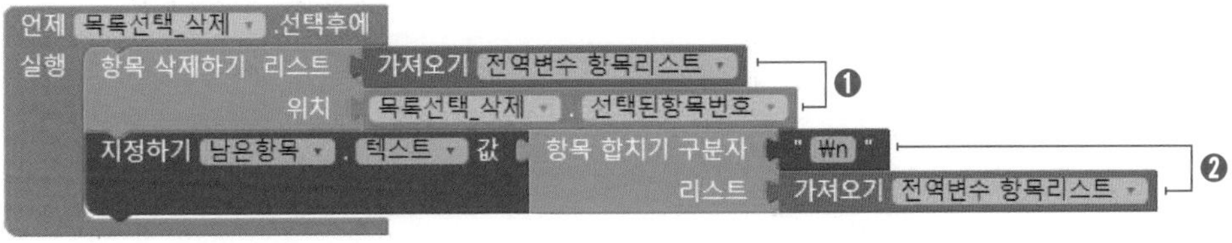

```
언제 목록선택_삭제 .선택후에
실행 항목 삭제하기 리스트 가져오기 전역변수 항목리스트   ❶
              위치 목록선택_삭제 . 선택된항목번호
     지정하기 남은항목 . 텍스트 값 항목 합치기 구분자 " \n "   ❷
                                    리스트 가져오기 전역변수 항목리스트
```

❶ 항목 삭제하기 블록을 이용하면 리스트의 특정 위치에 있는 항목을 삭제할 수 있습니다. 목록선택_삭제.선택된항목번호 블록에는 목록선택창에서 선택한 항목이 몇 번째 항목인지를 나타내는 숫자가 들어 있으므로 이 값을 항목 삭제하기 블록의 위치 값으로 이용하면 목록선택창에서 선택한 항목을 **항목리스트**에서 삭제할 수 있습니다.

❷ 항목이 삭제되어 **항목리스트**가 변경되었으므로 변경된 사항이 화면에 반영되도록 **항목리스트**의 항목들을 합쳐서 **남은항목** 레이블에 다시 출력합니다.

9 **버튼_뽑기**를 클릭했을 때 **항목리스트**가 비어 있는지 검사해서 리스트에 아무것도 들어 있지 않다면 경고창이 나타나도록 언제 버튼_뽑기.클릭했을때 블록을 구성합니다.

```
언제 버튼_뽑기 .클릭했을때
실행 만약 리스트가 비어있는가? 리스트 가져오기 전역변수 항목리스트
     이라면 실행 호출 알림1 .경고창보이기
                          알림 " 뽑을 항목이 없습니다 "
     아니라면
```

리스트가 비어있는가? 블록은 리스트 소켓에 연결된 리스트가 비어 있으면 참 값이 되고 그렇지 않으면 거짓 값이 됩니다.

10 **항목리스트**가 비어 있지 않으면 **항목리스트**에서 임의의 항목을 뽑아서 화면에 출력하도록 만약 / 이라면 실행 / 아니라면 블록의 아니라면 영역에 다음과 같이 블록을 구성합니다.

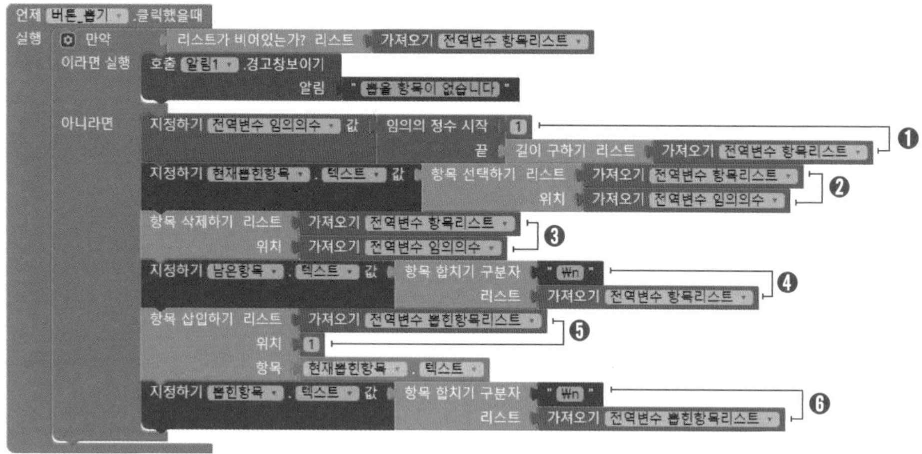

❶ 임의의 정수 블록은 시작 값과 끝 값을 포함한 두 수 사이에 있는 정수 중 하나를 무작위로 선택하고, 길이 구하기 블록은 리스트가 가지고 있는 항목의 개수를 구합니다. 만약 **항목리스트**의 항목 개수가 10이면 임의의 수 변수는 1~10 사이의 수 중 하나가 됩니다.

❷ **임의의 수**를 이용하여 **항목리스트**에서 뽑은 항목을 **현재뽑힌항목** 레이블에 표시합니다.

❸ 한 번 뽑힌 항목이 다시 뽑히지 않도록 **항목리스트**에서 뽑힌 항목을 삭제합니다.

❹ 항목이 삭제되어 **항목리스트**가 변경되었습니다. 그러므로 변경된 사항이 화면에 반영되도록 **항목리스트**의 값을 **남은항목** 레이블에 다시 출력합니다.

❺ 현재뽑힌항목.텍스트 블록에 뽑힌 항목이 들어 있으므로 이 값을 **뽑힌항목리스트**의 1번 위치에 삽입하여 뽑힌 항목이 모여 있는 리스트를 구성합니다.

❻ **뽑힌항목리스트**에 들어 있는 항목을 **뽑힌항목** 레이블에 출력합니다.

잠깐만요

입력값이 있는 블록의 모양 바꾸기

임의의 정수 블록과 같이 입력값을 위한 소켓이 2개 이상 있는 블록들은 모양을 바꿀 수 있습니다. '수학' 서랍에 있는 임의의 정수 블록은 블록 안에 입력 값 두 개를 한 줄로 넣는 형태이지만 블록에서 마우스 오른쪽 버튼을 눌러 '외부 입력값'을 선택하면 블록 모양이 바뀝니다. 그리고 블록 모양이 외부 입력값인 상태에서 다시 마우스 오른쪽 버튼을 눌러 '인라인 입력값'을 선택하면 블록이 원래 모양으로 돌아옵니다.

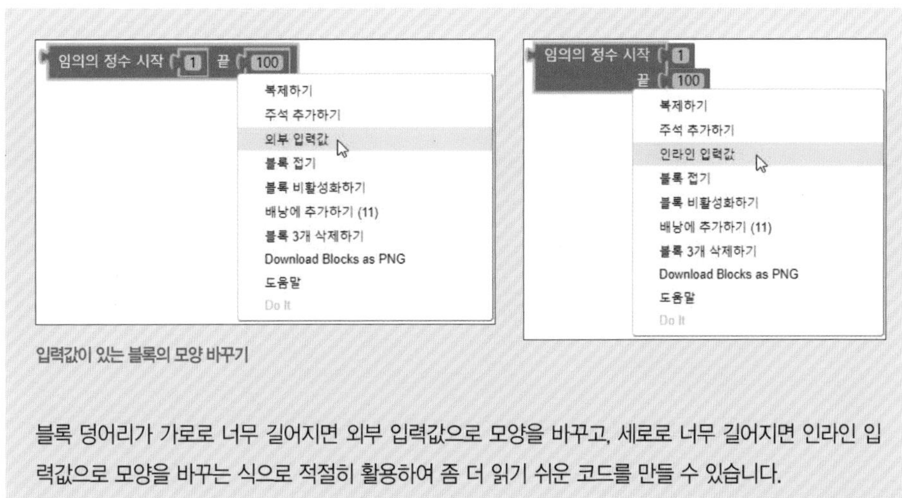

입력값이 있는 블록의 모양 바꾸기

블록 덩어리가 가로로 너무 길어지면 외부 입력값으로 모양을 바꾸고, 세로로 너무 길어지면 인라인 입력값으로 모양을 바꾸는 식으로 적절히 활용하여 좀 더 읽기 쉬운 코드를 만들 수 있습니다.

11 **버튼_뽑기**를 길게 누르면 뽑기를 실행하기 전 상태로 돌아가도록 언제 버튼_뽑기.길게눌렀을때 블록을 구성합니다.

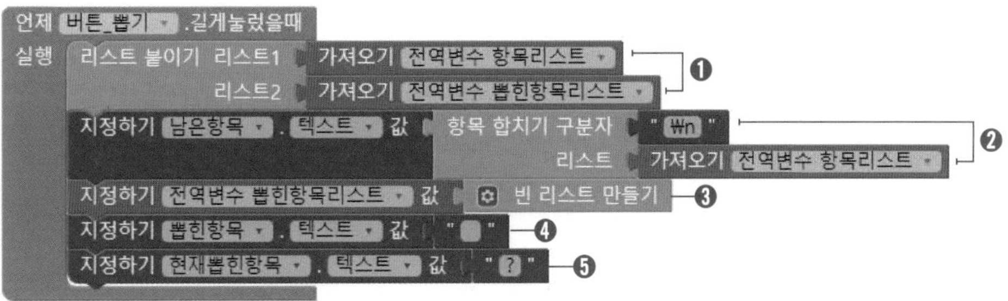

❶ 리스트 붙이기 블록은 리스트1에 리스트2를 붙입니다. **항목리스트**에 **뽑힌항목리스트**를 붙이면 뽑기를 통해 **항목리스트**에서 삭제됐던 항목들이 **항목리스트**에 다시 포함되기 때문에 **항목리스트**에 있는 항목이 뽑기를 실행하기 이전과 같아집니다.

❷ 항목이 추가되어 **항목리스트**가 변경되었습니다. 변경된 사항이 화면에 반영되도록 **항목리스트**를 **남은항목** 레이블에 다시 출력합니다.

❸ 뽑기 결과를 초기화하기 위해 **뽑힌항목리스트**를 **빈 리스트**로 만듭니다.

❹ 뽑기 결과가 초기화되었으므로 **뽑힌항목** 레이블에 표시되는 값도 **빈 텍스트**로 초기화합니다.

❺ **현재뽑힌항목** 레이블에 표시되는 값을 **?**로 초기화합니다.

지금까지 만든 앱이 잘 작동하는지 스마트폰을 이용하여 테스트해 봅시다.

✓ 체크리스트

- ☐ 텍스트박스에 항목을 입력하고 **항목추가** 버튼을 클릭하면 남은 항목의 첫째 줄에 입력한 항목이 표시됨.
- ☐ 남은 항목과 뽑힌 항목이 영역의 높이를 벗어날 정도로 많아지면 각 영역이 상하로 스크롤됨.
- ☐ **항목삭제** 버튼을 클릭한 후 선택창에서 항목을 선택하면 남은 항목에서 선택한 항목이 삭제됨.
- ☐ **뽑기** 버튼을 클릭하면 뽑힌 항목이 화면 하단에 표시되고, 이 항목이 남은 항목에서 뽑힌 항목으로 이동함.
- ☐ **뽑기** 버튼을 길게 누르면 뽑힌 항목에 있던 항목들이 남은 항목으로 이동함.

4 앱 업그레이드하기

뽑기를 할 때 버튼을 누르자 마자 결과가 바로 출력되면 긴장감과 재미가 없습니다. 뽑기 버튼을 누르면 결과가 바로 나오는 것이 아니라 몇 초 동안 여러 항목들이 무작위로 나타났다가 사라지는 가짜 뽑기 과정을 거친 후에 진짜 뽑기 결과가 나오게 해서 뽑기를 좀 더 재미있게 만들어 보겠습니다.

1 ❶ 오른쪽 상단에 있는 **디자이너** 버튼을 클릭하여 **디자이너** 화면으로 이동한 후 ❷ **센서** 서랍에 있는 **시계**를 Screen1에 추가하고 ❸ **속성**을 [타이머항상작동: **체크 해제**], [타이머활성화여부: **체크 해제**], [타이머간격: **100**]으로 바꿉니다.

> **TIP** '타이머항상작동'은 홈 버튼을 누르거나 다른 앱이 실행되어 앱 화면이 보이지 않는 상태일 때도 타이머 작동을 계속할지 설정하는 속성입니다. '타이머활성화여부'는 타이머 기능 사용 여부를 설정하는 속성입니다. 여기서는 뽑기를 하는 순간에만 타이머 기능을 사용할 예정이므로 두 속성을 모두 체크 해제하여 사용하지 않는 상태로 설정합니다.

2 **블록** 화면으로 이동하여 타이머 실행 횟수를 저장하기 위한 변수 **타이머실행횟수**를 만들고 0으로 초기화합니다.

```
전역변수 만들기 타이머실행횟수 초기값 0
```

3 **버튼_뽑기**를 클릭했을 때 뽑기가 바로 실행되지 않도록 `언제 버튼_뽑기.클릭했을때` 블록의 `아니라면` 영역에 있는 뽑기 기능을 위한 블록들을 잠시 바깥쪽으로 옮겨 둡니다.

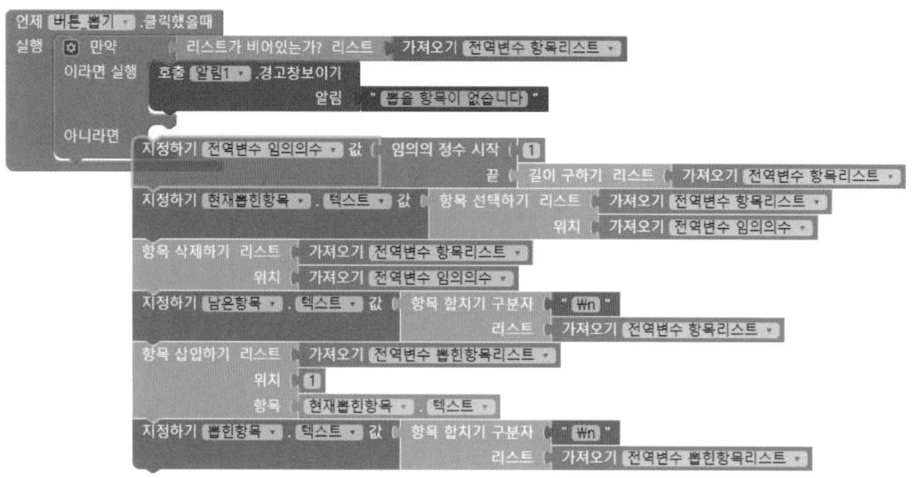

4 **버튼_뽑기**를 클릭하면 타이머가 활성화되고 **타이머실행횟수**가 초기화되도록 `아니라면` 영역에 다음과 같이 블록을 구성합니다.

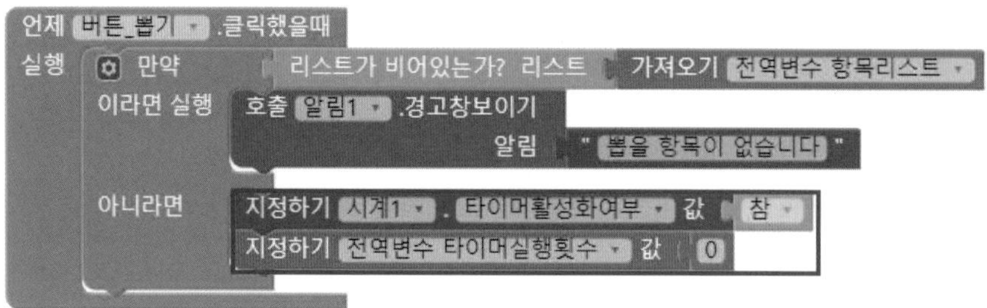

TIP

'시계' 컴포넌트의 '타이머활성화여부' 속성처럼 디자이너 화면에서 체크 박스를 통해 값을 설정하는 속성들의 값은 블록 화면에서 블록을 이용하여 설정할 수 있습니다. 속성 값을 참으로 설정하는 것은 체크 박스에 체크하는 것과 같고 거짓으로 설정하는 것은 체크 박스의 체크를 해제하는 것과 같습니다.

5 타이머가 활성화되면 변수 **타이머실행횟수**가 **10**보다 작을 때와 그렇지 않을 때 다른 명령을 실행하도록 언제 시계1.타이머가작동할때 블록을 구성합니다.

타이머를 이용하여 가짜 뽑기를 10번만 하기 위해 **타이머실행횟수**를 **10**과 비교합니다. 만약 가짜뽑기를 20번 하고 싶다면 숫자를 20으로 바꾸면 됩니다.

> **TIP**
> 언제 시계1.타이머가작동할때 블록은 타이머활성화여부 값이 거짓일 때는 실행되지 않다가 타이머활성화여부 값이 참이 되면 0.1초에 한 번씩 실행됩니다. 0.1초에 한 번씩 실행되는 이유는 디자이너 화면에서 시계1의 타이머간격 값을 100(100밀리초=0.1초)으로 설정했기 때문입니다.

6 **타이머실행횟수**가 **10**보다 작다면 **항목리스트**에서 임의의 항목을 뽑아 화면에 출력하고 **타이머실행횟수** 값이 **1**씩 증가하도록 만약 / 이라면 실행 / 아니라면 블록의 실행 영역에 다음과 같이 블록을 구성합니다.

❶ 임의의 항목 선택하기 블록을 이용하여 **항목리스트**에 있는 항목 중 하나를 무작위로 가져와 **현재뽑힌항목** 레이블에 출력합니다.

❷ 타이머가 실행될 때마다 **타이머실행횟수** 값을 **1**씩 증가시킵니다. 타이머는 0.1초에 한 번씩 작동하고 **타이머실행횟수** 값이 0~9인 동안 총 10회에 걸쳐 화면에 무작위로 뽑힌 항목이 출력되는 일종의 가짜 뽑기가 진행됩니다.

7 **타이머실행횟수**가 **10**이 되면 더 이상 타이머가 작동하지 않도록 만들기 위해 `아니라면` 영역에 **타이머활성화여부**를 **거짓**으로 설정하는 블록을 구성합니다.

```
언제 시계1 .타이머가작동할때
실행 만약 가져오기 전역변수 타이머실행횟수 < 10
     이라면 실행 지정하기 현재뽑힌항목 . 텍스트 값 임의의 항목 선택하기 리스트 가져오기 전역변수 항목리스트
                지정하기 전역변수 타이머실행횟수 값 가져오기 전역변수 타이머실행횟수 + 1
     아니라면 지정하기 시계1 . 타이머활성화여부 값 거짓
```

8 앞서 **3**에서 잠시 옮겨 두었던 블록을 `지정하기 시계1.타이머활성화여부` 블록 아래에 넣어 진짜 뽑기가 실행되도록 만듭니다.

```
언제 시계1 .타이머가작동할때
실행 만약 가져오기 전역변수 타이머실행횟수 < 10
     이라면 실행 지정하기 현재뽑힌항목 . 텍스트 값 임의의 항목 선택하기 리스트 가져오기 전역변수 항목리스트
                지정하기 전역변수 타이머실행횟수 값 가져오기 전역변수 타이머실행횟수 + 1
     아니라면 지정하기 시계1 . 타이머활성화여부 값 거짓
              지정하기 전역변수 임의의수 값 임의의 정수 시작 1
                                              끝 길이 구하기 리스트 가져오기 전역변수 항목리스트
              지정하기 현재뽑힌항목 . 텍스트 값 항목 선택하기 리스트 가져오기 전역변수 항목리스트
                                                  위치 가져오기 전역변수 임의의수
              항목 삭제하기 리스트 가져오기 전역변수 항목리스트
                          위치 가져오기 전역변수 임의의수
              지정하기 남은항목 . 텍스트 값 항목 합치기 구분자 " ₩n "
                                             리스트 가져오기 전역변수 항목리스트
              항목 삽입하기 리스트 가져오기 전역변수 뽑힌항목리스트
                          위치 1
                          항목 현재뽑힌항목 . 텍스트
              지정하기 뽑힌항목 . 텍스트 값 항목 합치기 구분자 " ₩n "
                                             리스트 가져오기 전역변수 뽑힌항목리스트
```

새롭게 추가한 기능이 잘 작동하는지 스마트폰을 이용하여 테스트해 봅시다.

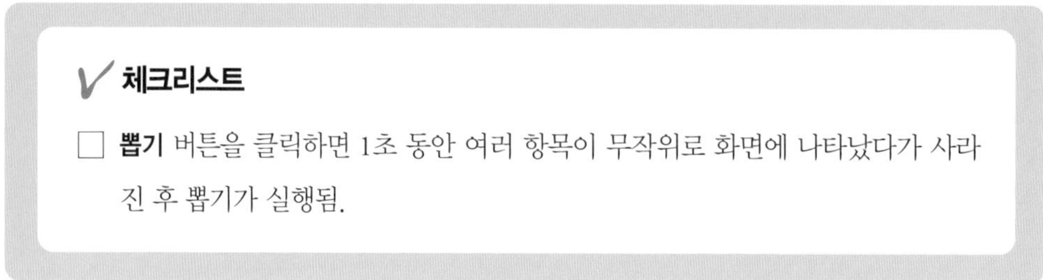

체크리스트

☐ **뽑기** 버튼을 클릭하면 1초 동안 여러 항목이 무작위로 화면에 나타났다가 사라진 후 뽑기가 실행됨.

나만의 아이디어 더하기

지금까지 만든 랜덤 뽑기 앱을 실제로 사용하기에는 불편한 점이 한두 가지가 아닐 것입니다. 다음과 같이 랜덤 뽑기 앱을 개선하기 위한 몇 가지 아이디어를 생각해 봅시다.

1. 항목을 주제별로 저장해서 다음 뽑기에 불러와 쓸 수 있게 만들기
2. 항목을 한꺼번에 삭제할 수 있도록 만들기
3. 중복 뽑기 허용 기능 만들기
4. 입력된 항목 수와 뽑힌 항목 수를 화면에 표시하기
5. 사용자 인터페이스를 좀 더 편리하게 바꾸기

랜덤 뽑기 앱에 더할 나만의 멋진 아이디어를 포스트잇에 써서 붙여봅시다. 그리고 아이디어를 실제로 구현해 보기 바랍니다.

포스트잇 붙이는 공간

D-Day 앱 만들기

이번 장에서는 특정 날짜까지 며칠이 남았는지 알려주는 D-Day(디데이) 앱을 만들겠습니다. 디데이 앱을 이용하면 시험, 방학, 졸업 등 중요한 일이 있는 날까지 남은 날짜와 태어난 날, 만난 날, 생일처럼 기념일로부터 며칠이 지났는지도 쉽게 알 수 있습니다. 지금부터 중요한 날과 기념일을 잊지 않게 도와주는 나만의 디데이 앱을 만들어 봅시다.

미 리 보 기

초기 화면

- 화면 상단의 제목 표시줄에 현재 날짜가 표시됩니다.
- 화면 하단의 + 버튼을 클릭하면 항목을 추가할 수 있습니다.

항목 추가 화면

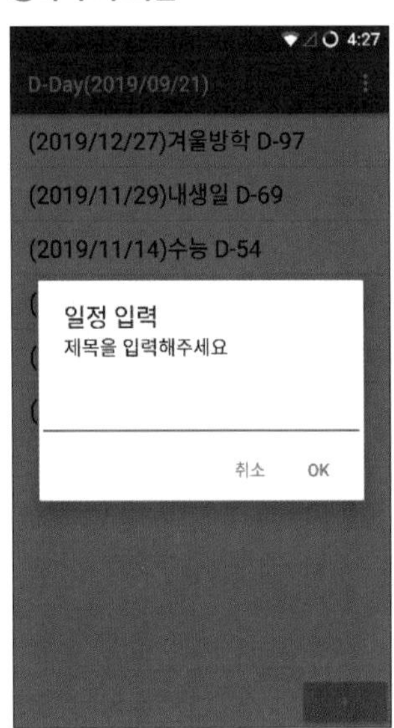

- 화면 하단의 + 버튼을 클릭하면 디데이 제목을 입력하는 창이 나타납니다.
- 제목을 입력하고 OK 버튼을 클릭하면 날짜를 선택하는 창이 나타납니다.
- 날짜를 선택하고 **확인** 버튼을 클릭하면 화면에 디데이 정보가 표시됩니다.

항목을 선택한 경우

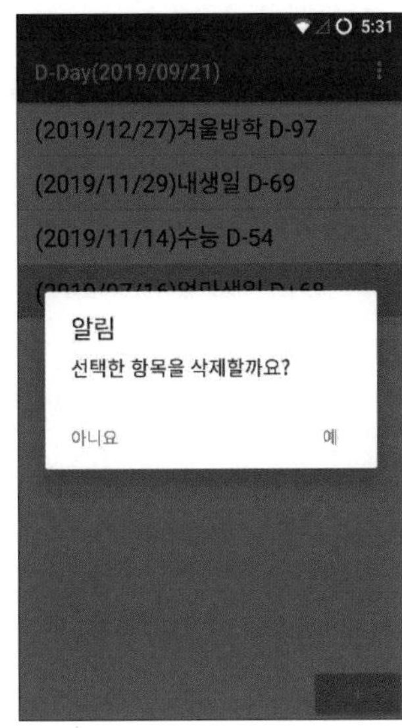

- 디데이에 대한 정보는 날짜, 제목, 남은 기간순으로 표시됩니다.
- 디데이 날짜와 제목이 데이터베이스에 저장되며, 남은 기간은 현재 날짜를 기준으로 앱이 실행될 때마다 새롭게 계산됩니다.
- 항목을 선택하면 삭제할지 묻는 창이 뜨고, **예** 버튼을 클릭하면 선택한 항목이 삭제됩니다.

완성 앱 미리보기

완성된 앱의 실제 동작이 궁금하다면 QR 코드를 스캔하여 파일을 스마트폰에 설치한 후 확인해 봅니다.

- **스마트폰 설치 파일** https://bit.ly/3iDtm3V
- **프로젝트 파일** example_dDay.aia

1 프로젝트 준비하기

디데이 앱을 만들기 위해 새로운 프로젝트를 추가하는 작업부터 시작하겠습니다.

1 앱 인벤터(http://ai2.appinventor.mit.edu/)에 접속하여 **프로젝트** 메뉴의 **새 프로젝트 시작하기**를 선택합니다.

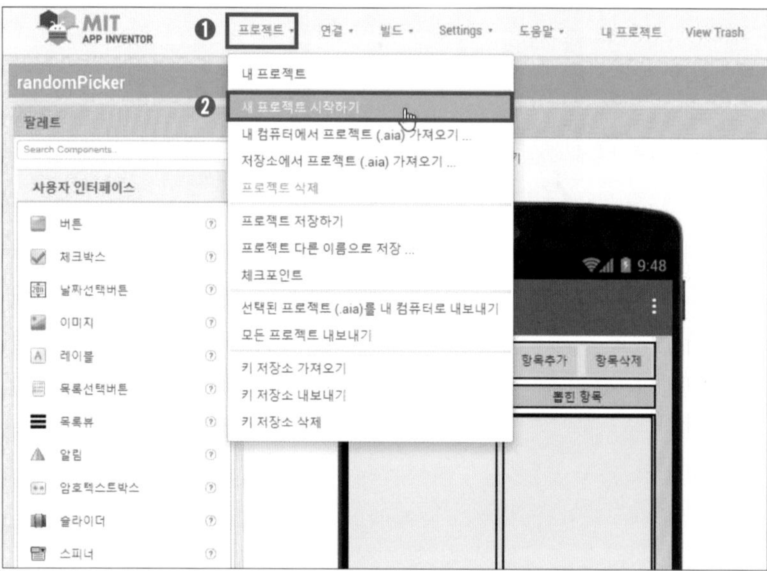

2 프로젝트 이름을 **dDay**로 입력하고 **확인** 버튼을 클릭합니다.

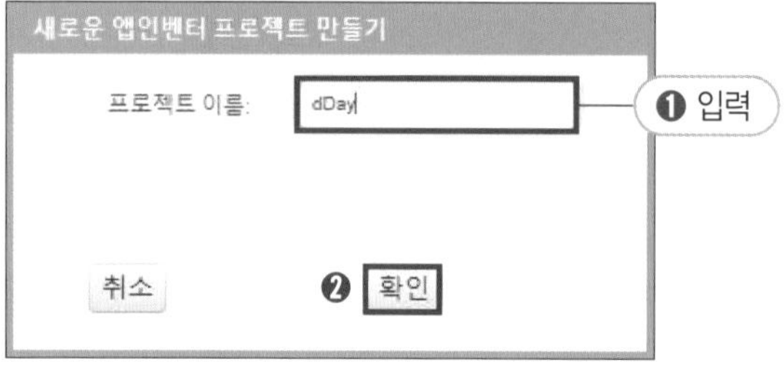

2 컴포넌트로 앱 화면 디자인하기

프로젝트가 생성되었으면 디자이너 화면에서 앱 화면을 만드는 작업부터 시작해 보겠습니다. 디데이 앱 화면의 기본 형태는 다음 그림과 같습니다.

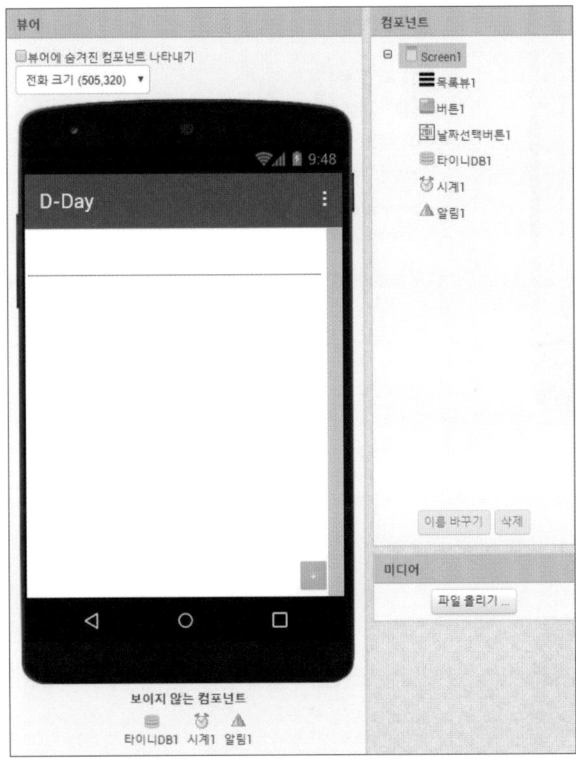

1 Screen1의 **속성** 패널에서 [수평정렬: **오른쪽 : 2**], [앱이름: **D-Day**], [테마: **장치 기본값**], [제목: **D-Day**]로 바꿉니다.

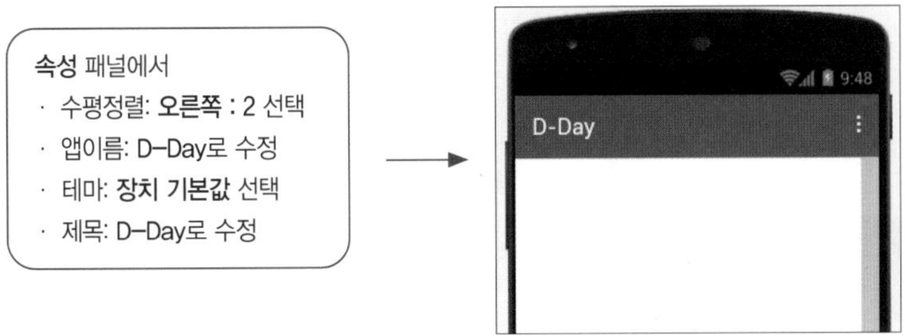

2 ❶ **팔레트** 패널의 **사용자 인터페이스** 서랍에서 **목록뷰**를 가져와 스크린에 추가한 후 ❷ **속성**을 [배경색: **흰색**], [높이: **부모 요소에 맞추기**], [텍스트색상: **검정**]으로 바꿉니다.

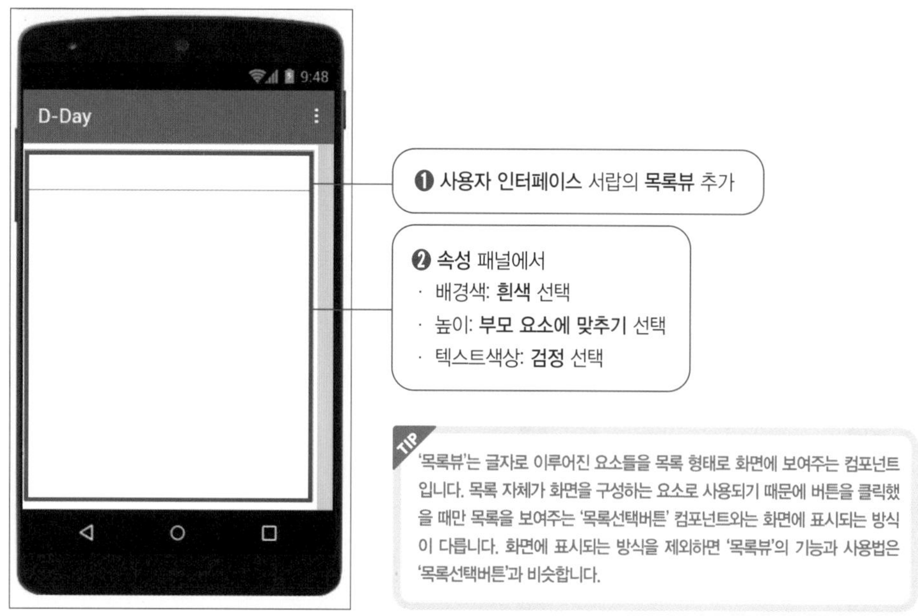

9:48
D-Day
❶ 사용자 인터페이스 서랍의 목록뷰 추가
❷ 속성 패널에서
· 배경색: 흰색 선택
· 높이: 부모 요소에 맞추기 선택
· 텍스트색상: 검정 선택
TIP
'목록뷰'는 글자로 이루어진 요소들을 목록 형태로 화면에 보여주는 컴포넌트입니다. 목록 자체가 화면을 구성하는 요소로 사용되기 때문에 버튼을 클릭했을 때만 목록을 보여주는 '목록선택버튼' 컴포넌트와는 화면에 표시되는 방식이 다릅니다. 화면에 표시되는 방식을 제외하면 '목록뷰'의 기능과 사용법은 '목록선택버튼'과 비슷합니다.

3 ❶ **사용자 인터페이스** 서랍에서 **버튼**을 가져와 **목록뷰1** 아래에 추가하고 ❷ **속성**을 [배경색: **주황**], [텍스트: **+**], [텍스트색상: **흰색**]으로 바꿉니다.

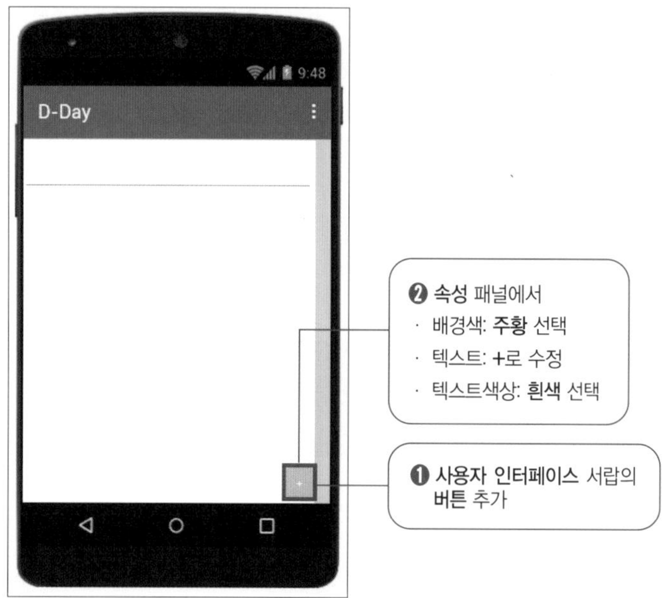

4 ❶ **사용자 인터페이스** 서랍에서 **날짜선택버튼**을 가져와 **버튼1** 아래에 추가하고 ❷ **속성**을 [보이기여부: **체크 해제**]로 바꿉니다.

TIP
'날짜선택버튼'은 버튼을 클릭하면 달력 모양의 날짜 선택창을 보여주는 컴포넌트입니다. 이번 앱에서는 '날짜선택버튼'을 클릭하는 방식이 아니라 '블록' 화면에서 '날짜선택버튼'의 '선택창열기' 함수를 호출하여 날짜 선택창을 불러올 예정입니다. 따라서 '날짜선택버튼'을 클릭할 일이 없으므로 화면에 보이지 않게 숨깁니다.

5 **저장소** 서랍에서 **타이니DB**, **센서** 서랍에서 **시계**, **사용자 인터페이스** 서랍에서 **알림**을 스크린으로 가져옵니다.

3 블록으로 앱 코딩하기

이제 블록 코딩으로 각 컴포넌트에 기능을 적용하여 앱이 작동하도록 해 보겠습니다.

1 오른쪽 상단에 있는 **블록** 버튼을 클릭하여 **블록** 화면으로 이동합니다.

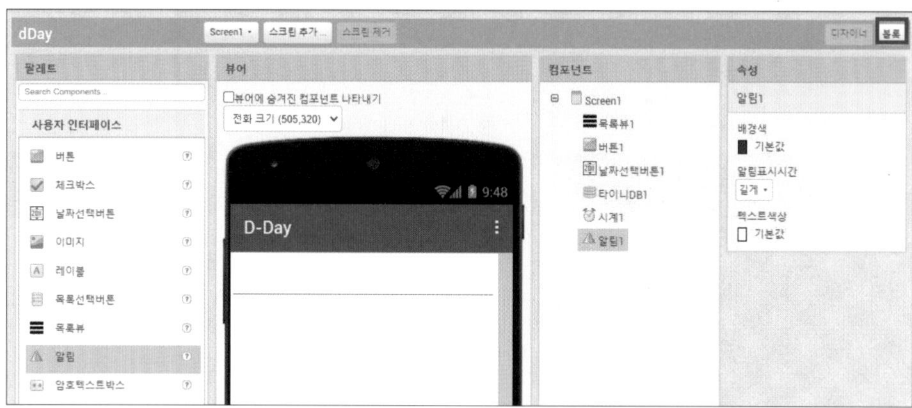

2 디데이 제목, 디데이 날짜, 디데이의 인스턴트, 디데이까지 남은 기간을 저장하기 위한 변수인 **제목, 날짜, 날짜인스턴트, 기간**을 만들고 초기화합니다.

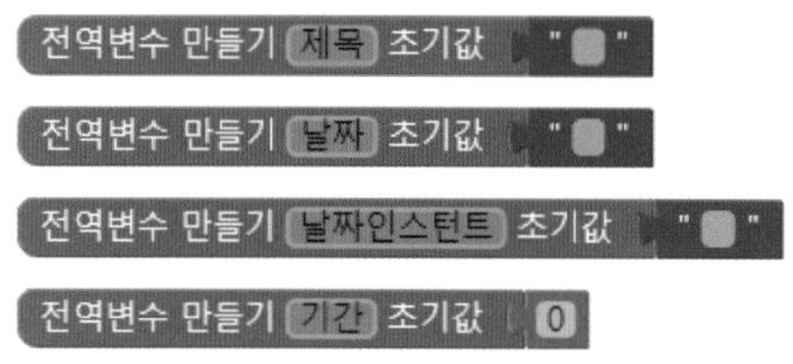

TIP
'인스턴트'는 시간의 흐름 속의 한 순간을 나타내는 용어로, 변수 '날짜인스턴트'에는 디데이의 0시 0분 0초의 순간을 나타내는 인스턴트가 저장됩니다. '인스턴트'와 변수 '날짜인스턴트'에 들어가는 값에 관해서는 잠시 후에 좀 더 자세히 알아보겠습니다.

3 디데이 제목들을 모아 두기 위한 변수인 **제목리스트**를 만들고 리스트 형태로 초기화합니다.

전역변수 만들기 제목리스트 초기값 빈 리스트 만들기

4 앱이 실행되면 제목 표시줄에 앱 이름과 함께 현재 날짜가 표시되도록 언제 Screen1.초기화되었을때 블록을 구성합니다.

```
언제 Screen1 .초기화되었을때
실행  지정하기 Screen1 . 제목 값  합치기  " D-Day( "
                                 호출 시계1 .날짜형식으로바꾸기
                                         인스턴트  호출 시계1 .현재시각인스턴트로가져오기
                                         패턴  " yyyy/MM/dd "
                                 " ) "
```

합치기 블록은 각 소켓에 연결된 텍스트를 순서대로 연결해서 하나의 문자열로 만들어 줍니다. **날짜형식으로바꾸기** 함수는 인스턴트를 입력 받아 지정된 날짜 패턴으로 바꾸며, **현재시각인스턴트로가져오기** 함수는 현재 시각의 인스턴트를 가져옵니다. 예를 들어, 2020년 5월 11일에 현재 시각의 인스턴트와 'yyyy/MM/dd'를 입력값으로 지정하여 **날짜형식으로바꾸기** 함수를 호출한 결과는 '2020/05/11'이 되고 합치기 블록을 이용하여 3개의 텍스트를 합친 결과는 'D-Day(2020/05/11)'이 됩니다.

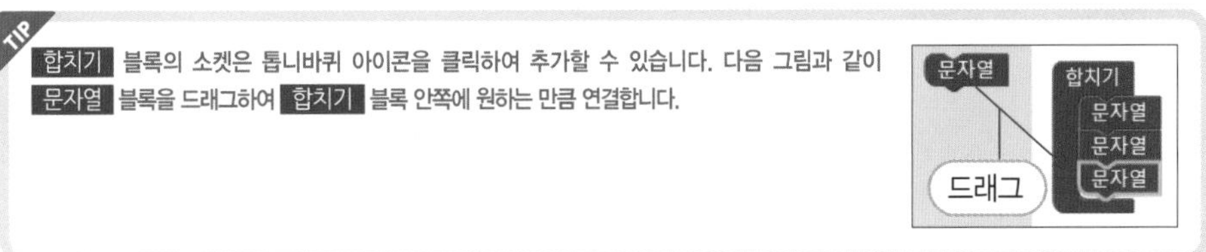

TIP 합치기 블록의 소켓은 톱니바퀴 아이콘을 클릭하여 추가할 수 있습니다. 다음 그림과 같이 문자열 블록을 드래그하여 합치기 블록 안쪽에 원하는 만큼 연결합니다.

잠깐만요

인스턴트란?

인스턴트(instant)는 '순간'이라는 뜻을 가진 단어입니다. 1970년 1월 1일 자정을 기준으로 특정 순간까지 지난 시간(1/1000초 단위)과 특정 순간의 연도, 월, 일, 시간, 분, 초 등의 데이터를 담고 있는 자료입니다. 예를 들어, 2020년 5월 9일 오후 3시 23분에 '현재시각인스턴트로가져오기' 함수를 이용하여 가져온 인스턴트 값은 다음과 같습니다.

java.util.GregorianCalendar[**time=1589005429454**,areFieldsSet=true,areAllFieldsSet=true,lenient=true,zone=libcore.util.ZoneInfo[id="Asia/Seoul",mRawOffset=32400000,mEarliestRawOffset=30472000,mUseDst=false,mDstSavings=0,transitions=29],firstDayOfWeek=1,minimalDaysInFirstWeek=1,ERA=1,**YEAR=2020**,**MONTH=4**,WEEK_OF_YEAR=19,WEEK_OF_MONTH=2,**DAY_OF_MONTH=9**,DAY_OF_YEAR=130,DAY_OF_WEEK=7,DAY_OF_WEEK_IN_MONTH=2,**AM_PM=1**,**HOUR=3**,HOUR_OF_DAY=15,**MINUTE=23**,SECOND=49,MILLISECOND=454,ZONE_OFFSET=32400000,DST_OFFSET=0]

인스턴트는 특정 시점에서 다른 시점까지의 기간을 계산하는 함수나, 특정 시각을 원하는 형식으로 바꾸는 함수의 입력값으로 사용됩니다.

5 **버튼1**을 클릭하면 디데이 제목을 입력하는 텍스트 입력창이 나타나도록 언제 버튼1.클릭했을때 블록을 구성합니다.

```
언제 버튼1 .클릭했을때
실행  호출 알림1 .텍스트입력창보이기
                    메시지  " 제목을 입력해주세요 "
                      제목  " 일정 입력 "
              취소가능여부  참
```

TIP 호출 알림1.텍스트입력창보이기 블록의 '취소가능여부' 값이 '거짓'이면 텍스트 입력창에 'OK' 버튼만 표시되지만, 값이 '참'이면 '취소' 버튼이 추가로 표시됩니다.

6 텍스트 입력창에 **디데이 제목**을 입력하고 OK 버튼을 클릭하면 디데이 날짜를 선택하는 창이 열리도록 언제 알림1.텍스트입력후에 블록을 구성합니다.

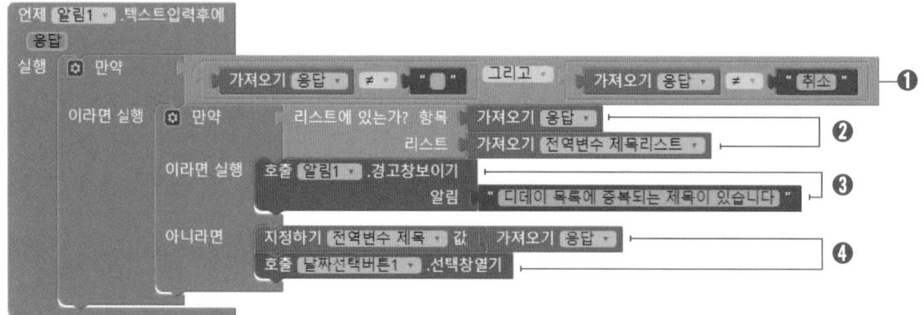

❶ **응답**에는 텍스트 입력창에 입력한 텍스트가 저장되어 있습니다. 텍스트 입력창에 아무것도 입력하지 않고 OK 버튼을 클릭하면 **응답**에 **빈 텍스트**가 저장되고 텍스트 입력창에서 **취소** 버튼을 클릭하면 **응답**에 **취소**가 저장됩니다. ≠ 블록은 부등호 양쪽에 있는 두 값이 같지 않을 때 참이 되고, 그리고 블록은 '그리고' 양쪽에 있는 두 값이 모두 참일 때만 참이 됩니다. 따라서 **응답**이 **빈 텍스트**가 아니고 **취소**가 아니면 디데이 입력을 위한 다음 과정이 진행됩니다.

❷ 리스트에 있는가? 블록은 '리스트' 소켓에 연결된 리스트에 '항목' 소켓에 연결된 값이 들어 있으면 참이 됩니다. 리스트에 있는가? 블록을 이용하여 사용자가 입력한 디데이 제목이 이미 작성한 **제목 리스트**에 있는지 검사합니다.

❸ 사용자가 디데이 목록에 있는 디데이 제목을 입력했다면 중복을 알리는 경고창을 띄웁니다.

❹ 입력된 디데이 제목이 중복되지 않으면 **응답**에 저장되어 있는 디데이 제목을 **전역변수 제목**에 저장하고, 디데이 날짜를 선택하기 위한 날짜 선택창을 엽니다.

TIP ≠ 블록은 '논리' 서랍에 있는 = 블록의 내림 버튼을 클릭한 후 '≠'를 선택하여 만들 수 있습니다.

7 날짜 선택창에서 날짜를 선택하면 실행되는 언제 날짜선택버튼1.날짜선택후에 블록을 다음과 같이 구성합니다.

❶ 날짜선택버튼1 블록에는 날짜 선택창에서 선택한 날짜의 인스턴트가 들어 있습니다. **날짜형식바꾸기** 함수는 인스턴트를 입력 받아 패턴에 입력된 형태로 날짜를 바꿉니다. 예를 들어, 날짜 선택창에서 2020년 9월 19일을 선택했다면 **전역변수 날짜**에는 '2020/09/19'가 저장됩니다.

❷ **기간가져오기** 함수는 끝 시각에서 시작 시각을 뺀 결과를 1/1000초 단위로 알려 주고, **기간을일로바꾸기** 함수는 1/1000초 단위의 기간 값을 일(24시간) 단위의 값으로 바꿉니다. 예를 들어, 2020년 9월 17일 18:00에 날짜 선택창에서 2020년 9월 19일을 선택했다면 시작 시각은 2020년 9월 19일 0:00이 되고 끝 시각은 2020년 9월 17일 18:00이 되어 변수 기간의 값은 끝 시각에서 시작 시각을 뺀 –1이 됩니다. 단순히 일 단위만 계산하면 17일 빼기 19일은 –2일이지만 시간 단위까지 계산하면 17일 18:00과 19일 0:00은 1일 6시간 차이이므로 **기간을일로바꾸기** 함수에 의해 시간은 버려져 –1이 됩니다. 일단은 이렇게 기간을 계산하고 시간이 버려지면서 발생하는 문제는 잠시 후에 해결하겠습니다.

8 **목록뷰1**에 **디데이 날짜**, **제목**, **기간**이 출력되도록 언제 날짜선택버튼1.날짜선택후에 블록에 코드를 추가합니다.

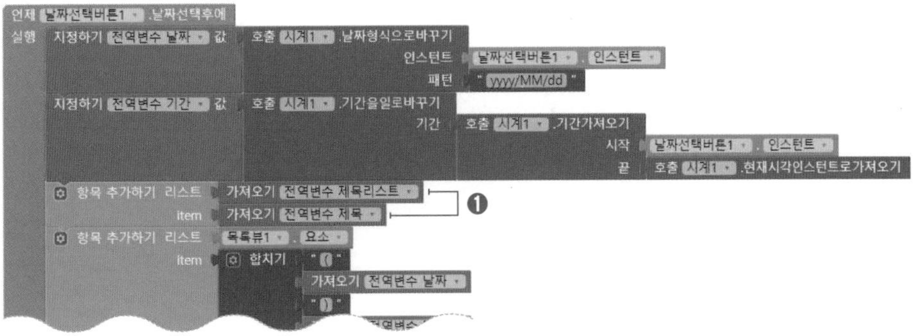

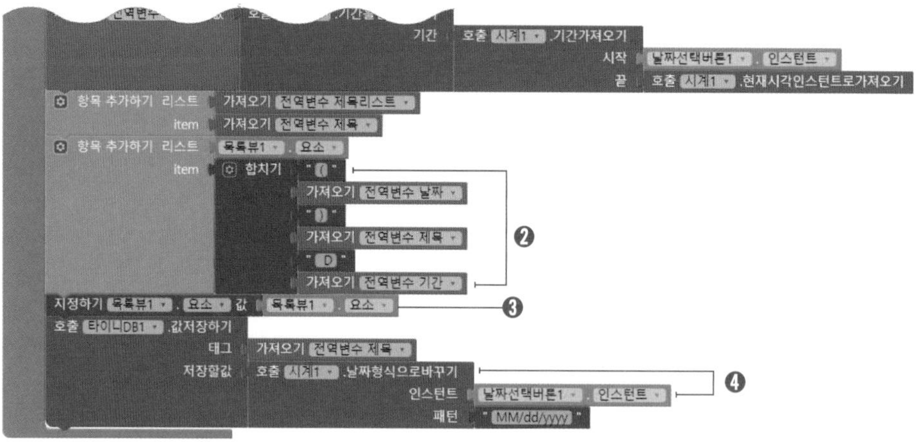

❶ 항목 추가하기 블록은 리스트의 마지막에 **항목(item)**을 추가합니다. 여기서는 항목 추가하기 블록을 이용하여 새로운 디데이가 입력될 때마다 **제목리스트**에 디데이 **제목**을 추가합니다.

❷ **목록뷰1**의 **요소**에 디데이 날짜, 제목, 기간을 합친 문자열을 추가합니다. 예를 들어, 2020년 10월 20일에 디데이 **제목**을 '내생일'로 입력하고 **날짜**를 '2020년 10월 24일'로 선택했다면, **목록뷰1**의 **요소**로 추가되는 항목은 '(2020/10/24)내생일 D-3'입니다.

❸ **목록뷰1**의 **요소**에 추가된 새로운 항목이 화면에 출력되도록 지정하기 목록뷰1.요소 값 블록에 목록뷰1.요소 블록의 값을 넣어 줍니다.

❹ 디데이 제목을 태그로 지정하여 디데이 날짜를 **타이니DB1**에 저장합니다.

> TIP
> 날짜를 저장할 때 앞에서 사용한 'yyyy/MM/dd' 형식을 사용하지 않고 'MM/dd/yyyy'로 저장하는 까닭은 나중에 저장된 날짜를 불러와서 '인스턴트만들기' 함수를 이용하여 인스턴트를 만들 때 'yyyy/MM/dd' 형식을 입력값으로 사용하면 오류가 발생하기 때문입니다.

9 **목록뷰1**의 항목 중 하나를 선택하면 삭제할지를 묻는 대화창이 나타나도록 언제 목록뷰1.선택후에 블록을 구성합니다.

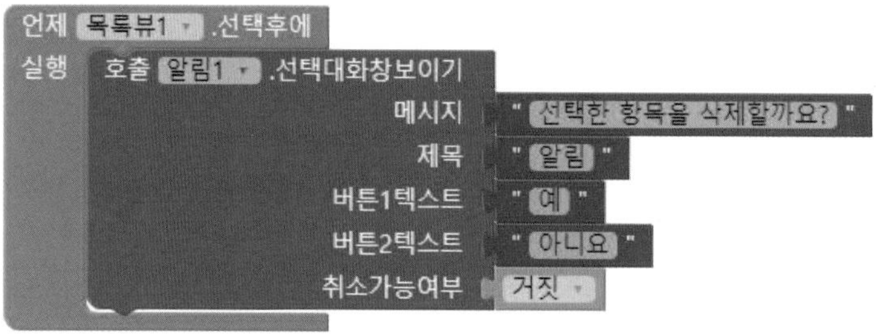

10 선택 대화창에서 **예** 버튼을 선택하면 **목록뷰1**에서 선택한 항목이 삭제되도록 언제 알림1.선택후에 블록을 구성합니다.

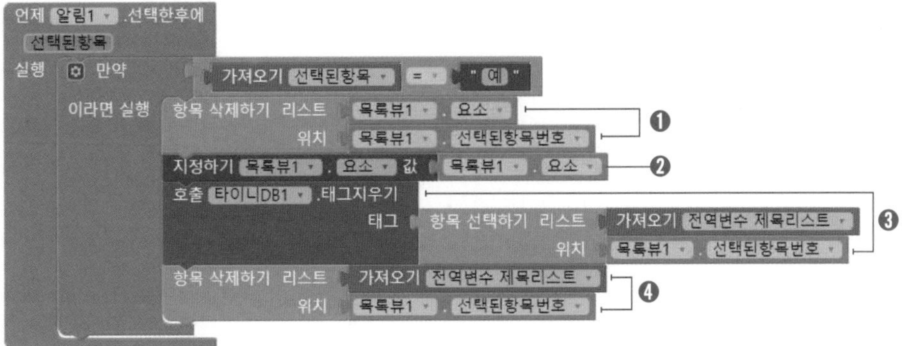

❶ **목록뷰1**에서 선택한 항목을 완벽하게 삭제하려면 디데이와 관련된 데이터가 저장되어 있는 총 세 곳에서 삭제가 이루어져야 합니다. 먼저 **목록뷰1**에서 선택된 항목이 몇 번째 항목인지를 알려주는 목록뷰1.선택된항목번호 블록을 이용하여 **목록뷰1**의 **요소**에서 선택한 요소를 삭제합니다.

❷ **목록뷰1**의 **요소** 중 하나가 삭제되었으므로 **목록뷰1**의 **요소**를 다시 출력하여 변경된 내용이 앱 화면에 반영되도록 합니다.

❸ **제목리스트**에서 목록뷰1.선택된항목번호 위치에 있는 항목은 **목록뷰1**에서 삭제하기 위해 선택한 항목의 디데이 제목과 같습니다. **타이니DB1**에 디데이 날짜를 저장할 때 디데이 제목을 태그로 사용했습니다. 따라서 **태그지우기** 함수의 태그 값으로 디데이 제목을 넣어 **타이니DB1**에 저장되어 있는 디데이 데이터를 삭제합니다.

❹ 방금 **타이니DB1**에 있는 디데이 데이터를 삭제하기 위해 태그로 사용된 항목은 더 이상 **제목리스트**에 있을 필요가 없으므로 이 항목도 삭제합니다.

11 앱이 실행되면 **타이니DB1**에 저장된 디데이 데이터를 가져올 있도록 언제 Screen1.초기화되었을때 블록에 코드를 추가합니다.

언제 Screen1 .초기화되었을때
실행 지정하기 Screen1 . 제목 값 합치기 "D-Day("
호출 시계1 .날짜형식으로바꾸기
인스턴트 호출 시계1 .현재시각인스턴트로가져오기
패턴 "yyyy/MM/dd"
")"
지정하기 전역변수 제목리스트 값 호출 타이니DB1 .태그가져오기 ❶
만약 아니다 리스트가 비어있는가? 리스트 가져오기 전역변수 제목리스트 ❷
이라면 실행 각각 반복 항목 리스트 가져오기 전역변수 제목리스트 ❸
실행 지정하기 전역변수 날짜인스턴트 값 호출 시계1 .인스턴트만들기
시작 호출 타이니DB1 .값가져오기
태그 가져오기 항목 ❹
찾는태그가없을경우 " "

❶ **태그가져오기** 함수는 타이니DB에 저장되어 있는 모든 태그를 모아서 리스트로 만듭니다. 따라서 **제목리스트**는 **타이니DB1**에 저장해 둔 디데이 제목들로 이루어진 리스트가 됩니다. 타이니DB에 저장된 디데이가 하나도 없다면 **제목리스트**는 빈 리스트가 됩니다.

❷ **제목리스트**가 비어 있지 않다면, 즉 **타이니DB1**에 저장된 디데이 데이터가 있다면 각각 반복 항목 리스트 블록을 실행하여 저장된 데이터를 가져옵니다.

❸ 각각 반복 항목 리스트 블록은 리스트의 길이만큼 반복 실행되며, 한 번 실행될 때마다 리스트에 있는 **항목**을 차례대로 가져옵니다. 각각 반복 항목 리스트 블록이 처음 실행되면 **항목**에는 **제목리스트**의 첫 번째 항목이 저장되고 두 번째로 실행되면 **제목리스트**의 두 번째 항목이 저장되는 방식으로 **제목리스트**의 항목들이 **항목**에 차례대로 저장됩니다.

❹ **인스턴트만들기** 함수는 'MM/dd/yyyy' 형식의 텍스트를 인스턴트로 만들어 줍니다. **타이니DB1**에서 **항목**에 들어 있는 디데이 제목을 태그로 이용하여 가져온 날짜 형식의 텍스트를 인스턴트로 만든 후 변수 **날짜인스턴트**에 저장해 둡니다.

> **TIP**
> 'MM/dd/yyyy' 형식과 같이 날짜 정보만 있고 시간 정보가 없는 텍스트를 이용하여 인스턴트를 만들면 인스턴트의 시, 분, 초 정보는 모두 0이 됩니다. 따라서 '날짜인스턴트'에는 디데이 날의 0시 0분 0초를 나타내는 인스턴트가 저장됩니다.

12 앱 화면에 디데이 목록이 표시되도록 계속해서 언제 Screen1.초기화되었을 때 블록에 **목록뷰1**의 요소를 구성하고 화면에 출력하는 코드를 추가합니다.

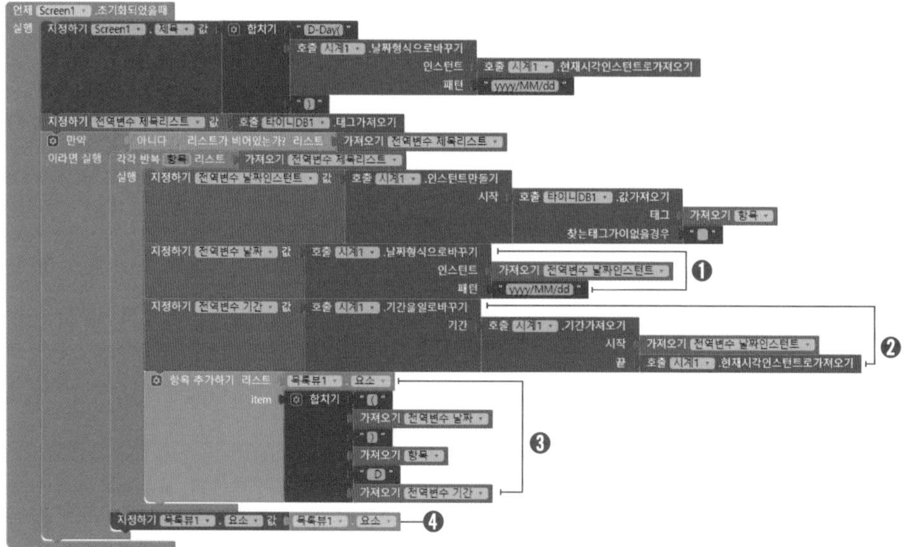

❶ **전역변수 날짜**에 디데이 날짜를 **yyyy/MM/dd** 형식으로 저장합니다.

❷ **전역변수 기간**에 디데이 날짜와 현재 시각 사이의 기간을 일 단위로 바꿔서 저장합니다.

❸ 날짜, 항목, 기간을 합쳐서 **목록뷰1**의 **요소**에 추가합니다.

❹ 각각 반복 항목 리스트 블록에서 반복을 통해 만든 디데이 목록을 **목록뷰1**의 **요소** 값으로 지정해서 화면에 출력합니다. 지정하기 목록뷰1. 요소 값 블록을 각각 반복 항목 리스트 블록의 바깥쪽에 연결해야 합니다.

지금까지 만든 앱이 잘 작동하는지 스마트폰을 이용하여 테스트해 봅시다.

✔ 체크리스트

- [ ] + 버튼을 클릭하면 제목 입력창이 나타남.
- [ ] 제목 입력창에 디데이 제목을 입력하고 OK 버튼을 클릭하면 날짜 선택창이 나타남.
- [ ] 제목 입력창에 이미 입력되어 있는 디데이 제목을 입력하면 경고창이 나타남.
- [ ] 날짜 선택창에서 날짜를 선택하고 **확인** 버튼을 클릭하면 화면에 디데이 날짜, 제목, 남은 기간이 표시됨.
- [ ] 기간을 나타내는 숫자는 디데이가 어제면 1, 오늘이나 내일이면 0, 모레면 -1로 표시됨.
- [ ] 디데이 목록 중 하나를 선택하면 삭제를 선택하는 창이 뜨고 **예** 버튼을 클릭하면 선택한 항목이 삭제됨.
- [ ] 앱을 종료한 후 다시 실행하면 기존에 입력했던 디데이 정보가 화면에 표시됨.

타이니DB 초기화하기

컴패니언을 이용하여 실시간으로 앱을 테스트할 경우 컴패니언으로 테스트하는 모든 앱이 하나의 타이니DB를 공유하게 됩니다. 만약 이전에 컴패니언으로 앱을 테스트하면서 타이니DB에 데이터를 저장한 적이 있다면 현재 테스트하고자 하는 앱에 이전 앱에 사용했던 데이터가 들어와서 다음 그림과 같은 에러가 발생할 수 있습니다.

> **Runtime Error**
>
> Argument to MakeInstant should have form MM/dd/YYYY hh:mm:ss, or MM/dd/YYYY or hh:mm
> *Note:* You will not see another error reported for 5 seconds.
>
> Dismiss

에러 발생 알림창

따라서 컴패니언으로 앱을 테스트할 때는 다음과 같이 최초에 한 번 **호출 타이니DB.모두지우기** 블록을 실행하여 타이니DB를 초기화하는 것이 좋습니다. 아래 그림과 같이 **언제 버튼1.길게눌렀을때** 블록을 이용하여 초기화 블록을 만든다면 앱을 처음 실행했을 때 '버튼1'을 길게 눌러 '타이니DB1'을 초기화하면 됩니다. 초기화를 위한 코드는 한 번만 실행해야 하므로 이후에는 이 블록을 삭제합니다.

```
언제 버튼1 .길게눌렀을때
실행 호출 타이니DB1 .모두지우기
```

타이니DB 초기화 코드

만약 디데이 데이터를 입력한 상태에서 타이니DB를 초기화했다면 앱 화면과 변수 값도 초기화해야 앱이 정상적으로 작동합니다. 그러므로 앱 인벤터 화면 상단의 연결 메뉴에 있는 'Refresh Companion Screen'을 클릭하거나 컴패니언 앱의 연결을 끊은 후 다시 연결하여 앱 화면과 변수 값을 초기 상태로 만듭니다.

4 앱 업그레이드하기

디데이까지 남은 기간 또는 디데이로부터 지난 기간을 잘 살펴보면 기간 계산에 오류가 있는 것을 확인할 수 있습니다. 예를 들어, 오늘이 19일이고 디데이가 20일이라면 남은 기간이 1로 표시되어야 하지만 현재는 0으로 표시될 것입니다. **시계** 컴포넌트가 기본으로 제공하는 **기간을 일로바꾸기** 함수를 대신할 함수를 직접 만들어서 이 문제를 해결해 보겠습니다.

1 입력 받은 인스턴트와 현재 시각 사이의 기간을 일 단위로 계산해서 반환하는 **디데이기간구하기** 함수를 만들기 위해 **함수 만들기 procedure** 블록을 가져와 procedure를 **디데이기간구하기**로 고칩니다.

```
함수 만들기 procedure
결과값 반환
```
→
```
함수 만들기 디데이기간구하기
결과값 반환
```

2 함수 만들기 디데이기간구하기 블록의 톱니바퀴 아이콘을 클릭하고 입력 블록을 입력값 블록에 드래그한 뒤 x를 **인스턴트**로 고칩니다.

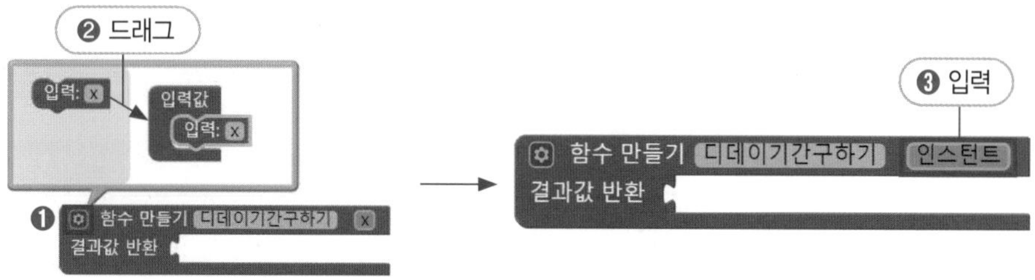

잠깐만요

함수의 종류와 필요한 함수를 직접 만드는 방법

함수는 특별한 기능을 수행하는 데 필요한 코드의 집합으로, 지금까지는 앱 인벤터에서 제공하는 이미 만들어진 함수를 호출해서 사용했습니다. 하지만 앱 인벤터가 제공하는 함수에 내가 필요한 함수가 없다면 직접 만들어 사용할 수 있습니다.

함수는 '함수' 서랍에 있는 두 가지 종류의 '함수 만들기' 블록을 이용하여 만들고, '함수 호출하기' 블록을 이용하여 실행합니다. 함수를 만들기 전에는 '함수' 서랍에 '함수 만들기' 블록밖에 없지만 뷰어에서 함수를 만들면 '함수' 서랍 안에 '함수 호출하기' 블록이 생성됩니다.

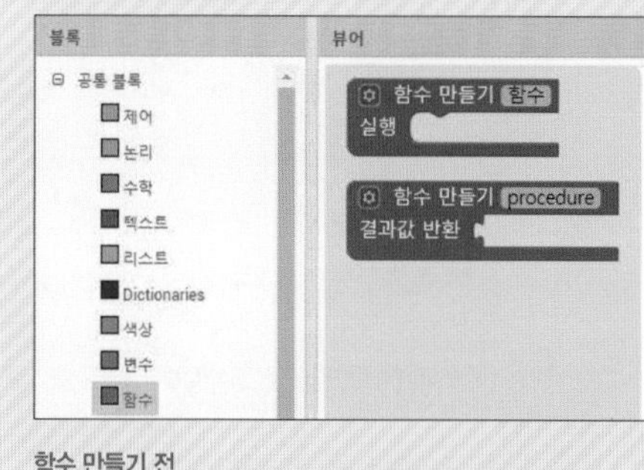

함수 만들기 전

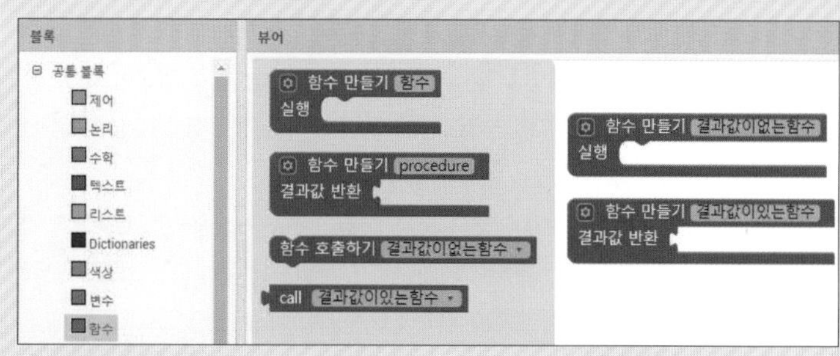

함수 만들기 후

함수의 형태는 결과값과 입력값의 유무에 따라 크게 네 가지로 나눌 수 있는데, 함수의 목적과 수행 기능에 맞게 형태를 만들면 됩니다.

	입력값 없음	입력값 있음
결과값 없음	함수 만들기 형태1 실행	함수 만들기 형태2 a 실행
결과값 있음	함수 만들기 형태3 결과값 반환	함수 만들기 형태4 a b 결과값 반환

3 플러그가 있는 지역변수 만들기 블록을 사용해 지역변수 **디데이기간**을 만들고, 초기값을 디데이 인스턴트와 현재 시각 사이의 기간으로 지정합니다.

잠깐만요

지역변수 만들기 블록의 특징

지역변수를 만드는 블록은 두 가지 종류가 있으며 블록의 왼쪽에 있는 플러그의 유무와 실행 영역의 모양 차이로 구분할 수 있습니다.

두 종류의 지역변수 만들기 블록

지역변수는 지역변수 만들기 블록의 실행 영역 안에서만 사용할 수 있으며, 블록 왼쪽에 플러그가 있는 지역변수 만들기 블록은 실행 영역에 삽입된 코드의 실행 결과값을 플러그를 통해 다른 블록으로 전달할 수 있습니다.

3에서 만든 변수 '디데이기간'은 '디데이기간구하기' 함수 안에서만 사용되기 때문에 지역변수로 만들었고, 디데이까지 남은 기간을 계산한 결과를 '디데이기간구하기' 함수의 결과값으로 전달하기 위해 왼쪽에 플러그가 있는 지역변수 만들기 블록을 사용해서 만들었습니다.

4 **디데이기간**을 일 단위로 변환하여 결과값으로 반환하는 코드를 다음과 같이 추가합니다.

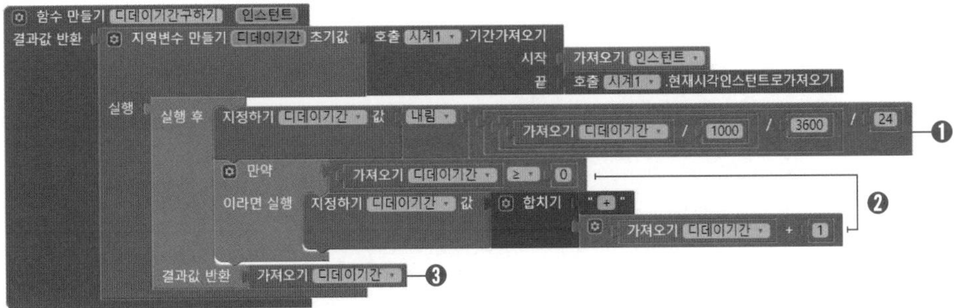

❶ **디데이기간**에는 디데이와 현재 시각 사이의 기간을 1/1000초 단위로 나타낸 값이 들어 있습니다. 1/1000초 단위를 1초 단위로 바꾸기 위해 **1000**으로 나누고, 초 단위를 시 단위로 바꾸기 위해 **3600**(60초×60분)으로 나눈 다음, 시 단위를 일 단위로 바꾸기 위해 **24**로 나눕니다. 그리고 나눈 결과를 내림하여 **디데이기간**에 저장합니다.

❷ 현재 시각이 디데이 이후나 디데이와 같다면 **디데이기간** 값은 **0**보다 크거나 같게 됩니다. 디데이를 지난 시점부터는 기간을 나타내는 숫자 앞에 **+** 기호를 붙이고 **디데이기간**에 **1**을 더해줍니다. **디데이기간**에 **1**을 더하는 이유는 디데이 당일을 +1, 다음날을 +2로 표시하기 위해서입니다. 예를 들어, 디데이가 20일 0시고 현재 시각이 20일 12시라면 기간 값은 0일(0.5일에서 내림한 결과)이 됩니다. 디데이 당일에 표시되는 기간은 0일이 아닌 +1일이 되는 것이 자연스러우므로 **디데이기간**에 **1**을 더합니다.

❸ 계산이 완료된 **디데이기간** 값을 실행 후 블록의 결과값 반환 소켓에 연결하면 이 값은 지역변수 만들기 블록을 거쳐 함수 만들기 블록으로 전달되어 **디데이기간구하기** 함수의 반환값이 됩니다.

TIP 반환값은 함수의 실행으로 만들어진 값 중 함수를 호출한 곳으로 전달되는 값입니다.

내림 블록을 사용하는 이유

내림 블록을 사용하는 이유는 디데이까지 남은 기간 중 24시간이 채 안되는 기간도 1일로 만들기 위해서입니다. 예를 들어 디데이가 22일 0시고 현재 시각이 20일 18시라면 내림을 하기 전 계산 결과는 −1.25일(현재 시각 빼기 디데이로 계산하면 −30시간이 되고 시간을 일로 고치면 −1.25일이 됨)이 되는데, 날짜상으로는 디데이까지 이틀이 남았으므로 −1.25를 내림하여 −2로 만들어 줍니다.

5 기간을 구하는 방식을 바꾸기 위해 `언제 Screen1.초기화되었을 때` 블록에서 `지정하기 전역변수 기간` 블록에 연결된 블록들을 삭제합니다.

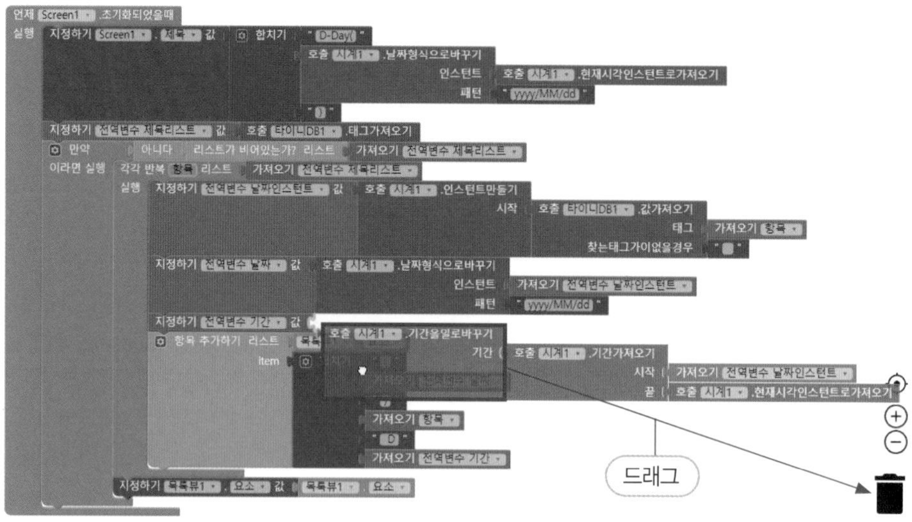

6 `지정하기 전역변수 기간` 블록에 `call 디데이기간구하기` 블록을 연결하고 인스턴트 소켓에 `가져오기 전역변수 날짜인스턴트` 블록을 연결합니다.

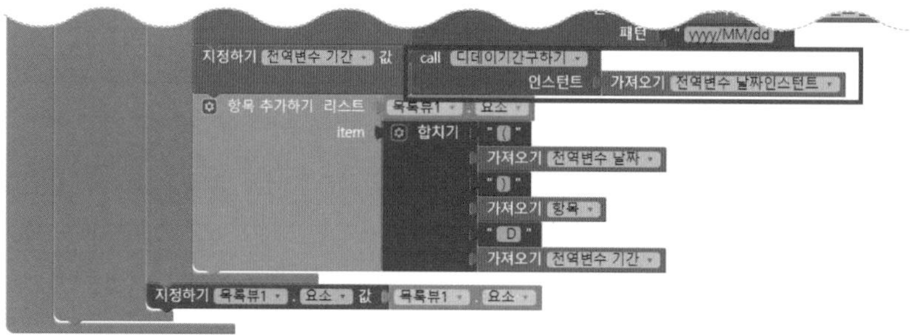

인스턴트 값으로 **날짜인스턴트**를 지정하여 **디데이기간구하기** 함수를 호출(call)하면 날짜인스턴트값이 **디데이기간구하기** 함수의 인스턴트 변수에 전달됩니다. **디데이기간구하기** 함수가 전달받은 값을 이용하여 디데이 기간을 계산한 후 결과를 반환하면 반환된 값은 `call 디데이기간구하기` 블록으로 전달되고 이 값은 **전역변수 기간**에 저장됩니다.

> **TIP**
> 함수를 만들었다고 해서 함수가 바로 실행되는 것은 아닙니다. 만든 함수를 실행하기 위해서는 함수를 '호출(call)'해야 합니다.

7 언제 날짜선택버튼1.날짜선택후에 블록에서 지정하기 전역변수 기간 블록에 연결된 블록들을 삭제합니다.

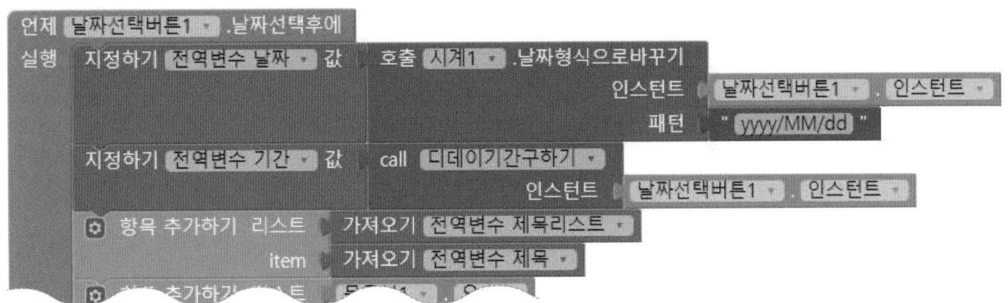

8 지정하기 전역변수 기간 블록에 call 디데이기간구하기 블록을 연결하고 인스턴트 소켓에 날짜선택버튼1.인스턴트 블록을 연결합니다.

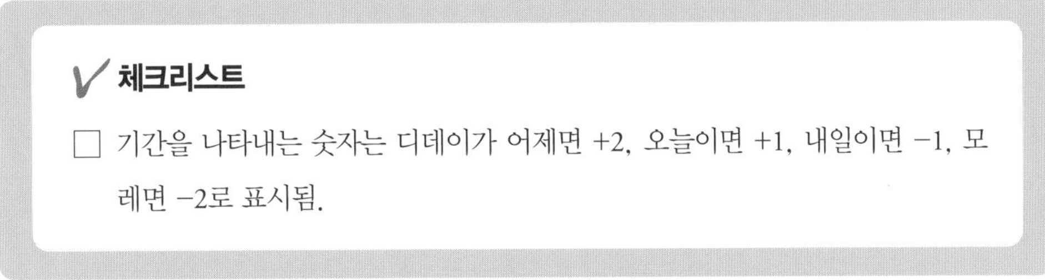

호출에 의해 실행된 **디데이기간구하기** 함수가 반환한 디데이 기간 값을 **전역변수 기간**에 저장합니다.

새롭게 추가한 기능이 잘 작동하는지 스마트폰을 이용하여 테스트해 봅시다.

✓ 체크리스트

- [ ] 기간을 나타내는 숫자는 디데이가 어제면 +2, 오늘이면 +1, 내일이면 −1, 모레면 −2로 표시됨.

나만의 아이디어 더하기

지금까지 만든 디데이 앱은 디데이를 알려주는 아주 기본적인 기능만을 가지고 있어서 실제로 사용하려면 개선해야 할 점들이 많습니다. 디데이 앱을 좀 더 실용적인 앱으로 만들기 위한 아이디어를 생각해 봅시다.

디데이 앱을 개선하기 위한 몇 가지 아이디어를 예로 들면 다음과 같습니다.

1. 디데이 정보를 다른 사람의 메신저로 보내는 기능 추가하기
2. 생일처럼 매년 반복되는 날은 디데이를 매년 입력하지 않아도 자동으로 계산되게 만들기
3. 날짜순으로 디데이 정렬하기
4. 생일, 시험, 기념일 등을 그룹으로 나눠서 관리할 수 있게 만들기
5. 목록뷰 뒤쪽으로 배경이미지를 넣어서 화면을 꾸밀 수 있게 만들기

디데이 앱에 더할 나만의 멋진 아이디어를 포스트잇에 써서 붙여봅시다. 그리고 아이디어를 실제로 구현해 보기 바랍니다.

포스트잇 붙이는 공간

타임 타이머 앱 만들기

이번 장에서는 빨간색 면적을 이용하여 남은 시간을 보여주는 타임 타이머(time timer)를 앱으로 만들어 보겠습니다. 정해진 시간 동안 회의나 공부를 할 때 타임 타이머를 사용하면 빨간색 면적이 남아 있는 시간을 직관적으로 보여주기 때문에 시간을 좀 더 효율적으로 사용할 수 있게 됩니다. 타임 타이머 앱을 만드는 방법을 배워 일상생활에서 사용할 수 있는 나만의 앱을 만들어 봅시다.

미 | 리 | 보 | 기

초기 화면

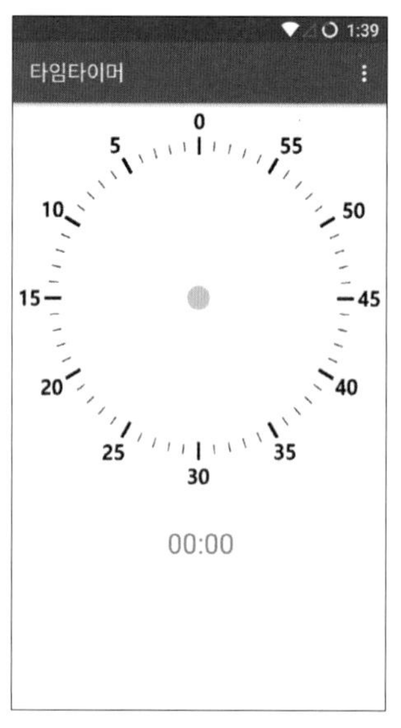

- 5분 간격으로 숫자가 표시된 아날로그 시계가 보입니다.
- 시계 그림 아래쪽에 디지털 시계가 표시됩니다.
- 시계 그림을 손가락으로 드래그하여 타이머 시간을 최소 1분부터 최대 60분까지 1분 단위로 설정할 수 있습니다.

타이머 시간 설정 화면

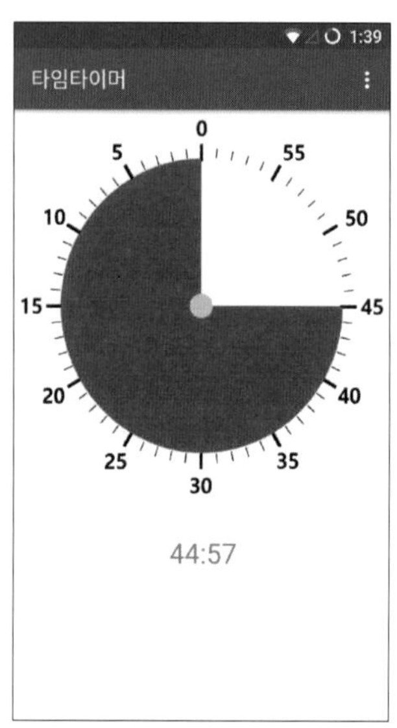

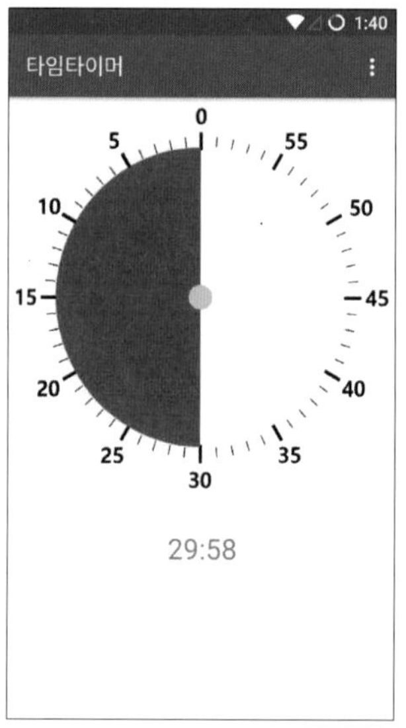

- 시계 그림을 손가락으로 드래그하면 손가락의 현재 위치까지 빨간색 부채꼴이 그려집니다.
- 부채꼴의 면적에 비례하여 디지털 시계의 숫자가 증가하거나 감소합니다.
- 부채꼴을 그린 후 화면에서 손가락을 떼면 부채꼴의 면적이 10초에 1칸씩 줄어들고 디지털 시계에 남은 시간이 표시됩니다.

타이머 종료 화면

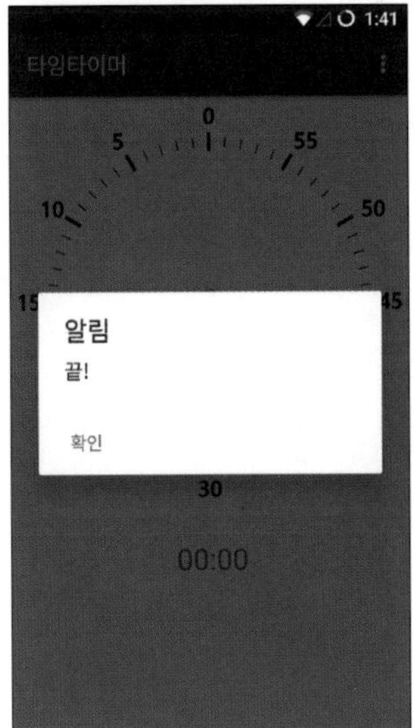

• 타이머 시간이 종료되면 메시지창이 나타나고 진동과 함께 종료음이 재생됩니다.

완성 앱 미리보기

완성된 앱의 실제 동작이 궁금하다면 QR 코드를 스캔하여 파일을 스마트폰에 설치한 후 확인해 봅니다.

- **스마트폰 설치 파일** https://bit.ly/3aDUEV8
- **프로젝트 파일** example_timeTimer.aia

1 프로젝트 준비하기

타임 타이머 앱을 만들기 위해 필요한 시계 이미지와 알림 소리를 다운로드하는 작업부터 시작하겠습니다. 시계 이미지와 알림 소리는 앱 인벤터의 갤러리에 공유되어 있습니다.

1 앱 인벤터(http://ai2.appinventor.mit.edu/)에 접속한 후 **Login to Gallery** 버튼을 클릭합니다.

2 갤러리를 처음 사용한다면 **Login to Gallery** 버튼을 클릭했을 때 갤러리 계정을 만드는 페이지가 먼저 나타납니다. 빈 칸에 이메일, 이름, 성을 차례로 입력하고 **Submit** 버튼을 클릭하면 갤러리 화면으로 이동합니다.

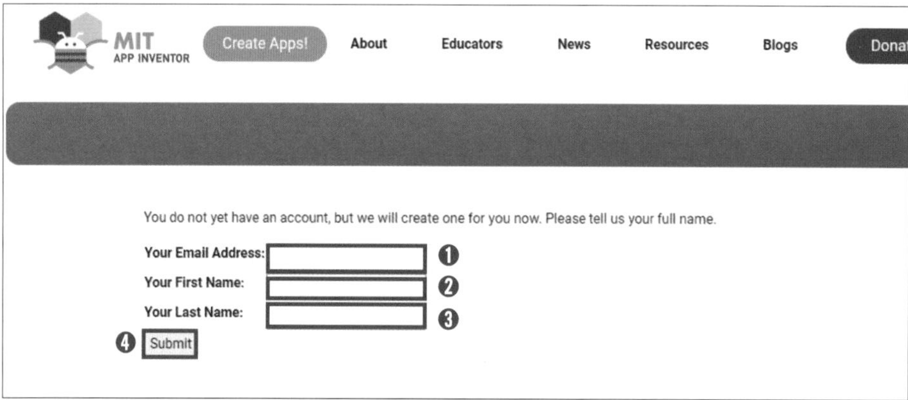

3 검색창에 **timetimer**를 입력하고 **Search** 버튼을 클릭합니다.

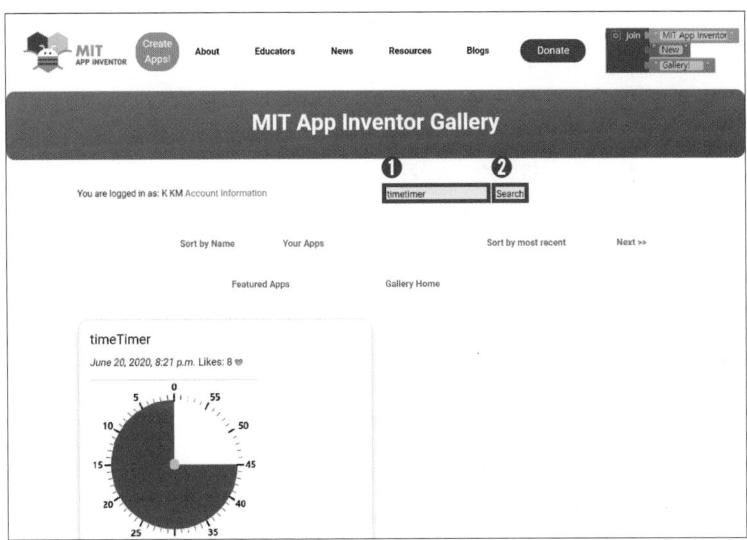

4 timeTimer를 찾아 하단의 **Load App Into MIT App Inventor**를 클릭하여 예제를 내 프로젝트에 추가합니다.

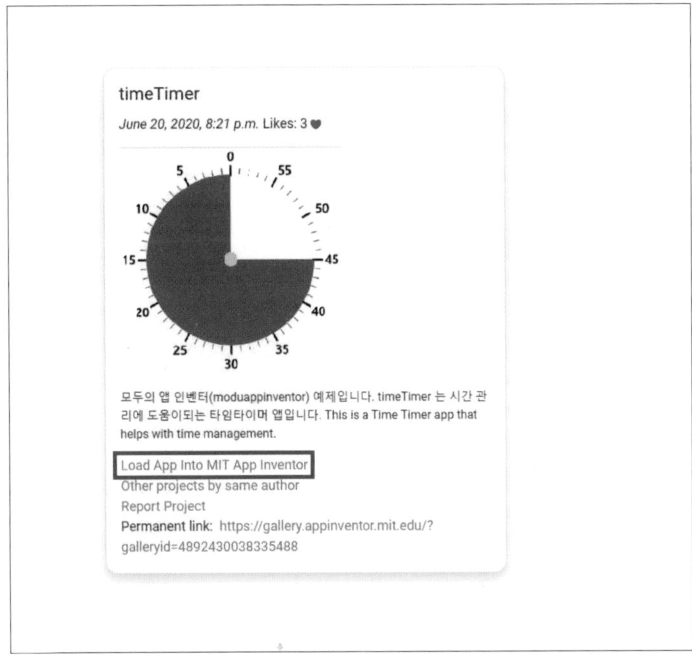

5 잠시 후 프로젝트가 열리면 **미디어** 패널에서 **alarm.wav** 파일과 **ttimg.png** 파일을 차례로 클릭하고 **내 컴퓨터에 다운로드**를 선택하여 두 파일을 저장합니다.

TIP
ttimg.png 파일은 캔버스에 시계를 표시하기 위해 사용하며, alarm.wav 파일은 타이머 시간이 종료되었을 때 알람을 울리기 위해 사용합니다.

6 **프로젝트** 메뉴의 **새 프로젝트 시작하기**를 선택합니다.

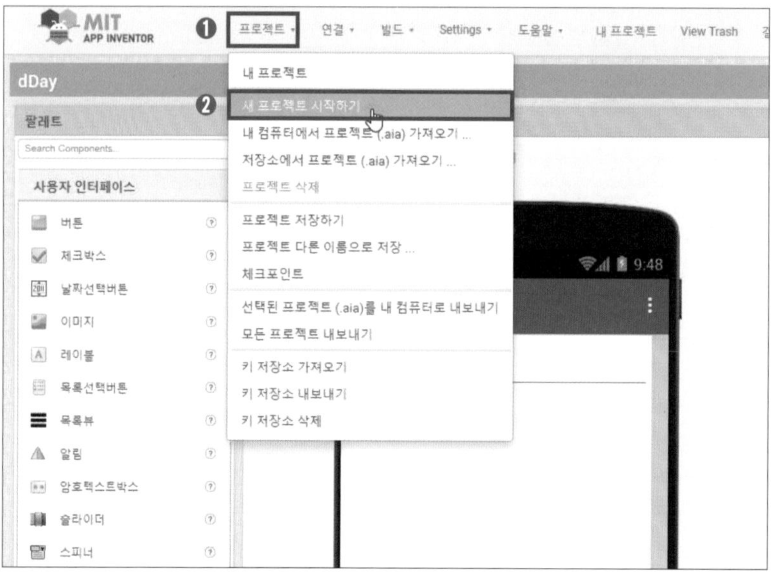

7 프로젝트 이름을 timeTimer로 입력하고 **확인** 버튼을 클릭합니다.

2 컴포넌트로 앱 화면 디자인하기

프로젝트가 생성되었으면 디자이너 화면에서 앱의 화면을 만드는 작업부터 시작해 보겠습니다. 타임 타이머 앱 화면의 기본 형태는 다음 그림과 같습니다.

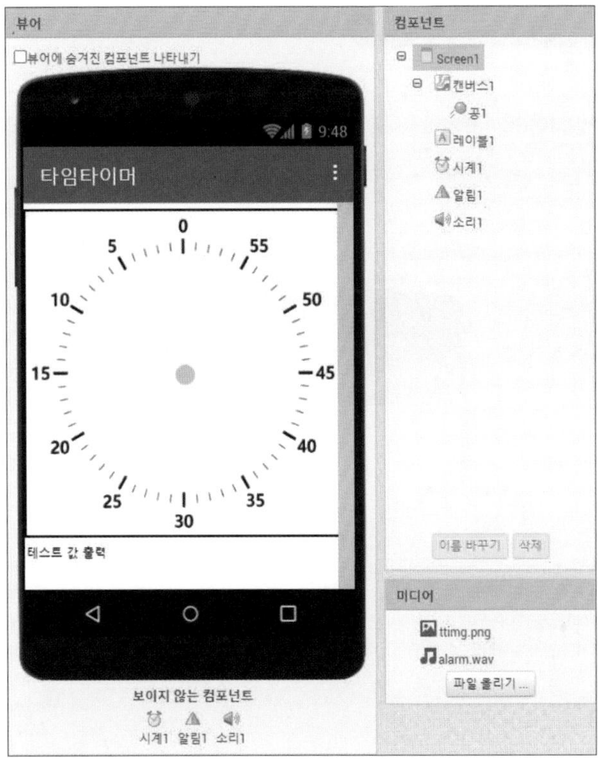

1 **미디어** 패널에서 **파일 올리기** 버튼과 **파일 선택** 버튼을 차례로 클릭하여 앞에서 내려받은 **ttimg.png** 파일과 **alarm.wav** 파일을 가져옵니다.

2 Screen1의 **속성**을 [앱이름: **타임타이머**], [크기조정: **고정형**], [테마: **장치 기본값**], [제목: **타임타이머**]로 바꿉니다.

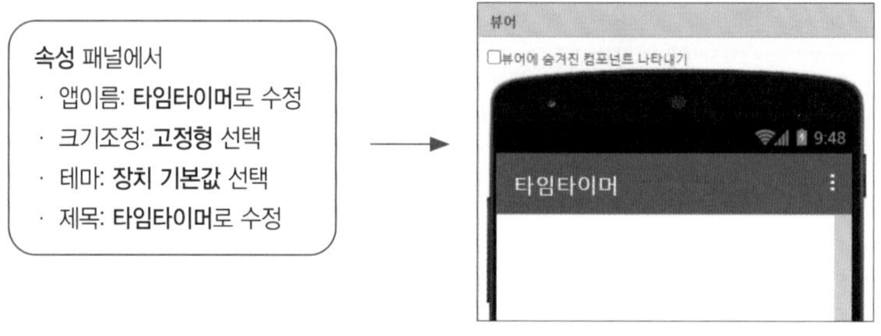

TIP

스크린의 '크기조정' 속성이 '반응형'이면 앱이 실행되는 스마트폰에 따라 스크린의 크기가 달라집니다. 하지만 스크린의 '크기조정' 속성을 '고정형'으로 설정하면 대부분의 스마트폰에서 스크린의 너비는 '320픽셀', 높이는 '500~600픽셀(스마트폰의 화면 비율에 따라 달라짐)'로 고정됩니다. 스크린의 크기가 스마트폰에 따라 달라지면 남은 시간을 표시하는 부채꼴이 그려지는 위치를 스크린의 크기에 맞게 계산하는 코드가 필요합니다. 반면에, 스크린의 크기가 항상 일정하면 부채꼴이 그려지는 위치를 숫자로 지정하기만 하면 되므로 그림을 좀 더 쉽게 그릴 수 있습니다.

3 ❶ **그리기&애니메이션** 서랍에 있는 **캔버스**를 스크린에 추가하고 ❷ **속성**을 [배경이미지: **ttimg.png**], [높이: **320 픽셀**], [너비: **320 픽셀**], [페인트색상: **빨강**]으로 바꿉니다.

TIP
'캔버스'는 터치와 드래그를 이용하여 그림을 그릴 수 있게 해주는 컴포넌트입니다. 캔버스의 높이와 너비를 모두 320 픽셀로 설정한 이유는 캔버스를 스크린의 너비를 가득 채우는 정사각형 모양으로 만들고자 함입니다. 또한, '페인트색상'을 '빨강'으로 설정한 이유는 시계 위에 남은 시간을 표시하는 부채꼴을 빨간색으로 그리기 위함입니다.

4 ❶ **그리기&애니메이션** 서랍에 있는 **공**을 가져와 **캔버스1**에 추가하고 ❷ **속성**을 [페인트색상: **밝은 회색**], [반지름: **10**], [X: **150**], [Y: **150**]으로 바꿉니다.

뷰어
뷰어에 숨겨진 컴포넌트 나타내기
9:48
타임타이머
❶ 그리기 & 애니메이션 서랍의 공 추가
❷ 속성 패널에서
· 페인트색상: 밝은 회색 선택
· 반지름: 10으로 수정
· X: 150으로 수정
· Y: 150으로 수정

TIP
'공'은 캔버스에 배치해서 사용하는 둥근 스프라이트(움직일 수 있는 이미지)로, 좌푯값을 사용하여 캔버스에서 위치를 지정하거나 속도와 방향을 지정하여 움직이게 만들 수 있습니다.

5 ❶ **사용자 인터페이스** 서랍에서 **레이블**을 가져와 **캔버스1** 아래에 추가하고 ❷ **속성**을 [텍스트: **테스트 값 출력**]으로 바꿉니다.

TIP '레이블1'은 앱을 만들 때 캔버스의 좌푯값과 각종 변숫값을 출력해서 확인하기 위한 용도로 사용합니다.

캔버스의 좌표와 공의 위치

캔버스에서 특정 지점의 위치는 X와 Y의 좌푯값으로 나타낼 수 있습니다. 좌푯값은 캔버스의 왼쪽 상단 꼭짓점에서 (0, 0)이 되고, 오른쪽으로 갈수록 X 값이 커지고 아래로 내려올수록 Y 값이 커집니다.

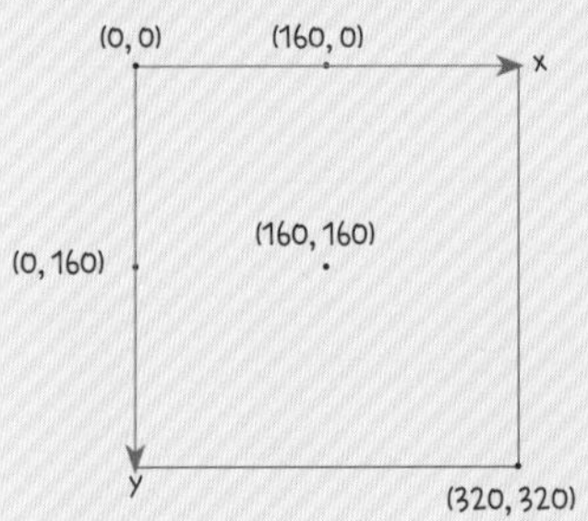

'블록' 화면으로 이동하여 다음 그림과 같이 블록을 구성한 후 스마트폰에 연결하고 캔버스 이곳저곳을 터치해 보세요. '레이블1'에 출력되는 값을 살펴보면 캔버스의 좌표 체계를 이해할 수 있을 것입니다.

캔버스에 배치된 공의 X, Y 값은 공을 감싸는 가상의 정사각형이 있다고 가정했을 때 이 정사각형의 왼쪽 상단 꼭짓점 좌표를 의미합니다. 예를 들어, 공을 캔버스의 중앙에 두기 위해 좌표를 (160, 160)으로 설정했다면 공의 중심이 캔버스 중앙에 위치하는 것이 아니라 공의 왼쪽 상단 꼭짓점이 캔버스 중앙에 위치합니다. 이 상태에서 공의 중심과 캔버스의 중앙을 일치시키려면 공의 위치를 공의 반지름 크기인 10만큼씩 왼쪽과 위쪽으로 이동시켜야 합니다. 즉, X 값에서 10을 빼서 공을 왼쪽으로 이동시키고 Y 값에서 10을 빼서 공을 위로 이동시키면 공의 좌표는 (150, 150)이 되고 공의 중심과 캔버스의 중앙이 같아집니다.

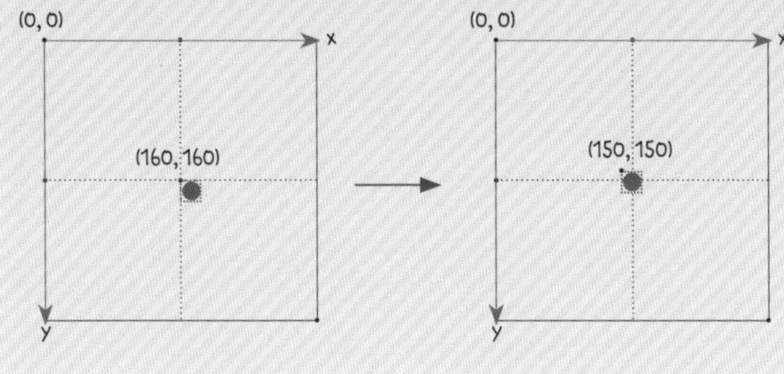

6 ❶ **센서** 서랍에서 **시계**를 가져와 Screen1에 추가하고 ❷ **속성**을 [타이머항상작동: **체크 해제**], [타이머활성화여부: **체크 해제**], [타이머간격: **10000**]으로 바꿉니다.

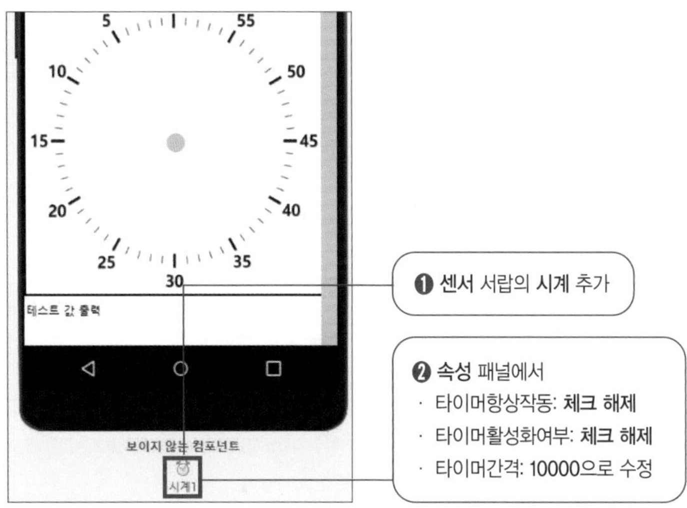

7 ❶ **사용자 인터페이스** 서랍에서 **알림**을 가져와 Screen1에 추가하고 ❷ **속성**을 [배경색: **없음**]으로 바꿉니다.

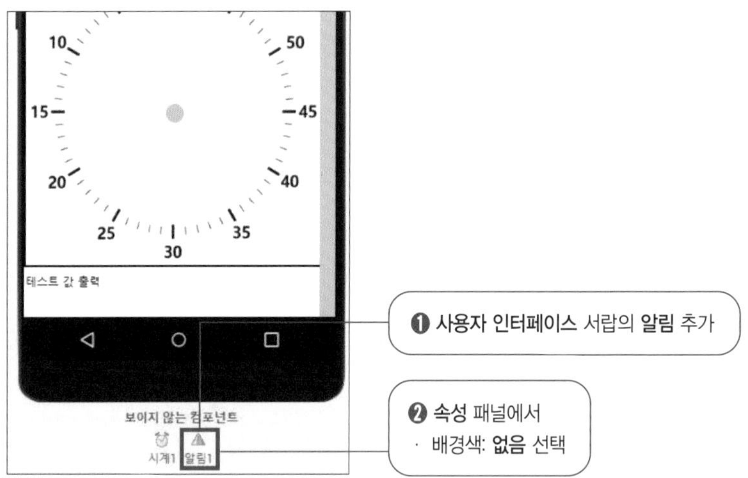

TIP

알림의 속성인 배경색, 알림표시시간, 텍스트색상은 알림창 중 경고창에만 적용되는 속성입니다. 선택대화창이나 메시지창 등에는 알림의 속성이 적용되지 않습니다.

8 ❶ **미디어** 서랍에 있는 **소리**를 가져와 Screen1에 넣고, ❷ **속성**을 [소스: **alarm.wav**]로 바꿉니다.

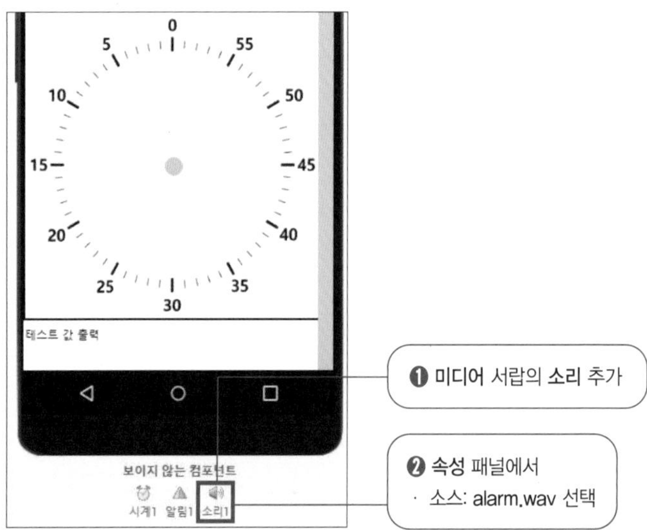

TIP

'소리'는 wav, mp3 등 오디오 파일을 재생할 때 사용되는 컴포넌트로, 이번 앱에서는 타이머 종료를 알리는 알람 소리를 재생하는 용도로 사용합니다.

3 블록으로 앱 코딩하기

이제 블록 코딩으로 각 컴포넌트에 기능을 적용하여 앱이 작동하도록 해 보겠습니다.

1 오른쪽 상단에 있는 **블록** 버튼을 클릭하여 **블록** 화면으로 이동합니다.

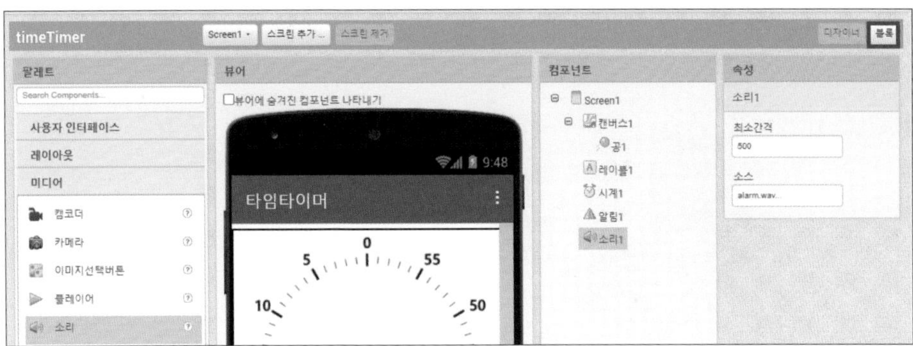

2 부채꼴의 중심각, 타이머의 남은 시간을 저장하기 위한 변수인 **현재각도**와 **남은시간**을 만들고 **0**으로 초기화합니다.

```
전역변수 만들기 현재각도 초기값 0
전역변수 만들기 남은시간 초기값 0
```

3 **캔버스**에 부채꼴을 그리는 함수를 만들기 위해 함수 만들기 부채꼴그리기 블록을 구성합니다.

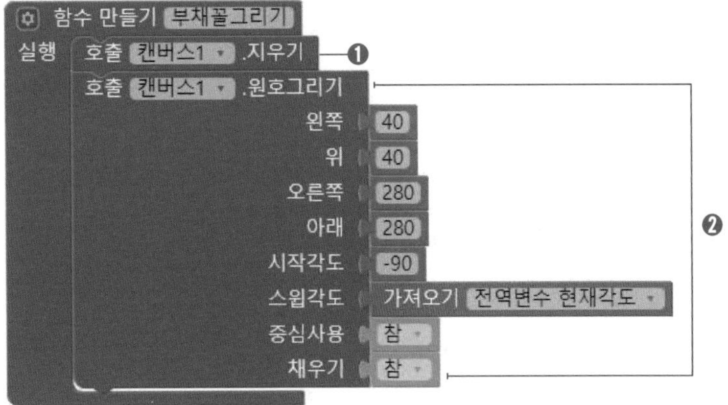

❶ 새로운 부채꼴을 그리기 전에 **캔버스1**에 그려진 이전 부채꼴을 지웁니다.

❷ **원호그리기** 함수를 이용하여 시계 그림을 벗어나지 않는 범위 안에서 **전역변수 현재각도**를 중심각으로 가지는 부채꼴을 시계의 숫자 0이 있는 위치로부터 반시계 방향으로 그립니다.

'원호그리기' 함수 사용법

'원호그리기' 함수를 이용하면 원호 또는 부채꼴을 원하는 크기로 그릴 수 있습니다. '원호그리기' 함수의 왼쪽, 위, 오른쪽, 아래 값은 그림이 그려지는 직사각형 범위를 지정하는 값으로, 왼쪽 40, 위 40, 오른쪽 280, 아래 280으로 설정하면 좌측 상단 꼭짓점이 (40, 40)이고 우측하단 꼭짓점이 (280, 280)인 직사각형 범위 안에 원호 또는 부채꼴이 그려집니다.

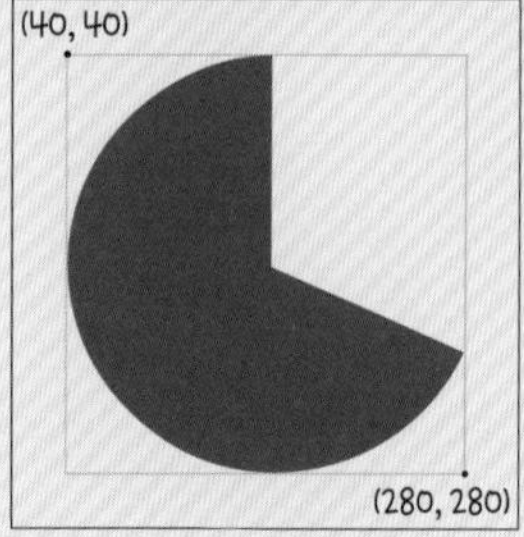

'원호그리기' 함수의 시작각도, 스윕각도, 중심사용, 채우기의 값에 따라 달라지는 모양은 다음과 같습니다.

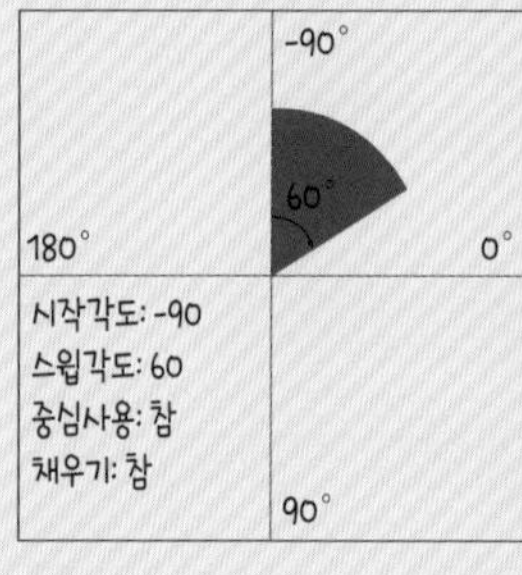

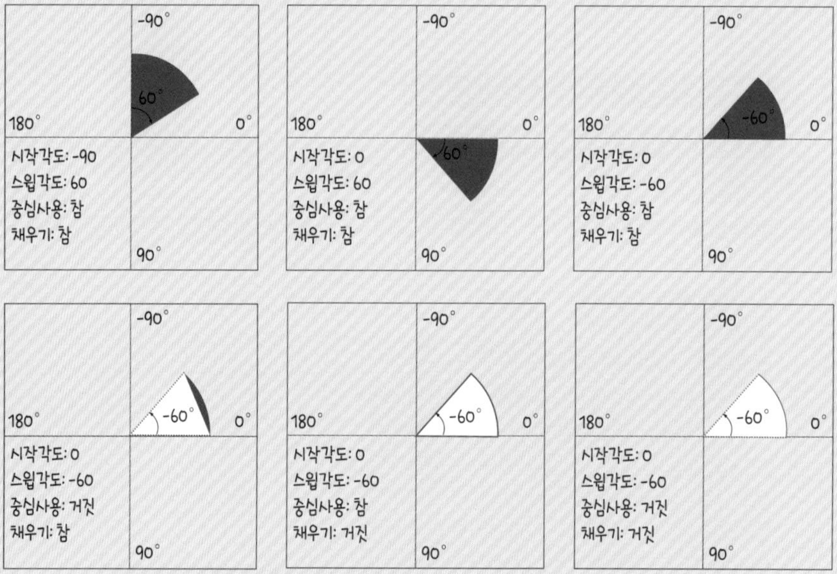

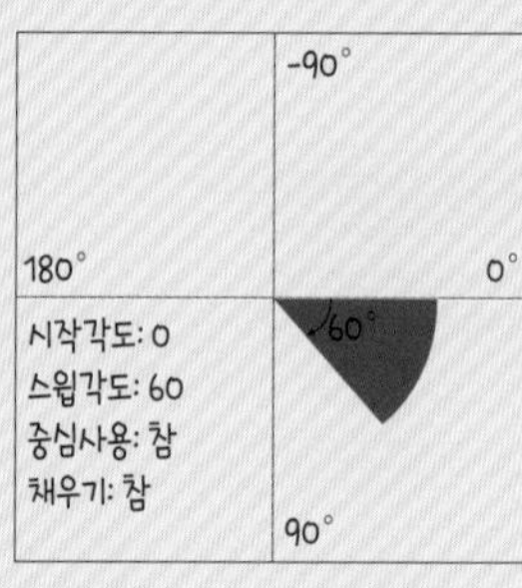

-90°
180°
-60°
0°
시작각도: 0
스윕각도: -60
중심사용: 참
채우기: 참
90°

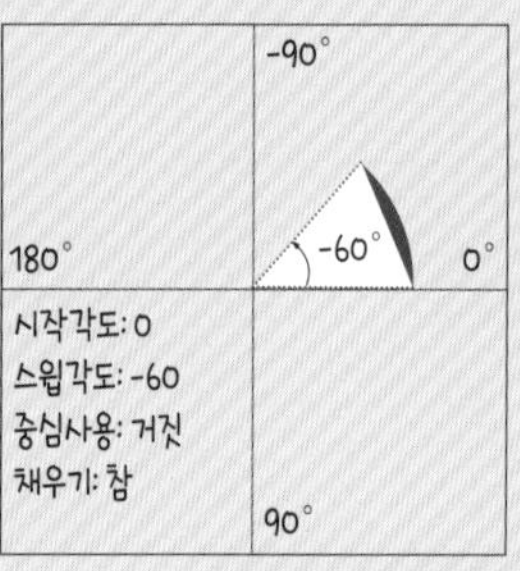

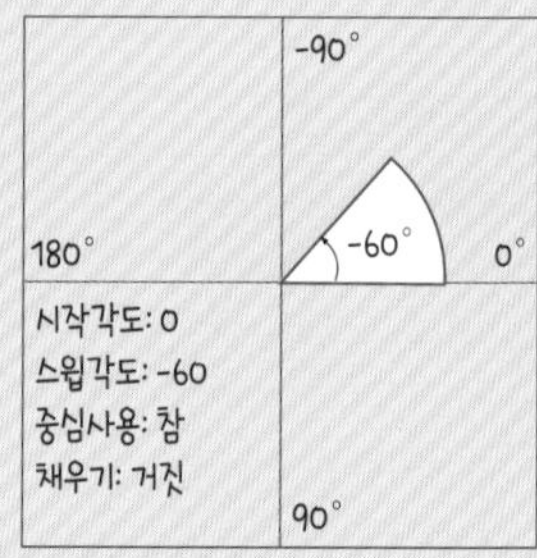

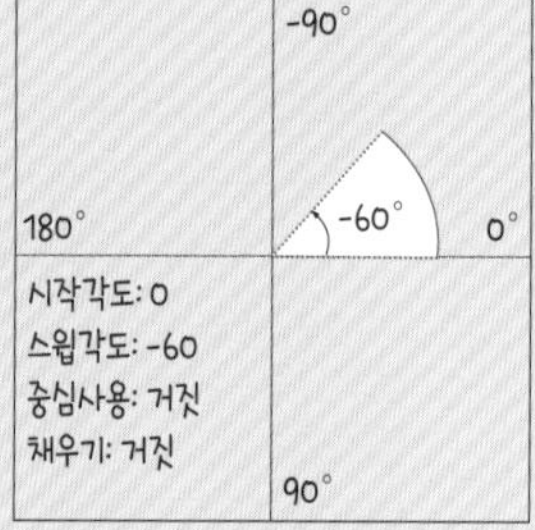

'시작각도'는 오른쪽이 0(또는 360), 위쪽이 −90(또는 270), 왼쪽이 −180(또는 180), 아래쪽이 90(또는 −270)입니다. '스윕각도'를 음수 값으로 설정하면 반시계 방향으로 그림을 그리고, 양수 값으로 설정하면 시계 방향으로 그림을 그립니다. 또한, '중심사용'이 거짓이면 호를 그리고, 참이면 부채꼴을 그립니다. '채우기'가 참이면 그림에 색을 채우고 거짓이면 외곽선만 그립니다.

4 캔버스를 드래그한 만큼 부채꼴이 그려지도록 언제 캔버스1.드래그 블록을 구성합니다.

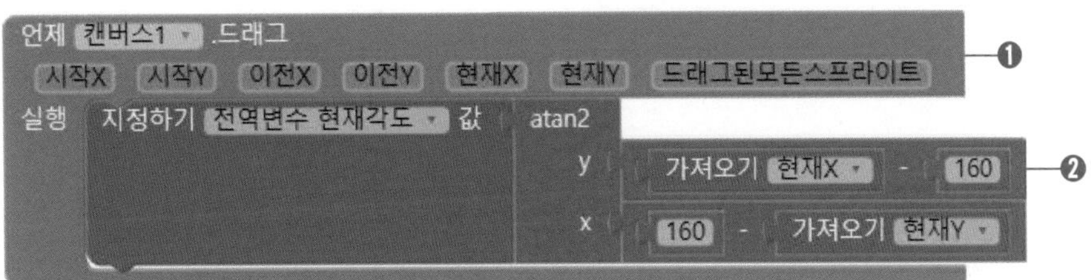

❶ 언제 캔버스1.드래그 블록은 캔버스에 손가락을 대고 끌면 실행되는 블록으로, 최초로 터치한 지점의 좌표(시작X, 시작Y)와 드래그하는 동안 손가락이 지나온 이전 좌표(이전X, 이전Y) 및 현재 좌표(현재X, 현재Y)를 알려 줍니다. 손가락이 움직이는 동안 이전 좌표와 현재 좌표는 계속 바뀝니다.

❷ **원호그리기** 함수의 **스윕각도**로 사용될 **전역변수 현재각도**를 결정하기 위해 atan2 블록을 이용하여 '시계의 중심과 0을 양끝으로 하는 선분'과 '시계의 중심과 현재 손가락 위치를 양끝으로 하는 선분'이 이루는 각도를 알아냅니다.

잠깐만요

atan2 블록으로 각도를 구하는 원리

원점부터 주어진 좌표까지를 이은 선분이 x축과 이루는 각도를 θ라고 하면 $\tan\theta = \frac{y}{x}$ 가 됩니다. 만약 θ를 모르면 tan의 역함수인 arctan와 주어진 좌푯값을 이용하여 θ를 구할 수 있습니다.

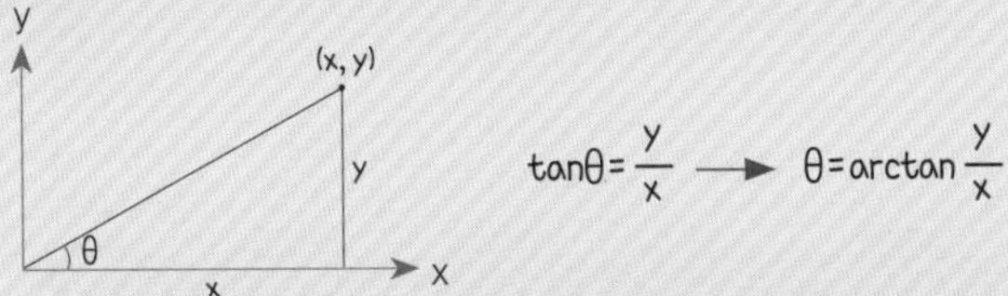

'arctan'는 앱 인벤터에서 'atan2'로 표현됩니다. 시계의 중심과 0을 양끝으로 하는 선분과 시계의 중심과 손가락의 위치를 양끝으로 하는 선분이 이루는 각도인 θ를 구하기 위해서는 캔버스의 왼쪽 상단에 있는

(0, 0) 기준점을 시계 중앙으로 옮겨야 합니다. 다음 그림과 같이 기준점을 캔버스의 왼쪽 상단에서 중앙으로 바꾸면 캔버스에서 드래그를 멈춘 지점의 좌표는 (X, Y)에서 (X–160, 160–Y)로 바뀝니다.

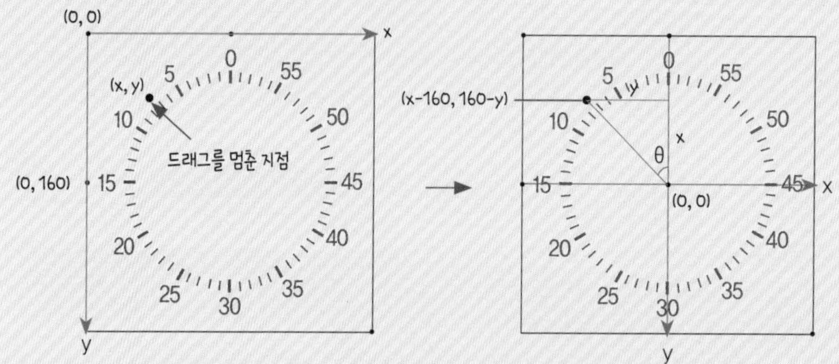

바뀐 기준점에 맞게 변환한 좌푯값인 (X–160, 160–Y)를 atan2 블록의 y, x 값으로 지정하면 '전역변수 현재각도'에 θ가 저장됩니다. θ 값을 확인하기 위해 다음과 같이 현재각도가 '레이블1'에 출력되도록 블록을 구성한 후 스마트폰에서 시계 중앙을 기준으로 반시계 방향으로 원을 그리며 캔버스를 드래그해 보면, 시계의 왼쪽을 드래그하는 동안 0~–180이 출력되고 오른쪽을 드래그하는 동안 180~0이 출력되는 것을 확인할 수 있습니다.

```
언제 캔버스1 .드래그
  시작X 시작Y 이전X 이전Y 현재X 현재Y 드래그된모든스프라이트
실행 지정하기 전역변수 현재각도 값 atan2
                                     y  가져오기 현재X - 160
                                     x  160 - 가져오기 현재Y
     지정하기 레이블1 . 텍스트 값 가져오기 전역변수 현재각도
```

'tan'는 중학교, '역함수'는 고등학교 수학에 처음 등장하는 개념이기 때문에 아직 tan와 역함수를 배우지 않았다면 이 설명이 어려울 수 있습니다. 설명이 이해되지 않더라도 atan2 블록을 이용하여 각도를 구한다는 점만 알고 넘어가면 됩니다.

5 **현재각도**를 부채꼴을 그리는 데 사용되는 각도인 0~–360으로 만들기 위해 언제 버튼1.드래그 블록에 코드를 추가합니다.

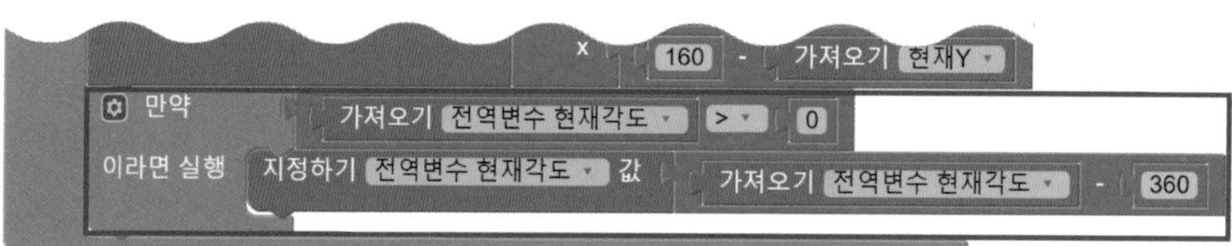

부채꼴을 그리는 데 사용되는 각도는 0~-360이어야 하는데 atan2 블록으로 구한 **현재각도** 값의 범위는 시계 중앙을 기준으로 왼쪽을 드래그할 때는 0~-180이고 오른쪽을 드래그할 때는 180~0이 됩니다. 이때 180~0을 -180~-360으로 바꾸면 **현재각도**를 부채꼴을 그리는 데 사용되는 각도로 바꿀 수 있습니다. 그러므로 **현재각도**가 **0**보다 클 때만 해당 값에서 **360**을 뺀 값을 다시 **현재각도**로 지정해서 값의 범위를 0~-360으로 만듭니다. 예를 들어, atan2 블록으로 구한 **현재각도** 값이 90이라면 이 값은 0보다 크기 때문에 -270(90-360)으로 변환됩니다.

6 타이머 시간을 1분 단위로 지정하기 위해 언제 캔버스1.드래그 블록에 코드를 추가합니다.

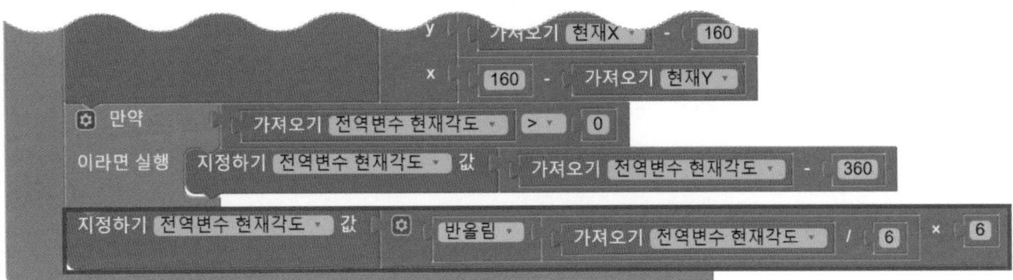

타이머 시간을 1분 단위로 지정하기 위해 **현재각도**를 **6**으로 나눈 몫을 **반올림**한 후 다시 **6**을 곱합니다. **6**으로 나누는 이유는 360도를 **6**으로 나누면 60분으로 나타낼 수 있기 때문입니다. 예를 들어, 손가락을 드래그하여 45도를 만들면 시간으로는 7.5분이 됩니다. 시간을 1분 단위로 나타내려면 소수점 이하 값을 없애야 하므로 **반올림**해서 8분으로 만들고 시간에 **6**을 곱해 다시 각도 단위로 바꾸면 48도가 됩니다. 이러한 계산에 의해 손가락은 45도에 있더라도 현재각도 값은 48도로 설정되며 타이머 시간 또한 7.5분이 아니라 8분으로 설정됩니다.

7 **현재각도**를 **남은시간**으로 환산하고, **부채꼴그리기** 함수를 호출하는 코드를 추가하여 언제 캔버스1.드래그 블록을 완성합니다.

❶ **현재각도**에 **-10**을 곱해서 타이머의 **남은 시간**을 초 단위로 설정합니다. 예를 들어, 손가락이 15에 있다면 타이머의 **남은 시간**은 15분, 즉 900초가 되어야 합니다. 손가락이 15에 있을 때 **현재각도**는 -90이며 여기에 -10을 곱하면 900이 되므로 타이머의 **남은 시간**은 **현재각도**에 **-10**을 곱하여 구하면 됩니다.

❷ 계산이 완료된 **현재각도**를 이용하여 화면에 부채꼴을 그립니다.

8 캔버스를 드래그하여 부채꼴을 만든 후 손가락을 떼는 순간부터 타이머가 작동하도록 언제 캔버스1.터치업했을때 블록을 구성합니다.

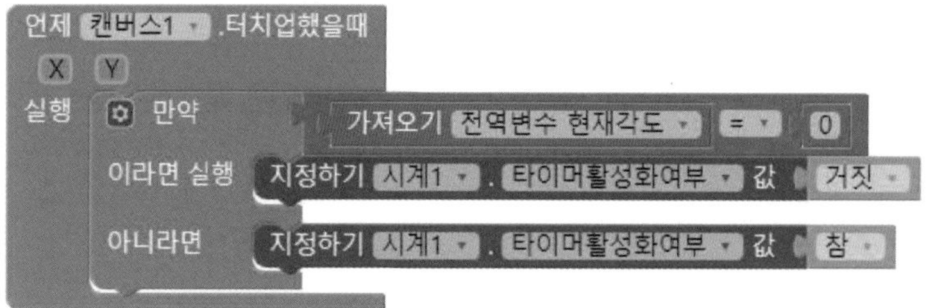

현재각도가 0이면, 즉 시간을 0으로 설정하면 캔버스에서 손가락을 떼는 순간 타이머 작동을 멈추고 0이 아니면 캔버스에서 손가락을 떼는 순간 타이머 작동을 시작합니다.

> TIP 언제 캔버스1.터치업했을때 블록은 캔버스에서 손가락을 떼는 순간 실행됩니다.

9 타이머가 작동하면 10초에 한 번씩 새로운 부채꼴이 그려지도록 언제 시계1.타이머가작동할때 블록을 구성합니다.

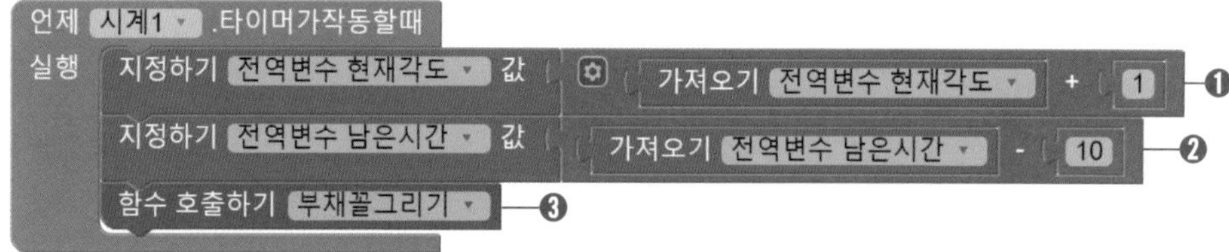

❶ **현재각도**는 마이너스 값(0~-360)이므로 10초에 한 번씩 1을 더해서 크기가 1씩 줄어들게 만듭니다.

❷ 타이머는 10초에 한 번씩 작동하므로 타이머가 작동할 때마다 **남은 시간**에서 10초씩 뺍니다.

❸ **현재각도**의 크기가 1만큼 줄어들었으므로 기존 그림을 지우고 새로운 부채꼴을 그립니다. 캔버스에 있는 그림을 지우고 새로운 부채꼴을 그리는 작업이 순식간에 진행되기 때문에 사용자가 보기에는 기존 부채꼴의 중심각 크기가 1도 줄어든 것처럼 보입니다.

> TIP '디자이너' 화면에서 시계1의 타이머간격을 10000밀리초(10초)로 설정했으므로 언제 시계1.타이머가작동할때 블록은 10초에 한 번씩 실행됩니다.

10 화면이 꺼지지 않도록 `언제 시계1.타이머가작동할때` 블록에 코드를 추가합니다.

```
언제 시계1 .타이머가작동할때
실행 지정하기 전역변수 현재각도 값 가져오기 전역변수 현재각도 + 1
     지정하기 전역변수 남은시간 값 가져오기 전역변수 남은시간 - 10
     함수 호출하기 부채꼴그리기
     호출 알림1 .경고창보이기
                   알림 " "
```

타이머가 실행되는 동안 화면이 꺼지는 것을 막기 위해 빈 경고창을 10초에 한 번씩 띄웁니다. **디자이너** 화면에서 **알림1**의 **배경색**을 **투명**으로 설정하였고, **알림**에 입력한 내용이 없기 때문에 경고창은 눈에 보이지 않습니다.

11 타이머를 끝내기 위한 코드를 추가하여 `언제 시계1.타이머가작동할때` 블록을 완성합니다.

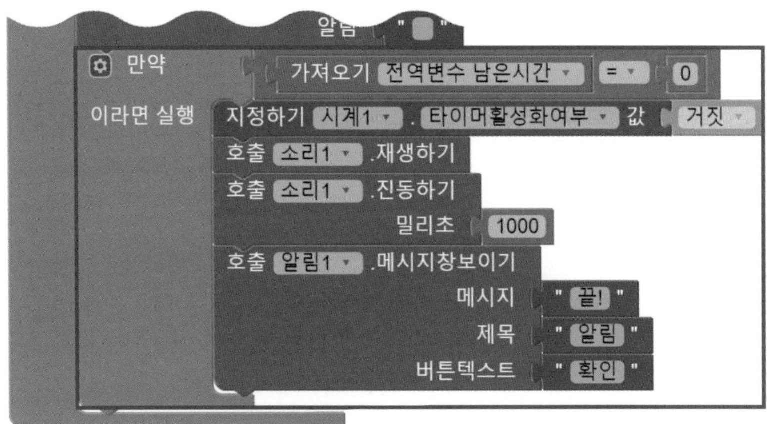

남은 시간이 0이 되면 **타이머활성화여부**를 **거짓**으로 바꿔서 더 이상 타이머가 실행되지 않도록 만듭니다. 그리고 타이머 종료를 알리기 위해 **소리**를 재생하고, 동시에 1초 동안 진동을 울리고 메시지창을 띄웁니다.

지금까지 만든 앱이 잘 작동하는지 스마트폰을 이용하여 테스트해 봅시다.

✓ 체크리스트

- ☐ 시계 위에서 반시계 방향으로 드래그하면 0부터 손가락이 위치한 곳까지 빨간색 부채꼴이 그려짐.
- ☐ 부채꼴의 크기가 1분 간격으로 설정됨.
- ☐ 드래그한 후 손가락을 떼면 10초에 한 번씩 부채꼴의 크기가 줄어듦.
- ☐ 타이머 시간이 종료되면 메시지창이 나타나고 진동과 함께 종료음이 재생됨.

4 앱 업그레이드하기

아날로그 시계에 그려진 부채꼴이 남은 시간을 직관적으로 보여 주기는 하지만 정확하게 보여 주지는 못합니다. 남은 시간을 초 단위로 보여 주는 디지털 시계를 추가하여 남은 시간을 좀 더 정확하게 표시하도록 만들어 보겠습니다.

1 ❶ 오른쪽 상단에 있는 **디자이너** 버튼을 클릭하여 **디자이너** 화면으로 이동한 후 ❷ **레이블1**을 클릭하고 ❸ **속성**을 [높이: **20 픽셀**], [텍스트: **(빈칸)**]으로 바꿉니다.

TIP 변수 값을 출력해 보기 위한 용도로 사용했던 '레이블1'을 아날로그 시계와 디지털 시계 사이의 여백을 만들기 위한 용도로 사용합니다.

2 ❶ **사용자 인터페이스** 서랍에서 새 **레이블**을 가져와 **레이블1** 아래에 추가한 후 ❷ **이름**을 **남은 시간**으로 바꾸고 ❸ **속성**을 [글꼴크기: 20], [너비: 320 **픽셀**], [텍스트: 00:00], [텍스트정렬: **가운데 : 1**], [텍스트색상: **회색**]으로 바꿉니다.

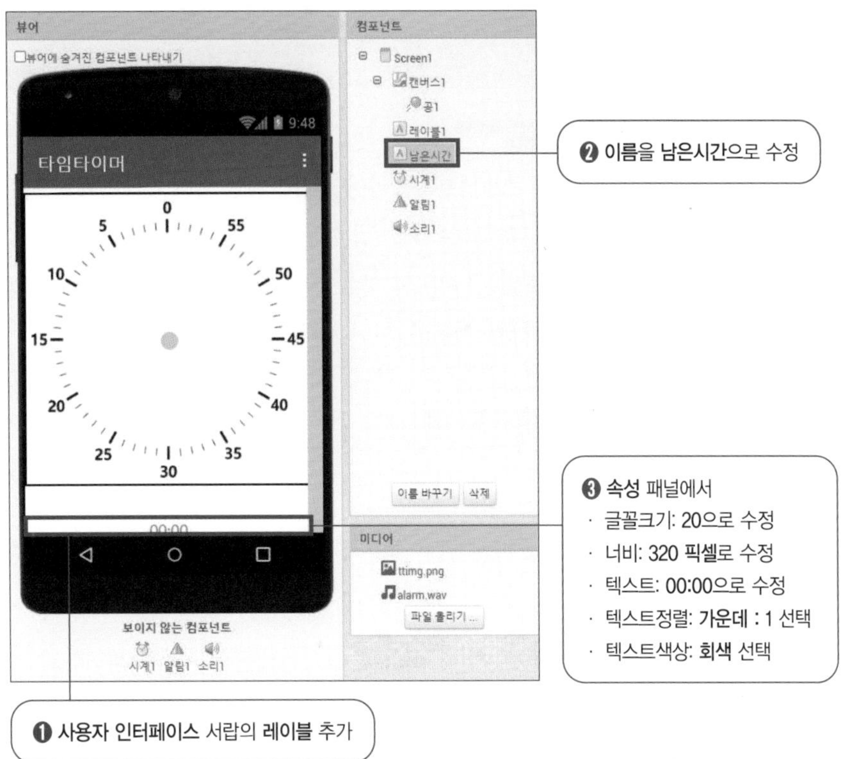

3 ❶ 디지털 시계의 숫자가 1초에 한 번씩 바뀌도록 만들기 위해 **시계1**을 클릭하고 ❷ **속성**을 [타이머간격: 1000]으로 바꿉니다.

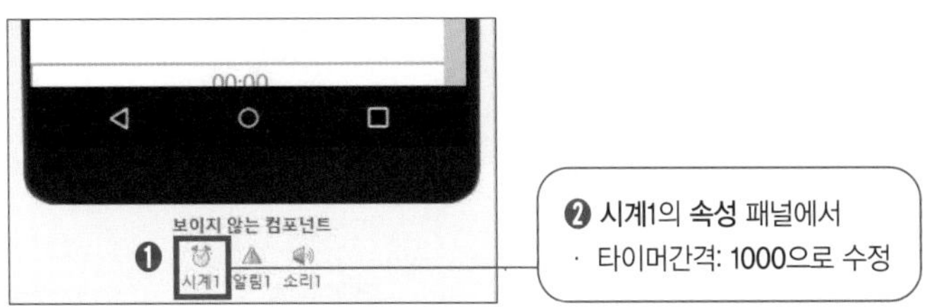

4 **블록** 화면으로 이동한 후 남은 시간을 디지털 시계 형태로 출력하는 함수인 **남은시간표시하기** 함수를 만듭니다.

❶ **몫** 연산을 이용하면 나눗셈의 몫만 따로 구할 수 있습니다. 예를 들어, **전역변수 남은시간**에 130이 들어 있다면 **지역변수 분**에는 130÷60의 **몫**인 2가 저장됩니다.

❷ **나머지** 연산을 이용하면 나눗셈의 나머지만 따로 구할 수 있습니다. 예를 들어, **전역변수 남은시간**에 130이 들어 있다면 **지역변수 초**에는 130÷60의 **나머지**인 10이 저장됩니다.

TIP

지역변수 만들기 초 초기값 블록은 지역변수 만들기 분 초기값 블록의 톱니바퀴 아이콘을 클릭하여 추가할 수 있습니다. 몫 과 나머지 블록은 '수학' 서랍의 모듈로 ÷ 블록을 가져와 '모듈로'를 '몫' 또는 '나머지'로 바꿔서 만들 수 있습니다.

5 **전역변수 남은시간**을 **분**과 **초**로 바꾼 값을 **남은시간** 레이블에 출력하기 위해 지정하기 남은시간.텍스트 값 블록을 다음과 같이 추가합니다.

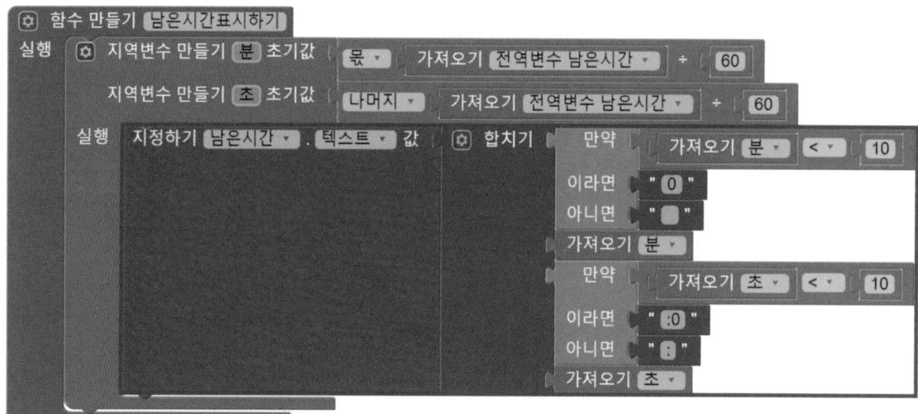

만약 이라면 / 아니면 블록은 **만약**에 연결된 조건이 참이면 이라면 소켓에 연결된 값을 돌려주고, 참이 아니면 아니면 소켓에 연결된 값을 돌려줍니다. **분** 또는 **초**가 **10**보다 작은 한 자리 수일 경우 숫자 앞에 **0**을 붙여 두 자리로 만들고, **분** 또는 **초**가 **10** 이상인 두 자리 수이면 숫자 앞에 **빈칸**을 붙여 숫자를 그대로 유지합니다. 예를 들어, 2분 10초이면 화면에는 02:10으로 출력됩니다.

6 드래그를 통해 설정한 타이머 시간이 디지털 시계 형태로 출력되도록 **언제 캔버스1.드래그** 블록의 제일 아래쪽에 **함수 호출하기 남은시간표시하기** 블록을 추가합니다.

언제 캔버스1 .드래그
시작X 시작Y 이전X 이전Y 현재X 현재Y 드래그된모든스프라이트
실행 지정하기 전역변수 현재각도 값 atan2
y 가져오기 현재X - 160
x 160 - 가져오기 현재Y
만약 가져오기 전역변수 현재각도 > 0
이라면 실행 지정하기 전역변수 현재각도 값 가져오기 전역변수 현재각도 - 360
지정하기 전역변수 현재각도 값 반올림 가져오기 전역변수 현재각도 / 6 × 6
지정하기 전역변수 남은시간 값 가져오기 전역변수 현재각도 × -10
함수 호출하기 부채꼴그리기
함수 호출하기 남은시간표시하기

7 **언제 시계1.타이머가작동할때** 블록에서 바뀐 타이머 간격에 맞게 각도와 시간을 계산하는 수식을 수정하고, **남은시간표시하기** 함수를 호출하여 디지털 시계가 작동하도록 만듭니다.

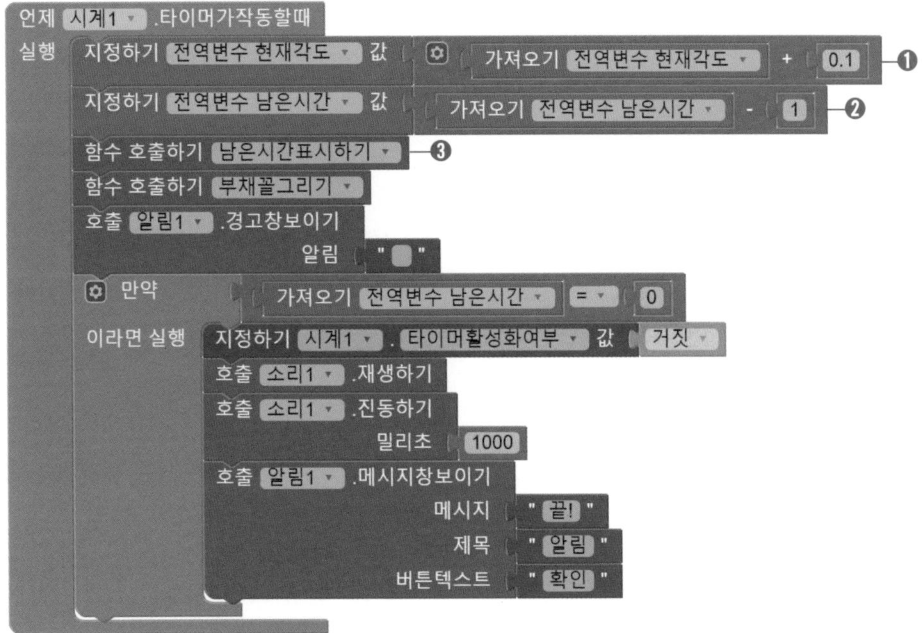

❶ 타이머 간격이 10000에서 1000으로 바뀌었으므로 타이머는 1초에 한 번씩 작동합니다. **현재각도**가 10초에 1만큼씩 증가하도록 만들기 위해 **현재각도**에 더하는 값을 **0.1**로 바꿉니다.

❷ 타이머가 1초에 한 번씩 작동하므로 타이머가 한 번 작동할 때마다 **전역변수 남은시간**에서 1을 빼줍니다.

❸ **남은시간표시하기** 함수를 호출하여 1초에 한 번씩 디지털 시계에 시간이 표시되게 만듭니다.

8 변경된 타이머간격 대신 부채꼴의 면적이 10초에 한 번씩 줄어들고, 경고창도 10초에 한 번씩 보이도록 다음과 같이 만약 / 이라면 / 실행 블록을 추가합니다.

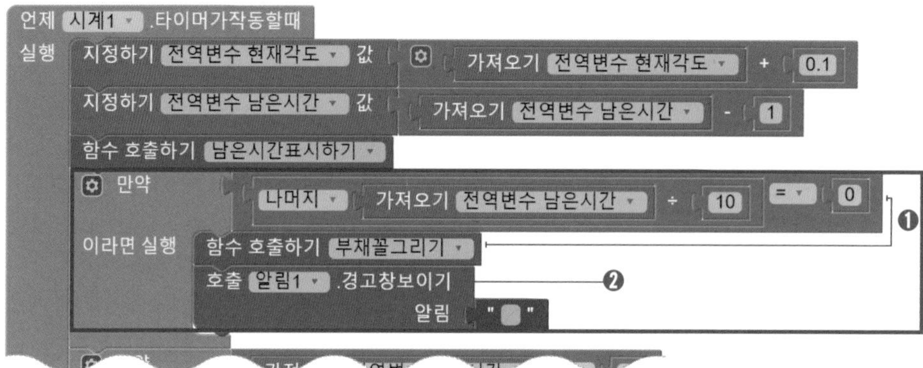

❶ 부채꼴의 면적이 타이머가 작동할 때마다 줄어드는 것이 아니라 10초에 한 번씩 줄어들도록 만들기 위해 만약 / 이라면 / 실행 블록 안에 함수 호출하기 부채꼴그리기 블록을 넣습니다. 예를 들어, **남은시간**이 137일 때는 **10**으로 나눈 **나머지**가 7이므로 **0**과 같지 않아 **부채꼴그리기** 함수가 호출되지 않지만, **남은시간**이 130, 140과 같이 10초 단위면 **10**으로 나눈 **나머지**가 **0**과 같아지므로 **부채꼴그리기** 함수가 호출됩니다.

❷ 마찬가지로 화면이 꺼지지 않게 만들어 주는 투명 경고창이 매 초 보일 필요는 없으므로 10초에 한 번씩 보이도록 만약 / 이라면 / 실행 블록 안에 호출 알림1.경고창보이기 블록을 넣습니다.

새롭게 추가한 기능이 잘 작동하는지 스마트폰을 이용하여 테스트해 봅시다.

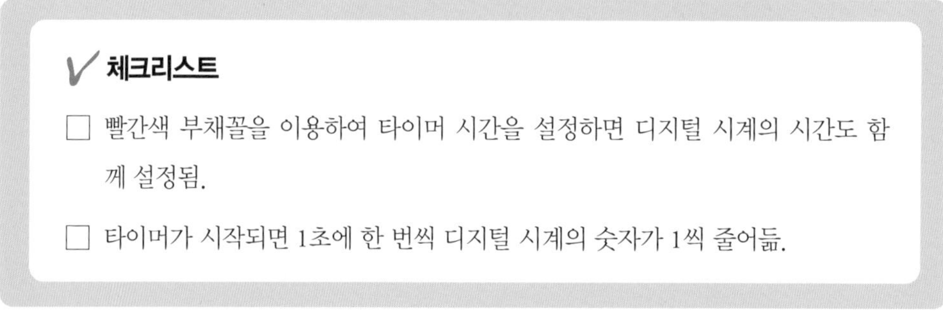

✓ 체크리스트

- ☐ 빨간색 부채꼴을 이용하여 타이머 시간을 설정하면 디지털 시계의 시간도 함께 설정됨.
- ☐ 타이머가 시작되면 1초에 한 번씩 디지털 시계의 숫자가 1씩 줄어듦.

나만의 아이디어 더하기

지금까지 만든 타임 타이머 앱은 시중에 판매 중인 타임 타이머라는 제품을 본떠서 만들었기 때문에 타이머 기능 외에는 특별한 기능이 없습니다. 우리가 만든 타임 타이머 앱에 실제 타임 타이머에는 없는 기능을 몇 가지 추가한다면 실제보다 더 편리하게 활용할 수 있을 것입니다. 타임 타이머 앱을 좀 더 편리한 앱으로 만들기 위한 아이디어를 예로 들면 다음과 같습니다.

1. 15분, 30분 등 자주 쓰는 타이머 시간을 미리 설정해 둘 수 있는 프리셋 기능 추가하기
2. 부채꼴의 색상을 설정할 수 있게 만들기
3. 타이머 실행 도중 일시 정지할 수 있게 만들기
4. 타이머 실행 중 실수로 터치해도 시간이 변경되지 않도록 잠금 기능 추가하기
5. 알림음을 끄거나 다른 알림음을 설정할 수 있게 만들기

타임 타이머 앱에 더할 나만의 멋진 아이디어를 포스트잇에 써서 붙여봅시다. 그리고 아이디어를 실제로 구현해 보기 바랍니다.

포스트잇 붙이는 공간

영어 단어장 앱 만들기

이번 장에서는 영어 단어를 쉽게 암기할 수 있게 도와 주는 영어 단어장 앱을 만들어 보겠습니다. 영어 단어장에 입력한 단어를 서버에 업로드하여 실시간으로 공유하는 기능을 이용하면 친구들과 협력하여 단어 목록을 쉽게 만들 수 있습니다. 영어 단어장 앱을 만드는 방법을 익혀 친구들과 함께 영어 공부를 할 수 있는 특별한 앱을 만들어 봅시다.

미리보기

초기 화면

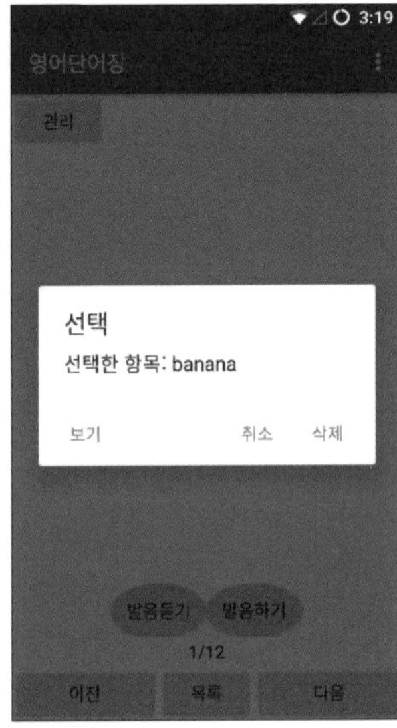

- 입력된 단어가 없는 상태일 때는 단어를 입력하라는 메시지를 화면에 표시합니다.
- **관리** 버튼을 클릭하면 숨겨진 메뉴가 나타납니다.
- **발음듣기** 버튼을 클릭하면 영어 단어를 음성으로 읽어 줍니다.
- **발음하기** 버튼을 클릭하면 사용자의 발음을 인식하여 텍스트로 보여줍니다.
- **이전** 버튼과 **다음** 버튼을 클릭하면 입력된 단어들이 순서대로 표시됩니다.
- **목록** 버튼을 클릭하면 입력된 단어 목록이 나타나고 목록의 단어를 선택하여 보거나 삭제할 수 있습니다.

관리 버튼을 눌렀을 때 화면

- **관리** 메뉴에서 영어 단어와 뜻을 입력하고 **입력** 버튼을 클릭하면 단어와 뜻이 학습 목록에 추가됩니다.
- **닫기** 버튼을 클릭하면 **관리** 메뉴가 사라집니다.
- **관리** 메뉴에서 **내리기** 버튼을 클릭하면 서버에 저장된 단어 목록이 나타납니다. 단어를 선택하면 화면에 선택한 단어가 표시되고 휴대폰에 단어가 저장됩니다.
- **관리** 메뉴에서 **삭제** 버튼을 클릭한 후 목록에 있는 단어를 선택하면 서버에 있는 단어가 삭제됩니다.

단어 학습 화면

- 입력된 단어를 이용하여 학습하던 중 **관리** 메뉴의 **올리기** 버튼을 클릭하면 현재 단어가 서버에 저장되어 다른 사람들이 내가 올린 단어를 내려받을 수 있게 됩니다.
- 입력된 단어들은 **타이니DB**에 자동으로 저장되므로 앱을 재실행하면 저장되어 있던 단어가 바로 화면에 나타납니다.
- **발음하기** 버튼을 클릭하면 구글 음성 인식이 실행되고 음성 인식이 완료되면 텍스트로 바꿔서 메시지창에 보여줍니다.

완성 앱 미리보기

완성된 앱의 실제 동작이 궁금하다면 QR 코드를 스캔하여 파일을 스마트폰에 설치한 후 확인해 봅니다.

- **스마트폰 설치 파일** https://bit.ly/2YhaNLf
- **프로젝트 파일** example_wordBook.aia

1 프로젝트 준비하기

영어 단어장 앱을 만들기 위해 새로운 프로젝트를 추가하는 작업부터 시작하겠습니다.

1 앱 인벤터(http://ai2.appinventor.mit.edu/)에 접속하여 로그인한 후 **프로젝트** 메뉴의 **새 프로젝트 시작하기**를 선택합니다.

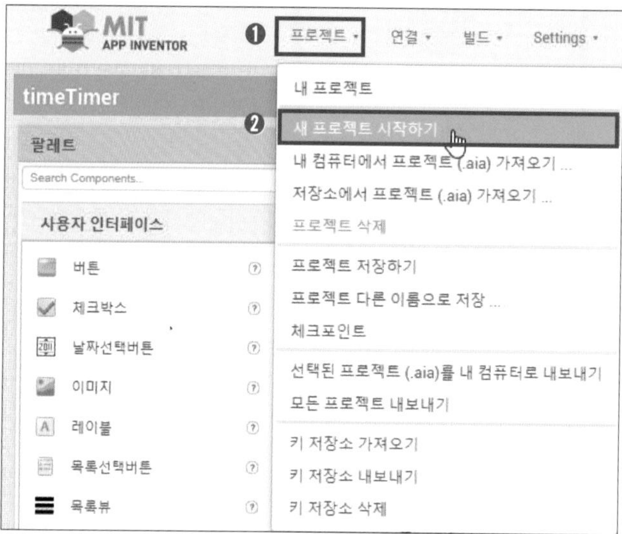

2 프로젝트 이름을 **wordBook**으로 입력하고 **확인** 버튼을 클릭합니다.

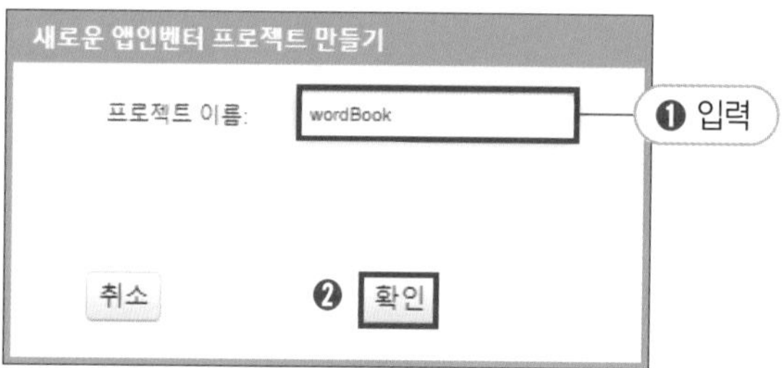

2 컴포넌트로 앱 화면 디자인하기

프로젝트가 생성되었으면 디자이너 화면에서 앱의 화면을 만드는 작업부터 시작해 보겠습니다. 영어 단어장 앱 화면의 기본 형태는 다음 그림과 같습니다.

1 Screen1의 **속성**을 [앱이름: **영어단어장**], [스크롤가능여부: **체크**], [테마: **장치 기본값**], [제목: **영어 단어장**]으로 바꿉니다.

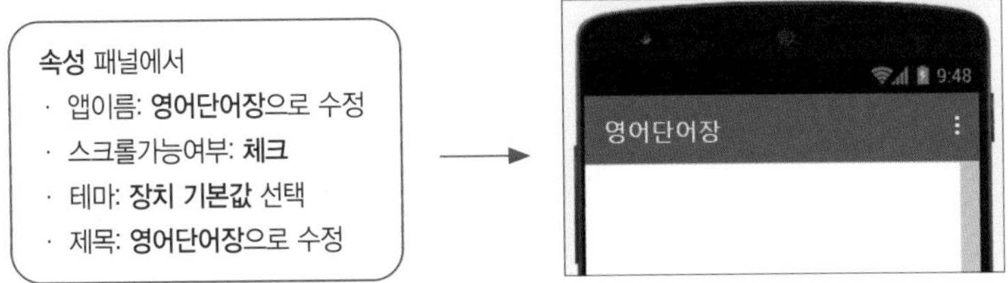

TIP
'스크롤가능여부'에 체크하면 스크린 높이 이상으로 컴포넌트를 수직으로 배치할 수 있으며 스크린 오른쪽에 스크롤 막대가 나타나서 스크린을 위아래로 스크롤할 수 있게 됩니다. '스크롤가능여부' 속성은 컴포넌트 배치를 쉽게 하기 위해 임시로 설정하는 속성이므로 디자인을 완성한 후에 다시 해제합니다.

2 ❶ **사용자 인터페이스** 서랍에서 **버튼**을 가져와 **Screen1**에 배치한 후 ❷ 이름을 **버튼_관리**로 바꾸고 ❸ **속성**을 [텍스트: **관리**]로 바꿉니다.

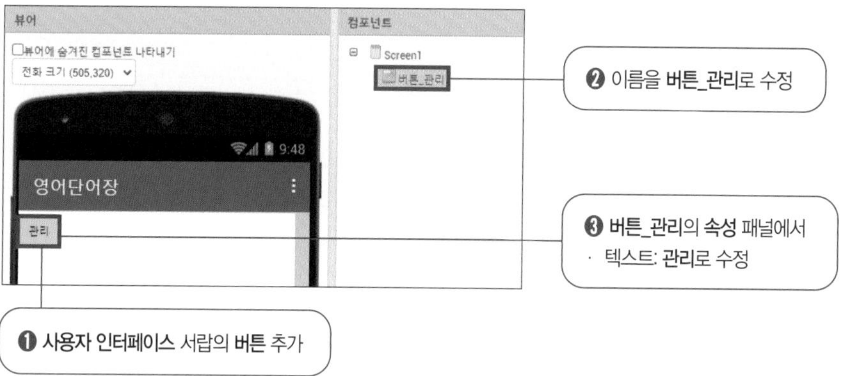

3 ❶ **레이아웃** 서랍의 **수직배치 2개**와 **수평배치**, **사용자 인터페이스** 서랍의 **레이블**, 다시 한번 **레이아웃** 서랍의 **수평배치**를 가져와 **Screen1**에 순서대로 추가하고 ❷ 방금 배치한 각 컴포넌트의 속성을 [너비: **부모 요소에 맞추기**]로 모두 바꿉니다.

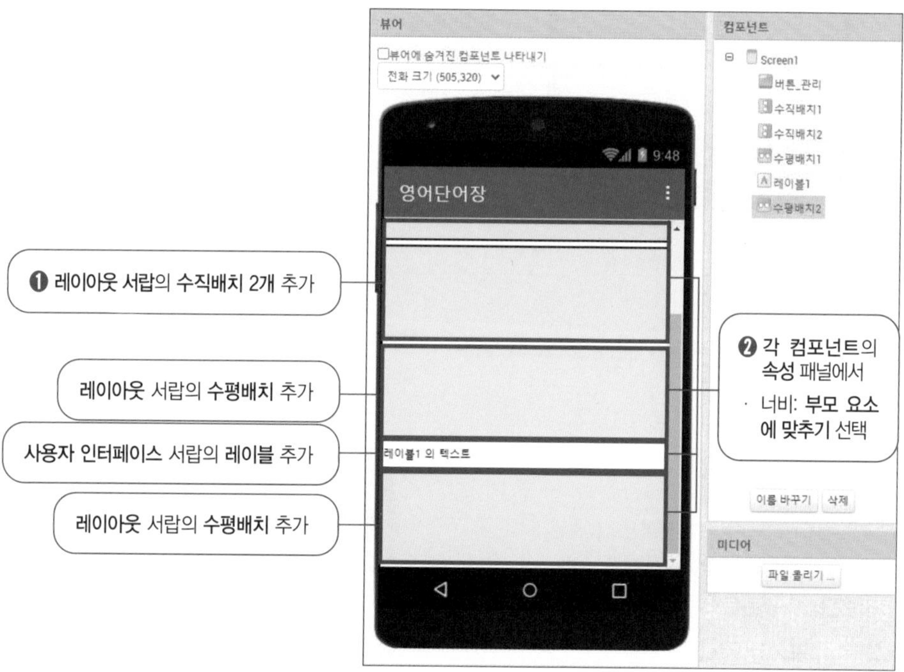

TIP

스크린이 컴포넌트들로 가득 차서 새로운 컴포넌트를 배치할 자리가 없으면 스크린 오른쪽의 스크롤바나 마우스 휠을 이용하여 스크린을 아래로 내려 보세요.

4 ❶ **수직배치1**의 이름을 **수직배치_관리**로 바꾸고 ❷ **속성**을 [보이기여부: **체크 해제**]로 바꿉니다. ❸ 그리고 **뷰어** 패널의 **뷰어에 숨겨진 컴포넌트 나타내기**를 체크해서 **수직배치_관리**가 스크린에 보이게 만듭니다.

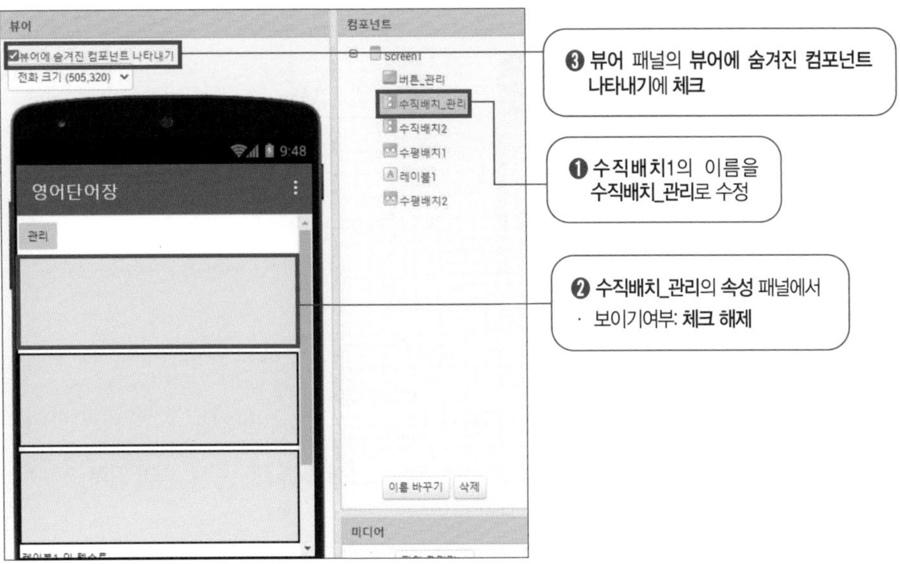

5 ❶ **레이아웃** 서랍에서 새 **수평배치**를 가져와 **수직배치_관리**에 추가하고 ❷ **속성**을 [너비: **부모 요소에 맞추기**]로 바꿉니다.

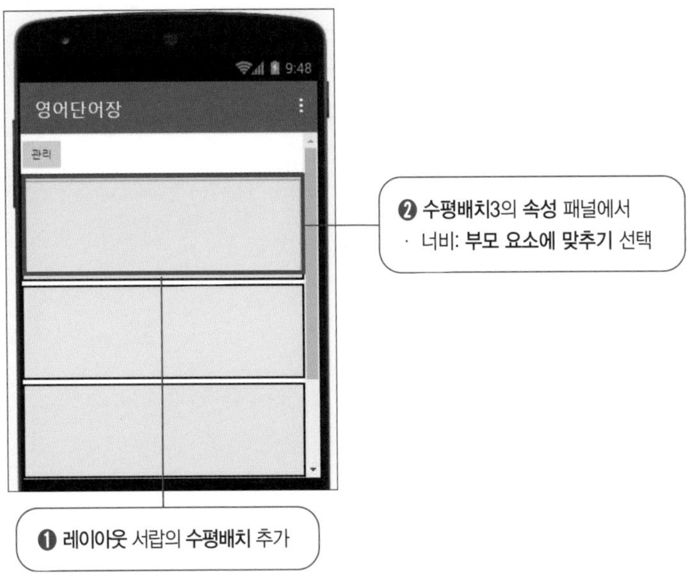

6 ❶ **사용자 인터페이스** 서랍에서 **텍스트박스**를 가져와 **수평배치3**에 추가합니다. ❷ 이름을 **텍스트박스_단어**로 바꾸고 ❸ **속성**을 [너비: **부모 요소에 맞추기**], [힌트: **영어단어 입력**]으로 바꿉니다.

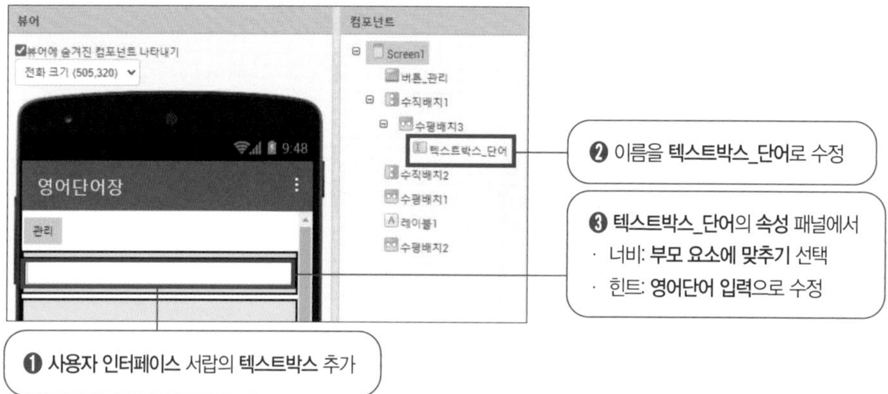

7 ❶ **사용자 인터페이스** 서랍에서 새 **텍스트박스**를 가져와 **수평배치3**에 추가합니다. ❷ 이름을 **텍스트박스_의미**로 바꾸고 ❸ **속성**을 [너비: **부모 요소에 맞추기**], [힌트: **의미 입력**]으로 바꿉니다.

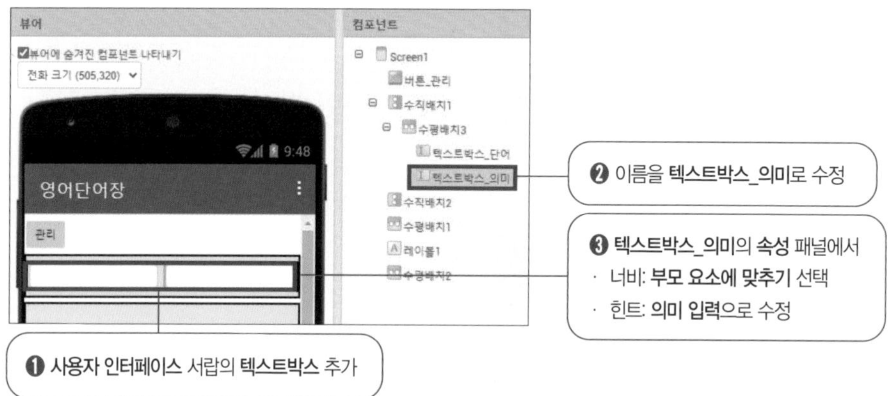

8 ❶ **사용자 인터페이스** 서랍에서 **버튼1**을 가져와 **수평배치3**에 추가합니다. ❷ 이름을 **버튼_입력**으로 바꾸고 ❸ **속성**을 [텍스트: **입력**]으로 바꿉니다.

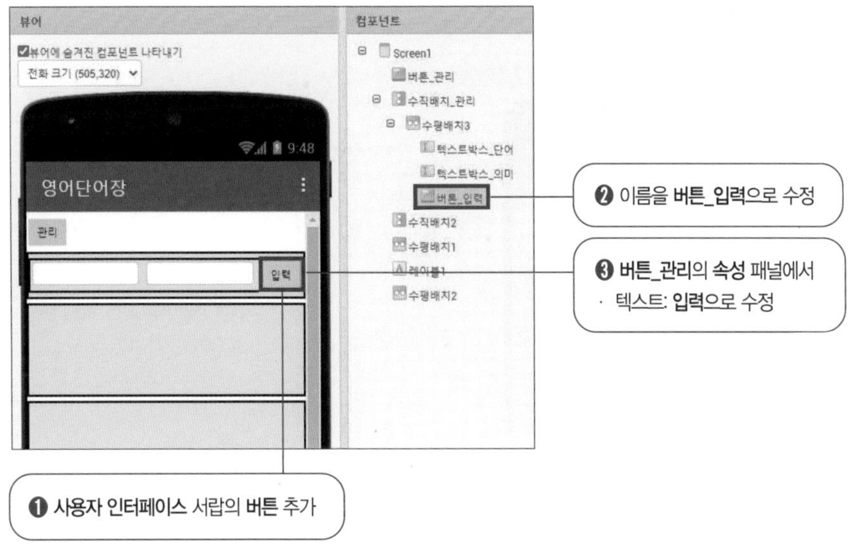

9 **수직배치2**의 **속성**을 [수평정렬: **가운데 : 3**], [수직정렬: **가운데 : 2**], [높이: **부모 요소에 맞추기**]로 바꿉니다.

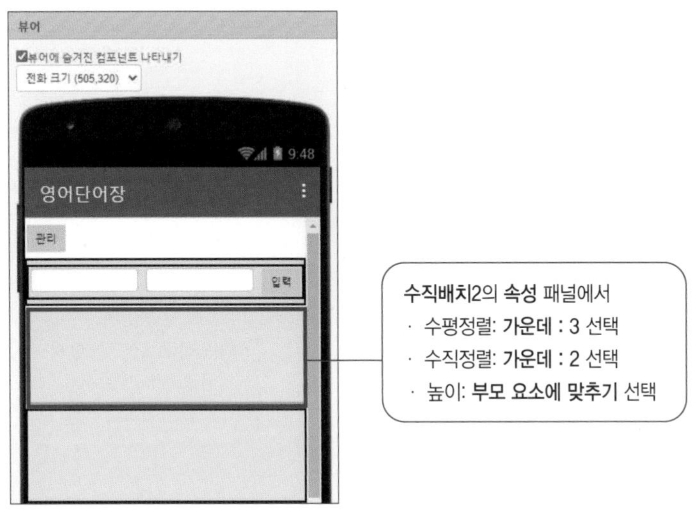

TIP

Screen1의 '스크롤가능여부'가 참인 상태에서는 뷰어에서 높이가 '부모 요소에 맞추기' 설정으로 적용되지 않기 때문에 '수평배치2'의 높이에 변화가 없습니다.

10 ❶ **사용자 인터페이스** 서랍에서 새 **레이블**을 가져와 **수직배치2**에 추가하고 ❷ 이름을 **영단어**로 바꾼 후 ❸ **속성**을 [글꼴크기: 50], [텍스트: apple]로 바꿉니다.

11 ❶ **사용자 인터페이스** 서랍에서 새 **레이블**을 가져와 **수직배치2**에 추가하고 ❷ 이름을 **의미**로 바꾼 후 ❸ **속성**을 [글꼴크기: 25], [텍스트: **사과**]로 바꿉니다.

12 **수평배치1**의 **속성**을 [수평정렬: **가운데 : 3**]으로 바꿉니다.

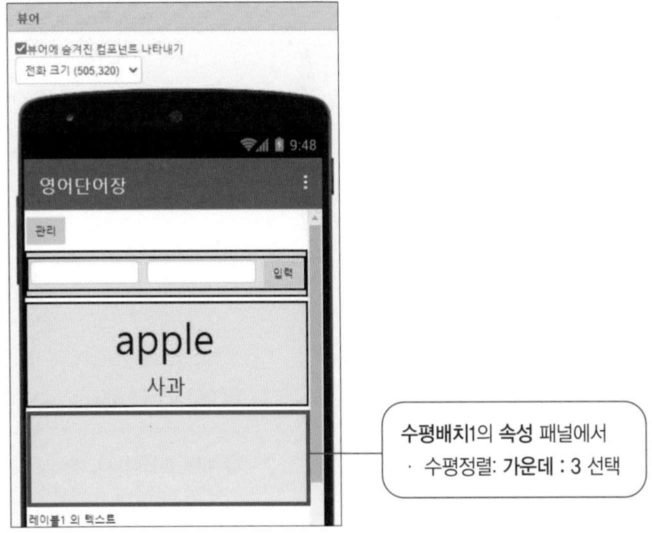

13 ❶ **사용자 인터페이스** 서랍에서 새 **버튼**을 가져와 **수직배치1**에 추가하고 ❷ 이름을 **버튼_발음듣기**로 바꾼 후 ❸ **속성**을 [모양: **타원**], [텍스트: **발음듣기**]로 바꿉니다.

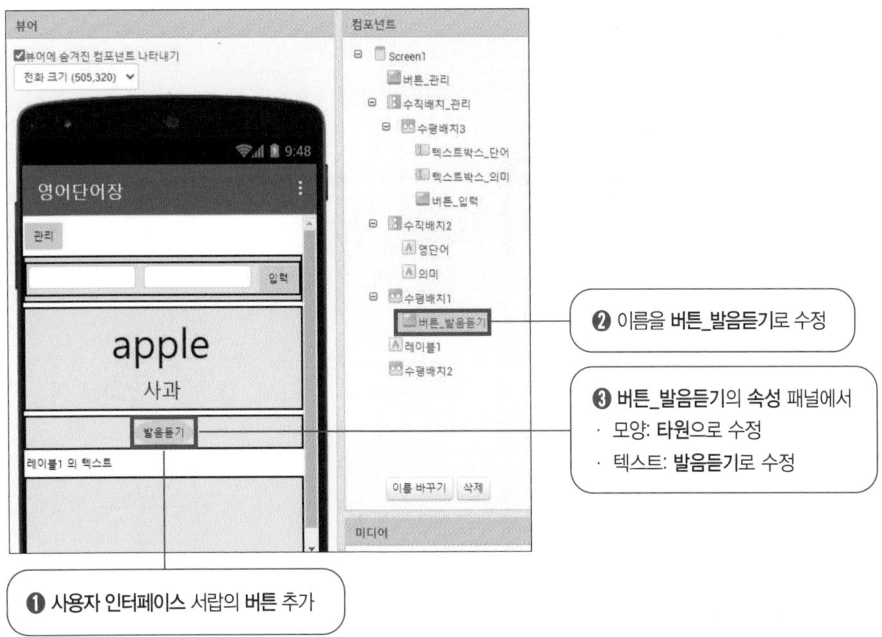

14 ❶ 다시 한번 **수평배치1**에 **버튼**을 추가하고 ❷ 이름을 **버튼_발음하기**로 바꾼 후 ❸ **속성**을 [모양: **타원**], [텍스트: **발음하기**]로 바꿉니다.

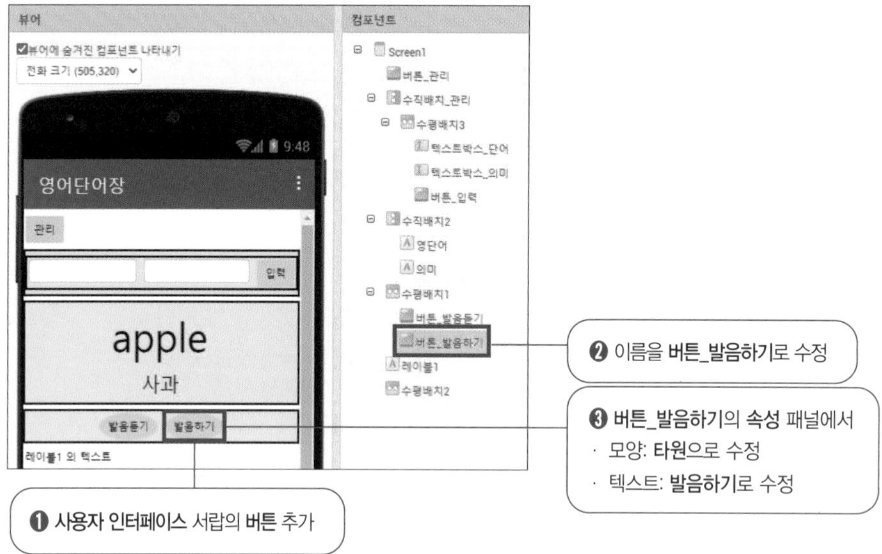

15 ❶ **레이블1**의 이름을 **진행상태**로 바꾼 후 ❷ **속성**을 [텍스트: **0/0**], [텍스트정렬: **가운데 : 1**]로 바꿉니다.

16 ❶ 다시 한번 **버튼**을 가져와 **수평배치2**에 추가하고 ❷ 이름을 **버튼_이전**으로 바꾼 다음 ❸ **속성**을 [너비: **부모 요소에 맞추기**], [텍스트: **이전**]으로 바꿉니다.

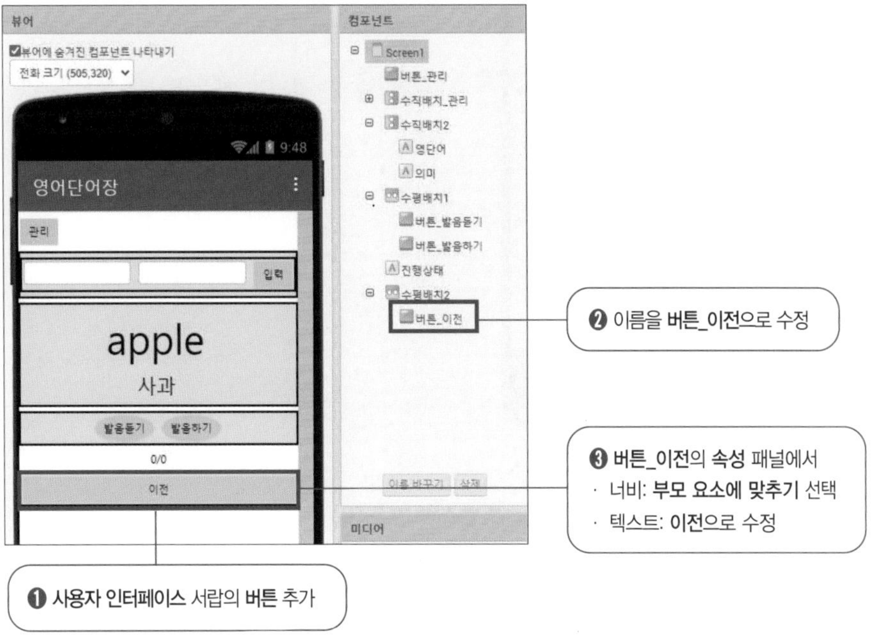

17 ❶ **사용자 인터페이스** 서랍에서 **목록선택버튼**을 가져와 **수평배치2**에 추가하고 ❷ 이름을 **목록선택_단어목록**으로 바꾼 다음 ❸ **속성**을 [텍스트: **목록**], [제목: **단어 목록**]으로 바꿉니다.

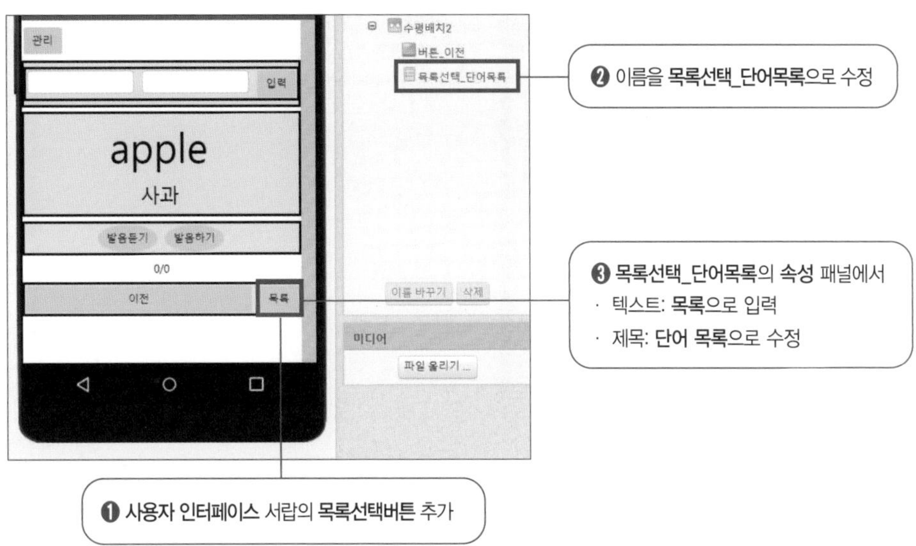

18 ❶ **사용자 인터페이스** 서랍에서 **버튼**을 가져와 **수평배치2**에 추가하고 ❷ 이름을 **버튼_다음**으로 바꾼 다음 ❸ **속성**을 [너비: **부모 요소에 맞추기**], [텍스트: **다음**]으로 바꿉니다.

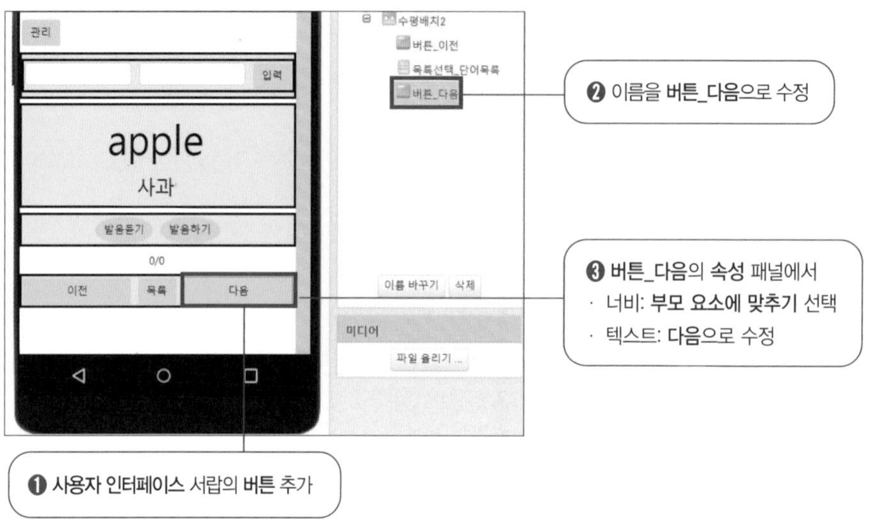

19 Screen1의 **속성**을 [스크롤가능여부: **체크 해제**]로 바꿉니다.

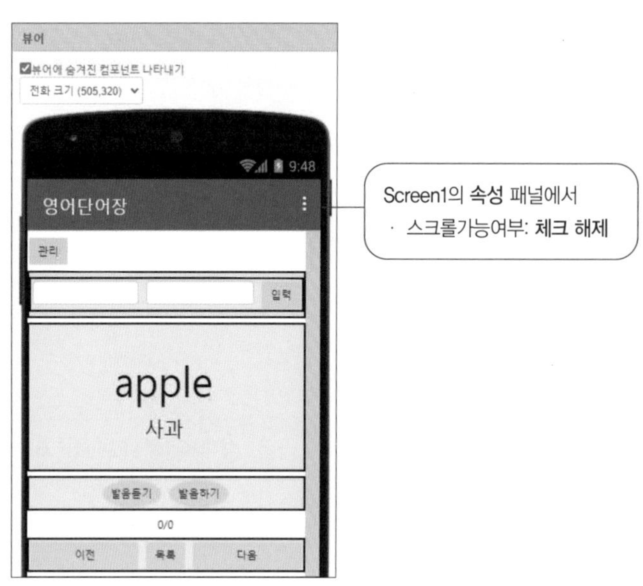

TIP

'스크롤가능여부' 속성을 체크 해제하면 스크린의 높이가 고정되기 때문에 '높이'를 '부모 요소에 맞추기'로 설정한 '수직배치2'의 높이가 스크린의 높이에 맞게 늘어납니다.

20 **저장소** 서랍의 **타이니DB**, **사용자 인터페이스** 서랍의 **알림**, **미디어** 서랍의 **음성인식**을 Screen1로 가져옵니다.

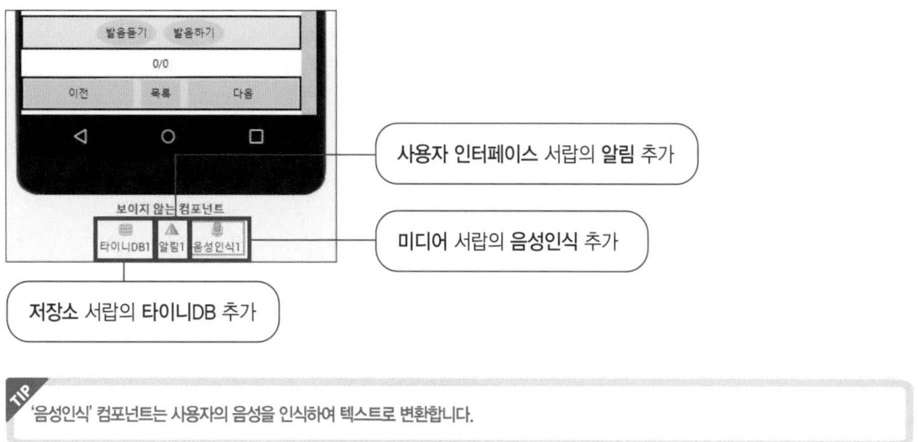

TIP '음성인식' 컴포넌트는 사용자의 음성을 인식하여 텍스트로 변환합니다.

21 ❶ **미디어** 서랍에서 **음성변환**을 가져와 Screen1에 추가하고 ❷ **속성**을 [국가: USA], [언어: en]으로 바꿉니다.

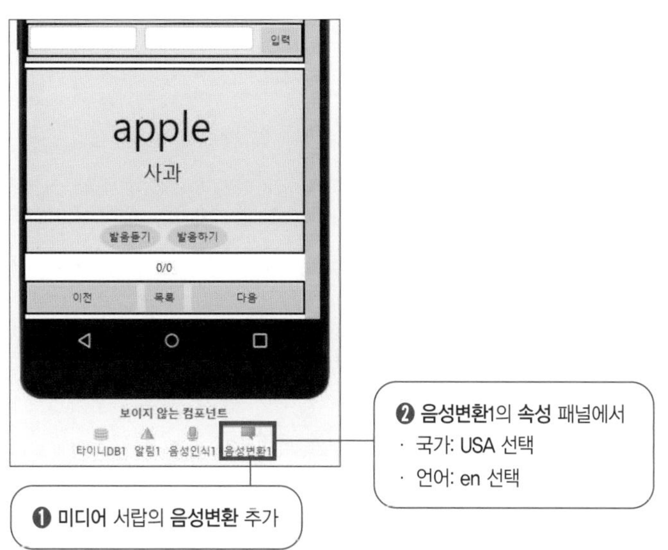

TIP '음성변환' 컴포넌트는 지정된 텍스트를 소리 내어 읽어 줍니다. 국가와 언어 설정에 따라 발음이 달라질 수 있습니다. 예를 들어 국가를 'USA', 언어를 'en'으로 설정하면 미국식 영어 발음으로 텍스트를 읽고, 국가를 'GBR'로 바꾸면 영국식 영어 발음으로 텍스트를 읽습니다.

3 블록으로 앱 코딩하기

이제 블록 코딩으로 각 컴포넌트에 기능을 적용하여 앱이 작동하도록 해 보겠습니다.

1 오른쪽 상단에 있는 **블록** 버튼을 클릭하여 **블록** 화면으로 이동합니다.

2 앱에 저장되어 있는 단어 수를 의미하는 변수인 **단어수**와 현재 화면에 출력되는 단어가 전체 단어 중 몇 번째 단어인지 알려주는 변수인 **단어번호**를 만들고 초기화합니다.

```
전역변수 만들기 (단어수) 초기값 0
전역변수 만들기 (단어번호) 초기값 1
```

앱이 실행되면 타이니DB에 저장되어 있는 단어들을 리스트 형태로 가져와 그중 첫 번째 위치에 있는 단어가 화면에 출력되도록 만들기 위해 **단어번호** 값은 1로 초기화합니다.

3 단어들을 모아서 관리하기 위한 변수인 **단어리스트**를 만들고, 리스트 형태로 초기화합니다.

```
전역변수 만들기 (단어리스트) 초기값 빈 리스트 만들기
```

4 **타이니DB**에 저장된 단어를 가져와 **전역변수 단어리스트**에 저장하고, 총 단어 수를 구해 **전역변수 단어수**에 저장하는 **DB단어가져오기** 함수를 만듭니다.

```
함수 만들기 (DB단어가져오기)
실행  지정하기 전역변수 단어리스트 값  호출 타이니DB1 .태그가져오기
      지정하기 전역변수 단어수 값  길이 구하기 리스트  가져오기 전역변수 단어리스트
```

5 앱 화면에 영어 단어와 단어의 의미를 출력하는 **단어출력하기** 함수를 만듭니다.

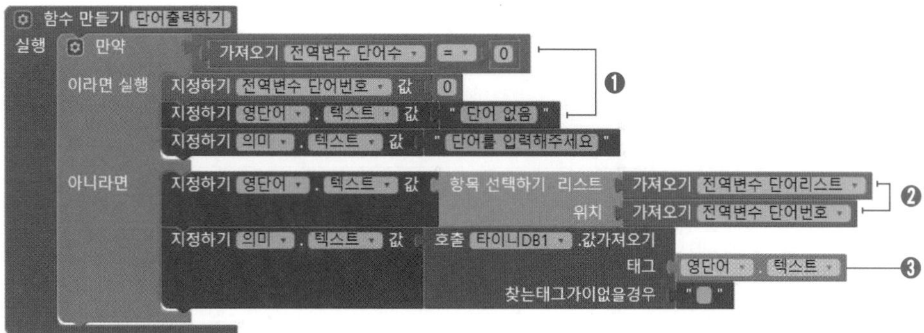

❶ **타이니DB**에 저장된 단어가 없다면 단어리스트는 빈 리스트가 되고 **단어수**는 0이 됩니다. **단어수**가 0이면 **단어번호**를 0으로 만들고 저장된 단어가 없음을 화면에 표시합니다.

❷ 단어수가 0이 아니면 **단어리스트**의 **단어번호** 값에 해당하는 위치에 있는 단어를 **영단어** 레이블에 출력합니다.

❸ **영단어**의 **텍스트**를 태그로 이용하여 **타이니DB1**에 저장되어 있는 단어의 뜻을 가져와서 **의미** 레이블에 출력합니다.

6 **단어출력하기** 함수에 **단어번호/단어수**를 **진행상태** 레이블에 출력하는 코드를 추가하여 화면에 표시된 단어가 전체 단어 중 몇 번째 단어인지 알 수 있게 만듭니다.

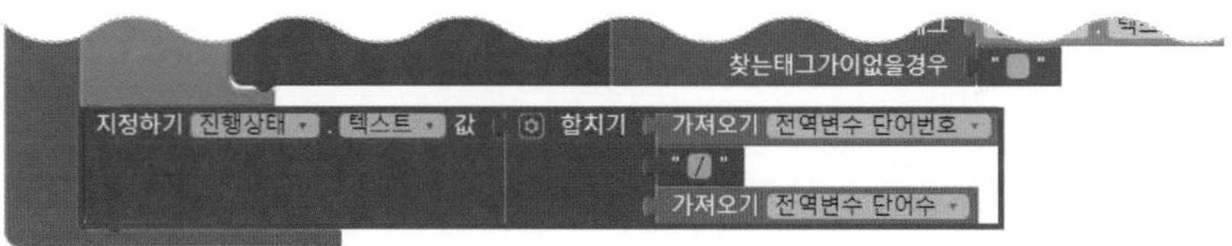

7 앱이 실행되면 **타이니DB**에 저장된 단어가 화면에 표시되도록 언제 Screen1.초기화되었을때 블록을 구성합니다.

전역변수 단어번호의 초기값이 1이므로 **타이니DB**에 저장된 단어가 있다면 저장된 단어 중 첫 번째 단어가 화면에 출력되고 저장된 단어가 없으면 '단어 없음'이 화면에 표시됩니다.

8 **관리** 버튼을 클릭하면 숨겨져 있던 메뉴가 보였다가 다시 클릭하면 메뉴가 보이지 않도록 언제 버튼_관리.클릭했을때 블록을 구성합니다.

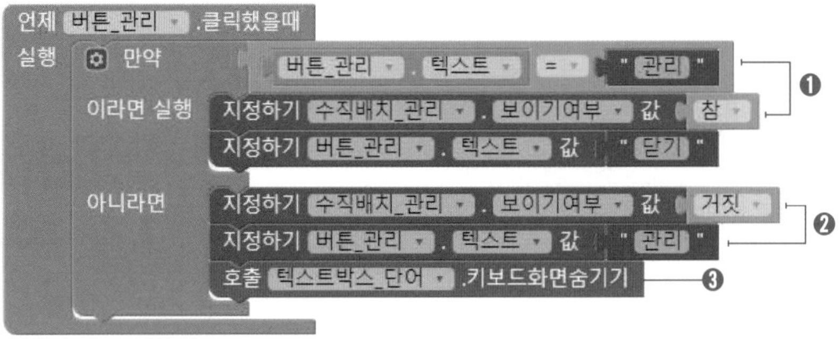

언제 버튼_관리 .클릭했을때
실행 만약 버튼_관리 . 텍스트 = " 관리 "
이라면 실행 지정하기 수직배치_관리 . 보이기여부 값 참
지정하기 버튼_관리 . 텍스트 값 " 닫기 "
아니라면 지정하기 수직배치_관리 . 보이기여부 값 거짓
지정하기 버튼_관리 . 텍스트 값 " 관리 "
호출 텍스트박스_단어 .키보드화면숨기기

❶ **버튼_관리**의 **텍스트**가 **관리**일 때는 관리 메뉴가 숨겨져 있는 상태입니다. 이 상태에서 버튼을 클릭하면 숨겨져 있던 관리 메뉴를 보이게 만들고 버튼의 **텍스트**를 **닫기**로 바꿉니다.

❷ **버튼_관리**의 **텍스트**가 **닫기**일 때는 관리 메뉴가 보이는 상태입니다. 이 상태에서 버튼을 다시 한 번 클릭하면 관리 메뉴를 숨기고 버튼의 **텍스트**를 **관리**로 바꿉니다.

❸ 관리 메뉴에서 단어를 입력하기 위해 키보드를 사용하던 중 **닫기** 버튼을 클릭하면 관리 메뉴는 사라지지만 키보드는 사라지지 않는 상황이 발생할 수 있으므로 항상 **키보드화면숨기기** 함수를 호출하여 관리 메뉴가 사라질 때 키보드도 함께 사라지게 만듭니다.

9 입력된 영어 **단어**나 **의미**가 없는 상태에서 입력 버튼을 클릭하면 경고창이 보이도록 언제 버튼_입력.클릭했을때 블록을 만듭니다.

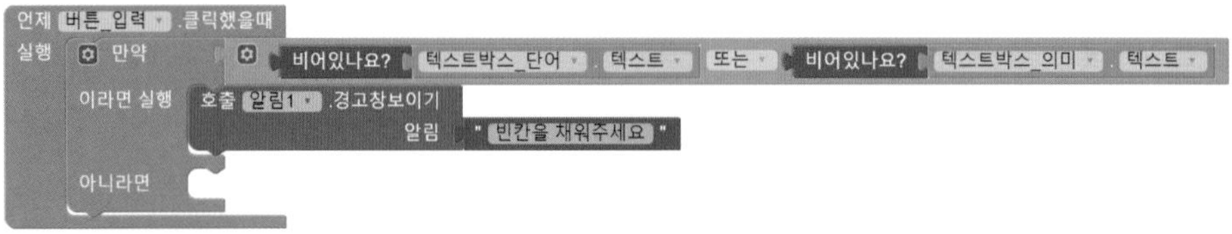

언제 버튼_입력 .클릭했을때
실행 만약 비어있나요? 텍스트박스_단어 . 텍스트 또는 비어있나요? 텍스트박스_의미 . 텍스트
이라면 실행 호출 알림1 .경고창보이기
알림 " 빈칸을 채워주세요 "
아니라면

비어있나요? 블록은 연결된 **텍스트** 값이 빈 텍스트이면 참이 되고 그렇지 않으면 거짓이 됩니다. 단어와 의미를 입력하는 **텍스트박스** 2개 중 하나라도 비어 있다면 경고창을 띄웁니다.

10 영어 **단어**와 **의미**를 입력한 후 **입력** 버튼을 클릭하면 새로운 단어가 **타이니DB**에 저장되고 화면에 표시되도록 언제 버튼_입력.클릭했을때 블록을 구성합니다.

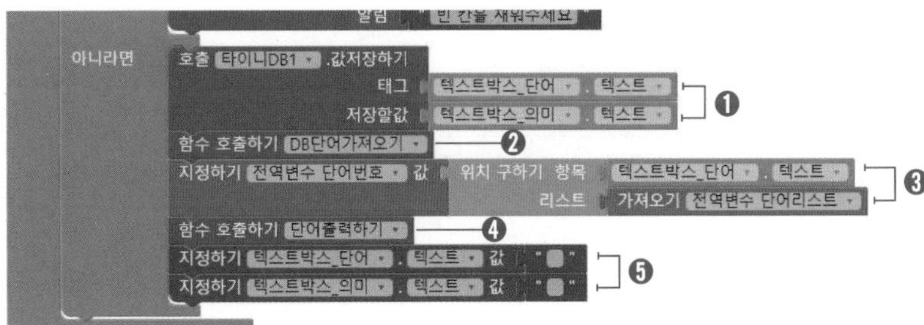

❶ **단어**와 **의미**를 모두 입력한 상태에서 **입력** 버튼을 클릭했다면 입력한 **단어**를 태그로 사용하여 **타이니DB1**에 **의미**를 저장합니다.

❷ 새 단어가 추가되었으면 **DB단어가져오기** 함수를 호출하여 **단어리스트**와 **단어수** 값을 새로 고칩니다.

❸ 입력한 **단어**가 **단어리스트**의 몇 번째 위치에 있는지 구해서 **단어번호**의 값으로 정합니다.

❹ **단어번호**가 방금 입력한 단어의 위치를 나타내고 있으므로 **단어출력하기** 함수를 호출하면 방금 입력한 단어가 화면에 표시됩니다.

❺ 다음 입력을 할 때 **텍스트박스**에 글자가 있으면 불편하므로 **텍스트박스**의 **텍스트** 값을 **빈 텍스트**로 지정하여 입력된 글자를 지웁니다.

11 **발음듣기** 버튼을 클릭하면 영어 단어를 소리 내어 말하도록 언제 버튼_발음듣기.클릭했을때 블록을 구성합니다.

```
언제 버튼_발음듣기 .클릭했을때
실행 호출 음성변환1 .말하기
              메시지 영단어 . 텍스트
```

12 **발음하기** 버튼을 클릭하면 음성인식창이 나타나도록 언제 버튼_발음하기.클릭했을때 블록을 구성합니다. 호출 음성인식1.텍스트가져오기 함수로 음성인식창을 열기 전에 인식할 언어를 'en'으로 설정하여 사용자의 음성을 영어로 인식할 수 있게 만듭니다.

```
언제 버튼_발음하기 .클릭했을때
실행 지정하기 음성인식1 . 언어 값 'en'
     호출 음성인식1 .텍스트가져오기
```

13 음성 인식 결과가 메시지창에 표시되도록 `언제 음성인식1.텍스트가져온후에` 블록을 구성합니다.

언제 음성인식1 .텍스트가져온후에
결과 partial
실행 호출 알림1 .메시지창보이기
메시지 가져오기 결과
제목 " 음성인식결과 "
버튼텍스트 " 확인 "

앞에서 **텍스트가져오기** 함수에 의해 음성 인식이 실행되고, 음성 인식이 완료되면 `언제 음성인식1.텍스트가져온후에` 블록이 실행됩니다. **결과**에는 인식된 음성을 텍스트로 변환한 값이 들어 있습니다.

14 **목록** 버튼을 클릭하면 목록선택창에 **단어리스트**가 나타나도록 `언제 목록선택_단어목록.선택전에` 블록을 구성합니다.

언제 목록선택_단어목록 .선택전에
실행 지정하기 목록선택_단어목록 . 요소 값 가져오기 전역변수 단어리스트

15 목록선택창에서 단어를 선택하면 단어를 삭제할지 표시할지 선택하는 선택대화창이 보이도록 `언제 목록선택_단어목록.선택후에` 블록을 구성합니다.

언제 목록선택_단어목록 .선택후에
실행 호출 알림1 .선택대화창보이기
메시지 합치기 " 선택한 항목: "
목록선택_단어목록 . 선택된항목
제목 " 선택 "
버튼1텍스트 " 삭제 "
버튼2텍스트 " 보기 "
취소가능여부 참

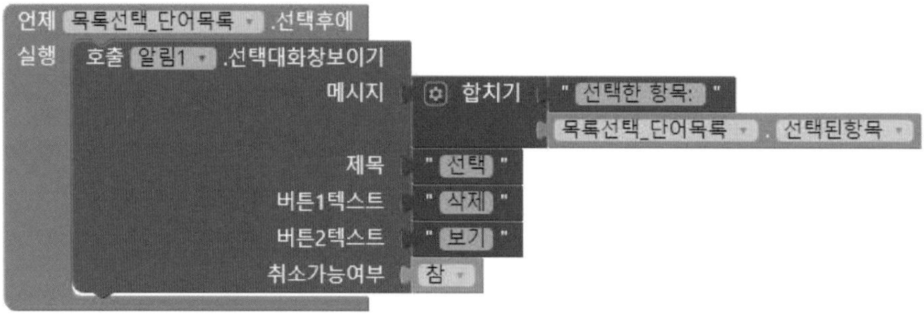

16 **이전** 버튼을 클릭하면 **단어리스트**에 저장된 단어의 순서상 현재 화면에 보이는 단어보다 한 칸 앞에 있는 단어가 표시되도록 언제 버튼_이전.클릭했을때 블록을 구성합니다.

```
언제 버튼_이전 .클릭했을때
실행 만약 가져오기 전역변수 단어번호 > 1
  이라면 실행 지정하기 전역변수 단어번호 값 가져오기 전역변수 단어번호 - 1
  아니라면 지정하기 전역변수 단어번호 값 가져오기 전역변수 단어수
  함수 호출하기 단어출력하기
```

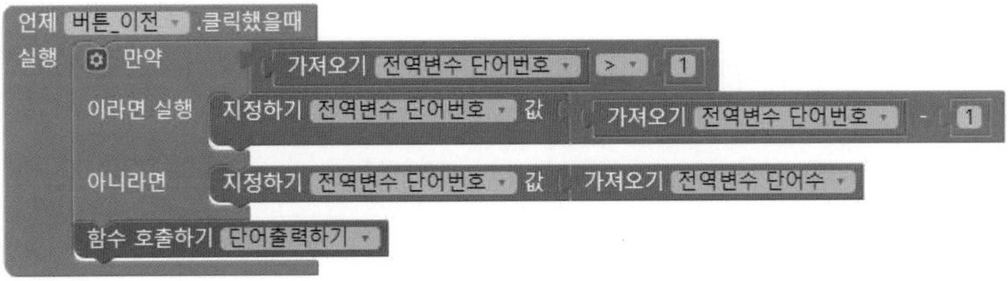

단어번호가 1보다 클 때는 이전 단어를 출력하기 위해 **단어번호**에서 1을 빼면 되지만 **단어번호**가 1이면 이전 단어가 없으므로 **단어번호**에 **단어수**를 지정하여 **단어리스트**의 마지막 단어가 출력되도록 만듭니다.

17 **다음** 버튼을 클릭하면 **단어리스트**에 저장된 단어의 순서상 현재 화면에 보이는 단어보다 한 칸 뒤에 있는 단어가 표시되도록 언제 버튼_다음.클릭했을때 블록을 구성합니다.

```
언제 버튼_다음 .클릭했을때
실행 만약 가져오기 전역변수 단어번호 < 가져오기 전역변수 단어수
  이라면 실행 지정하기 전역변수 단어번호 값 가져오기 전역변수 단어번호 + 1
  아니라면 지정하기 전역변수 단어번호 값 1
  함수 호출하기 단어출력하기
```

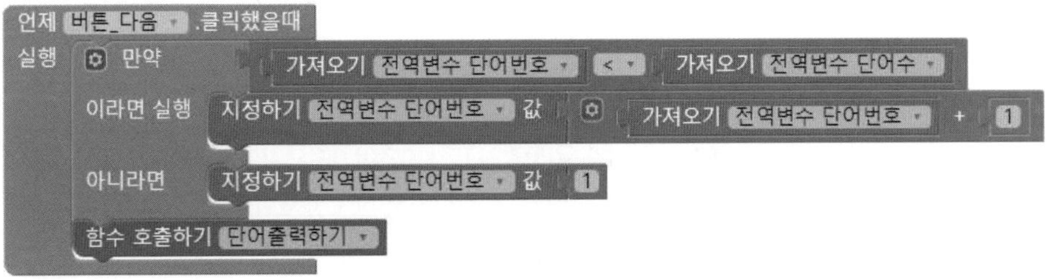

단어번호가 **단어수**보다 작을 때는 다음 단어를 출력하기 위해 **단어번호**에 1을 더하면 되지만 **단어번호**가 **단어수**와 같으면 다음 단어가 없으므로 **단어번호**에 1을 지정하여 **단어리스트**의 첫 번째 단어가 출력되도록 만듭니다.

18 **목록** 버튼을 클릭하면 나타나는 선택대화창에서 **삭제**를 선택하면 단어가 삭제되도록 언제 알림1.선택한후에 블록을 만듭니다.

```
언제 알림1 .선택한후에
 선택된항목
실행  만약  가져오기 선택된항목 = "삭제"                                  ❶
 이라면 실행  호출 타이니DB1 .태그지우기
                                태그  목록선택_단어목록 . 선택된항목
          만약  목록선택_단어목록 . 선택된항목번호 < 가져오기 전역변수 단어번호   ❷
          이라면 실행  지정하기 전역변수 단어번호 값  가져오기 전역변수 단어번호 - 1
          아니고 만약  그리고  목록선택_단어목록 . 선택된항목번호 = 가져오기 전역변수 단어번호   ❸
                              목록선택_단어목록 . 선택된항목번호 = 가져오기 전역변수 단어수
          이라면 실행  지정하기 전역변수 단어번호 값 1
          함수 호출하기 DB단어가져오기   ❹
          함수 호출하기 단어출력하기
 아니고 만약
 이라면 실행
```

❶ 선택대화창에서 **삭제** 버튼을 클릭했다면 목록선택창에서 선택한 단어를 **타이니DB1**에서 지웁니다.

❷ 삭제된 단어가 현재 화면에 표시된 단어보다 이전 항목이라면 현재 단어의 위치를 한 칸 앞으로 옮겨야 하므로 단어의 위치를 나타내는 값인 **단어번호**에서 1을 뺍니다.

❸ 삭제된 단어가 현재 화면에 보이는 단어라면 단어가 삭제된 후에 단어리스트에 있는 다음 단어가 보이게 됩니다. 그런데 삭제된 단어가 현재 화면에 보이는 단어이자 단어리스트의 제일 마지막 단어라면 단어리스트의 첫 번째 단어가 화면에 표시되도록 **단어번호** 값을 1로 정합니다.

❹ 단어를 삭제해서 단어 데이터가 달라졌으므로 **DB단어가져오기** 함수를 호출하여 단어리스트를 새로 고치고, **단어출력하기** 함수를 호출하여 **단어번호**에 의해 지정된 단어를 화면에 표시합니다.

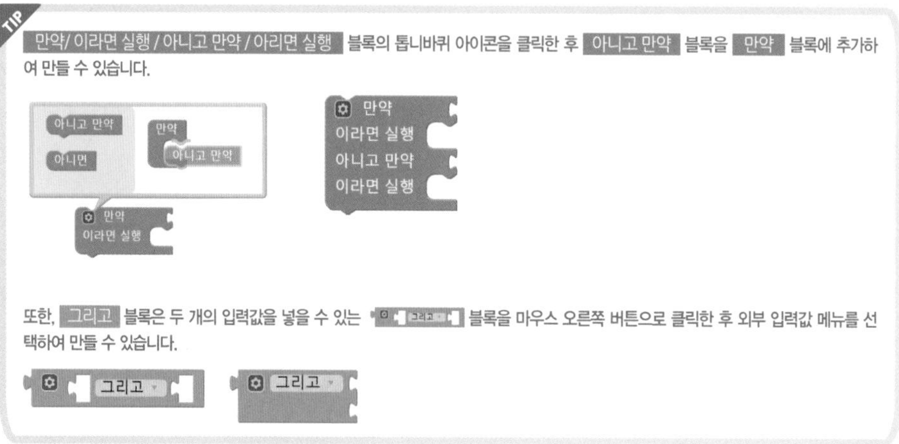
TIP

만약/ 이라면 실행 / 아니고 만약 / 아리면 실행 블록의 톱니바퀴 아이콘을 클릭한 후 아니고 만약 블록을 만약 블록에 추가하여 만들 수 있습니다.

또한, 그리고 블록은 두 개의 입력값을 넣을 수 있는 그리고 블록을 마우스 오른쪽 버튼으로 클릭한 후 외부 입력값 메뉴를 선택하여 만들 수 있습니다.

19 **보기** 버튼을 선택하면 단어가 화면에 표시되도록 언제 알림1.선택한후에 블록에 코드를 추가합니다.

선택대화창에서 **보기** 버튼을 선택했다면 **단어번호** 값을 목록선택창에서 선택한 단어의 **항목번호**로 지정한 후 **단어출력하기** 함수를 호출하여 선택한 단어가 화면에 표시되도록 만듭니다.

지금까지 만든 앱이 잘 작동하는지 스마트폰을 이용하여 테스트해 봅시다. 컴패니언 앱을 이용하여 실시간으로 앱을 테스트 할 경우 타이니DB에 이전에 테스트한 앱의 데이터가 남아있을 수 있으므로 타이니DB 초기화 코드(181쪽 참고)를 따로 만들어서 기존 데이터를 모두 삭제한 후 테스트해야 합니다.

✓ 체크리스트

- ☐ **관리** 버튼을 클릭하면 관리 메뉴가 나타나고 버튼의 이름이 **닫기**로 바뀜.
- ☐ **닫기** 버튼을 클릭하면 관리 메뉴가 사라지고 버튼의 이름이 **관리**로 바뀜.
- ☐ 관리 메뉴에서 영어 단어와 그 의미를 입력하고 **입력** 버튼을 클릭하면 화면에 입력한 단어가 표시됨.
- ☐ **발음듣기** 버튼을 클릭하면 영어 단어 발음이 재생됨.
- ☐ **발음하기** 버튼을 클릭하면 음성 인식창이 나타나고, 음성이 인식되면 메시지창에 인식 결과가 표시됨.
- ☐ **이전** 버튼을 클릭하면 이전 단어가 화면에 표시되고, 첫 번째 단어에서 **이전** 버튼을 클릭한 경우에는 마지막 단어가 표시됨.
- ☐ **다음** 버튼을 클릭하면 다음 단어가 화면에 표시되고, 마지막 단어에서 **다음** 버튼을 클릭한 경우에는 첫 번째 단어가 표시됨.

- ☐ **목록** 버튼을 클릭하면 저장된 단어 목록이 나타나고, 목록에서 단어를 선택하면 **보기** 또는 **삭제**를 선택하는 선택대화창이 나타남.
- ☐ 선택대화창에서 **보기** 버튼을 클릭하면 화면에 선택한 단어가 표시됨.
- ☐ 선택대화창에서 **삭제** 버튼을 클릭하면 단어 목록에서 선택한 단어가 삭제됨.
- ☐ 단어를 입력한 후 앱을 다시 실행하면 이전에 입력했던 단어들이 저장되어 있음.

4 앱 업그레이드하기

수많은 영어 단어를 혼자 입력하고 공부하는 것보다 친구들과 함께 할 수 있으면 영어 공부를 더 쉽고 재미있게 할 수 있을 것입니다. 데이터를 클라우드 서버에 저장시키는 **파이어베이스**(Firebase) 컴포넌트를 이용하여 영어 단어를 서버에 저장하고 불러오는 기능을 추가해서 단어장을 여러 사람이 함께 완성할 수 있게 만들어 보겠습니다.

1 ❶ 오른쪽 상단에 있는 **디자이너** 버튼을 클릭하여 **디자이너** 화면으로 이동한 후 ❷ **레이아웃** 서랍에서 **수평배치**를 가져와 **수직배치_관리**에 추가하고 ❸ **수평배치4**의 **속성**을 [수직정렬: **가운데 : 2**], [너비: **부모 요소에 맞추기**]로 바꿉니다.

2 ❶ **사용자 인터페이스** 서랍에서 **레이블**을 가져와 **수평배치4** 안에 추가하고 ❷ **레이블1**의 **속성**을 [텍스트: **서버**]로 바꿉니다.

3 ❶ **사용자 인터페이스** 서랍에서 **버튼** 3개를 가져와 **수평배치4** 안에 추가하고 ❷ **버튼1**, **버튼2**, **버튼3**의 이름을 **버튼_올리기**, **버튼_내리기**, **버튼_삭제**로 바꿉니다. ❸ 각 버튼의 **속성**을 [너비: **부모 요소에 맞추기**], [**텍스트**]는 각각 **올리기**, **내리기**, **삭제**로 모두 바꿉니다.

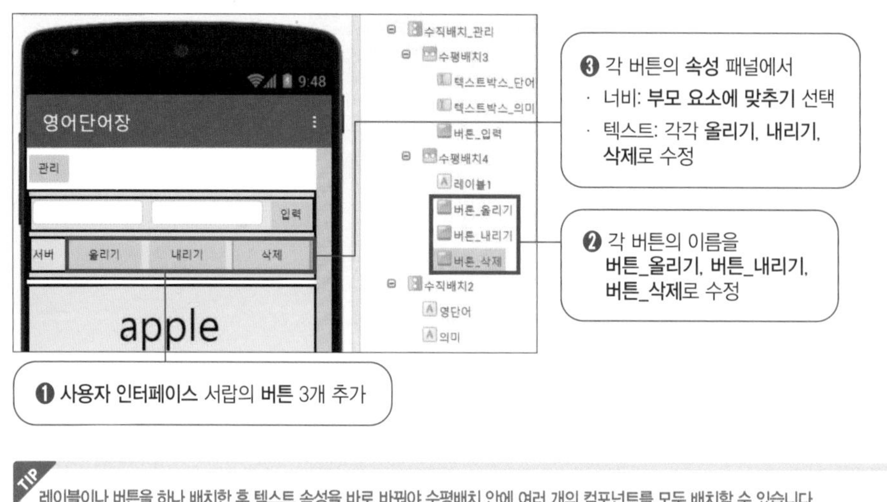

TIP 레이블이나 버튼을 하나 배치한 후 텍스트 속성을 바로 바꿔야 수평배치 안에 여러 개의 컴포넌트를 모두 배치할 수 있습니다.

4 ❶ **사용자 인터페이스** 서랍에서 **목록선택버튼**을 가져와 **수평배치4** 안에 추가하고 ❷ **목록선택버튼1**의 이름을 **목록선택_서버**로 바꾼 후 ❸ **속성**을 [텍스트: **목록**], [보이기여부: **체크 해제**]로 바꿉니다.

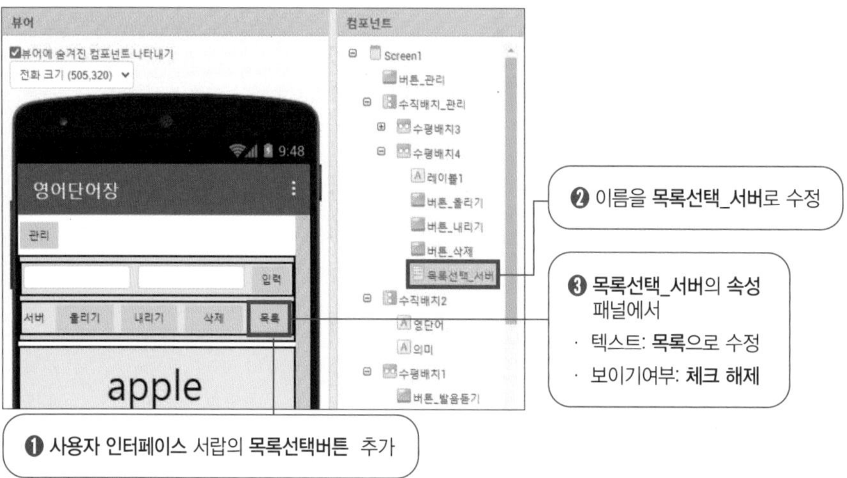

5 **실험실** 서랍에 있는 **파이어베이스DB**를 **Screen1**에 추가합니다.

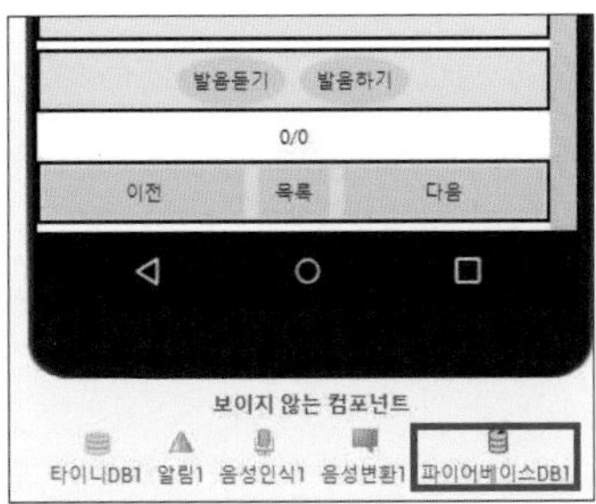

잠깐만요

파이어베이스란?

파이어베이스(Firebase)는 구글에서 서비스하는 모바일 및 웹 애플리케이션 개발 플랫폼으로, 파이어베이스의 실시간 데이터베이스 기능을 이용하면 앱의 데이터를 클라우드 서버에 올려서 다른 사람들과 공유할 수 있습니다. '파이어베이스DB'는 파이어베이스의 기능을 앱 인벤터에서 사용할 수 있게 만든 컴포넌트로, 아직까지는 실험적으로 제공하는 기능입니다. 그래서 컴포넌트를 스크린으로 가져올 때 아래 그림과 같은 경고창이 나타납니다.

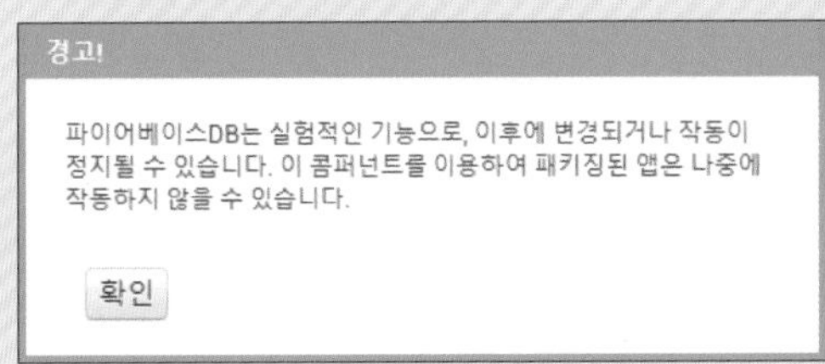

'파이어베이스DB'와 '저장소' 서랍에 있는 '클라우드DB'는 기능과 사용법이 비슷하므로 서버에 데이터를 저장하고 싶다면 두 컴포넌트 중 하나를 사용하면 됩니다. '클라우드DB'는 MIT에서 자체적으로 운영하는 서버에 데이터를 저장하는데, 사용자가 몰려서 접속이 안 되는 경우가 종종 있으므로 이번 앱에는 '파이어베이스DB'를 사용하겠습니다.

6 **블록** 화면으로 이동한 후, **파이어베이스DB**에서 단어 목록을 가져와 어떤 기능을 실행할지 결정하는 데 사용할 **기능** 변수를 만들고 초기화합니다.

```
전역변수 만들기 기능 초기값 " "
```

7 **올리기** 버튼을 클릭하면 현재 화면에 보이는 영어 단어가 **파이어베이스DB**에 저장되도록 언제 버튼_올리기.클릭했을때 블록을 구성합니다.

```
언제 버튼_올리기 .클릭했을때
실행 호출 파이어베이스DB1 .값저장하기
                    태그 영단어 . 텍스트
              저장할값 의미 . 텍스트
```

TIP 타이니DB와 마찬가지로 파이어베이스DB에서도 값을 저장하고 가져오기 위해 태그를 사용합니다.

8 **내리기** 버튼을 클릭하면 **기능** 변수에 **내리기** 버튼을 클릭했음을 기록하고 **파이어베이스DB**에 저장된 태그들을 리스트 형태로 가져오도록 언제 버튼_내리기.클릭했을때 블록을 구성합니다.

```
언제 버튼_내리기 .클릭했을때
실행 지정하기 전역변수 기능 값 " 내려받기 "
     호출 파이어베이스DB1 .태그리스트가져오기
```

TIP 타이니DB에서는 '태그가져오기' 함수를 호출하여 태그리스트를 바로 가져올 수 있었지만 파이어베이스DB에서는 '태그리스트가져오기' 함수를 호출한 후 서버로부터 응답을 받을 때까지 기다려야 합니다.

9 **삭제** 버튼을 클릭하면 **기능** 변수에 **삭제** 버튼을 클릭했음을 기록하고 **파이어베이스DB**에 저장된 태그들을 리스트 형태로 가져오도록 언제 버튼_삭제.클릭했을때 블록을 구성합니다.

```
언제 버튼_삭제 .클릭했을때
실행 지정하기 전역변수 기능 값 " 클라우드 단어 삭제 "
     호출 파이어베이스DB1 .태그리스트가져오기
```

10 서버에서 받아온 태그리스트가 목록선택창에 나타나도록 언제 파이어베이스DB1.태그리스트를 받았을때 블록을 구성합니다.

```
언제 파이어베이스DB1 .태그리스트를받았을      ❶
 값
실행 지정하기 목록선택_서버 . 요소 값 가져오기 값      ❷
     지정하기 목록선택_서버 . 제목 값 가져오기 전역변수 기능      ❸
     호출 목록선택_서버 .열기      ❹
```

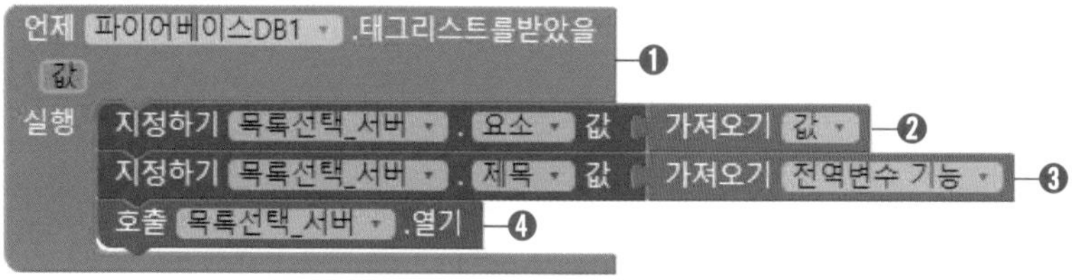

❶ 언제 파이어베이스DB1.태그리스트를받았을때 블록은 서버로부터 태그리스트를 받았을 때는 실행되지만 네트워크 연결에 문제가 있거나 서버에 저장된 데이터가 없을 경우에는 실행되지 않습니다.

❷ **값**에는 서버에서 가져온 태그들이 리스트 형태로 모여 있으므로 이 값을 **목록선택_서버**의 **요소**로 지정하면 '목록선택창'을 통해 서버에서 가져온 태그들을 확인할 수 있습니다.

❸ **내리기** 버튼에 의해 열렸는지 **삭제** 버튼에 의해 열렸는지 '목록선택창'에 표시하기 위해 '목록선택창' 위쪽에 있는 제목 표시줄에 **기능**에 저장된 값을 출력합니다.

❹ '목록선택창'에 표시될 **요소**를 지정했으므로 '목록선택창'을 엽니다.

11 '목록선택창'에서 단어를 선택하면 선택한 단어를 내려받거나 삭제할 수 있도록 언제 목록선택_서버.선택후에 블록을 구성합니다.

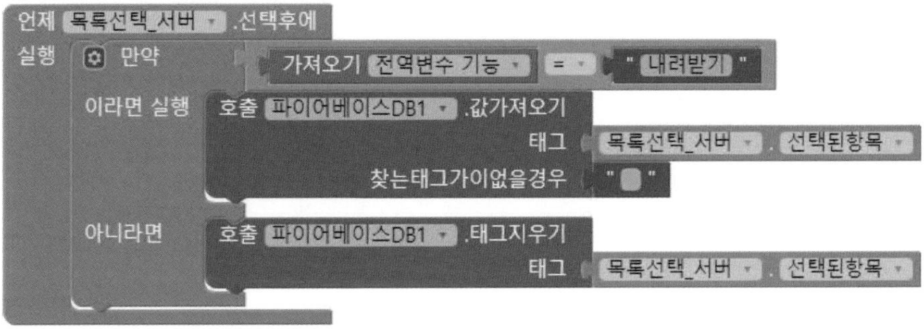

```
언제 목록선택_서버 .선택후에
실행  만약  가져오기 전역변수 기능 = "내려받기"
      이라면 실행  호출 파이어베이스DB1 .값가져오기
                        태그  목록선택_서버 . 선택된항목
                        찾는태그가이없을경우  " "
      아니라면  호출 파이어베이스DB1 .태그지우기
                        태그  목록선택_서버 . 선택된항목
```

기능에 들어 있는 값이 **내려받기**라면 **내리기** 버튼을 클릭해서 '목록선택창'을 연 것이므로 선택한 값을 가져옵니다. 그렇지 않다면 **삭제** 버튼을 클릭해서 '목록선택창'을 연 것이므로 선택한 값을 삭제합니다.

12 서버에서 가져온 단어가 **타이니DB**에 저장되고 화면에 표시되도록 언제 파이어베이스DB1.값을받았을때 블록을 구성합니다.

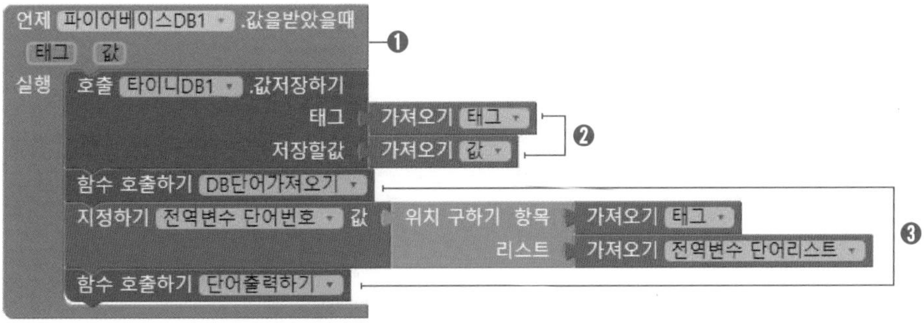

```
언제 파이어베이스DB1 .값을받았을때                         ❶
 태그  값
실행  호출 타이니DB1 .값저장하기
                 태그  가져오기 태그                      ❷
             저장할값  가져오기 값
      함수 호출하기 DB단어가져오기
      지정하기 전역변수 단어번호 값  위치 구하기 항목  가져오기 태그     ❸
                                   리스트  가져오기 전역변수 단어리스트
      함수 호출하기 단어출력하기
```

❶ 언제 파이어베이스DB1.값을받았을때 블록은 서버로부터 값을 받았을 때 실행되는 블록으로, 네트워크 연결에 문제가 있거나 서버에 요청한 값이 없을 때는 실행되지 않습니다.

❷ 서버에서 가져온 **태그**와 **값**을 **타이니DB1**에 저장합니다. **태그**에는 **값가져오기** 함수를 호출할 때 사용한 값이 들어 있고 **값**에는 태그를 이용하여 서버에서 가져온 값이 들어 있습니다.

❸ 새로운 단어가 추가되었으므로 **DB단어가져오기** 함수를 호출하여 **단어리스트**를 새로 고치고 **단어번호**를 지정한 후 **단어출력하기** 함수를 호출하여 서버에서 가져온 단어가 화면에 표시되게 만듭니다.

새롭게 추가한 기능이 잘 작동하는지 스마트폰을 이용하여 테스트해 봅시다.

체크리스트

☐ **관리** 버튼을 클릭하면 서버 관련 버튼이 3개 나타남.

☐ **올리기** 버튼을 클릭하여 단어를 서버에 업로드한 후 **내리기** 버튼을 클릭해서 서버에 등록된 단어 목록을 보면 방금 업로드한 단어가 '목록선택창'에 등록되어 있음.

☐ **내리기** 버튼으로 '목록선택창'을 연 후 단어를 선택하면 선택한 단어가 화면에 표시되고, **목록** 버튼을 클릭해서 스마트폰에 저장된 단어 목록을 확인해 보면 방금 서버에서 가져온 단어가 등록되어 있음.

☐ **삭제** 버튼으로 '목록선택창'을 연 후 삭제할 단어를 클릭하고 다시 '목록선택창'(**삭제 버튼**)을 열면 방금 선택한 단어가 목록에서 삭제된 것이 확인됨.

나만의 아이디어 더하기

지금까지 만든 영어 단어장 앱은 단순히 영어 단어와 의미를 보여주는 기능과 듣고 말하는 기능만 있어서 학습이 지루하고 재미없을 수 있습니다. 다음과 같이 영어 공부를 좀 더 재미있게 할 수 있는 몇 가지 아이디어를 생각해 봅시다.

1. 영어 단어를 게임 또는 퀴즈를 통해 공부할 수 있게 만들기
2. 모르는 단어만 모아서 볼 수 있게 만들기
3. 텍스트 파일에 있는 단어 목록을 가져와서 저장할 수 있게 만들기
4. 내 영어 발음을 녹음해서 들을 수 있게 만들기
5. 서버에 있는 단어를 아무나 삭제하지 못하도록 관리자 기능 만들기

나만의 멋진 아이디어를 포스트잇에 써서 붙여봅시다.

포스트잇 붙이는 공간

• 셋째마당 •

앱 인벤터 고수되기

조금 더 난이도 있는 앱을 만들고, 외부 API 나 IoT와 관련된 플랫폼을 사용하여 앱을 더욱 확장시켜 봅니다.

급식 조회 앱 만들기

이번 장에서는 초 · 중 · 고등학교의 급식 메뉴를 조회해 볼 수 있는 앱을 만들어 보겠습니다. 급식 조회 앱을 이용하면 우리 학교의 날짜별 급식 메뉴를 미리 알 수 있기 때문에 좋아하는 요리가 나오는 날에는 더 신나게 등교할 수 있을 것입니다. 급식 조회 앱을 만드는 방법을 이해하고 급식 메뉴 외에도 칼로리, 영양 성분 등 내게 필요한 정보를 알려 주는 맞춤형 급식 앱을 만들어 봅시다.

미 | 리 | 보 | 기

초기 화면

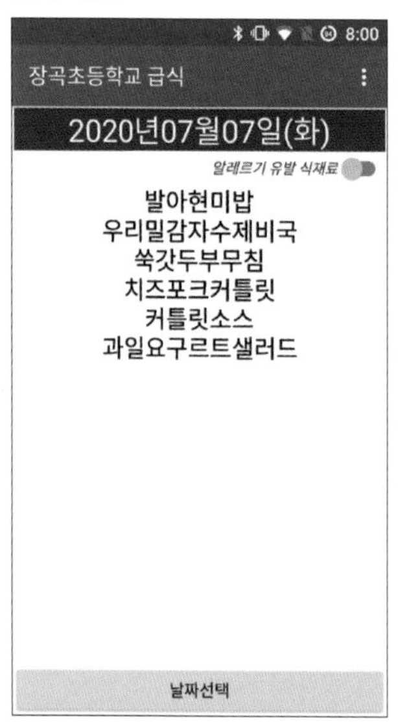

- 화면 상단에 오늘 날짜와 요일이 표시됩니다.
- **알레르기 유발 식재료** 스위치는 꺼져 있습니다.
- 화면 중앙에 오늘 날짜의 학교 급식 식단이 표시됩니다.
- **날짜선택** 버튼을 클릭하면 날짜 선택 메뉴가 나타납니다.

알레르기 유발 식재료 표시 화면

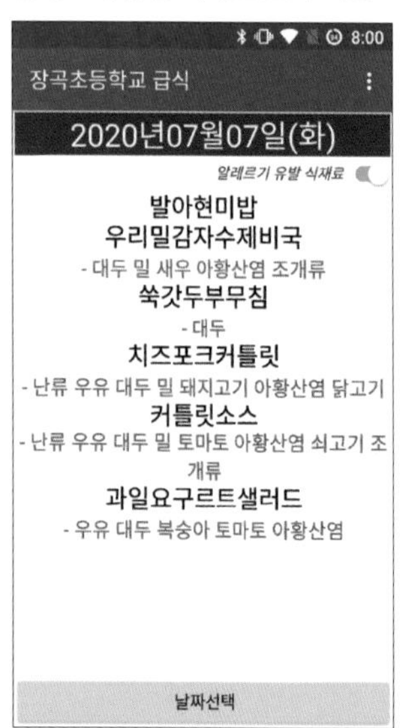

- **알레르기 유발 식재료** 스위치를 켜면 요리 이름 아래에 알레르기 유발 식재료가 표시됩니다.
- **알레르기 유발 식재료** 스위치를 끄면 알레르기 유발 식재료가 사라집니다.

날짜선택 버튼을 클릭했을 때

- **날짜선택** 버튼을 클릭하면 날짜를 선택할 수 있는 메뉴가 나타납니다.
- 날짜를 선택하고 **확인** 버튼을 클릭하면 선택한 날짜의 급식 메뉴가 화면에 나타납니다.
- 급식이 없는 날을 선택하면 급식 데이터가 없음을 알리는 메시지가 화면에 나타납니다

완성 앱 미리보기

완성된 앱의 실제 동작이 궁금하다면 QR 코드를 스캔하여 파일을 스마트폰에 설치한 후 확인해 봅니다.

- **스마트폰 설치 파일** https://bit.ly/3jcvPTq
- **프로젝트 파일** example_schoolLunch.aia

1 프로젝트 준비하기

급식 조회 앱을 만들기 위해서는 교육부에서 만든 **나이스 교육정보 개방 포털**(http://open.neis.go.kr)에서 급식 식단 정보를 가져와야 합니다. 나이스 교육정보 개방 포털에서는 급식 식단 정보 외에도 학교 기본 정보, 학사 일정, 학원 교습소 정보, 학교 시간표 등 교육에 관한 다양한 데이터를 제공하고 있으며, 누구든지 회원 가입을 통해 이곳에 있는 데이터를 이용하여 웹 사이트를 구축하거나 앱을 만들 수 있습니다. 나이스 교육정보 개방 포털에서 제공하는 데이터를 이용하기 위해 사이트에 가입하고 인증키를 신청하는 작업부터 시작하겠습니다.

1 **나이스 교육정보 개방 포털**(http://open.neis.go.kr)에 접속한 후 **로그인** 페이지로 이동합니다.

2 로그인에 사용할 SNS 계정을 선택합니다.

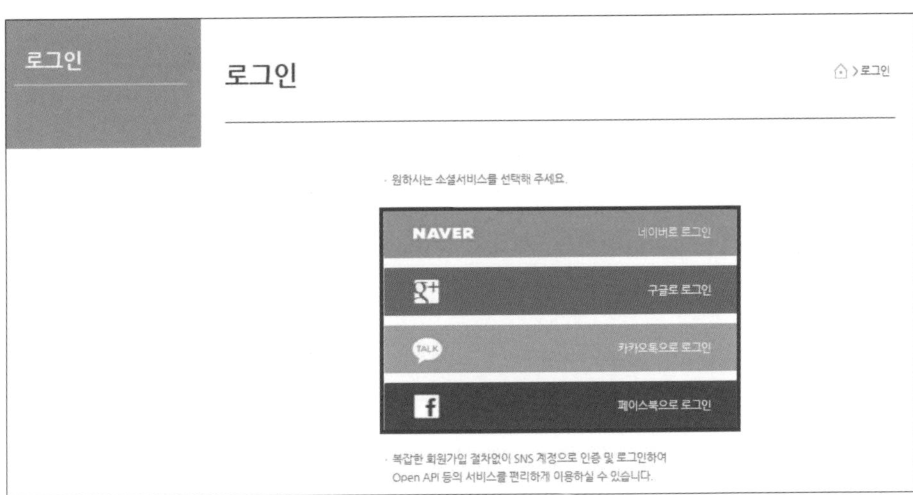

TIP 네이버, 구글, 카카오, 페이스북 계정 중 하나를 선택하면 되고, 만약 SNS 계정이 없다면 SNS 계정을 먼저 만들어야 합니다.

3 선택한 SNS 서비스의 아이디와 비밀번호를 이용하여 로그인합니다. 이 책에서는 네이버 계정으로 로그인하는 방법을 선택했습니다.

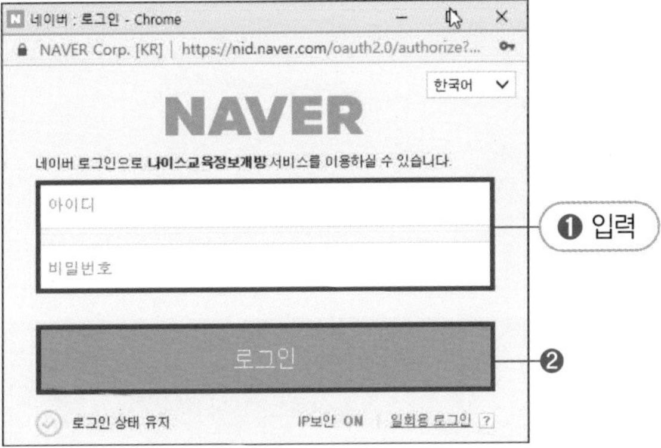

4 서비스 이용을 위한 각종 이용약관에 **동의**하고 닉네임을 입력한 후 **저장하기** 버튼을 클릭합니다.

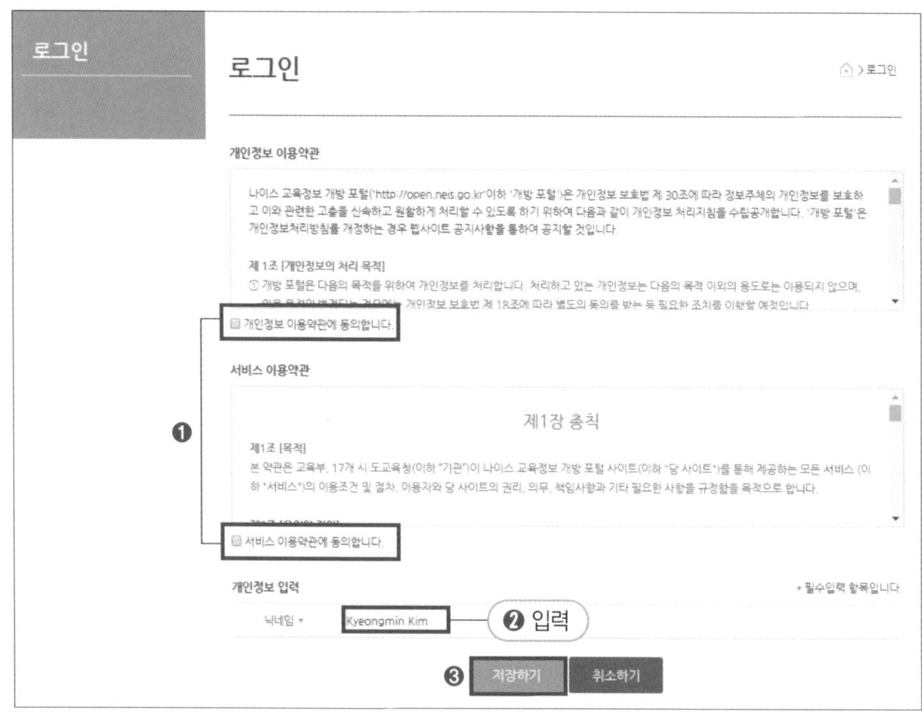

> **TIP** 가입 절차는 선택한 SNS 서비스에 따라 조금씩 다를 수 있습니다.

5 서비스 가입 후 로그인이 되면 Open API를 사용하기 위해 메인 화면의 **활용가이드** 메뉴에서 **인증키 신청**을 클릭합니다.

잠깐만요

Open API와 인증키

Open API는 공공기관이나 기업이 사용자가 직접 응용 프로그램이나 웹 서비스를 개발할 수 있도록 공개(Open)한 응용 프로그램 개발환경(Application Programming Interface)을 의미합니다. 교육과 관련된 Open API 서비스를 제공하는 나이스 교육정보 개방 포털 외에도 공공데이터포털, 네이버, 구글 등 공공기관이나 기업에서 운영하는 Open API 서비스를 이용하면 교육, 날씨, 관광, 지도, 검색 등과 관련된 다양한 앱이나 웹 서비스를 누구나 만들 수 있습니다.

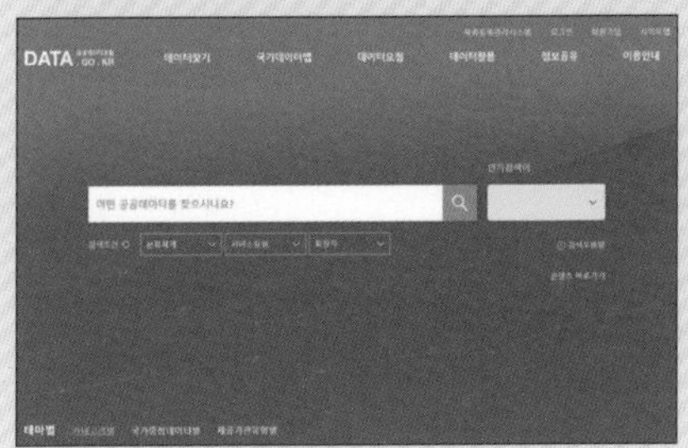

공공데이터포털(https://www.data.go.kr)

네이버 개발자센터(https://developers.naver.com)

이러한 Open API 서비스를 사용하기 위해서는 서비스를 제공하는 사이트에서 인증키를 발급받아야 합니다. 인증키는 서비스 사용자가 접근 권한이 있는지, 비정상적인 방식으로 서비스를 사용하지 않는지 등을 확인하는 용도로 사용합니다.

6 **인증키 신청** 페이지에서 **활용용도**와 **내용**을 입력하고 **인증키 발급 신청** 버튼을 클릭합니다.

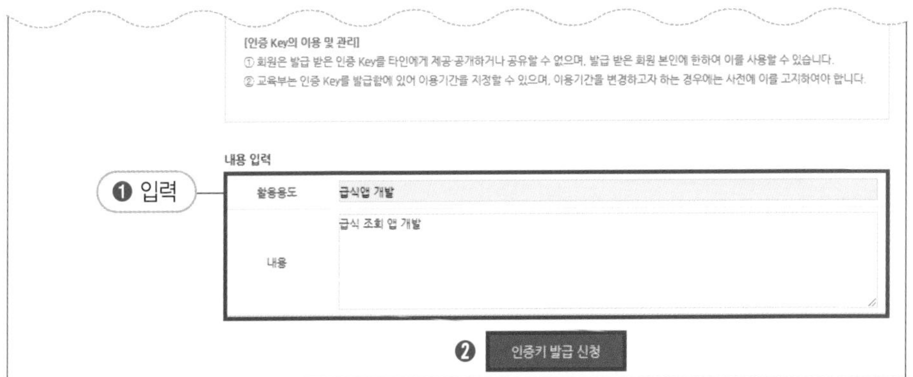

TIP 활용용도와 내용 입력란에는 '급식 앱 개발'과 같이 인증키의 용도를 구분하기 위한 간단한 설명을 입력하면 됩니다.

7 인증키 발급이 완료되면 **마이페이지**에서 **인증키 발급**을 클릭하고 **인증키 발급 내역** 탭에 있는 인증키를 복사하여 메모장에 붙여넣기 해 둡니다.

8 급식 데이터를 요청하는 데 필요한 교육청 코드와 학교 코드를 확인하기 위해 **데이터셋** 메뉴에서 **교육여건**, **급식**, **급식식단정보**를 차례로 클릭합니다.

9 **급식식단정보**의 Sheet 탭에서 확인하려는 학교의 **시도교육청코드**를 선택하고 **학교명**을 입력한 후 **검색** 버튼을 클릭합니다. 조회된 표에서 **시도교육청코드**와 **표준학교코드**를 메모해 둡니다.

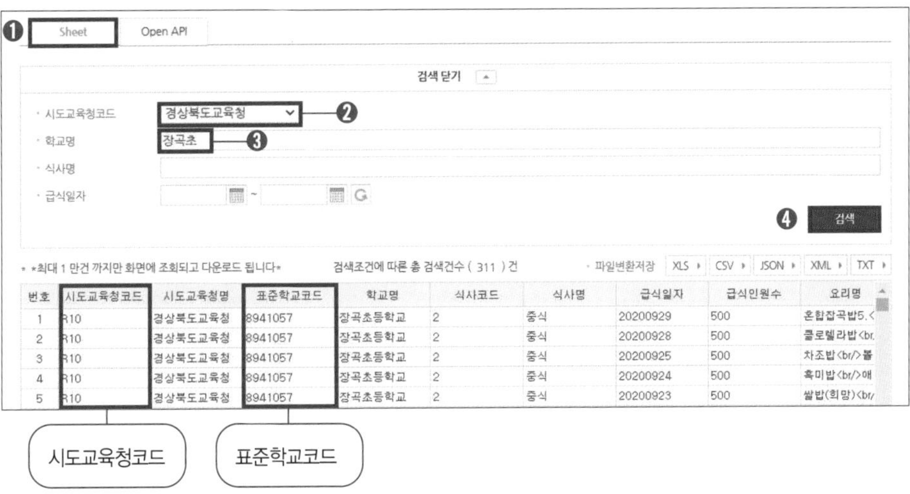

10 나이스 교육정보를 활용하기 위한 인증키를 발급받았으면 급식 조회 앱을 만들기 위해 새로운 프로젝트를 추가하겠습니다. 앱 인벤터(http://ai2.appinventor.mit.edu/)에 접속하여 **프로젝트** 메뉴의 **새 프로젝트 시작하기**를 선택합니다.

11 프로젝트 이름을 **schoolLunch**로 입력하고 **확인** 버튼을 클릭합니다.

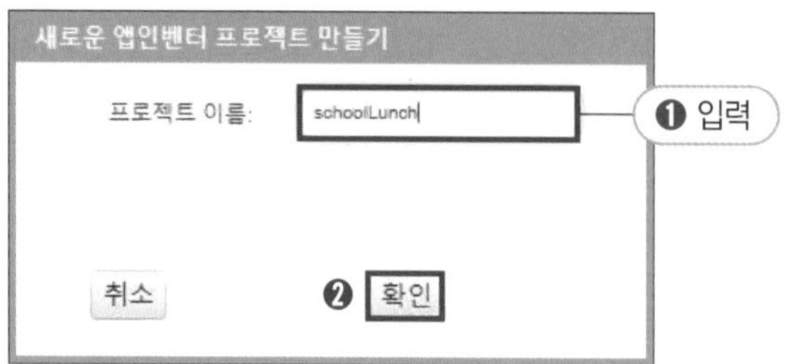

2 컴포넌트로 앱 화면 디자인하기

프로젝트가 생성되었으면 디자이너 화면에서 앱의 화면을 만드는 작업부터 시작해 보겠습니다. 급식 조회 앱 화면의 기본 형태는 다음 그림과 같습니다.

1 Screen1의 **속성**을 [앱 이름: **OO초급식**], [테마: **장치 기본값**], [제목: **OO초등학교 급식**]으로 바꿉니다.

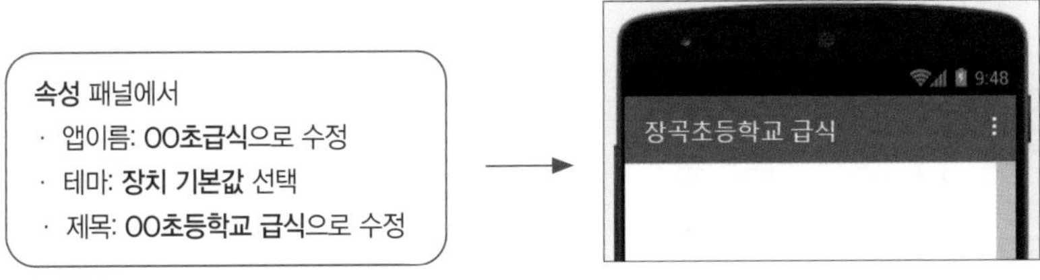

TIP 이 책에서는 '장곡초등학교'를 예로 들어 앱 만들기를 진행할 예정입니다. 시도교육청코드와 표준학교코드를 이용하면(257쪽 참고) 전국에 있는 모든 초 · 중 · 고등학교의 급식을 조회할 수 있으므로 내가 원하는 학교의 급식 조회 앱을 만들고 싶다면 앱이름과 제목을 그에 맞게 고치기 바랍니다.

2 ❶ **사용자 인터페이스** 서랍에 있는 **레이블**을 Screen1에 추가한 후 ❷ **레이블1**의 이름을 **날짜**로 바꾼 후 ❸ **속성**을 [배경색: **어두운 회색**], [글꼴크기: **25**], [너비: **부모 요소에 맞추기**], [텍스트: **날짜**], [텍스트정렬: **가운데 : 1**], [텍스트색상: **흰색**]으로 바꿉니다.

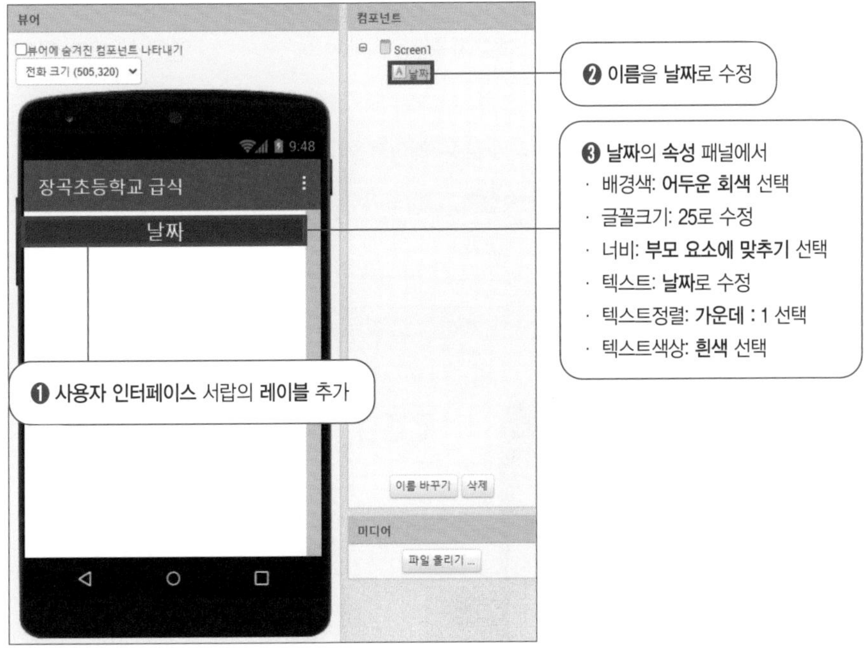

3 ❶ **레이아웃** 서랍에 있는 **스크롤가능수직배치**를 Screen1에 추가한 후 ❷ **속성**을 [높이: **부모 요소에 맞추기**], [너비: **부모 요소에 맞추기**]로 바꿉니다.

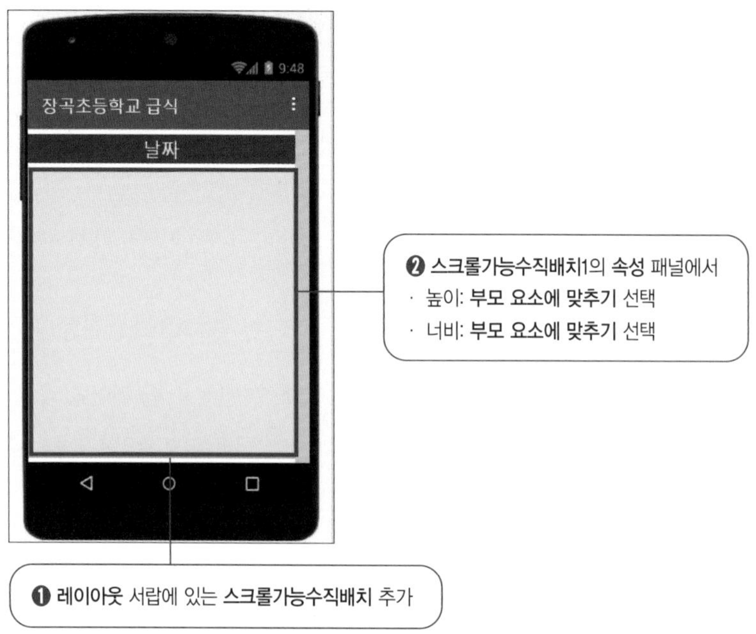

4 ❶ **사용자 인터페이스** 서랍에서 새로운 **레이블**을 가져와 **스크롤가능수직배치1**에 추가하고 ❷ 이름을 **급식메뉴**로 바꾼 후 ❸ **속성**을 [글꼴크기: **20**], [너비: **부모 요소에 맞추기**], [텍스트: **급식메뉴**], [텍스트정렬: **가운데 : 1**]로 바꿉니다.

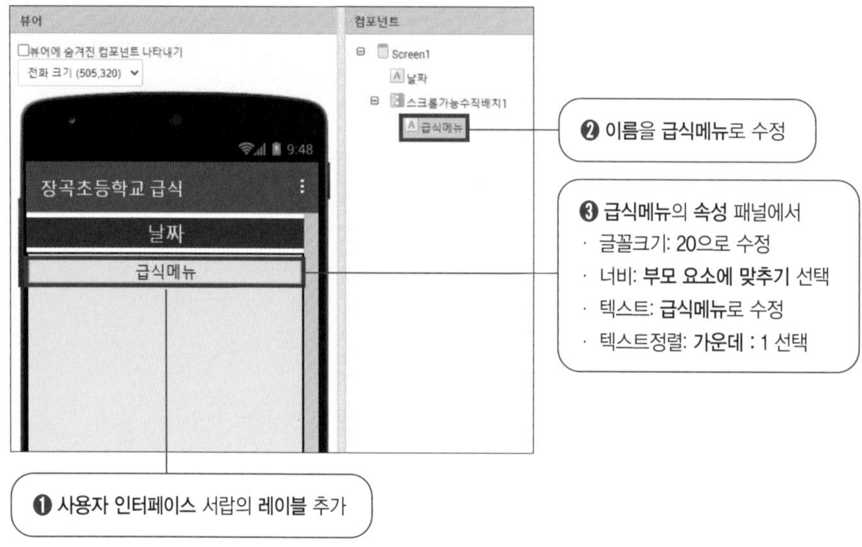

5 ❶ **사용자 인터페이스** 서랍에 있는 **날짜선택버튼**을 Screen1에 추가하고 ❷ **날짜선택버튼1**의 **속성**을 [너비: **부모 요소에 맞추기**], [텍스트: **날짜선택**]으로 바꿉니다.

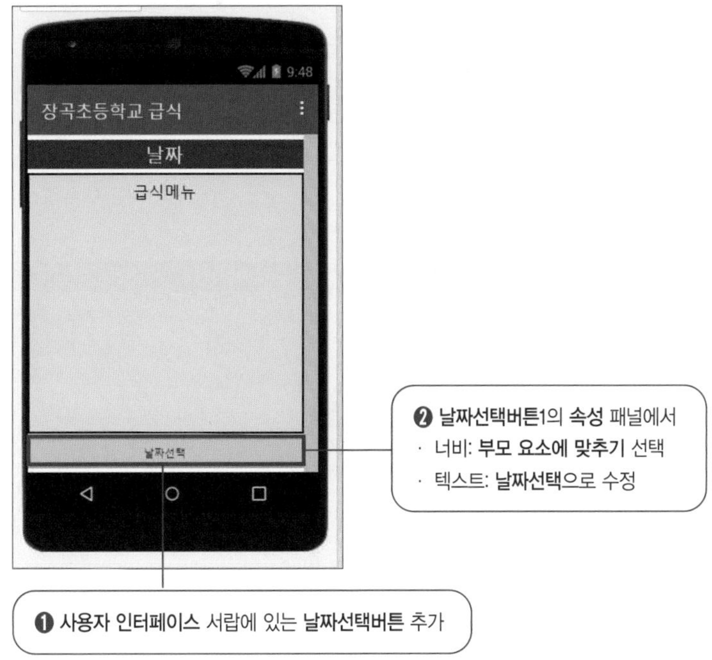

6 **센서** 서랍에 있는 **시계**와 **연결** 서랍에 있는 **웹**을 Screen1에 추가합니다.

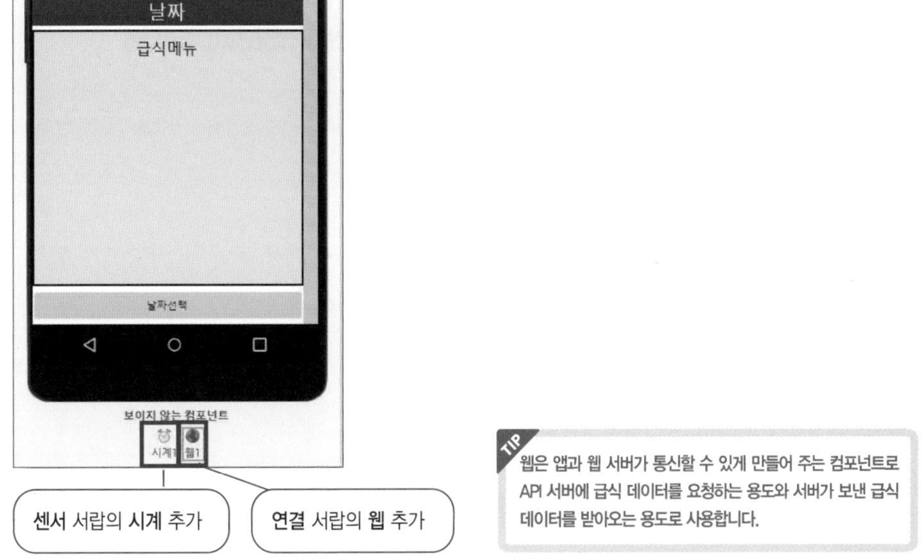

TIP
웹은 앱과 웹 서버가 통신할 수 있게 만들어 주는 컴포넌트로 API 서버에 급식 데이터를 요청하는 용도와 서버가 보낸 급식 데이터를 받아오는 용도로 사용합니다.

3 블록으로 앱 코딩하기

이제 블록 코딩으로 각 컴포넌트에 기능을 적용하여 앱이 작동하도록 해 보겠습니다.

1 오른쪽 상단에 있는 **블록** 버튼을 클릭하여 **블록** 화면으로 이동합니다.

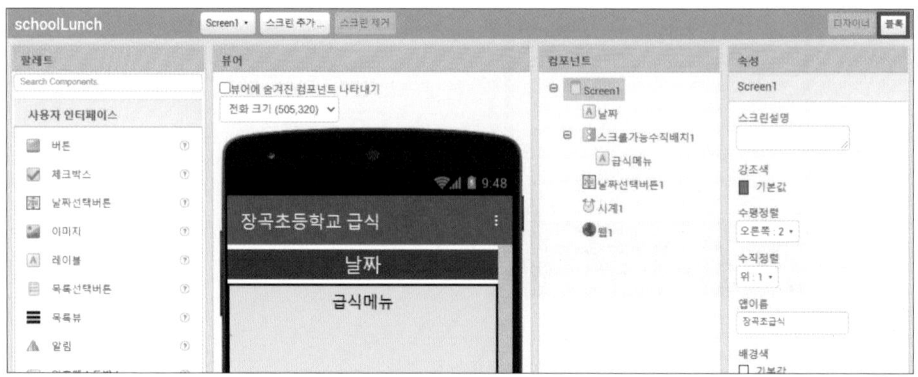

2 급식 데이터를 요청하는 데 사용할 인증키를 저장하기 위한 변수인 **인증키**를 만들고, 교육정보 개방 포털에서 발급받은 **인증키** 값으로 초기화합니다.

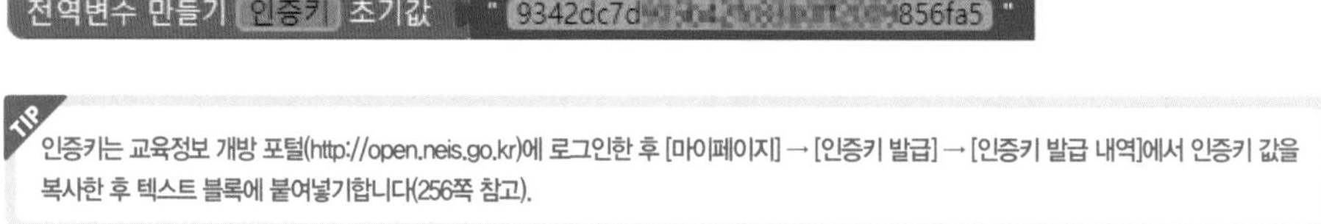

TIP
인증키는 교육정보 개방 포털(http://open.neis.go.kr)에 로그인한 후 [마이페이지] → [인증키 발급] → [인증키 발급 내역]에서 인증키 값을 복사한 후 텍스트 블록에 붙여넣기합니다(256쪽 참고).

3 급식 데이터를 요청하는 데 필요한 교육청 코드와 학교 코드를 저장하기 위한 변수인 **교육청코드**, **학교코드**를 만들고, 교육정보 개방 포털에서 조회한 시도교육청코드와 표준학교코드를 변수의 값으로 초기화합니다.

4 급식 메뉴를 저장하기 위한 변수인 **메뉴**를 만들고 초기화합니다.

전역변수 만들기 메뉴 초기값 " "

5 화면에 날짜를 표시하고 지정된 날짜의 급식 데이터를 가져오는 함수인 **급식데이터가져오기** 함수를 만듭니다.

❶ **급식데이터가져오기** 함수는 **날짜** 정보가 들어있는 인스턴트를 입력값으로 전달받아 화면에 날짜를 표시하고 해당 날짜의 급식 데이터를 서버에 요청하는 데 사용합니다.

❷ **인스턴트**에 들어있는 **날짜** 정보를 이용하여 패턴에 맞게 날짜를 만들어 날짜 레이블에 표시합니다. 패턴 문자 'E'는 요일을 의미합니다.

6 **급식데이터가져오기** 함수에 데이터를 요청하는 데 필요한 **URL**을 만들고 데이터를 요청하는 코드를 추가합니다.

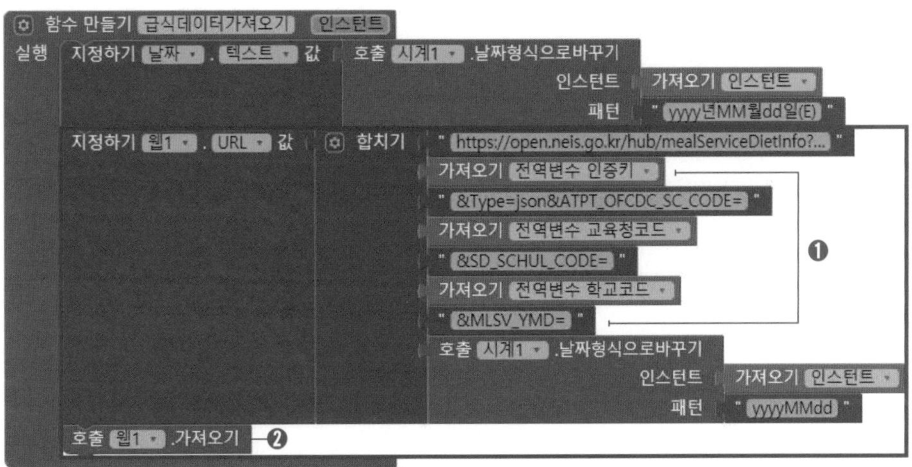

❶ Open API 주소, 인증키, 각종 인자를 연결하여 급식 데이터 호출에 사용할 **URL**을 만듭니다.

합치기 블록의 첫 번째 소켓에 연결된 텍스트는 다음과 같습니다.

https://open.neis.go.kr/hub/mealServiceDietInfo?KEY=

❷ **가져오기** 함수는 URL을 이용하여 API 서버에 급식 데이터를 요청합니다.

잠깐만요

급식 데이터를 호출하는 데 사용되는 URL 구조

URL은 네트워크상에 있는 정보나 자원의 위치를 나타내는 주소를 의미합니다. 예를 들어, 경상북도교육청 소속인 장곡초등학교의 2020년 6월 15일 급식 식단 정보를 가져오고 싶다면 다음과 같이 URL을 구성하면 됩니다.

```
https://open.neis.go.kr/hub/mealServiceDietInfo?Key=9342dc7...856fa5&Type=json&ATPT_
OFCDC_SC_CODE=R10&SD_SCHUL_CODE=8941057&MLSV_YMD=20200615
```

URL을 구성하는 요소들을 항목별로 나눠서 살펴보면 다음과 같이 구분할 수 있습니다.

https://open.neis.go.kr/hub/mealServiceDietInfo?Key=9342dc7...856fa5&Type=json&

OpenAPI 요청주소 / OpenAPI 이름 / 기본인자1(인증키) / 기본인자2(문서형식)

ATPT_OFCDC_SC_CODE=R10&SD_SCHUL_CODE=8941057&MLSV_YMD=20200615

요청인자1(시도교육청코드) / 요청인자2(표준학교코드) / 요청인자3(급식일자)

- **Open API 요청주소**: 나이스 교육정보 개방 포털의 데이터를 호출할 때 공통적으로 사용하는 주소입니다.
- **Open API 이름**: 급식식단정보를 호출한다는 의미입니다.
- **기본인자1(인증키)**: 'Key=' 다음 부분에는 사용자가 발급받은 인증키 값이 들어가야 합니다.
- **기본인자2(문서형식)**: 급식 데이터를 어떤 문서 형식으로 받을지 결정합니다. Type 값을 지정하지 않으면 xml 형식의 데이터를 받고 json으로 지정하면 json 형식의 데이터를 받습니다. xml과 json은 인터넷에서 데이터를 주고받기 위해 사용되는 데이터 형식을 나타내는 용어입니다.
- **요청인자**: 교육청 코드, 학교 코드, 급식 일자 값을 서버에 전달하여 특정 학교, 지정된 날짜의 급식 식단 정보를 호출합니다.
- 그 외 '?' 기호는 주소와 인자를 구분하는 역할을 하고 '&' 기호는 인자와 인자를 구분하는 역할을 합니다.

데이터 호출에 사용할 URL을 구성하는 텍스트를 일일이 키보드로 입력하면 오타가 발생할 수 있으므로 교육정보 개방 포털에서 [데이터셋] → [급식식단정보] 페이지의 Open API 탭 화면 아래쪽에 있는 샘플 URL에서 필요한 텍스트를 복사해 붙여 넣는 것을 추천합니다.

7 앱이 실행될 때마다 현재 날짜의 급식 데이터를 가져오도록 언제 Screen1.초기화되었을때 블록을 구성합니다.

언제 Screen1 .초기화되었을때
실행 함수 호출하기 급식데이터가져오기
인스턴트 호출 시계1 .현재시각인스턴트로가져오기

8 급식 데이터 요청 후 데이터가 전송되면 이 중 필요한 데이터만 골라내는 작업을 하기 위해 언제 웹1.텍스트를받았을때 블록을 만듭니다.

❶ 언제 웹1.텍스트를받았을 때 블록은 **가져오기** 함수를 호출하여 API 서버에 급식 데이터를 요청한 후 서버에서 응답이 왔을 때 실행됩니다. **url**에는 요청에 사용한 URL, **응답코드**에는 오류 또는 정보를 알려 주는 숫자 코드, **응답타입**에는 데이터의 형태, **응답콘텐츠**에는 서버로부터 받은 데이터가 들어 있습니다.

❷ URL을 만들 때 문서 형식을 json으로 지정했으므로 **응답콘텐츠**에는 json 형식의 데이터가 들어 있습니다. 응답콘텐츠를 급식메뉴 레이블에 출력해 보면 다음과 같은 형태로 보일 것입니다.

{"mealServiceDietInfo":[{"head":[{"list_total_count":1},{"RESULT":{"CODE":"INFO-000","MESSAGE":"정상 처리되었습니다."}}]},{"row":[{"ATPT_OFCDC_SC_CODE":"R10","ATPT_OFCDC_SC_NM":"경상북도교육청","SD_SCHUL_CODE":"8941057","SCHUL_NM":"OO초등학교","MMEAL_SC_CODE":"2","MMEAL_SC_NM":"중식","MLSV_YMD":"20230424","MLSV_FGR":"746","DDISH_NM":"*발아현미밥 〈br/〉*근대된장국(5.6.)〈br/〉*콩나물무침 (5.6.)〈br/〉*그릴함박스테이크/소스 (1.2.6.10.15.16)〈br/〉*조기순살구이(6.12.13.18.)〈br/〉*배추김치(소) (9.)〈br/〉 …**생략**… "MLSV_FROM_YMD":"20230424","MLSV_TO_YMD":"20230424"}]}]}

괄호, 따옴표, 영어, 한글이 섞여서 복잡해 보이긴 하지만, 앞으로 이 데이터를 잘 가공하면 우리가 찾는 급식 메뉴를 얻을 수 있습니다.

> **TIP**
> '응답콘텐츠'에서 급식 메뉴를 찾기 위해서는 몇 단계의 과정이 필요합니다. 각 단계마다 찾은 값을 급식메뉴 레이블에 출력하여 스마트폰 화면으로 직접 확인해 보면 서버로부터 받은 데이터의 구조와 필요한 값을 찾는 방법을 더 잘 이해할 수 있을 것입니다.

9 계속해서 응답콘텐츠에서 필요한 값을 찾기 쉽게 만들기 위해 언제 웹1.텍스트를받았을때 블록에 응답콘텐츠의 형태를 바꾸는 코드를 추가합니다.

❶ **Json텍스트디코딩하기** 함수는 json 형식의 데이터를 특정 값을 찾기 쉬운 리스트 형태로 바꿔줍니다. **응답콘텐츠**를 리스트로 바꿔서 다시 응답콘텐츠에 저장하는 방식으로 **응답콘텐츠**의 형태를 바꿉니다.

❷ 형태가 바뀐 응답콘텐츠를 급식메뉴 레이블에 출력하면 다음과 같이 보일 것입니다.

[["mealServiceDietInfo", [[["head", [[["list_total_count", 1]], [["RESULT", [["CODE", "INFO-000"], ["MESSAGE", "정상 처리되었습니다."]]]]]]], [["row", [[["ATPT_OFCDC_SC_CODE", "R10"], ["ATPT_OFCDC_SC_NM", "경상북도교육청"], ["CAL_INFO", "532.2 Kcal"], ["DDISH_NM", "*발아현미밥
*근대된장국 (5.6.)
*콩나물무침 (5.6.)
*그릴함박스테이크/소스 (1.2.6.10.15.16)
*조기순살구이 (6.12.13.18.)
*배추김치(소) (9.)
*튼튼견과 (2.4.14.19.)"], …**생략**…, ["ORPLC_INFO", "쌀 : 국내산
김치류 : 국내산
고춧가루(김치류) : 국내산
쇠고기(종류) : 국내산(한우)
돼지고기 : 국내산
닭고기 : 국내산
콩 : 국내산"], ["SCHUL_NM", "OO초등학교"], ["SD_SCHUL_CODE", "8941057"]]]]]]]

대괄호가 여러 겹 겹쳐 있어서 복잡해 보이기는 하지만 자세히 관찰해 보면 하나의 괄호 쌍 안에 두 개의 항목이 들어 있는 리스트들이 눈에 들어올 것입니다. 리스트 안에 있는 두 개의 항목은 서로 짝을 이루고 있는데 첫 번째 항목은 데이터의 이름, 두 번째 항목은 데이터 값입니다. 예를 들어, **DDISH_NM**은 데이터의 이름이고 ***발아현미밥
*근대된장국 (5.6.)
*콩나물무침 (5.6.)
*그릴함박스테이크/소스 (1.2.6.10.15.16)
*조기순살구이 (6.12.13.18.)
*배추김치(소) (9.)
*튼튼견과 (2.4.14.19.)**은 데이터 값입니다. 그런데 이 데이터를 잘 살펴보면 우리가 찾고 있는 급식 메뉴라는 것을 알 수 있습니다. 따라서 지금부터는 **응답콘텐츠**에서 필요 없는 데이터를 제외하고 **DDISH_NM** 값만 가져오는 작업을 해 보겠습니다.

> **TIP**
> 급식 메뉴의 요리명 뒤에 온점(.)으로 구분된 1~18 사이의 번호는 알레르기를 유발할 수 있는 식재료를 나타내는 번호로, 나이스 교육정보 개방 포털의 급식식단정보에서 각 번호의 식재료명을 확인할 수 있습니다.

잠깐만요

응답콘텐츠가 제대로 출력되지 않는다면?

응답콘텐츠가 제대로 출력되지 않고 아래 그림과 같은 코드(CODE)와 메시지(MESSAGE)가 출력된다면 메시지 내용을 잘 읽어 보길 바랍니다.

2020년06월14일(일)	2020년06월14일(일)	2020년06월14일(일)
{"RESULT":{"CODE":"ERROR-300","MESSAGE":"필수 값이 누락되어 있습니다. 요청인자를 참고 하십시오."}}	{"RESULT":{"CODE":"ERROR-290","MESSAGE":"인증키가 유효하지 않습니다. 인증키가 없는 경우, 홈페이지에서 인증키를 신청하십시오."}}	{"RESULT":{"CODE":"INFO-200","MESSAGE":"해당하는 데이터가 없습니다."}}
요청인자 값에 오류가 있을 경우	인증키에 오류가 있을 경우	급식 데이터가 없을 경우

응답콘텐츠가 제대로 출력되면 코드에 'INFO-000'이 표시되고, 문제가 있으면 'ERROR'가 표시됩니다. 대부분의 에러는 URL 주소에 오타가 있거나 인증키 같은 각종 인자를 제대로 넣지 않았기 때문에 발생합니다. 그러므로 에러가 발생할 경우, URL 전체에 오류가 없는지 다시 한번 꼼꼼히 살펴볼 필요가 있습니다. 코드와 메시지에 관한 자세한 사항은 [교육정보 개방 포털] - [데이터셋] - [급식식단정보] - [Open API 탭] - [명세서 다운로드] 버튼을 클릭하여 내려받을 수 있는 Open API 명세서 엑셀 파일에 나와있으니 확인해 보기 바랍니다.

그리고 주말, 공휴일, 방학과 같이 학교가 쉬는 날에 "해당하는 데이터가 없습니다"라고 표시되는 것은 에러가 아니라 정상입니다. 학교가 쉬는 날에 앱을 만들고 있다면 '급식데이터가져오기' 함수의 합치기 블록에서 호출 시계1.날짜형식으로바꾸기 블록을 잠시 바깥으로 빼 두고, 그 자리에 '20200615'처럼 학교가 쉬지 않는 임의의 날짜 값을 입력한 '텍스트' 블록을 연결하여 테스트하면 됩니다.

10 리스트 형태의 **응답콘텐츠**에서 급식 식단 정보를 찾아서 변수 메뉴에 저장하는 코드를 추가하고 화면에 메뉴의 값이 출력되도록 코드를 수정합니다.

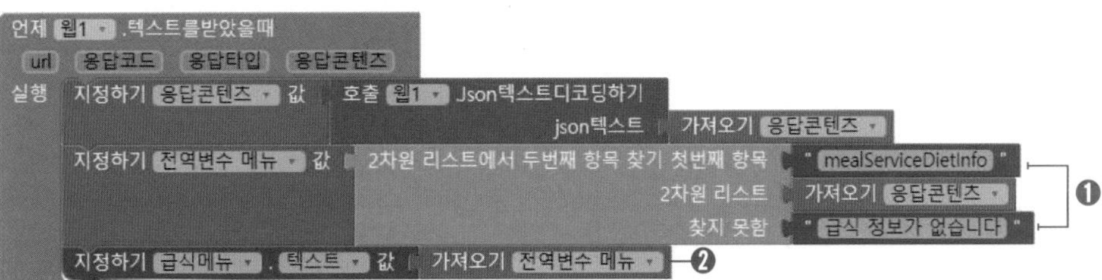

❶ 2차원 리스트에서 두번째 항목 찾기 블록을 이용하여 **응답콘텐츠**에서 **mealServiceDietInfo**(급식식단정보)의 값을 찾아 **전역변수 메뉴**에 저장합니다. 만약 **응답콘텐츠**에 **mealServiceDietInfo**가 없다면 메뉴의 값은 **급식 정보가 없습니다**가 됩니다.

❷ **응답콘텐츠**에 mealServiceDietInfo 값이 있는 경우 메뉴를 **급식메뉴** 레이블에 출력하면 다음과 같이 보일 것입니다.

[[["head", [[["list_total_count", 1]], [["RESULT", [["CODE", "INFO-000"], ["MESSAGE", "정상 처리되었습니다."]]]]]]], [["row", [[["ATPT_OFCDC_SC_CODE", "R10"], ["ATPT_OFCDC_SC_NM", "경상북도교육청"], ["CAL_INFO", "532.2 Kcal"], ["DDISH_NM", "*발아현미밥
*근대된장국 (5.6.)
*콩나물무침 (5.6.)
*그릴함박스테이크/소스(1.2.6.10.15.16)
*조기순살구이 (6.12.13.18.)
*배추김치(소) (9.)
*튼튼견과(2.4.14.19.)"], …**생략**…, ["SCHUL_NM", "OO초등학교"], ["SD_SCHUL_CODE", "8941057"]]]]]

잠깐만요

2차원 리스트의 의미와 `2차원 리스트에서 두번째 항목 찾기` 블록 사용법

2차원 리스트는 1차원 리스트를 묶어서 만든 리스트로, 2차원 리스트의 항목은 그 자체가 하나의 리스트입니다. 1차원 리스트를 묶어 2차원 리스트로 만드는 예를 블록으로 나타내면 다음과 같습니다. 블록 아래 있는 대괄호로 둘러 싸인 값은 리스트를 레이블에 출력했을 때 어떤 형태로 출력되는지를 보여줍니다.

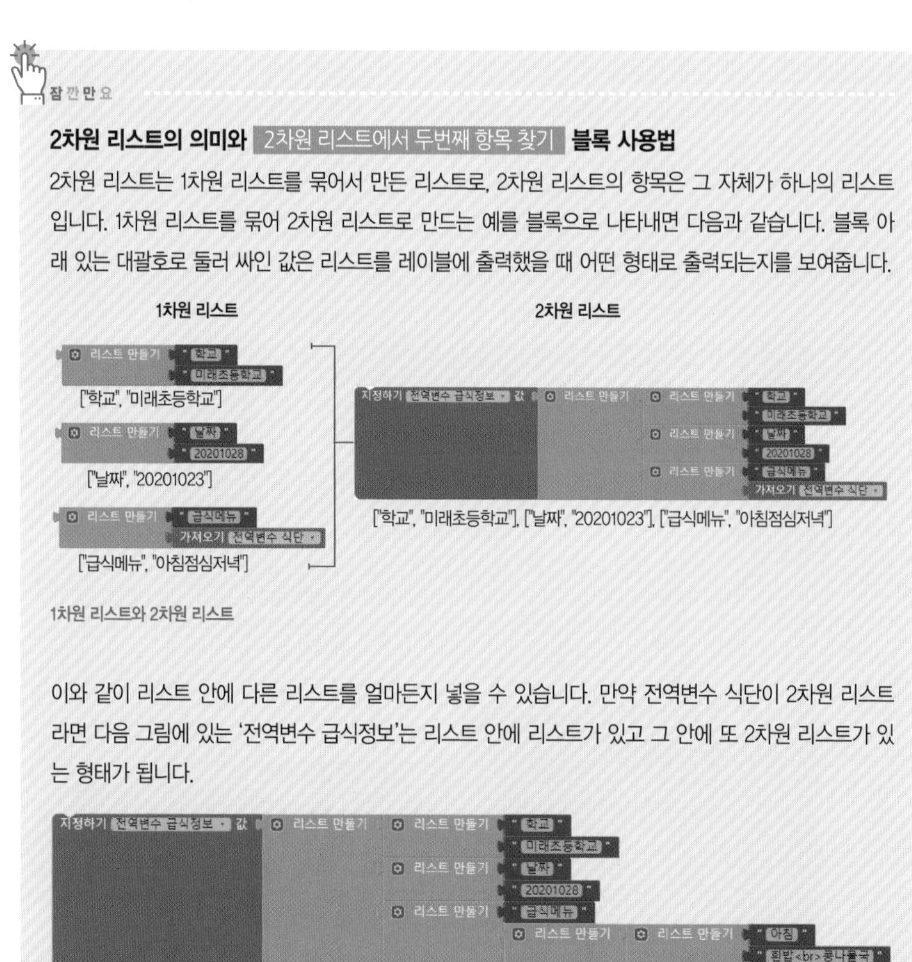

1차원 리스트와 2차원 리스트

이와 같이 리스트 안에 다른 리스트를 얼마든지 넣을 수 있습니다. 만약 전역변수 식단이 2차원 리스트라면 다음 그림에 있는 '전역변수 급식정보'는 리스트 안에 리스트가 있고 그 안에 또 2차원 리스트가 있는 형태가 됩니다.

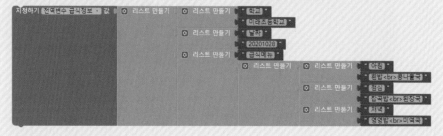

고차원 리스트

2차원 리스트에서 두번째 항목 찾기 블록은 이와 같이 리스트 안에 리스트가 있는 형태의 자료에서 특정 항목을 찾을 때 사용합니다. 단, 이 블록은 리스트 안에 있는 리스트의 항목이 2개인 경우에만 적용할 수 있으며, 2차원 리스트에서 안쪽에 있는 리스트의 첫 번째 항목을 이용하여 두 번째 항목을 찾아 줍니다. 예를 들어, 위 리스트에서 '학교'를 찾고 싶다면 다음과 같이 블록을 구성하면 됩니다.

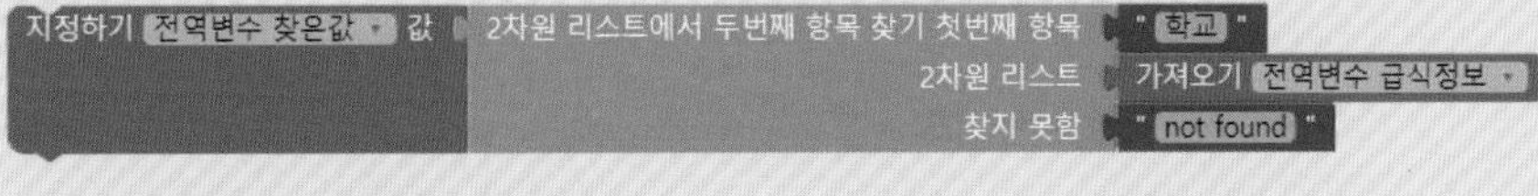

2차원 리스트에서 두번째 항목 찾기 블록 사용법

이처럼 블록을 구성한 후 찾은 값을 레이블에 출력하면 '미래초등학교'가 출력될 것입니다. 만약 리스트에 없는 정보를 찾으려고 하면 찾지 못함 소켓에 연결되어 있는 값인 'not found'가 출력될 것입니다. 응답콘텐츠의 구조와 그 안에서 원하는 데이터를 찾는 방법이 잘 이해되지 않아도 앱을 완성하는 데는 지장이 없으므로 포기하지 말고 계속 앱을 만들기 바랍니다.

11 **전역변수 메뉴** 안에 급식 식단 정보가 없을 때와 있을 때를 구분하기 위해 만약 / 이라면실행 / 아니라면 블록을 추가하여 코드를 수정합니다.

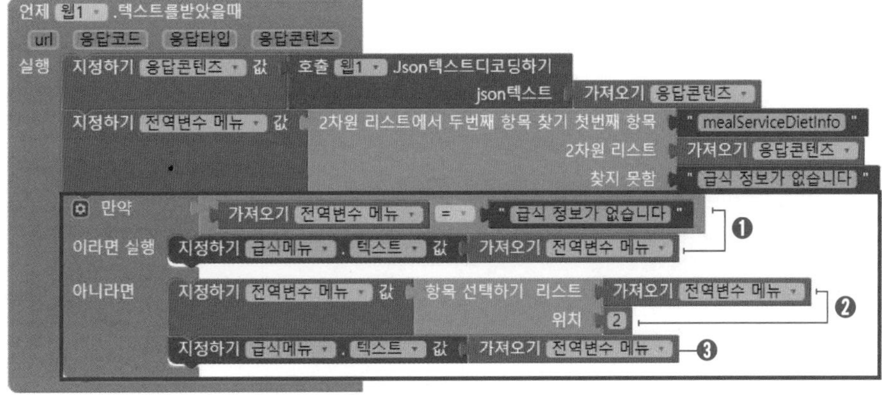

❶ 메뉴의 값이 **급식 정보가 없습니다**라면 서버에서 받은 데이터에 **mealServiceDietInfo**(급식 식단 정보)가 없다는 의미이므로 **급식메뉴** 레이블에 급식 정보 없음을 알리는 메시지를 출력합니다. 이 코드 덕분에 주말, 공휴일과 같이 학교 급식이 없는 날의 급식을 조회하면 화면에 **급식 정보가 없습니다**는 메시지가 출력됩니다.

❷ 메뉴의 값이 **급식 정보가 없습니다**가 아니라면 메뉴에서 급식 메뉴 정보를 찾습니다. **응답콘텐츠**에서 **mealServiceDietInfo**를 이용하여 찾은 메뉴 값은 크게 보면 항목이 **2**개인 리스트이며

이 중 두 번째 항목에 급식 메뉴 정보가 들어있습니다.

[

[["head", [[["list_total_count", 1]], [["RESULT", [["CODE", "INFO-000"], ["MESSAGE", "정상처리되었습니다."]]]]]]], ← **항목1**
[["row", [[["ATPT_OFCDC_SC_CODE", "R10"],…**생략**…, ["DDISH_NM", "*발아현미밥
*근대된장국 (5.6.)
*콩나물무침 (5.6.)
*그릴함박스테이크/소스 (1.2.6.10.15.16)
*조기순살구이 (6.12.13.18.)…**생략**…, ["SD_SCHUL_CODE", "8941057"]]]]] ← **항목2**

]

메뉴 값에서 필요 없는 첫 번째 항목은 제거하고 두 번째 항목만 남기기 위해 항목 선택하기 블록을 이용하여 메뉴의 두 번째 위치에 있는 항목을 선택한 후 이 값을 메뉴의 값으로 지정합니다. 이렇게 하면 메뉴에는 급식 메뉴 정보가 들어 있는 두 번째 항목만 남게 됩니다.

❸ 바뀐 메뉴 값을 **급식메뉴** 레이블에 출력하면 다음과 같이 보일 것입니다.

[["row", [[["ATPT_OFCDC_SC_CODE", "R10"],…**생략**…, ["DDISH_NM", "*발아현미밥
*근대된장국 (5.6.)
*콩나물무침 (5.6.)
*그릴함박스테이크/소스 (1.2.6.10.15.16)
*조기순살구이 (6.12.13.18.)…**생략**…, ["SD_SCHUL_CODE", "8941057"]]]]]

12 전역변수 **메뉴**에서 급식 메뉴를 찾기 위한 최종 코드를 추가합니다.

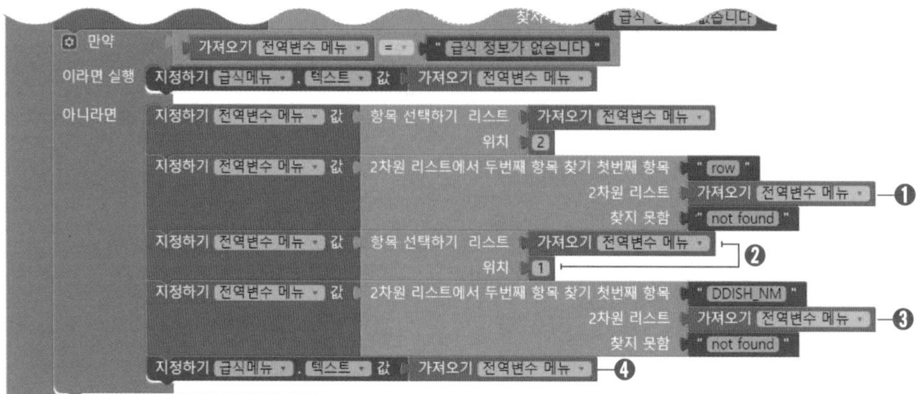

❶ 메뉴에서 **row** 값을 찾아 다시 메뉴에 저장하면 메뉴 값은 다음과 같이 변합니다.

[[["ATPT_OFCDC_SC_CODE", "R10"],…**생략**…, ["DDISH_NM", "*발아현미밥
*근대된장국 (5.6.)
*콩나물무침 (5.6.)
*그릴함박스테이크/소스 (1.2.6.10.15.16)
*조기순살구이 (6.12.13.18.)…**생략**…, ["SD_SCHUL_CODE", "8941057"]]]

현재 **메뉴** 값은 크게 보면 항목이 하나인 리스트입니다. 항목이 하나인 이유는 현재 책에서 예로 든 초등학교는 하루에 급식을 한 번만 제공하기 때문입니다. 만약 하루에 아침, 점심, 저녁을 모두 제공하는 학교의 급식 조회 앱을 만든다면 현재 메뉴 값 안에 총 3개의 항목이 있을 것입니다.

❷ **메뉴**의 첫 번째 항목을 다시 **메뉴**에 저장하면 **메뉴** 값은 다음과 같이 변합니다.

[["ATPT_OFCDC_SC_CODE", "R10"],…**생략**…, ["DDISH_NM", "*발아현미밥
*근대된장국 (5.6.)
*콩나물무침 (5.6.)
*그릴함박스테이크/소스 (1.2.6.10.15.16)
*조기순살구이 (6.12.13.18.)…**생략**…, ["SD_SCHUL_CODE", "8941057"]]

❸ **메뉴**에서 **DDISH_NM** 값을 찾아 다시 **메뉴**에 저장합니다.

❹ **메뉴** 값을 **급식메뉴** 레이블에 출력하면 다음과 같이 보일 것입니다.

*발아현미밥
*근대된장국 (5.6.)
*콩나물무침 (5.6.)
*그릴함박스테이크/소스 (1.2.6.10.15.16)
*조기순살구이 (6.12.13.18.)

드디어 **응답콘텐츠**에서 우리가 필요한 급식 메뉴만 골라내는데 성공했습니다. 그런데 아직 요리명 다음에
과 숫자가 남아 있어 지저분합니다. 메뉴의 값을 좀 더 깔끔하게 다듬을 필요가 있습니다.

TIP

아침, 점심, 저녁을 모두 제공하는 학교의 급식 조회 앱을 만들 경우 메뉴의 첫 번째 항목은 아침, 두 번째 항목은 점심, 세 번째 항목은 저녁 메뉴가 됩니다. 따라서 하루에 2끼 이상의 급식을 제공하는 학교의 급식 조회 앱을 만들려면 사용자 인터페이스와 코드를 수정해야 합니다.

13 **디자이너** 화면으로 이동하여 **급식메뉴** 레이블을 선택한 후 **속성**을 [HTML형식: **체크**]로 바꿉니다.

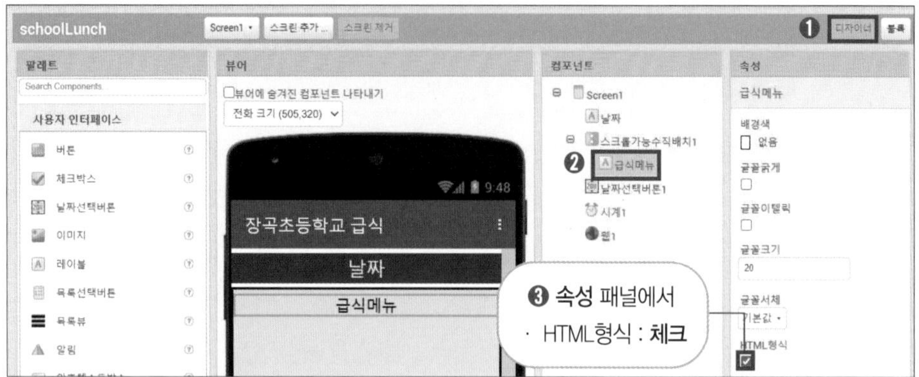

급식메뉴 레이블의 **HTML형식** 속성에 **체크**하면 요리명과 요리명 사이에 있던 HTML 태그인 〈br/〉에 의해 줄바꿈이 이루어집니다. 이제 요리명 뒤에 있는 알레르기 유발 식재료 번호와 점을 제거하여 요리명만 화면에 표시되게 만들면 됩니다.

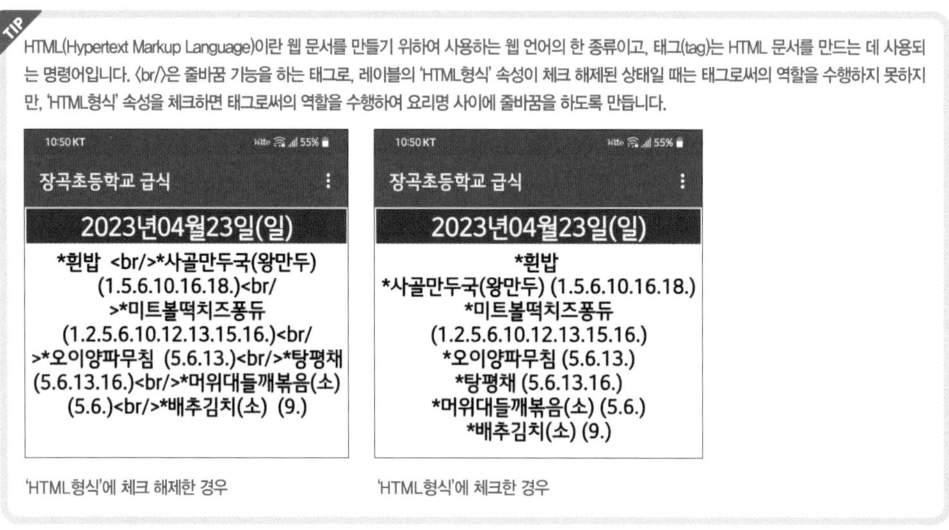
TIP

HTML(Hypertext Markup Language)이란 웹 문서를 만들기 위하여 사용하는 웹 언어의 한 종류이고, 태그(tag)는 HTML 문서를 만드는 데 사용되는 명령어입니다. 〈br/〉은 줄바꿈 기능을 하는 태그로, 레이블의 'HTML형식' 속성이 체크 해제된 상태일 때는 태그로써의 역할을 수행하지 못하지만, 'HTML형식' 속성을 체크하면 태그로써의 역할을 수행하여 요리명 사이에 줄바꿈을 하도록 만듭니다.

'HTML형식'에 체크 해제한 경우

'HTML형식'에 체크한 경우

잠깐만요

딕셔너리를 이용하여 응답콘텐츠에서 필요한 데이터 찾기

딕셔너리(dictionary)란 키(key)와 값(value)의 쌍으로 이루어진, 말 그대로 사전 형식의 데이터를 의미합니다. 영어 사전에서 'apple'을 이용하여 '사과'라는 뜻을 찾을 수 있는 것처럼 딕셔너리에서도 키를 이용하여 값을 찾을 수 있습니다. 웹 컴포넌트에 있는 `호출 웹1.JsonTextDecodeWithDictionaries` 블록을 이용하여 급식 데이터가 들어 있는 응답 콘텐츠를 딕셔너리 형식으로 바꾸면 응답 콘텐츠는 딕셔너리 안에 딕셔너리가 있는 중첩된 딕셔너리가 됩니다. 중첩 딕셔너리에서는 리스트 형태의 키 패스(key path)를 이용하여 원하는 값을 한 번에 찾을 수 있기 때문에 앞서 `2차원 리스트에서 두번째 항목 찾기` 블록을 여러 번 사용하여 값을 찾는 방식보다 코드를 더 간결하게 만들 수 있습니다. 키 패스용 리스트가 어떻게 만들어졌는지는 리스트의 각 항목을 앞서 만든 코드에서 메뉴 값을 찾는 과정과 비교해 보면 이해할 수 있을 것입니다.

```
언제 웹1 .텍스트를받았을때
 url 응답코드 응답타입 응답콘텐츠
실행 지정하기 응답콘텐츠 값 호출 웹1 .JsonTextDecodeWithDictionaries
                                  json텍스트 가져오기 응답콘텐츠
     지정하기 전역변수 메뉴 값 get value at key path 리스트 만들기 'mealServiceDietInfo'
                                                              2
                                                              'row'
                                                              1
                                                              'DDISH_NM'
                                in dictionary 가져오기 응답콘텐츠
                                or if not found '급식 정보가 없습니다'
     지정하기 급식메뉴 . 텍스트 값 가져오기 전역변수 메뉴
```

기존 `언제 웹1.텍스트를받았을때` 블록을 잠시 비활성화한 후 이와 같이 코드를 구성하여 테스트해 보면 두 코드의 실행 결과가 같은 것을 확인할 수 있습니다.

14 급식 메뉴에서 알레르기를 유발하는 식재료 번호를 없애는 **급식메뉴정리하기** 함수를 만듭니다. 먼저, **결과값, 리스트, 요리명** 변수를 만들어 다음과 같이 초기화하고 반환할 **결과값**을 지정해 줍니다.

```
함수 만들기 급식메뉴정리하기 메뉴
결과값 반환 지역변수 만들기 결과값 초기값 ''
           지역변수 만들기 리스트 초기값 빈 리스트 만들기
           지역변수 만들기 요리명 초기값 ''
           실행  실행 후
                 결과값 반환 가져오기 결과값
```

급식메뉴정리하기 함수는 다양한 요리명과 알레르기를 유발하는 식재료 번호로 이루어진 급식 **메뉴** 값을 전달받아 이 식재료 번호를 제거하고 요리명만 모아서 **결과값**으로 반환합니다.

15 급식 메뉴를 각 항목으로 분할하기 위한 코드를 추가합니다.

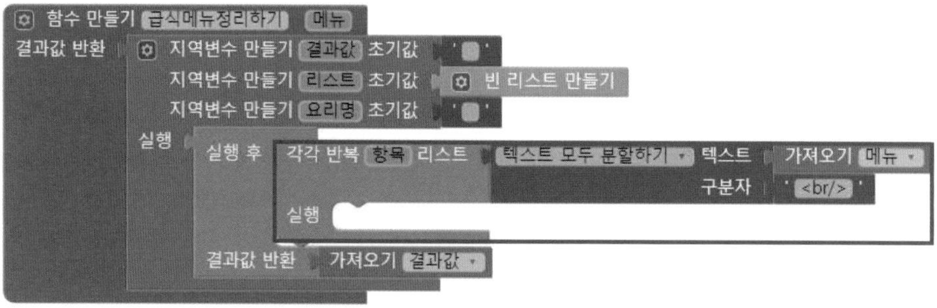

```
함수 만들기 급식메뉴정리하기 메뉴
결과값 반환  지역변수 만들기 결과값 초기값 ' '
             지역변수 만들기 리스트 초기값 빈 리스트 만들기
             지역변수 만들기 요리명 초기값 ' '
             실행  실행 후  각각 반복 항목 리스트  텍스트 모두 분할하기 ▾ 텍스트  가져오기 메뉴 ▾
                                                                  구분자  '<br/>'
                            실행
                   결과값 반환  가져오기 결과값 ▾
```

예를 들어, 메뉴의 값이 "보리밥 〈br/〉쇠고기미역국 (5.6.16.)〈br/〉브로콜리배초무침 (5.6.13.)〈br/〉 사과(자율)"라면 텍스트 모두 분할하기 블록에 의해 〈br/〉을 기준으로 분할되어 ["흑미수수밥", "소고기미역국 (5.6.16.)", "브로콜리배초무침 (5.6.13.)", "사과(자율)"]처럼 **항목**이 4개인 리스트가 됩니다. 이 리스트를 각각 반복 항목 리스트 블록의 리스트 값으로 지정하면 4번의 반복이 실행됩니다.

16 급식 메뉴를 구성하는 각 항목에서 요리명을 추출하여 결과값을 만드는 코드를 추가하여 **급식메뉴정리하기** 함수를 완성합니다.

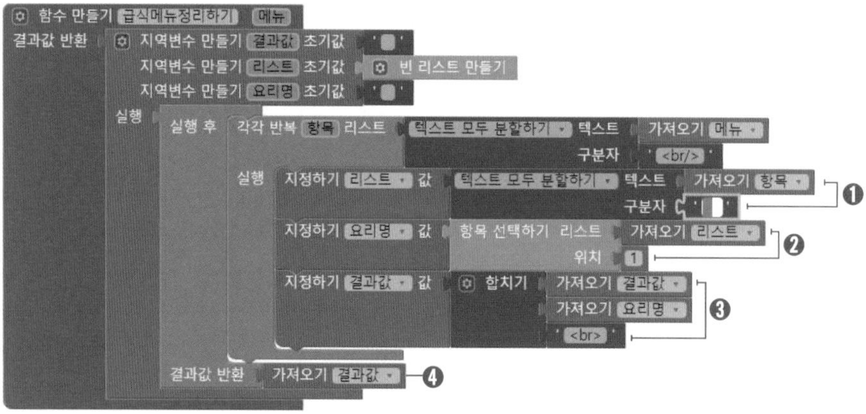

```
함수 만들기 급식메뉴정리하기 메뉴
결과값 반환  지역변수 만들기 결과값 초기값 ' '
             지역변수 만들기 리스트 초기값 빈 리스트 만들기
             지역변수 만들기 요리명 초기값 ' '
             실행  실행 후  각각 반복 항목 리스트  텍스트 모두 분할하기 ▾ 텍스트  가져오기 메뉴 ▾
                                                                  구분자  '<br/>'
                            실행  지정하기 리스트 ▾ 값  텍스트 모두 분할하기 ▾ 텍스트  가져오기 항목 ▾   ❶
                                                                      구분자  ' '
                                  지정하기 요리명 ▾ 값  항목 선택하기 리스트  가져오기 리스트 ▾   ❷
                                                                    위치  1
                                  지정하기 결과값 ▾ 값  합치기  가져오기 결과값 ▾   ❸
                                                               가져오기 요리명 ▾
                                                               '<br>'
                   결과값 반환  가져오기 결과값 ▾   ❹
```

❶ 텍스트 모두 분할하기 블록은 텍스트를 구분자를 기준으로 분할하여 리스트로 만들어 줍니다. 예를 들어 "보리밥 "처럼 알레르기 유발 식재료 번호가 없는 **항목**이라면 분할된 값은 ["보리밥"] 형태의 **항목**이 하나인 **리스트**가 됩니다. 그리고 "소고기미역국 (5.6.16.)"처럼 알레르기 유발 식재료 번호가 있는 **항목**이라면 분할된 값은 ["소고기미역국", "(5.6.16.)"] 형태의 **항목**이 2개인 리스트가 됩니다. 이때 주의할 점은 **구분자**로 사용하는 ' ' 블록에 반드시 스페이스 키를 두 번 눌러 빈 칸을 2칸으로 만들어야 한다는 것입니다. **항목**의 **요리명** 다음에는 다음 그림처럼 빈 칸이 두 칸이기 때문입니다.

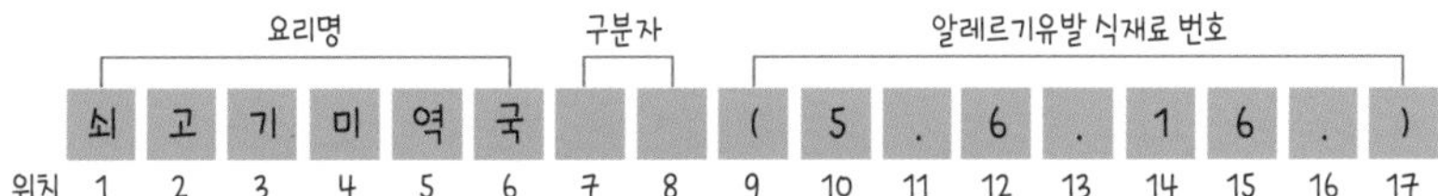

❷ **리스트**의 첫 번째 항목을 선택하여 **요리명**에 저장하는 방식으로 **항목**에서 **요리명**만 추출합니다.

❸ **요리명**과 〈br〉을 더하여 다시 결과값으로 지정하면 반복이 진행되는 동안 **결과값**에 **요리명**이 차곡차곡 쌓이게 됩니다. 예를 들어, **메뉴**의 값이 "보리밥 〈br/〉쇠고기미역국 (5.6.16.)〈br/〉브로콜리배초무침 (5.6.13.)"이라면 **결과값**은 첫 번째 반복에서 "보리밥〈br〉", 두 번째 반복에서 "보리밥〈br〉쇠고기미역국〈br〉", 세 번째 반복에서 "보리밥〈br〉쇠고기미역국〈br〉브로콜리배초무침"이 됩니다.

❹ **메뉴**에서 알레르기 유발 식재료 번호를 제거하고 **요리명**만 남긴 **결과값**을 반환합니다.

17 언제 웹1.텍스트를받았을때 블록에 **급식메뉴정리하기** 함수를 호출하는 블록을 추가하여 **메뉴** 레이블에 요리명만 출력하도록 만듭니다.

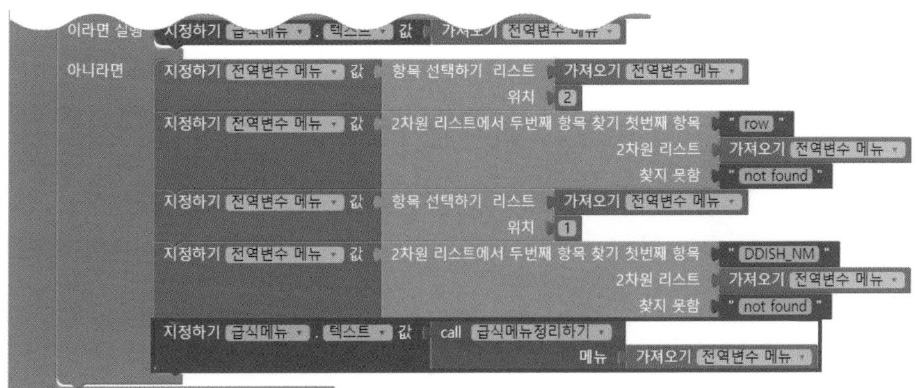

18 **날짜 선택** 버튼을 클릭한 후 날짜 선택창에서 특정 날짜를 선택하면 선택한 날짜의 급식 메뉴가 화면에 표시되도록 언제 날짜선택버튼1.날짜선택후에 블록을 구성합니다.

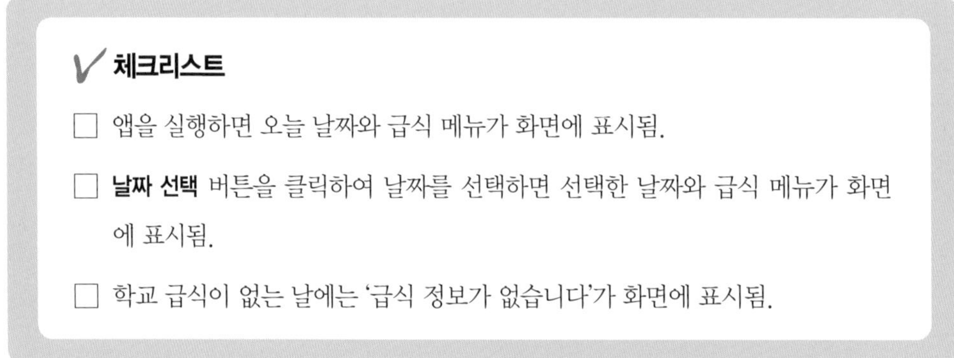

날짜 선택창에서 특정 날짜를 선택하면 **급식데이터가져오기** 함수가 호출되어 API 서버에 선택한 날짜의 급식 데이터를 요청합니다. 급식 데이터 요청 후 데이터가 정상적으로 전송되면 언제 웹1.텍스트를받았을때 블록이 실행되어 전송된 데이터 중 급식 메뉴만 골라서 화면에 표시합니다.

지금까지 만든 앱이 잘 작동하는지 스마트폰을 이용하여 테스트해 봅시다.

체크리스트

- ☐ 앱을 실행하면 오늘 날짜와 급식 메뉴가 화면에 표시됨.
- ☐ **날짜 선택** 버튼을 클릭하여 날짜를 선택하면 선택한 날짜와 급식 메뉴가 화면에 표시됨.
- ☐ 학교 급식이 없는 날에는 '급식 정보가 없습니다'가 화면에 표시됨.

4 앱 업그레이드하기

앞서 만든 급식 조회 앱에서는 알레르기 유발 식재료 번호를 필요 없는 정보라고 판단해서 완전히 없애 버렸습니다. 하지만 알레르기 유발 식재료 정보는 식품 알레르기가 있는 사람에게는 꼭 필요한 정보입니다. 알레르기 유발 식재료 정보를 없애는 것이 아니라 식재료 번호를 알아보기 쉽게 식재료 이름으로 바꾸고 알레르기 유발 식재료 정보를 표시할지 말지를 설정할 수 있게 만들어 보겠습니다.

1 ❶ 오른쪽 상단에 있는 **디자이너** 버튼을 클릭하여 **디자이너** 화면으로 이동한 후 ❷ **사용자 인터페이스** 서랍에 있는 **스위치**를 가져와 **날짜** 레이블 아래에 추가합니다. ❸ **속성**을 [글꼴이텔릭: **체크**], [글꼴크기: 12], [텍스트: **알레르기 유발 식재료**], [텍스트색상: **어두운 회색**]으로 바꿉니다.

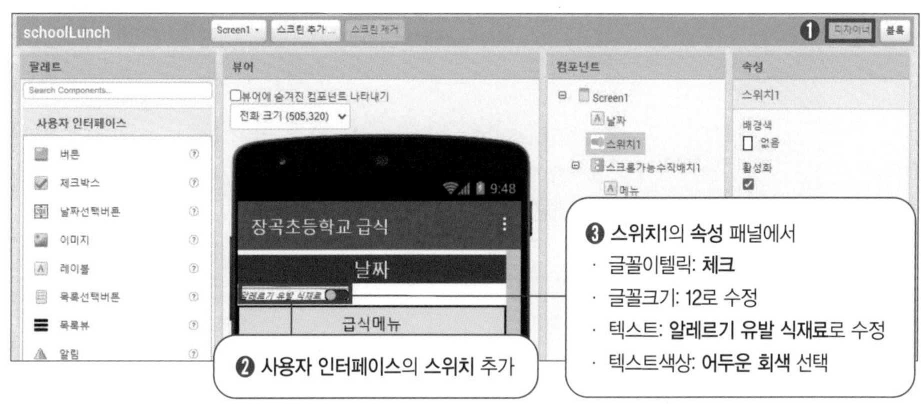

> **TIP** '스위치' 컴포넌트는 우리가 일상생활에서 사용하는 전등 스위치와 마찬가지로, 켜짐(참) 상태일 때 누르면 꺼짐(거짓) 상태가 되고, 꺼짐(거짓) 상태일 때 누르면 켜짐(참) 상태가 되면서 상태 변경에 따른 이벤트를 발생시킵니다.

2 **스위치1**을 오른쪽으로 정렬하기 위해 Screen1의 **속성**을 [수평정렬: **오른쪽 : 2**]로 바꿉니다.

3 **블록** 화면으로 이동한 후 먼저 식재료 번호를 식재료의 이름으로 바꿔주는 **번호를이름으로변환** 함수를 만듭니다.

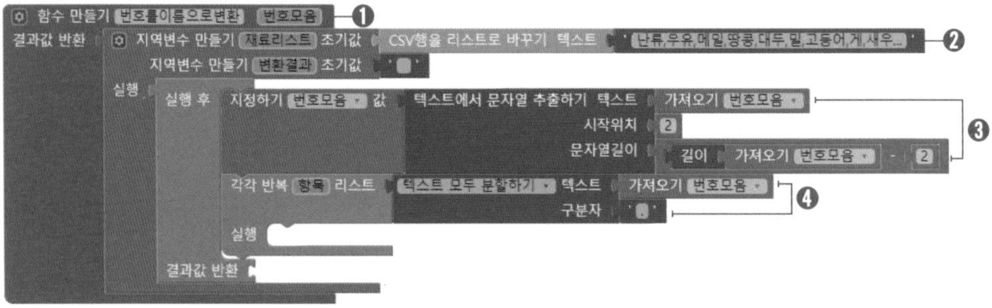

❶ **번호를이름으로변환** 함수는 **온점(.)**으로 구분된 식재료 번호를 입력값으로 받아 번호에 해당하는 식재료 이름으로 바꿔서 반환합니다.

❷ CSV행을 리스트로 바꾸기 블록은 **쉼표(,)**로 구분된 값을 리스트로 바꿔줍니다. 텍스트 블록에 입력해야 할 알레르기 유발 식재료 18종은 다음과 같습니다.

난류,우유,메밀,땅콩,대두,밀,고등어,게,새우,돼지고기,복숭아,토마토,아황산염,호두,닭고기,쇠고기,오징어,조개류

이 텍스트가 CSV행을 리스트로 바꾸기 블록을 거쳐 **재료리스트**에 저장되면 **재료리스트**는 항목이 18개인 리스트가 됩니다.

❸ **번호모음**을 둘러 싸고 있는 필요 없는 괄호를 제거하기 위해 텍스트의 특정 위치에서 지정한 길이만큼 문자열을 추출하여 반환하는 텍스트에서 문자열 추출하기 블록을 사용합니다. 예를 들어 처음 **번호모음**의 값이 "(5.6.16.)"이라면 이 코드에 의해 바뀐 **번호모음**의 값은 "5.6.16."이 됩니다.

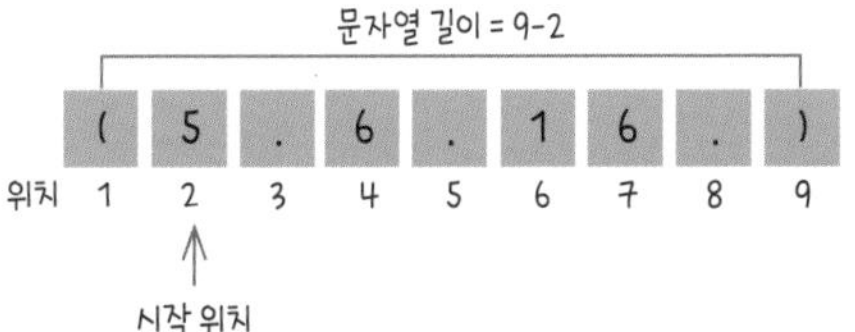

❹ 텍스트 모두 분할하기 블록은 텍스트를 구분자를 기준으로 분할하여 리스트로 만들어 줍니다. 예를 들어, **번호모음**의 값이 '5.6.16.'이면 이 값은 구분자로 지정된 **온점(.)**을 기준으로 분할되어 **항목**이 총 3개인 리스트가 됩니다.

4 **번호를이름으로변환** 함수의 나머지 부분을 완성합니다.

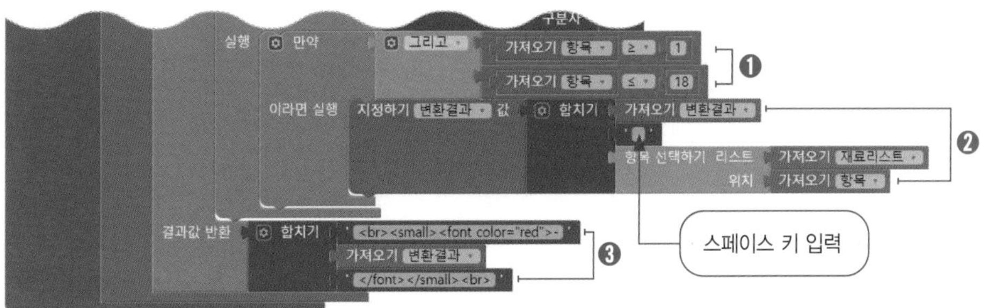

❶ 각각 반복 항목 리스트 블록의 **항목**은 항목 선택하기 블록을 이용하여 **재료리스트**에 있는 식재료명을 가져올 때 **위치** 값으로 사용됩니다. **재료리스트**의 길이는 18이므로 **위치** 값으로 사용할 **항목**은 1~18사이의 숫자여야 합니다. 만약 급식 메뉴에 오타가 있어 일반적인 급식 메뉴 양식과 다를 경우 **번호모음**에 18 이상의 값이 들어올 수 있는데 이렇게 되면 **항목**을 이용하여 **재료리스트**에서 식재료명을 가져올 때 에러가 발생할 수 있으므로 **항목** 값이 **재료리스트**의 항목을 선택하는 데 사용할 수 있는 값인지 검사합니다.

❷ **항목** 값에 이상이 없으면 **재료리스트**에서 **항목** 번째 위치에 있는 식재료 이름을 가져와서 **변환결과**에 차곡차곡 쌓습니다. 예를 들어, 각각 반복 항목 리스트 블록의 리스트로 지정된 값이 ["5", "6", "16"]이라면 첫 번째 반복에 의한 **변환결과** 값은 '빈 텍스트+띄어쓰기+대두(재료리스트의 5번째 항목)'가 됩니다. 그리고 두 번째 반복에 의한 **변환결과** 값은 ' 대두+띄어쓰기+밀(재료리스트의 6번째 항목)'이 됩니다. 마지막으로 세 번째 반복에 의한 **변환결과** 값은 ' 대두 밀+띄어쓰기+쇠고기(재료리스트의 16번째 항목)'가 됩니다. 따라서 최종 **변환결과** 값은 ' 대두 밀 쇠고기'가 됩니다.

❸ **변환결과** 값에 **
(줄바꿈), **<small>(글씨 작게 만들기), **<font color="red">**(글자색을 빨간색으로 정하기) 태그를 추가하여 결과값으로 반환합니다. HTML 태그를 추가하는 까닭은 식재료 이름을 **메뉴** 레이블에 출력할 때 요리명과 구분되도록 하기 위해서입니다.

> **TIP** 레이블에 작동하는 HTML 태그는 제한적이기 때문에 레이블에 모든 태그가 다 적용되지는 않습니다.

5 이미 만들어 둔 **급식메뉴정리하기** 함수에 요리명과 알레르기 유발 식재료 이름을 함께 반환하는 기능을 추가하기 위한 작업을 시작합니다.

함수 만들기 급식메뉴정리하기 메뉴 알레르기표시 ❶
결과값 반환 지역변수 만들기 결과값 초기값 ' '
지역변수 만들기 리스트 초기값 빈 리스트 만들기
지역변수 만들기 요리명 초기값 ' '
지역변수 만들기 번호들 초기값 ' ' ❷

❶ **급식메뉴정리하기** 함수에 입력값으로 **알레르기표시**를 추가합니다.

❷ 알레르기 유발 식재료 번호를 저장하기 위한 **지역변수 번호들**을 추가하고, **빈 텍스트**로 초기화합니다.

6 알레르기 유발 식재료를 표시할 때와 표시하지 않을 때 실행할 코드를 구분하기 위해 **급식메뉴정리하기** 함수의 각각 반복 항목 리스트 블록 안에 있는 지정하기 결과값 값 블록 조합을 만약 / 이라면 실행 / 아니라면 블록 안에 넣고 다음과 같이 고칩니다.

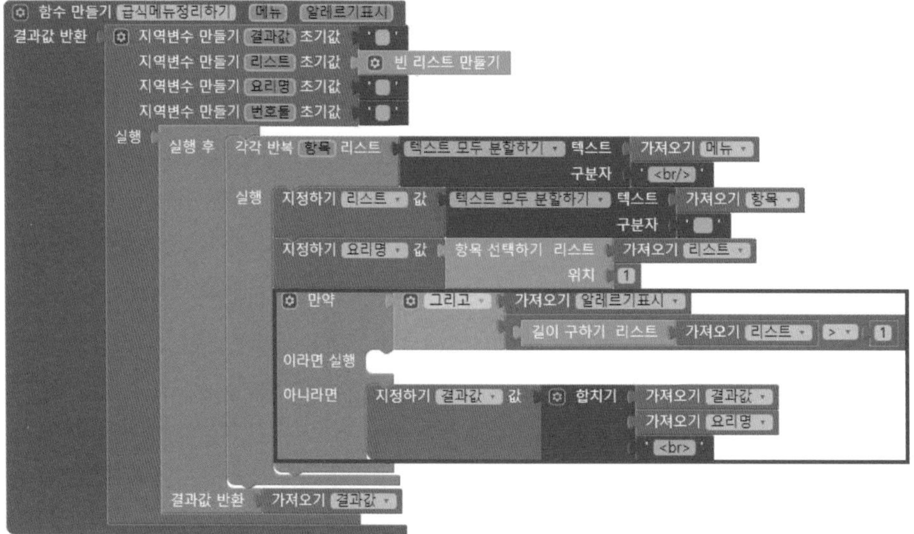

알레르기 유발 식재료 정보는 스위치가 켜졌을 때 알레르기 유발 식재료가 포함된 **요리명**에만 표시되면 됩니다. 논리 연산에 사용되는 모든 조건이 '참'일 때 '참'을 반환하는 '그리고' 연산의 성질을 이용하여 스위치의 상태 값이 저장되는 **알레르기표시**의 값과 **리스트**의 길이가 1보다 큰지를 비교하는 연산이 동시에 '참'인 경우를 판단하는 조건을 만듭니다. 두 조건 중 하나라도 '거짓'이면 알레르기 유발 식재료를 표시하지 않아도 되므로 만약/이라면 실행/아니라면 블록의 '아니라면' 영역에 기존에 있던 지정하기 결과값 블록 조합을 넣어줍니다.

7 **급식메뉴정리하기** 함수의 나머지 부분을 완성합니다.

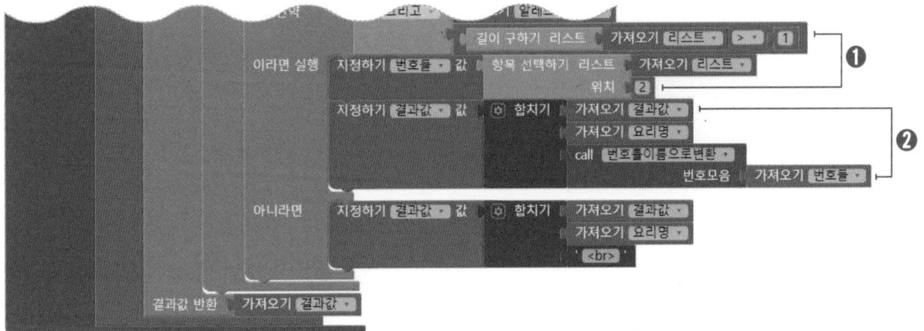

❶ **알레르기표시** 스위치가 켜져 있고 **항목**에 알레르기 유발 식재료가 포함되어 있어 **리스트**의 길이가 1보다 크면 **리스트**의 2번째 위치에 있는 값을 **번호들** 변수에 저장합니다. 예를 들어 **리스트**의 값이 ["소고기미역국", "(5.6.16.)"]이라면 **리스트**의 두 번째 항목인 "(5.6.16.)"이 **번호들**에 저장됩니다.

❷ 반복할 때마다 **결과값**에 **요리명**과 **번호**를 식재료 이름으로 변환한 값이 차곡차곡 쌓이게 됩니다. 예를 들어, 메뉴의 값이 '흑미수수밥
쇠고기미역국 (5.6.16.)
브로콜리배초무침 (5.6.13.)'이라면 3번의 반복 실행에 의한 **결과값**은 다음과 같은 형태로 만들어집니다.

흑미수수밥
쇠고기미역국
<small><font color="red">- 대두 밀 쇠고기</font></small>
브로콜리배초무침
<small><font color="red">- 대두 밀 아황산염 </font></small>

그리고 **결과값**이 레이블에 출력되면 다음과 같이 보일 것입니다.

흑미수수밥
쇠고기미역국
- 대두 밀 쇠고기
브로콜리배초무침
- 대두 밀 아황산염

8 스위치가 '켜짐' 상태이면 알레르기 유발 식재료가 보이고 '꺼짐' 상태이면 보이지 않도록 언제 스위치1.변경되었을때 블록을 구성합니다.

언제 스위치1 .변경되었을때
실행 지정하기 급식메뉴 . 텍스트 값 call 급식메뉴정리하기
메뉴 가져오기 전역변수 메뉴
알레르기표시 스위치1 . 에

스위치1을 켜면 스위치1.에 블록의 값은 '참'이 되고, 끄면 스위치1.에 블록의 값은 '거짓'이 됩니다. 따라서 **스위치1**을 켜면 알레르기 유발 식재료 정보가 화면에 표시되고, **스위치1**을 끄면 알레르기 유발 식재료 번호가 제거됩니다.

TIP

스위치1.에 블록의 '에'는 한글화 과정에서 잘못 번역된 것으로 영어로는 'On'입니다. 우리말로 제대로 번역하면 '켜짐' 정도로 번역할 수 있습니다.

9 언제 웹1.텍스트를받았을때 블록에 있는 call 급식메뉴정리하기 블록에 스위치1.에 블록을 연결하여 **스위치1**의 상태에 따라 화면에 알레르기 유발 식재료 정보가 표시되거나 표시되지 않게 만듭니다.

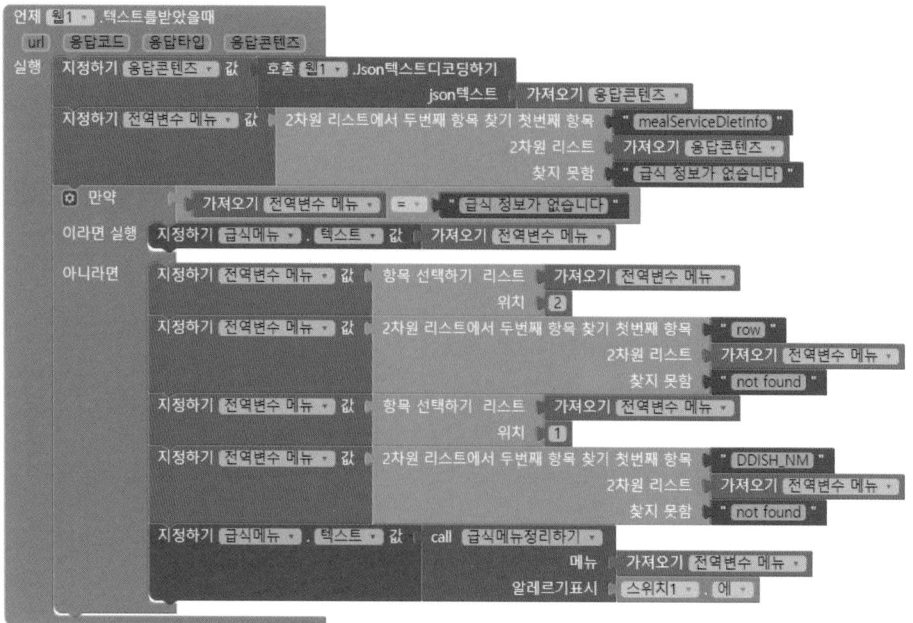

새롭게 추가한 기능이 잘 작동하는지 스마트폰을 이용하여 테스트해 봅시다.

✓ 체크리스트

- ☐ 앱을 처음 실행시키면 스위치가 꺼진 상태이므로 알레르기 유발 식재료가 보이지 않음.
- ☐ 스위치를 켜면 알레르기 유발 식재료가 요리 이름 아래에 작고 빨간 글씨로 나타남.
- ☐ 스위치가 켜진 상태에서 새로운 날짜의 급식을 조회하면 급식 메뉴와 알레르기 유발 식재료가 같이 표시됨.
- ☐ 스위치를 끄면 알레르기 유발 식재료 표시가 사라짐.

나만의 아이디어 더하기

급식 조회 앱을 개선하기 위한 아이디어를 여러분이 직접 적어 보세요.

포스트잇 붙이는 공간

손가락 달리기 게임 앱 만들기

이번 장에서는 화면을 터치하는 속도로 게임의 승패를 가르는 손가락 달리기 게임을 2인 플레이 모드와 1인 플레이 모드로 나눠서 만들어 보겠습니다. 손가락 달리기 게임은 터치만 빨리 하면 이기는 단순한 방식이기 때문에 누구나 쉽게 즐길 수 있습니다. 게임을 만드는 방법을 이해하고 내가 직접 만든 게임으로 친구들과 즐거운 시간을 가져봅시다.

미 | 리 | 보 | 기

메인 화면

- **친구와 2인 플레이** 버튼을 클릭하면 2인 플레이 화면으로 이동합니다.
- **혼자서 1인 플레이** 버튼을 클릭하면 1인 플레이 화면으로 이동합니다.

2인 플레이 화면

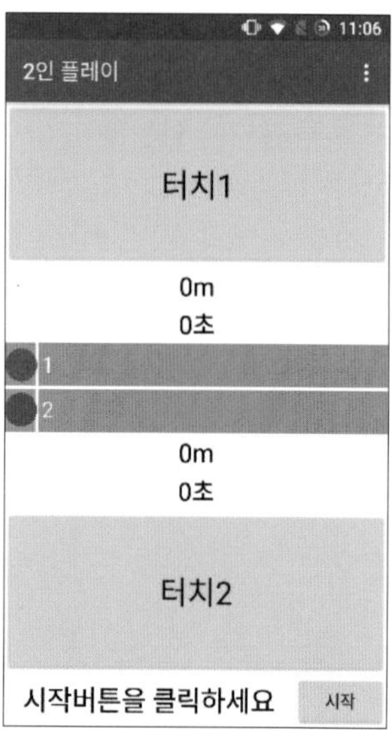

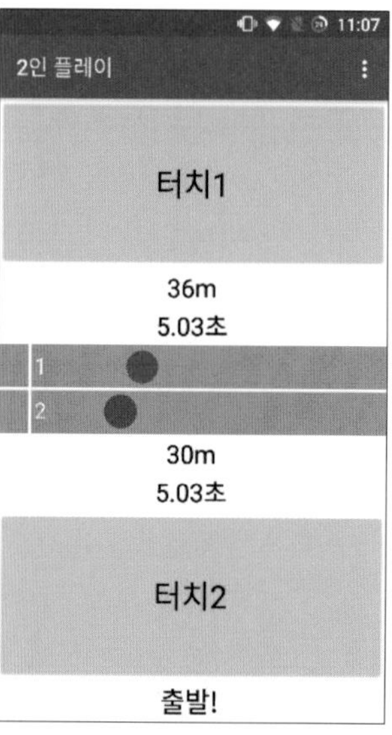

- **시작** 버튼을 클릭하면 **시작** 버튼이 사라지고 잠시 후 총소리와 함께 출발 메시지가 나타나면서 시간이 증가합니다.
- **터치1** 버튼을 클릭하면 빨간색 공이 오른쪽으로 움직이고, **터치2** 버튼을 클릭하면 파란색 공이 오른쪽으로 움직이며 거리가 1m씩 증가합니다.
- 공이 화면 끝에 닿으면 시간이 멈춥니다.
- 두 공이 모두 화면 끝에 닿으면 다시 **시작** 버튼이 나타납니다

1인 플레이 화면

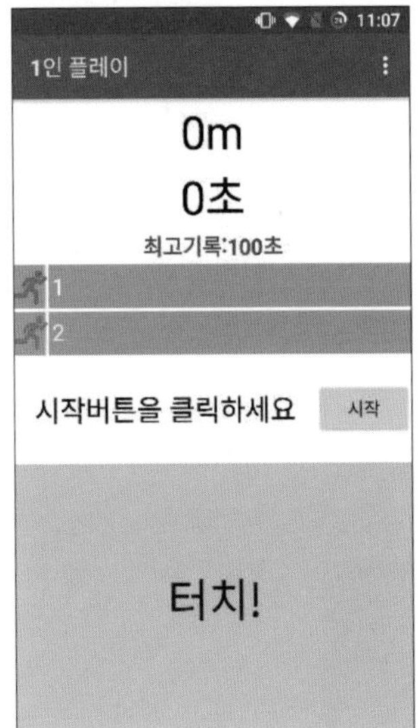

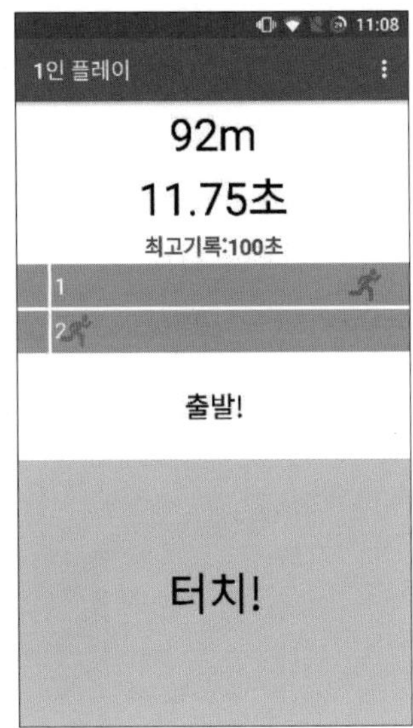

- **시작** 버튼을 클릭하면 **시작** 버튼이 사라지고 잠시 후 총소리와 함께 출발 메시지가 나타나고 시간이 증가합니다.
- **터치** 버튼을 클릭하면 파란색 캐릭터가 오른쪽으로 조금씩 이동하고 거리가 1m씩 증가합니다.
- 빨간색 캐릭터는 출발 신호에 따라 자동으로 움직이며 사용자의 최고기록에 의해 이동 속도가 결정됩니다.
- 파란색 캐릭터가 화면 끝에 닿으면 시간이 멈추고 **시작** 버튼이 나타납니다.

완성 앱 미리보기

완성된 앱의 실제 동작이 궁금하다면 QR 코드를 스캔하여 파일을 스마트폰에 설치한 후 확인해 봅니다.

- **스마트폰 설치 파일** https://bit.ly/3jtgZlf
- **프로젝트 파일** example_touchRun.aia

1 프로젝트 준비하기

손가락 달리기 게임을 만들기 위해 새로운 프로젝트를 추가하는 작업부터 시작하겠습니다.

1 앱 인벤터(http://ai2.appinventor.mit.edu/)에 접속하여 로그인한 후 **프로젝트** 메뉴의 **새 프로젝트 시작하기**를 선택합니다.

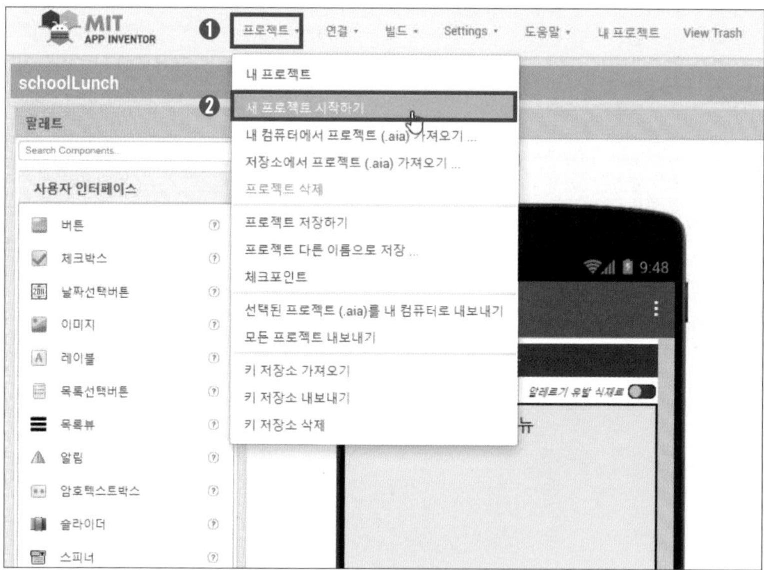

2 프로젝트 이름을 touchRun으로 입력하고 **확인** 버튼을 클릭합니다.

2 컴포넌트로 앱 화면 디자인하기

프로젝트가 생성되었으면 디자이너 화면에서 앱의 화면을 만들어 보겠습니다. 손가락 달리기 게임은 총 3개의 스크린으로 구성되는데, 메인 화면 역할을 하는 스크린과 2인 플레이를 위한 스크린부터 만들어 보겠습니다.

1. 메인(Screen1) 스크린 만들기

메인 스크린은 게임이 실행되었을 때 가장 먼저 보이는 화면이므로 기본 스크린인 Screen1에 바로 만들면 됩니다. 손가락 달리기 게임의 완성된 메인 스크린은 다음 그림과 같습니다.

1 Screen1의 속성을 [수평정렬: **가운데 : 3**], [수직정렬: **가운데 : 2**], [앱이름: **손가락달리기**], [스크린방향: **세로**], [테마: **장치 기본값**], [제목: **손가락 달리기**]로 바꿉니다.

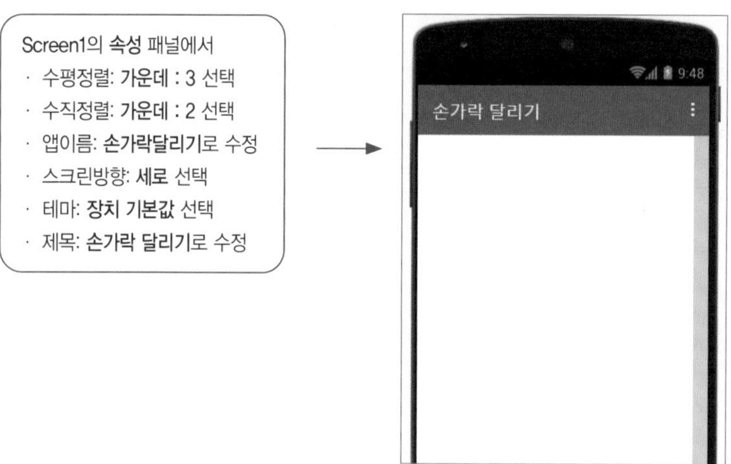

Screen1의 **속성** 패널에서
· 수평정렬: **가운데 : 3** 선택
· 수직정렬: **가운데 : 2** 선택
· 앱이름: **손가락달리기**로 수정
· 스크린방향: **세로** 선택
· 테마: **장치 기본값** 선택
· 제목: **손가락 달리기**로 수정
9:48
손가락 달리기

2 ❶ **사용자 인터페이스** 서랍에서 **이미지**를 가져와 Screen1에 추가하고 ❷ **이미지1**의 **속성**을 [높이: **300 픽셀**], [너비: **300 픽셀**], [사진: **main.png**]로 바꿉니다.

TIP

'이미지' 컴포넌트에 적용할 main.png 파일은 갤러리에서 touchRun 프로젝트를 찾아 해당 프로젝트의 '미디어' 패널에서 내려받을 수 있습니다. 이때 '미디어' 패널에 있는 다른 이미지 파일과 효과음도 함께 내려받으세요(파일을 내려받는 방법은 194쪽에 있습니다). 다른 이미지 파일이나 효과음을 사용하고 싶다면 직접 웹에서 검색해 파일을 다운로드하거나 여러분이 직접 찍은 사진이나 녹음한 소리를 사용해도 됩니다.

3 ❶ **사용자 인터페이스** 서랍에서 **버튼** 2개를 가져와 **이미지1** 아래에 추가하고 ❷ **버튼1**의 이름을 **버튼_2인**으로 바꾸고 **속성**을 [텍스트: **친구와 2인 플레이**]로 바꿉니다. ❸ 이어서 **버튼2**의 이름을 **버튼_1인**으로 바꾸고 **속성**을 [텍스트: **혼자서 1인 플레이**]로 바꿉니다.

2. 2인 플레이(match) 스크린 만들기

새로운 스크린을 추가해서 2인 플레이를 위한 화면을 구성해 보겠습니다. 완성된 2인 플레이 스크린은 다음 그림과 같습니다.

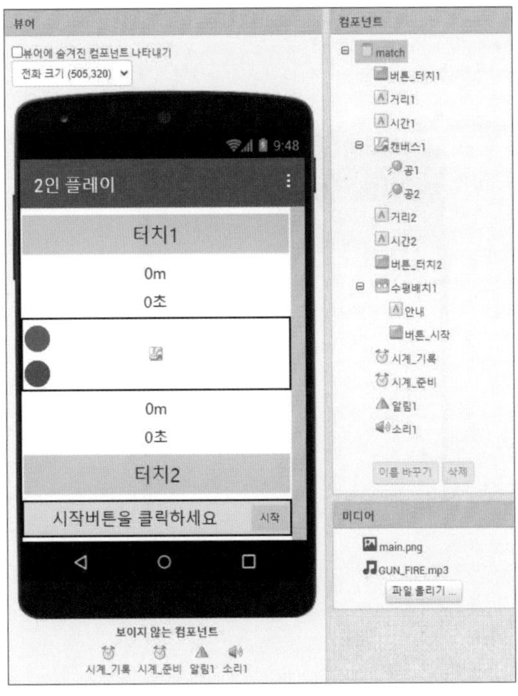

1 화면 상단의 **스크린 추가** 버튼을 클릭한 후, 새 스크린의 이름을 match로 입력하고 **확인** 버튼을 클릭합니다.

2 match의 **속성**을 [제목: **2인 플레이**]로 바꿉니다.

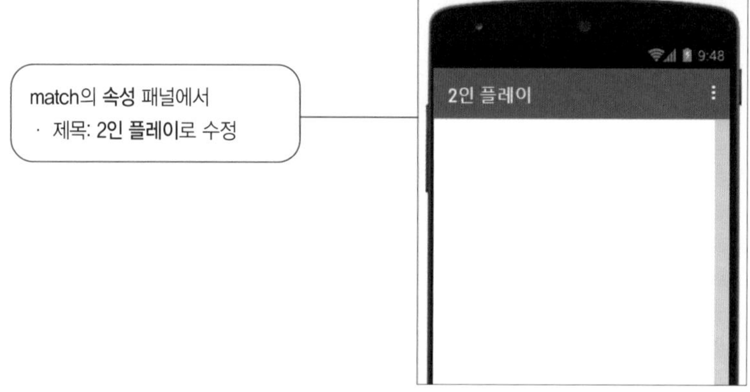

3 **사용자 인터페이스 서랍**에서 **버튼** 2개와 **레이블** 4개, **레이아웃** 서랍에서 **수평배치**, **그리기&애니메이션** 서랍에서 **캔버스**를 가져와 다음 그림과 같은 순서로 배치합니다.

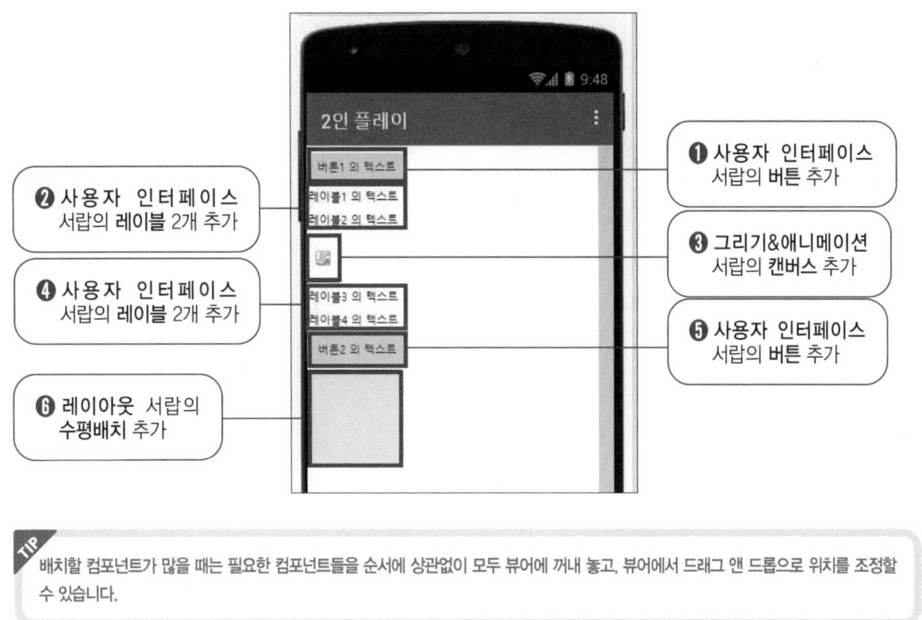

TIP

배치할 컴포넌트가 많을 때는 필요한 컴포넌트들을 순서에 상관없이 모두 뷰어에 꺼내 놓고, 뷰어에서 드래그 앤 드롭으로 위치를 조정할 수 있습니다.

4 ❶ **버튼1**의 이름을 **버튼_터치1**로 바꾸고 ❷ **속성**을 [글꼴크기: 25], [높이: **부모 요소에 맞추기**], [너비: **부모 요소에 맞추기**], [텍스트: **터치1**]로 바꿉니다.

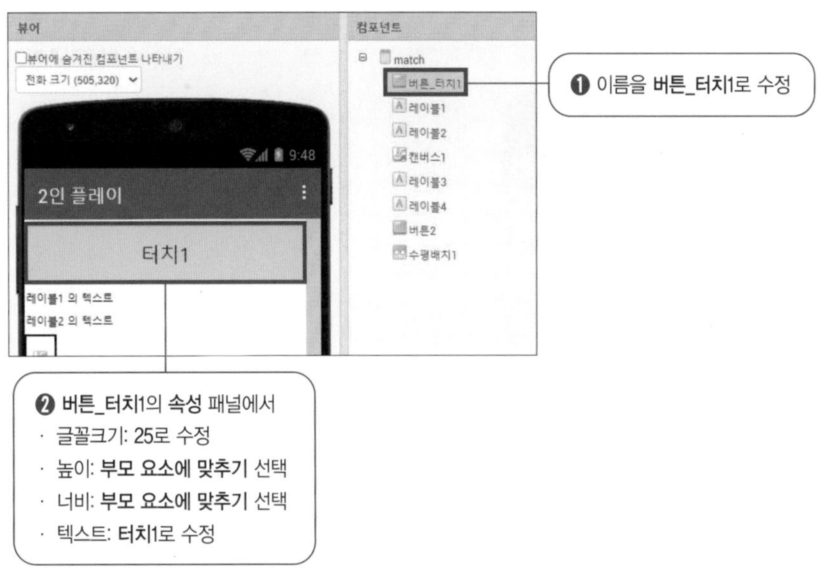

5 ❶ **레이블1**의 이름을 **거리1**로 바꾸고 ❷ **속성**을 [글꼴크기: 20], [너비: **부모 요소에 맞추기**], [텍스트: 0m], [텍스트정렬: **가운데 : 1**]로 바꿉니다.

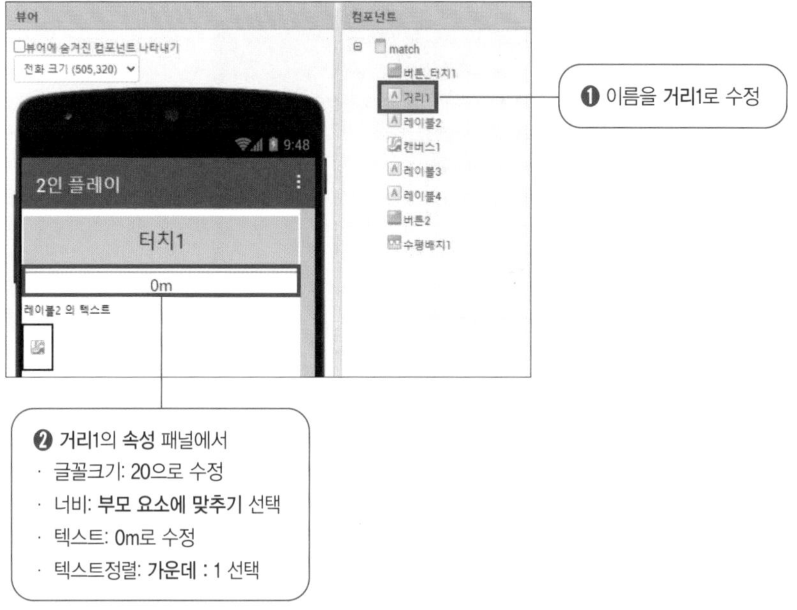

6 ❶ **레이블2**의 이름을 **시간1**로 바꾸고 ❷ **속성**을 [글꼴크기: 20], [너비: **부모 요소에 맞추기**], [텍스트: 0초], [텍스트정렬: **가운데 : 1**]로 바꿉니다.

7 ❶ **캔버스1**의 **속성**을 [높이: **80 픽셀**], [너비: **부모 요소에 맞추기**]로 바꾸고 ❷ **그리기&애니메이션** 서랍에서 **공** 2개를 가져와 **캔버스1**에 추가합니다.

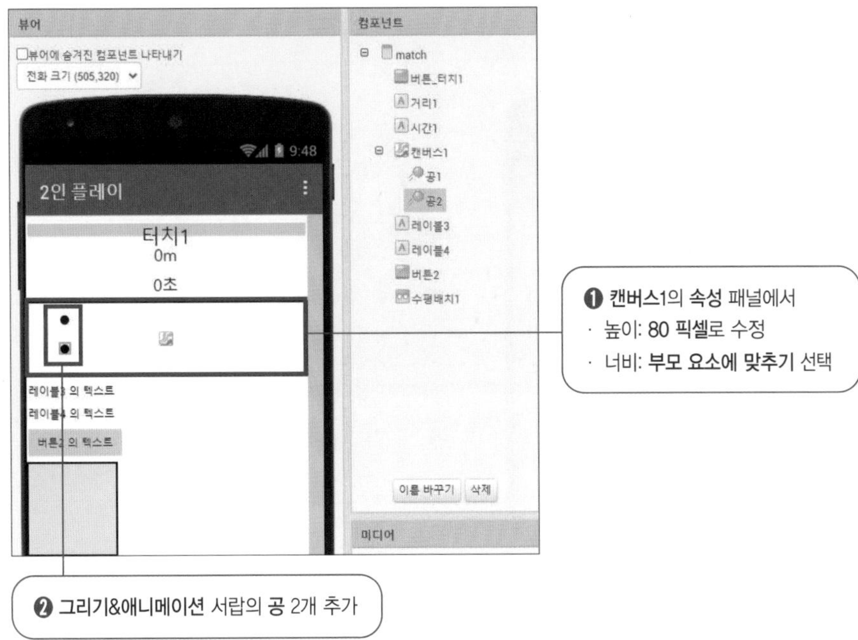

8 ❶ **공1**의 **속성**을 [페인트색상: **빨강**], [반지름: **15**], [X: **0**], [Y: **5**]로 바꾸고 ❷ **공2**의 **속성**을 [페인트색상: **파랑**], [반지름: **15**], [X: **0**], [Y: **45**]로 바꿉니다.

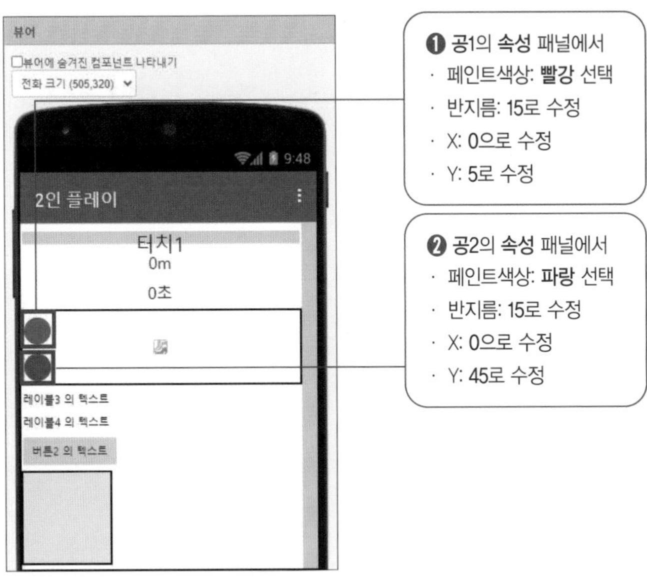

9 ❶ **레이블3**의 이름을 **거리2**로 바꾸고 ❷ **속성**을 [글꼴크기: 20], [너비: **부모 요소에 맞추기**], [텍스트: 0m], [텍스트정렬: **가운데 : 1**]로 바꿉니다.

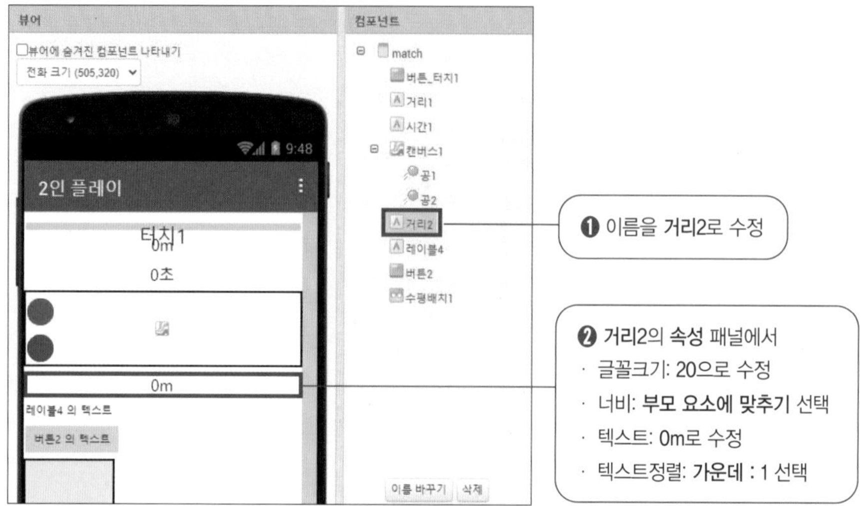

10 ❶ **레이블4**의 이름을 **시간2**로 바꾸고 ❷ **속성**을 [글꼴크기: 20], [너비: **부모 요소에 맞추기**], [텍스트: 0**초**], [텍스트정렬: **가운데 : 1**]로 바꿉니다.

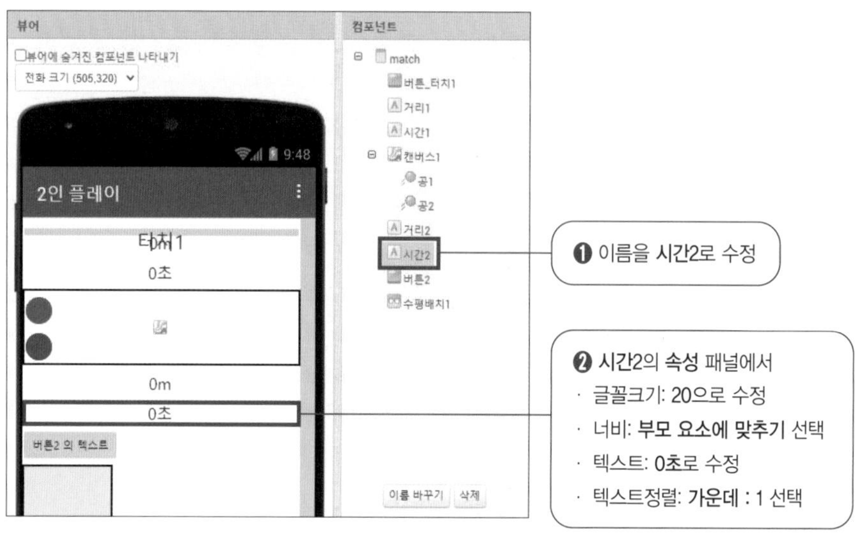

11 ❶ **버튼2**의 이름을 **버튼_터치2**로 바꾸고 ❷ **속성**을 [글꼴크기: **25**], [높이: **부모 요소에 맞추기**], [너비: **부모 요소에 맞추기**], [텍스트: **터치2**]로 바꿉니다.

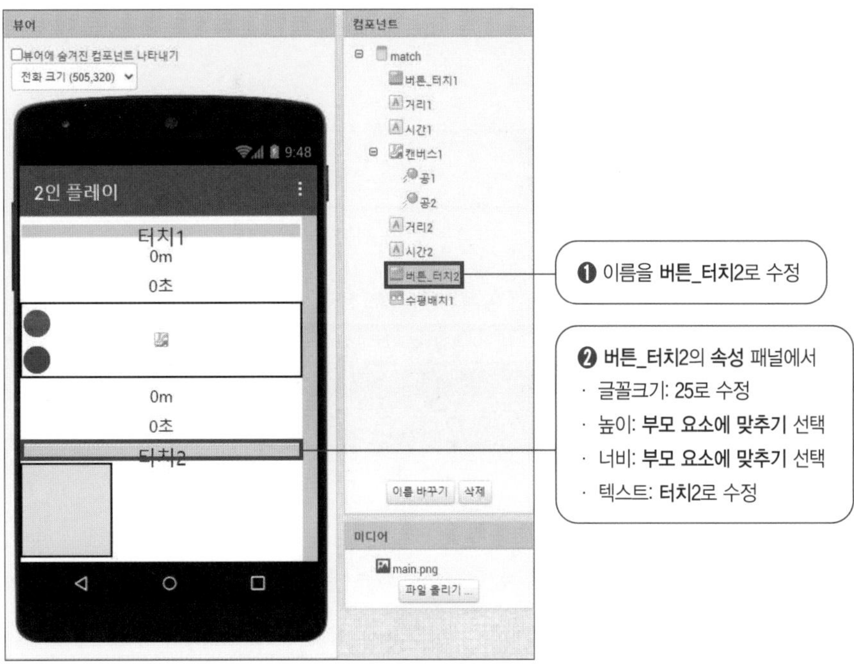

12 ❶ **수평배치1**의 **속성**을 [수직정렬: **가운데 : 2**], [높이: **10 퍼센트**], [너비: **부모 요소에 맞추기**]로 바꾸고 ❷ **사용자 인터페이스** 서랍에서 새 **레이블**과 **버튼**을 가져와 추가합니다.

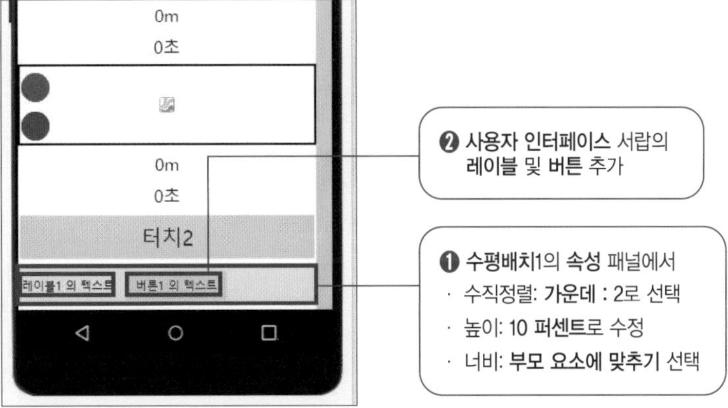

13 ❶ **레이블1**의 이름을 **안내**로 바꾸고, **속성**을 [글꼴크기: 22], [너비: **부모 요소에 맞추기**], [텍스트: **시작버튼을 클릭하세요**], [텍스트정렬: **가운데 : 1**]로 바꿉니다. ❷ 그리고 **버튼1**의 이름을 **버튼_시작**으로 바꾸고, **속성**을 [텍스트: **시작**]으로 바꿉니다.

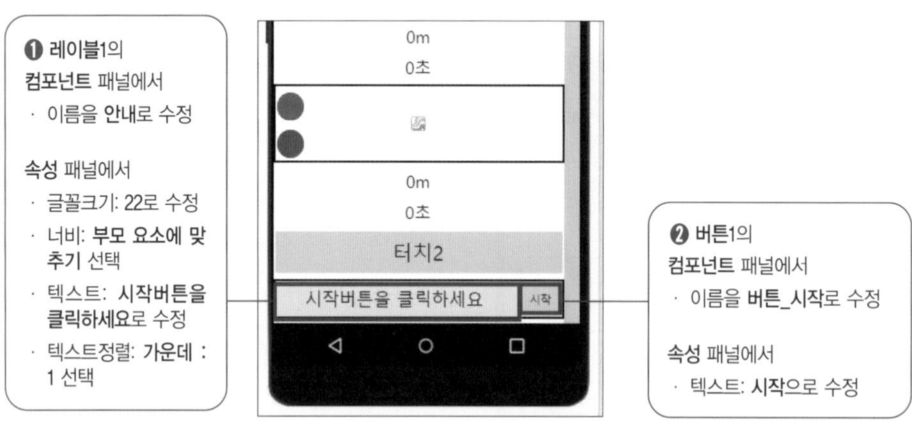

❶ 레이블1의
컴포넌트 패널에서
· 이름을 안내로 수정
속성 패널에서
· 글꼴크기: 22로 수정
· 너비: 부모 요소에 맞추기 선택
· 텍스트: 시작버튼을 클릭하세요로 수정
· 텍스트정렬: 가운데 : 1 선택
0m
0초
0m
0초
터치2
시작버튼을 클릭하세요
시작
❷ 버튼1의
컴포넌트 패널에서
· 이름을 버튼_시작로 수정
속성 패널에서
· 텍스트: 시작으로 수정

14 ❶ **센서** 서랍에서 **시계** 2개를 가져와 match 스크린에 추가하고 ❷ **시계1**의 이름을 **시계_기록**으로 바꾸고, **속성**을 [타이머항상작동: **체크 해제**], [타이머활성화여부: **체크 해제**], [타이머간격: 10]으로 바꿉니다. ❸ 그리고 **시계_준비**의 **속성**을 [타이머항상작동: **체크 해제**], [타이머활성화여부: **체크 해제**]로 바꿉니다.

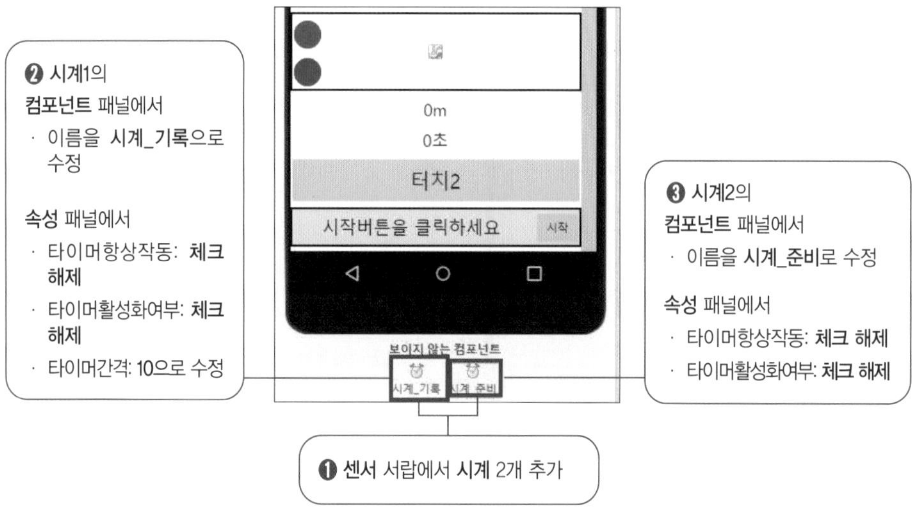

❷ 시계1의
컴포넌트 패널에서
· 이름을 시계_기록으로 수정
속성 패널에서
· 타이머항상작동: 체크 해제
· 타이머활성화여부: 체크 해제
· 타이머간격: 10으로 수정
0m
0초
터치2
시작버튼을 클릭하세요
시작
보이지 않는 컴포넌트
시계_기록
시계_준비
❸ 시계2의
컴포넌트 패널에서
· 이름을 시계_준비로 수정
속성 패널에서
· 타이머항상작동: 체크 해제
· 타이머활성화여부: 체크 해제
❶ 센서 서랍에서 시계 2개 추가

15 ❶ **미디어** 서랍의 **소리**를 가져와 match 스크린에 추가하고 ❷ **소리1**의 **속성**을 [소스: GUN_FIRE.mp3]로 바꿉니다.

> **TIP** '소리' 컴포넌트는 달리기 출발을 알리는 총소리를 재생하기 위해 사용합니다. 소스로 지정할 효과음은 구글에서 '무료 효과음'으로 검색하여 다운로드하거나 갤러리에 공유된 손가락 달리기 예제 앱에서 내려받은 파일을 사용하면 됩니다.

16 마지막으로, **사용자 인터페이스** 서랍의 **알림**을 추가합니다.

3 블록으로 앱 코딩하기

디자이너 화면에서의 작업이 끝났으면 블록 화면으로 이동하여 메인 스크린과 2인 플레이 스크린을 작동시키기 위한 코드를 각각 만들어 보겠습니다.

1. 메인(Screen1) 스크린 코드 만들기

먼저, 메인 스크린의 코드부터 만들어 보겠습니다.

1 화면 상단의 스크린 목록에서 **Screen1**을 선택하여 **Screen1**의 디자이너 화면으로 이동한 후 **블록** 버튼을 클릭해서 **블록** 화면으로 이동합니다.

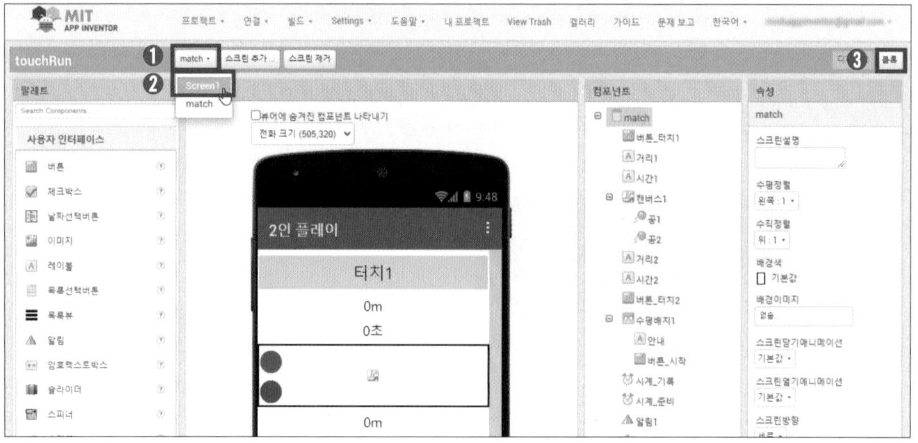

2 **친구와 2인 플레이** 버튼을 클릭하면 match 스크린이 열리도록 `언제 버튼_2인.클릭했을 때` 블록을 구성합니다.

```
언제 버튼_2인 .클릭했을때
실행  다른 스크린 열기  스크린 이름  " match "
```

> **TIP** `다른 스크린 열기` 블록은 지정된 스크린을 현재 화면 위에 엽니다. `스크린 이름` 소켓에는 `텍스트` 블록을 연결하여 열고 싶은 스크린의 이름을 입력하면 됩니다.

3 **혼자서 1인 플레이** 버튼을 클릭하면 **record** 스크린이 열리도록 언제 버튼_1인.클릭했을 때 블록을 구성합니다.

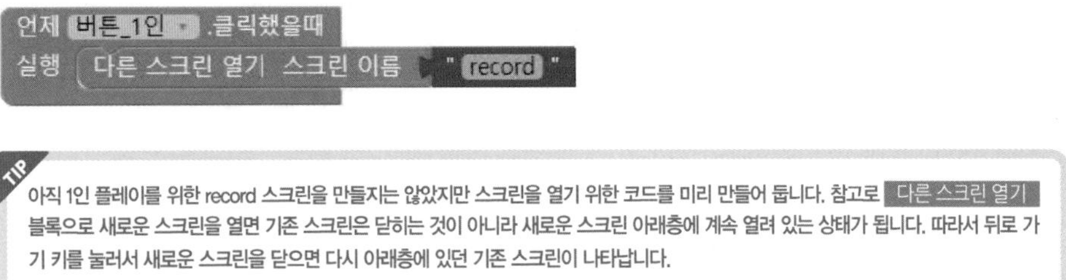

TIP 아직 1인 플레이를 위한 record 스크린을 만들지는 않았지만 스크린을 열기 위한 코드를 미리 만들어 둡니다. 참고로 다른 스크린 열기 블록으로 새로운 스크린을 열면 기존 스크린은 닫히는 것이 아니라 새로운 스크린 아래층에 계속 열려 있는 상태가 됩니다. 따라서 뒤로 가기 키를 눌러서 새로운 스크린을 닫으면 다시 아래층에 있던 기존 스크린이 나타납니다.

2. 2인 플레이(match) 스크린 코드 만들기

다음으로 match 스크린의 코드를 만들어 보겠습니다.

1 스크린 목록에서 **match**를 선택하여 **match** 블록 화면으로 이동합니다.

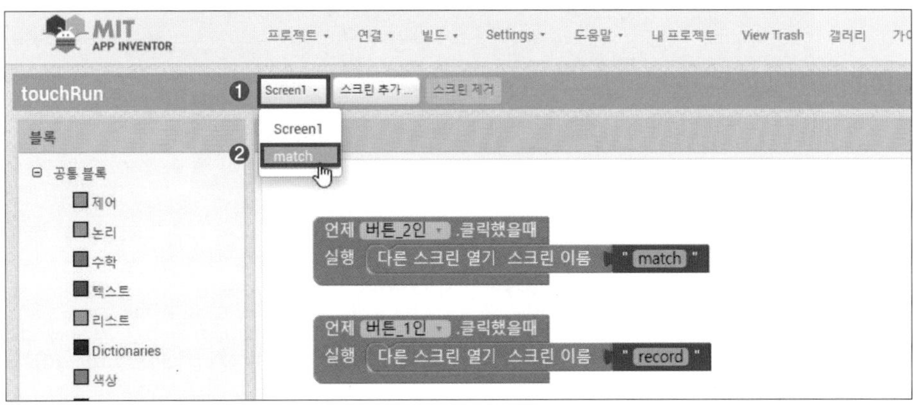

2 전역변수 8개를 만들어 사용 목적에 맞게 이름을 정하고 초기화합니다.

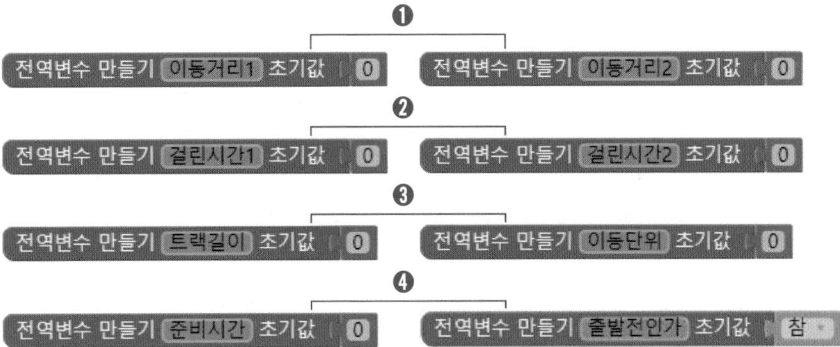

❶ **이동거리1**과 **이동거리2**에는 공1과 공2의 이동 거리가 저장됩니다.

❷ **걸린시간1**과 **걸린시간2**에는 공1과 공2가 화면 끝에 도착하기까지 걸린 시간이 저장됩니다.

❸ **트랙길이**에는 공이 이동해야 할 거리가 저장되고, **이동단위**는 클릭 한 번에 공이 이동하는 거리가 저장됩니다.

❹ **준비시간**에는 **시작** 버튼을 클릭한 후에 출발 신호가 있기 전까지 기다리는 시간을 저장하고, **출발전인가**에는 게임의 진행 상태가 저장됩니다.

3 **캔버스**가 트랙처럼 보이게 만드는 **트랙그리기** 함수를 만듭니다.

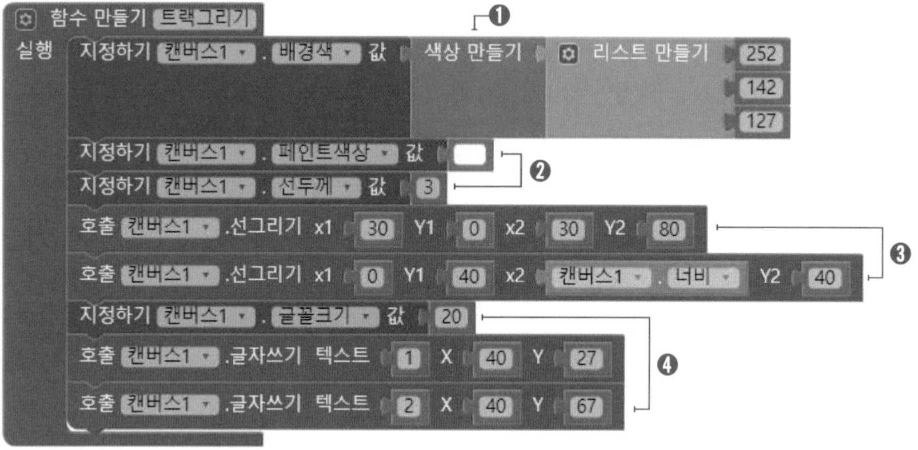

❶ 색상 만들기 블록을 이용하여 만든 색상을 캔버스의 **배경색**으로 지정합니다.

❷ **캔버스**에 선과 글자를 그릴 때 사용할 색상을 **흰색**으로 정하고, **선의 두께**를 3으로 정합니다.

❸ **캔버스**의 (30, 0)에서 (30, 80)까지 세로선을 그리고, (0, 40)에서 (**캔버스1.너비**, 40)까지 가로선을 그립니다.

❹ **캔버스**에 쓸 글자의 크기를 20으로 정하고, 숫자 1과 2를 지정된 좌표에 씁니다. 캔버스의 배경색 및 선과 글자가 그려지는 위치는 다음 그림과 같습니다.

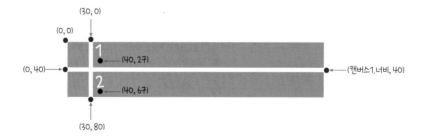

> **TIP**
> 색상 만들기 블록은 리스트의 각 항목에 지정된 RGB(Red, Green, Blue) 값을 이용하여 색상을 만들어냅니다. 리스트의 첫 번째 항목은 Red(빨강), 두 번째 항목은 Green(초록), 세 번째 항목은 Blue(파랑)를 나타내며, 각 값의 범위는 0~255입니다.

> **TIP**
> 가로선을 그리기 위한 x 좌표의 끝점을 특정 숫자가 아닌 '캔버스1의 너비'로 지정한 까닭은 앱이 실행되는 기기에 따라 화면의 너비가 달라서 끝점의 x 좌표가 달라질 수 있기 때문입니다. 참고로, 호출 캔버스1.선그리기 블록의 모양이 '캔버스' 서랍에 있는 블록과 달리 한 줄인 까닭은 전체 코드가 세로로 길어지지 않도록 블록의 모양을 인라인 입력값으로 설정했기 때문입니다. 인라인 입력값은 158쪽을 참고하세요.

4 앱이 실행되면 **캔버스**의 **너비**를 이용하여 **트랙길이**와 **이동단위**를 결정하고 캔버스에 트랙을 그리도록 언제 match.초기화되었을때 블록을 구성합니다.

❶ 공의 왼쪽 가장자리가 캔버스의 왼쪽 끝에 닿은 상태에서 공의 오른쪽 가장자리가 캔버스의 오른쪽 끝에 닿을 때까지 움직인 거리가 **트랙길이**가 됩니다. 그러므로 **트랙길이**는 다음 그림과 같이 **캔버스1**의 **너비**에서 공의 지름을 뺀 값이 됩니다.

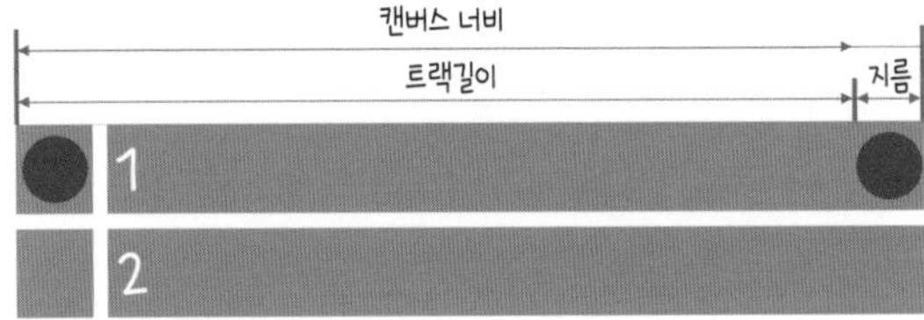

❷ **이동단위**는 **터치** 버튼을 한 번 클릭할 때마다 공이 이동하는 거리를 나타내는 값으로 **트랙길이** 나누기 **100**으로 정합니다. 예를 들어, 캔버스의 **너비**가 730이고 공의 **반지름** 속성이 15이면 **트랙길이**는 700이 되고, **트랙길이**를 100으로 나누었으므로 **이동단위**는 7이 되어 **터치** 버튼을 한 번 클릭할 때마다 공이 7픽셀씩 이동하게 됩니다. **이동단위**를 이와 같이 결정함으로써 **트랙길이**에 상관없이 **터치** 버튼을 100번 클릭하면 공이 화면 끝에 닿게 됩니다.

❸ **트랙그리기** 함수를 호출하여 캔버스에 트랙을 그립니다.

5 **시작** 버튼을 클릭하면 변숫값과 각 컴포넌트의 속성을 초기화하고 출발 신호를 기다리는 상태가 되도록 언제 버튼_시작.클릭했을 때 블록을 구성합니다.

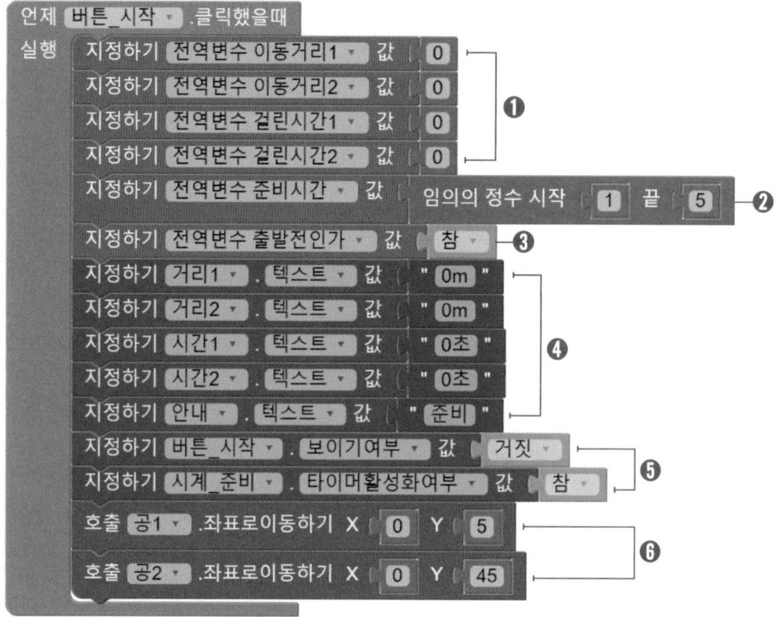

❶ 새로운 게임을 시작하기 전에 공1과 공2의 **이동 거리**와 **걸린 시간**을 저장하는 변수들을 모두 **0**으로 초기화합니다.

❷ **준비시간**은 **시작** 버튼을 클릭한 후 출발 신호가 있기까지 기다리는 시간으로, **1~5** 사이의 임의의 정수로 정합니다. 준비 단계에서 기다리는 시간을 임의의 정수로 정하면 언제 출발 총성이 울릴지 알 수 없기 때문에 게임의 긴장감이 높아집니다.

❸ **출발전인가**를 **참**으로 지정하여 게임이 준비 단계에 진입했음을 알 수 있게 만듭니다.

❹ 새로운 게임을 진행하기 위해 화면에 표시되는 각종 값들을 초기화합니다.

❺ 게임 도중 실수로 **시작** 버튼을 클릭하지 않도록 **시작** 버튼을 숨기고, **시계_준비** 타이머를 활성화하여 출발 신호를 기다리는 상태가 되도록 만듭니다.

❻ **공1**과 **공2**를 출발 위치로 이동시킵니다.

6 **시작** 버튼을 클릭한 후 임의로 정한 **준비시간**이 지나면 출발 총성이 울리도록 `시계_준비.타이머가작동할때` 블록을 구성합니다.

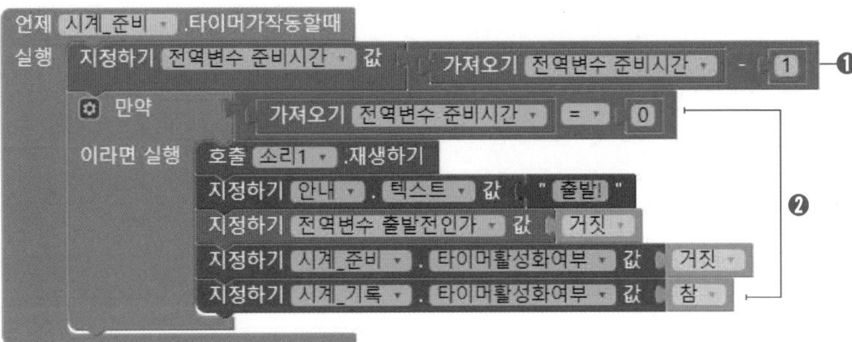

❶ **시계_준비**의 **타이머간격** 속성이 1000밀리초(1초)이므로 **준비시간**은 1초에 1씩 줄어듭니다.

❷ **준비시간**이 0이 되면 출발을 알리는 총 소리를 재생하고 **안내** 레이블에 **출발!**을 표시합니다. 그리고 **시계_준비** 타이머는 더 이상 작동할 필요가 없으므로 비활성화 상태로 만들고, 달리기 시간을 측정하기 위해 **시계_기록** 타이머를 활성화시킵니다.

7 **터치1** 버튼을 누르는 순간 버튼의 배경색과 텍스트 색상이 바뀌고 진동이 울리도록 `언제 버튼_터치1.터치다운했을때` 블록을 구성합니다.

언제 버튼_터치1 .터치다운했을때
실행 지정하기 버튼_터치1 . 배경색 값
지정하기 버튼_터치1 . 텍스트색상 값
호출 소리1 .진동하기
밀리초 100

> **TIP**
> 버튼의 '클릭' 이벤트는 버튼을 눌렀다가 손가락을 떼는 순간 발생하지만 '터치다운' 이벤트는 버튼을 누르는 순간에 바로 발생하고, '터치업' 이벤트는 버튼에서 손가락을 떼는 순간 발생합니다.

8 **터치1** 버튼에서 손가락을 떼면 버튼의 상태가 다시 원래대로 돌아가도록 `언제 버튼_터치1.터치업했을때` 블록을 구성합니다.

언제 버튼_터치1 .터치업했을때
실행 지정하기 버튼_터치1 . 배경색 값
지정하기 버튼_터치1 . 텍스트색상 값

9 **터치1**과 마찬가지로 **터치2** 버튼을 누르는 순간 버튼의 배경색과 텍스트 색상이 바뀌고 진동이 울리도록 `언제 버튼_터치2.터치다운했을때` 블록을 구성합니다.

```
언제 버튼_터치2 .터치다운했을때
실행 지정하기 버튼_터치2 . 배경색 값
     지정하기 버튼_터치2 . 텍스트색상 값
     호출 소리1 .진동하기
                  밀리초 100
```

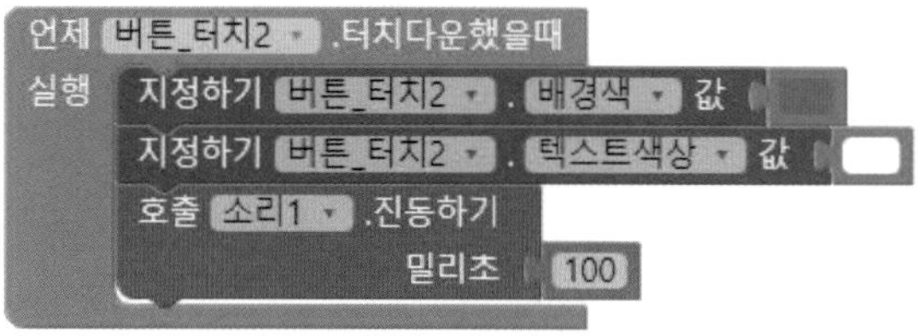

10 **터치2** 버튼에서 손가락을 떼면 버튼의 상태가 다시 원래대로 돌아가도록 `언제 버튼_터치2.터치업했을때` 블록을 구성합니다.

```
언제 버튼_터치2 .터치업했을때
실행 지정하기 버튼_터치2 . 배경색 값
     지정하기 버튼_터치2 . 텍스트색상 값
```

11 **터치1** 버튼을 클릭할 때마다 **공1**이 오른쪽으로 조금씩 이동하도록 `언제 버튼_터치1.클릭했을때` 블록을 구성합니다.

```
언제 버튼_터치1 .클릭했을때
실행 만약 가져오기 전역변수 출발전인가
     이라면 실행 호출 알림1 .메시지창보이기
                      메시지 "선수1 부정 출발입니다!"
                      제목 "경고"
                      버튼텍스트 "확인"
                지정하기 안내 . 텍스트 값 "시작버튼을 클릭하세요"
                지정하기 시계_준비 . 타이머활성화여부 값 거짓
                지정하기 버튼_시작 . 보이기여부 값 참          ❶
     아니고 만약 가져오기 전역변수 이동거리1 < 100
     이라면 실행 지정하기 전역변수 이동거리1 값 가져오기 전역변수 이동거리1 + 1
                지정하기 거리1 . 텍스트 값 합치기 가져오기 전역변수 이동거리1
                                                  "m"          ❷
     호출 공1 .좌표로이동하기
              X 가져오기 전역변수 이동거리1 × 가져오기 전역변수 이동단위
              Y 5                                               ❸
```

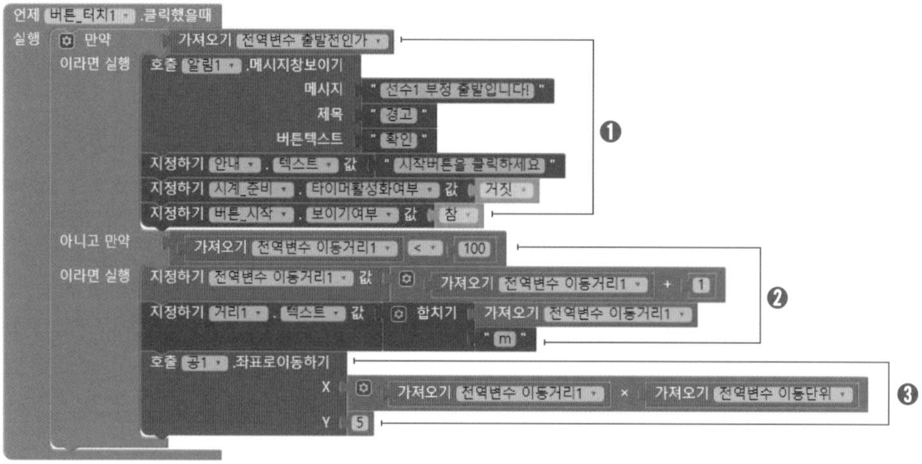

❶ **출발전인가**의 값이 **참**이면 출발 신호를 기다리는 상태이므로 이때 **터치1** 버튼을 클릭하면 부정 출발임을 알리는 메시지창을 띄우고, 사용자가 다시 **시작** 버튼을 클릭하도록 **안내** 레이블의 지시 사항을 바꿉니다. 그리고 **시계_준비** 타이머를 비활성화하고 **시작** 버튼을 보이게 만들어 다시 게임을 시작할 수 있게 만듭니다.

❷ **출발전인가**의 값이 **참**이 아니면 출발 총소리가 울린 이후이므로 이때는 **이동거리1**의 값이 **100**보다 작다면 **터치1** 버튼을 클릭할 때마다 **이동거리1**의 값이 **1**씩 증가하게 만듭니다. 그리고 **이동거리1**의 값을 **거리1** 레이블에 **m** 단위와 함께 표시하여 이동 거리를 실시간으로 확인할 수 있게 만듭니다.

❸ **이동거리1**에 **이동단위**를 곱하여 **공1**의 X 좌표로 지정하면 **터치1** 버튼을 클릭할 때마다 X 좌표 값이 **이동단위**만큼 커지기 때문에 **공1**이 오른쪽으로 **이동단위**만큼 움직이는 것처럼 보입니다.

12 **터치1** 버튼처럼 **터치2** 버튼을 클릭할 때마다 공2가 오른쪽으로 조금씩 이동하도록 언제 버튼_터치2.클릭했을때 블록을 구성합니다.

```
언제 버튼_터치2 .클릭했을때
실행 만약 가져오기 전역변수 출발전인가
     이라면 실행 호출 알림1 .메시지창보이기
                     메시지 " 선수2 부정 출발입니다! "
                     제목 " 경고 "
                     버튼텍스트 " 확인 "
               지정하기 안내 . 텍스트 값 " 시작버튼을 클릭하세요 "
               지정하기 시계_준비 . 타이머활성화여부 값 거짓
               지정하기 버튼_시작 . 보이기여부 값 참
     아니고 만약 가져오기 전역변수 이동거리2 < 100
     이라면 실행 지정하기 전역변수 이동거리2 값 가져오기 전역변수 이동거리2 + 1
               지정하기 거리2 . 텍스트 값 합치기 가져오기 전역변수 이동거리2
                                              " m "
               호출 공2 .좌표로이동하기
                     X 가져오기 전역변수 이동거리2 × 가져오기 전역변수 이동단위
                     Y 45
```

TIP

언제 버튼_터치2.클릭했을때 블록은 언제 버튼_터치1.클릭했을때 블록을 복제한 후 변수와 컴포넌트의 이름만 수정하면 쉽게 만들 수 있습니다.

13 출발 신호 이후에 각 공이 화면 끝에 도착하기까지 걸리는 시간을 측정하기 위해 언제 시계_기록.타이머가작동할때 블록을 구성합니다.

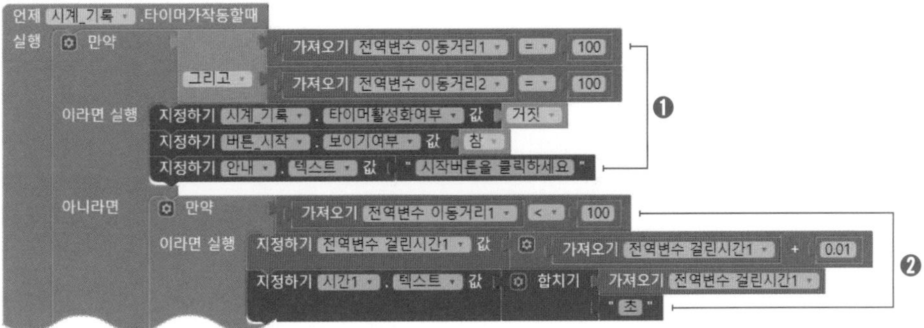

```
만약 가져오기 전역변수 이동거리2 < 100
이라면 실행 지정하기 전역변수 걸린시간2 값 가져오기 전역변수 걸린시간2 + 0.01
지정하기 시간2 . 텍스트 값 합치기 가져오기 전역변수 걸린시간2
"초"
```

❸

❶ 공1과 공2의 **이동거리**가 모두 100이면, 즉 공 2개가 모두 화면 끝에 닿았으면 더 이상 시간을 측정할 필요가 없으므로 **시계_기록** 타이머의 작동을 중지시킵니다. 그리고 게임을 새로 시작할 수 있도록 **시작** 버튼을 보이게 만들고 **안내** 레이블의 내용을 바꿉니다.

❷ 두 공이 모두 화면 끝에 닿은 것이 아니라면 게임은 계속 진행 상태가 되며 **이동거리1**이 **100**보다 작다면, 즉 공1이 화면 끝에 닿지 못했다면 **걸린시간1**을 **0.01** 증가시키고 이 값을 **시간1** 레이블에 **초** 단위와 함께 표시하여 공1이 화면 끝까지 이동하는데 걸리는 시간을 실시간으로 확인할 수 있게 만듭니다.

❸ **이동거리2**가 **100**보다 작다면, 즉 공2가 화면 끝에 닿지 못했다면 **걸린시간2**를 **0.01** 증가시키고 이 값을 **시간2** 레이블에 **초** 단위와 함께 표시하여 공2가 화면 끝까지 이동하는데 걸리는 시간을 실시간으로 확인할 수 있게 만듭니다.

> **TIP**
> 걸린시간1에 0.01씩 더하는 이유는 '디자이너' 화면에서 '시계_기록'의 '타이머간격' 속성을 10밀리초(0.01초)로 정했기 때문입니다.

지금까지 만든 앱이 잘 작동하는지 스마트폰을 이용하여 테스트해 봅시다. 캠패니언 앱을 이용하여 실시간으로 테스트할 경우 앱 인벤터 화면 상단의 스크린 선택 메뉴에서 match를 Screen1로 바꾼 후 테스트하기 바랍니다.

✓ 체크리스트

- ☐ 메인 화면에서 **친구와 2인 플레이** 버튼을 클릭하면 match 화면으로 이동함.
- ☐ **시작** 버튼을 클릭하면 버튼이 사라지고 준비 단계로 진입함.
- ☐ 준비 단계에서 **터치** 버튼을 클릭하면 경고 메시지창이 뜨고 다시 **시작** 버튼이 나타남.
- ☐ 준비 단계에서 기다리는 시간이 **시작** 버튼을 클릭할 때마다 달라짐.
- ☐ 총소리가 들린 후 **터치** 버튼을 클릭하면 공이 오른쪽으로 조금씩 이동하고 이동 거리가 1m씩 증가함.

- [ ] 공이 화면 끝에 닿기 전까지 시간이 계속 증가함.
- [ ] 공이 모두 화면 끝에 닿으면 시간 측정이 종료되고 **시작** 버튼이 나타남.

4 앱 업그레이드하기

이제 친구가 없을 때도 혼자 즐길 수 있는 1인 플레이 모드를 만들어 보겠습니다. 1인 플레이 모드라고 해서 혼자만 달리면 재미없기 때문에 사용자의 최고 기록과 같은 속력으로 달리는 캐릭터를 추가해서 과거의 사용자와 현재의 사용자가 서로 경쟁할 수 있게 만들어 보겠습니다.

1인 플레이를 만들기 위한 새로운 스크린을 추가하고 화면을 구성하는 작업부터 시작하겠습니다. **1인 플레이** 화면은 다음 그림과 같습니다.

1 화면 상단의 **스크린 추가** 버튼을 클릭한 후 새 스크린의 이름을 record로 입력하고 **확인** 버튼을 클릭합니다.

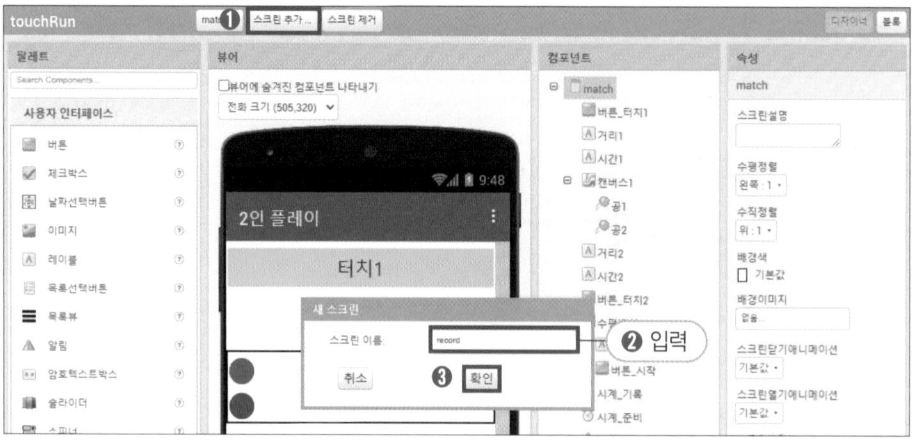

2 record의 **속성**을 [제목: **1인 플레이**]로 바꿉니다.

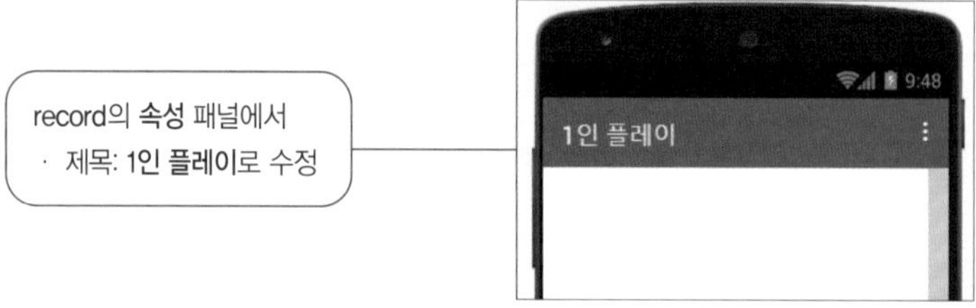

3 **사용자 인터페이스** 서랍에서 **레이블** 3개와 **버튼** 1개, **그리기&애니메이션** 서랍에서 **캔버스**, **레이아웃** 서랍에서 **수평배치**를 가져와 다음 그림과 같은 순서로 배치합니다.

4 ❶ **레이블1, 2, 3**의 이름을 각각 **거리**, **시간**, **최고기록**으로 바꾼 후 ❷ **거리**의 **속성**을 [글꼴크기: 35], [너비: **부모 요소에 맞추기**], [텍스트: 0m], [텍스트정렬: **가운데 : 1**]로 ❸ **시간**의 **속성**을 [글꼴크기: 35], [너비: **부모 요소에 맞추기**], [텍스트: 0초], [텍스트정렬: **가운데 :1**]로 ❹ **최고기록**의 **속성**을 [글꼴굵게: **체크**], [글꼴크기: 17], [너비: **부모 요소에 맞추기**], [텍스트: **최고기록: 0초**], [텍스트정렬: **가운데 : 1**], [텍스트색상: **파랑**]으로 바꿉니다.

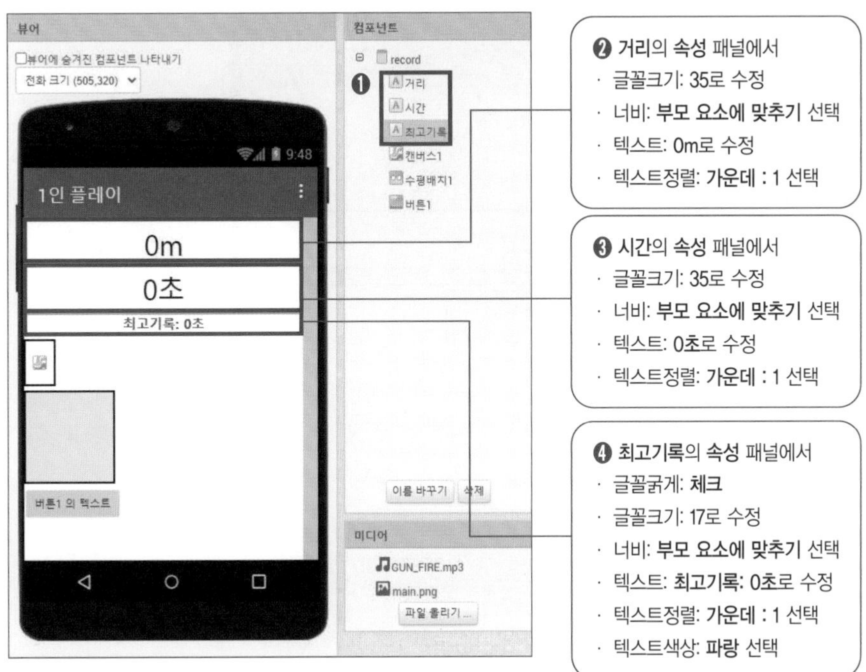

뷰어
뷰어에 숨겨진 컴포넌트 나타내기
전화 크기 (505,320)
9:48
1인 플레이
0m
0초
최고기록: 0초
버튼1 의 텍스트
컴포넌트
record
❶
거리
시간
최고기록
캔버스1
수평배치1
버튼1
이름 바꾸기
삭제
미디어
GUN_FIRE.mp3
main.png
파일 올리기 ...
❷ 거리의 속성 패널에서
· 글꼴크기: 35로 수정
· 너비: 부모 요소에 맞추기 선택
· 텍스트: 0m로 수정
· 텍스트정렬: 가운데 : 1 선택
❸ 시간의 속성 패널에서
· 글꼴크기: 35로 수정
· 너비: 부모 요소에 맞추기 선택
· 텍스트: 0초로 수정
· 텍스트정렬: 가운데 : 1 선택
❹ 최고기록의 속성 패널에서
· 글꼴굵게: 체크
· 글꼴크기: 17로 수정
· 너비: 부모 요소에 맞추기 선택
· 텍스트: 최고기록: 0초로 수정
· 텍스트정렬: 가운데 : 1 선택
· 텍스트색상: 파랑 선택

5 ❶ **캔버스1**의 **속성**을 [높이: **80 픽셀**], [너비: **부모 요소에 맞추기**]로 바꾸고 ❷ **그리기&애니메이션** 서랍에 있는 **이미지스프라이트**를 2개 가져와 추가합니다.

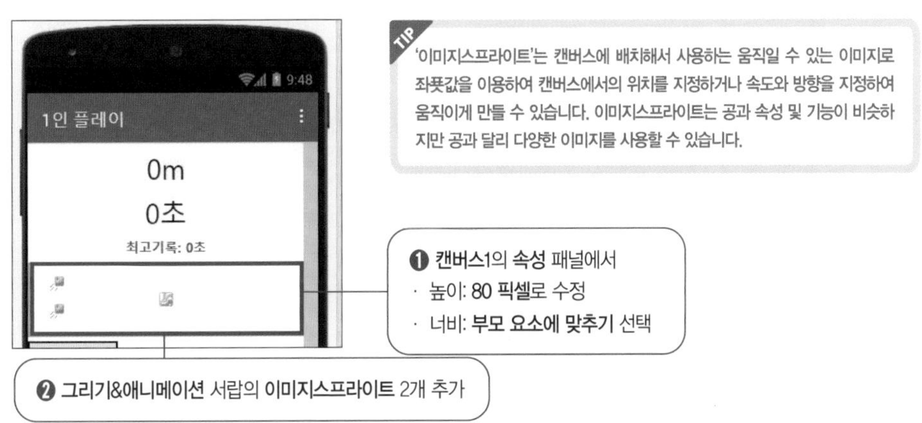

9:48
1인 플레이
0m
0초
최고기록: 0초
❶ 캔버스1의 속성 패널에서
· 높이: 80 픽셀로 수정
· 너비: 부모 요소에 맞추기 선택
❷ 그리기&애니메이션 서랍의 이미지스프라이트 2개 추가

TIP '이미지스프라이트'는 캔버스에 배치해서 사용하는 움직일 수 있는 이미지로 좌푯값을 이용하여 캔버스에서의 위치를 지정하거나 속도와 방향을 지정하여 움직이게 만들 수 있습니다. 이미지스프라이트는 공과 속성 및 기능이 비슷하지만 공과 달리 다양한 이미지를 사용할 수 있습니다.

6 ❶ **이미지스프라이트1**의 이름을 **스프라이트_현재**로 바꾸고 **속성**을 [높이: **30 픽셀**], [너비: **30 픽셀**], [사진: **runner.png**], [X: **0**], [Y: **5**]로 바꿉니다. ❷ 그리고 **이미지스프라이트2**의 이름을 **스프라이트_최고**로 바꾸고 **속성**을 [높이: **30 픽셀**], [너비: **30 픽셀**], [시간간격: **10**], [사진: **runner_best.png**], [X: **0**], [Y: **5**]로 바꿉니다.

❶ 이미지스프라이트1의
컴포넌트 패널에서
· 이름을 스프라이트_현재로 수정
속성 패널에서
· 높이: 30 픽셀로 수정
· 너비: 30 픽셀로 수정
· 사진: runner.png 선택
· X: 0으로 수정
· Y: 5로 수정
9:48
1인 플레이
0m
0초
최고기록: 0초
❷ 이미지스프라이트2의
컴포넌트 패널에서
· 이름을 스프라이트_최고로 수정
속성 패널에서
· 높이: 30 픽셀로 수정
· 너비: 30 픽셀로 수정
· 시간간격: 10으로 수정
· 사진: runner_best.png 선택
· X: 0으로 수정
· Y: 5로 수정

> **TIP** 이미지스프라이트에 적용할 사진은 인터넷에서 적당한 이미지를 직접 찾거나 갤러리에 공유된 손가락 달리기 예제 앱에 있는 파일을 사용하면 됩니다.

> **TIP** 이미지스프라이트의 '시간간격' 속성을 '10'으로 설정하면 10밀리초(0.01초)에 한 번씩 스프라이트가 움직입니다. 움직이는 방향은 '방향' 속성에 의해 결정되는데 기본값이 '0'이므로 오른쪽을 향하고, 한 번에 움직이는 거리는 '속도' 속성에 의해 결정되는데 기본값이 '0'이므로 속도를 바꿔주기 전까지는 멈춰 있게 됩니다.

7 ❶ **수평배치1**의 **속성**을 [수직정렬: **가운데 : 1**], [높이: **15 퍼센트**], [너비: **부모 요소에 맞추기**]로 바꾸고 ❷ **사용자 인터페이스** 서랍에서 **레이블**과 **버튼**을 가져와 추가합니다.

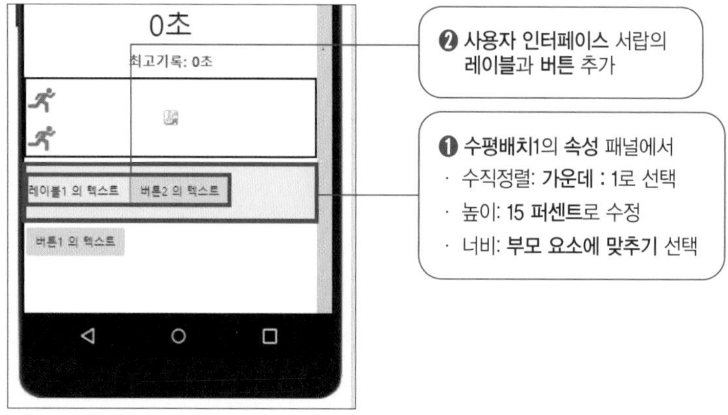

8 ❶ **레이블1**의 이름을 **안내**로 바꾸고, **속성**을 [글꼴크기: **22**], [너비: **부모 요소에 맞추기**], [텍스트: **시작버튼을 클릭하세요**], [텍스트정렬: **가운데 : 1**]로 바꿉니다. ❷ 그리고 **버튼1**의 이름을 **버튼_시작**으로 바꾸고, **속성**을 [텍스트: **시작**]으로 바꿉니다.

9 ❶ **버튼1**의 이름을 **버튼_터치**로 바꾸고 ❷ **속성**을 [글꼴크기: **35**], [높이: **부모 요소에 맞추기**], [너비: **부모 요소에 맞추기**], [텍스트: **터치!**]로 바꿉니다.

10 ❶ **센서** 서랍에서 **시계** 2개를 가져와 match 스크린에 추가하고 ❷ **시계1**의 이름을 **시계_기록**으로 바꾸고, **속성**을 [타이머항상작동: **체크 해제**], [타이머활성화여부: **체크 해제**], [타이머간격: **10**]으로 바꿉니다. ❸ 그리고 **시계2**의 이름을 **시계_준비**로 바꾸고, **속성**을 [타이머항상작동: **체크 해제**], [타이머활성화여부: **체크 해제**]로 바꿉니다.

❷ 시계1의
컴포넌트 패널에서
· 이름을 시계_기록으로 수정
속성 패널에서
· 타이머항상작동: 체크 해제
· 타이머활성화여부: 체크 해제
· 타이머간격: 10으로 수정
시작버튼을 클릭하세요
시작
터치!
보이지 않는 컴포넌트
시계_기록
시계_준비
❸ 시계2의
컴포넌트 패널에서
· 이름을 시계_준비로 수정
속성 패널에서
· 타이머항상작동: 체크 해제
· 타이머활성화여부: 체크 해제
❶ 센서 서랍에서 시계 2개 추가

11 ❶ **미디어** 서랍의 **소리**를 가져와 record 스크린에 추가하고 ❷ **소리1**의 **속성**을 [소스: GUN_FIRE.mp3]로 바꿉니다.

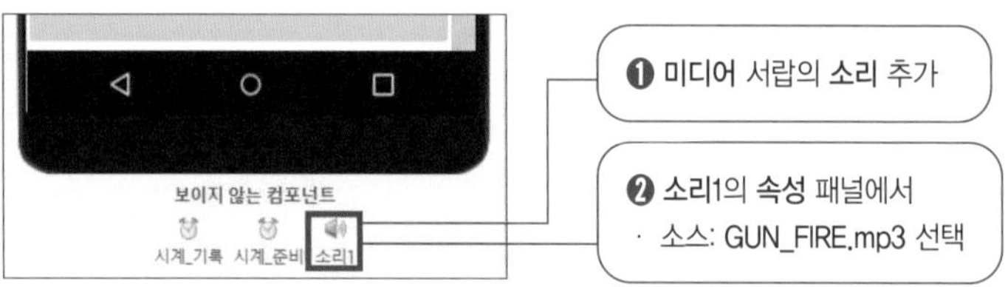
보이지 않는 컴포넌트
시계_기록
시계_준비
소리1
❶ 미디어 서랍의 소리 추가
❷ 소리1의 속성 패널에서
· 소스: GUN_FIRE.mp3 선택

12 마지막으로, **사용자 인터페이스** 서랍의 **알림**과 **저장소** 서랍의 **타이니DB**를 스크린으로 가져옵니다.

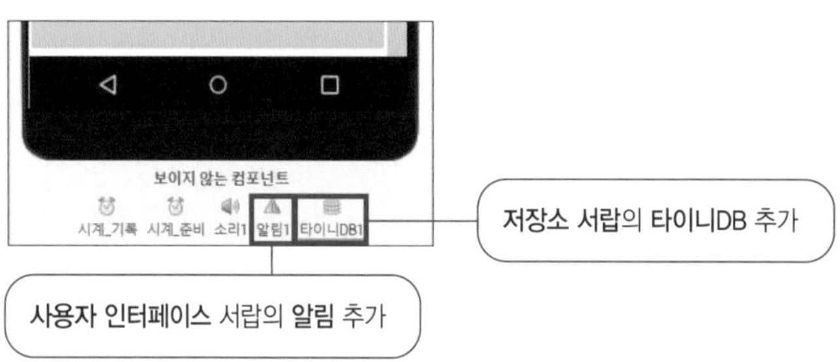
보이지 않는 컴포넌트
시계_기록
시계_준비
소리1
알림1
타이니DB1
저장소 서랍의 타이니DB 추가
사용자 인터페이스 서랍의 알림 추가

13 **블록** 화면으로 이동하여 다음과 같이 전역변수 7개를 만들고 사용 목적에 맞게 이름을 정하고 초기화합니다.

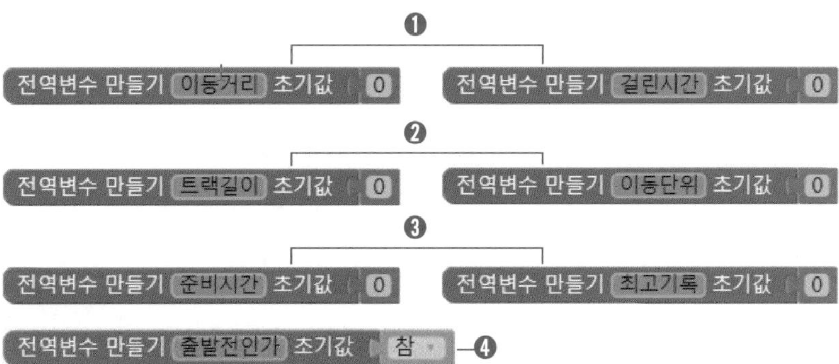

❶ **이동거리**에는 **스프라이트_현재**의 이동 거리가 저장되고, **걸린시간**에는 **스프라이트_현재**가 화면 끝에 도착하기까지 걸린 시간이 저장됩니다.

❷ **트랙길이**에는 **스프라이트_현재**가 이동해야 할 거리가 저장되고, **이동단위**에는 클릭 한 번에 **스프라이트_현재**가 이동하는 거리가 저장됩니다.

❸ **준비시간**에는 **시작** 버튼을 클릭한 후 출발 신호가 있기까지 기다리는 시간이 저장되고, **최고기록**에는 **스프라이트_현재**가 화면 끝에 도착하기까지 걸린 시간 중 가장 짧은 시간이 저장됩니다.

❹ **출발전인가**에는 게임의 진행 상태가 저장됩니다.

14 **캔버스**가 트랙처럼 보이게 만드는 **트랙그리기** 함수를 만듭니다.

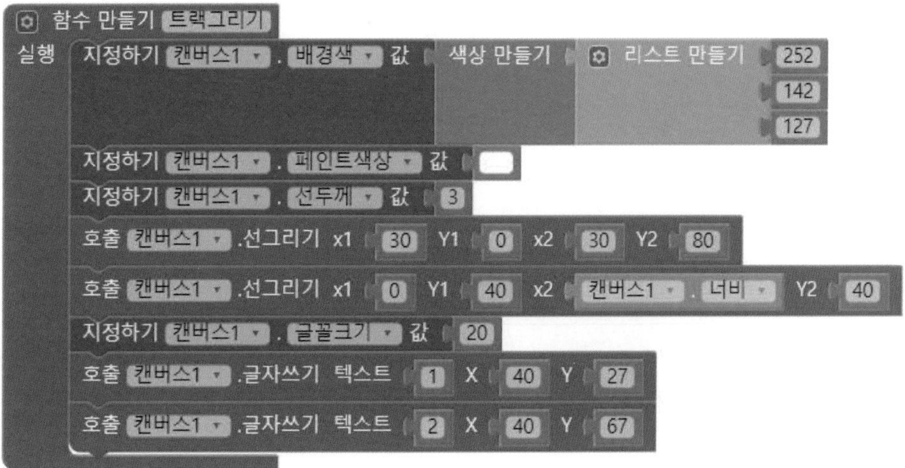

잠깐만요

배낭을 이용하여 코드를 가져오는 방법

'블록' 화면의 오른쪽 상단에 있는 '배낭'을 이용하면 하나의 프로젝트 또는 스크린에 있는 블록을 복사해서 다른 프로젝트 또는 스크린에 붙여 넣을 수 있습니다.

배낭을 이용하여 match 스크린에 있는 '트랙그리기' 함수를 record 스크린으로 가져오려면 match 스크린으로 이동한 후 함수 만들기 트랙그리기 블록 위에서 마우스 오른쪽 버튼을 클릭하고 '배낭에 추가하기' 메뉴를 선택합니다.

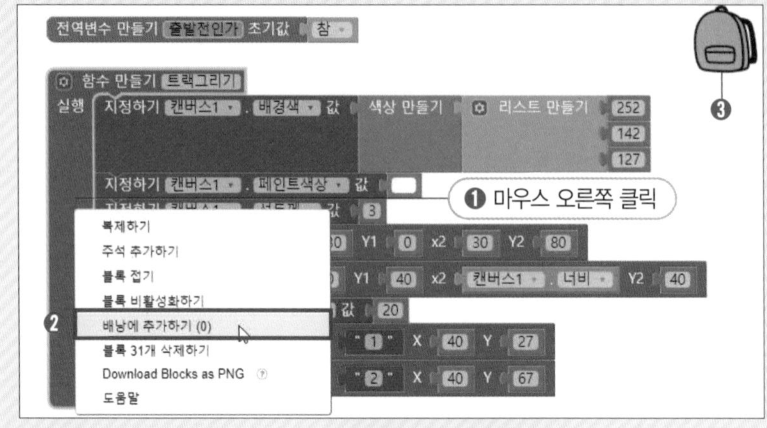

배낭에 추가하기

그리고 record 스크린으로 이동하여 배낭을 클릭한 후 안에 있는 블록을 드래그하여 가져옵니다.

15 앱이 실행되면 각 변수의 값을 지정하고 **캔버스**에 트랙을 그리도록 언제 record.초기화되었을때 블록을 구성합니다.

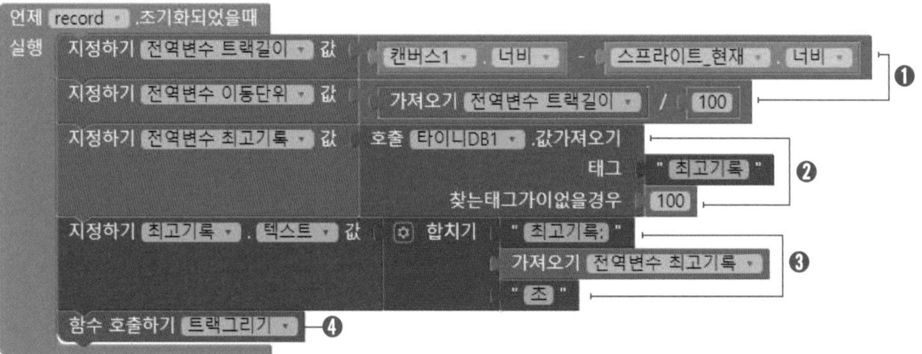

❶ **스프라이트_현재**가 **캔버스1**의 오른쪽 끝에 닿을 때까지 이동하는 거리가 트랙의 길이가 됩니다. 그러므로 **트랙길이**는 다음 그림과 같이 **캔버스1**의 **너비**에서 **스프라이트_현재**의 **너비**를 뺀 값이 됩니다.

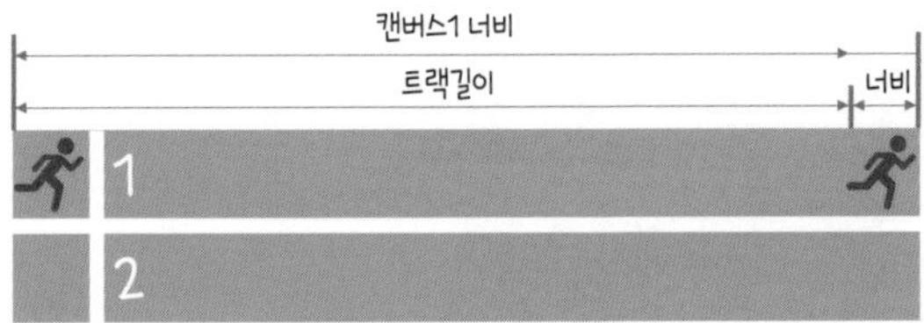

❷ **이동단위**는 **터치** 버튼을 한 번 클릭할 때마다 **스프라이트_현재**가 이동하는 거리를 나타내는 값으로 **트랙길이** 나누기 100으로 정합니다. **이동단위**를 이와 같이 설정하면 **트랙길이**에 상관없이 **터치** 버튼을 100번 클릭하면 **스프라이트_현재**가 **캔버스**의 오른쪽 끝에 닿게 됩니다.

❸ **타이니DB1**에 저장되어 있는 최고 기록을 가져와서 변수 **최고기록**에 저장합니다. 1인 플레이를 처음 한다면 저장된 최고기록이 없기 때문에 변수 **최고기록**은 100이 됩니다.

❹ **트랙그리기** 함수를 호출하여 캔버스에 트랙을 그립니다.

16 **시작** 버튼을 클릭하면 변수 값과 각 컴포넌트의 속성들이 초기화되고, 출발 신호를 기다리는 상태가 되도록 언제 버튼_시작.클릭했을때 블록을 구성합니다.

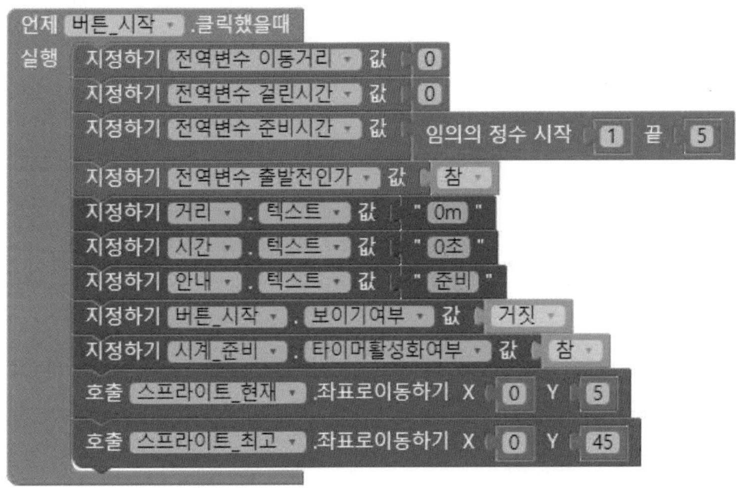

17 **시작** 버튼을 클릭한 후 임의로 정한 **준비시간**이 지난 후에 출발 총성이 울리도록 시계_준비.타이머가작동할때 블록을 구성합니다.

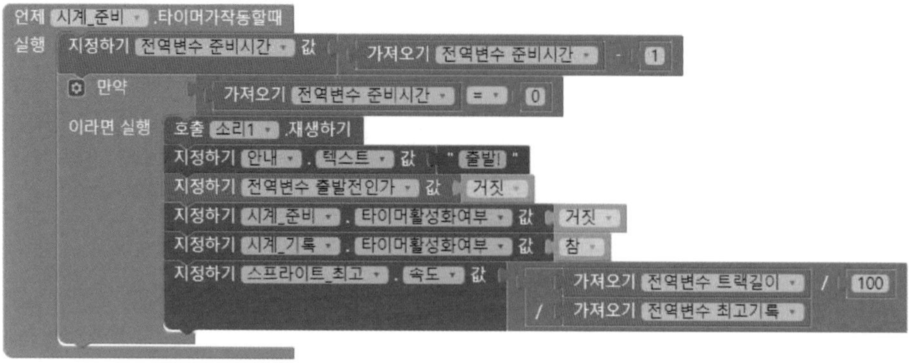

```
언제 시계_준비 .타이머가작동할때
실행 지정하기 전역변수 준비시간 값 가져오기 전역변수 준비시간 - 1
     만약 가져오기 전역변수 준비시간 = 0
     이라면 실행 호출 소리1 .재생하기
               지정하기 안내 . 텍스트 값 " 출발! "
               지정하기 전역변수 출발전인가 값 거짓
               지정하기 시계_준비 . 타이머활성화여부 값 거짓
               지정하기 시계_기록 . 타이머활성화여부 값 참
               지정하기 스프라이트_최고 . 속도 값 가져오기 전역변수 트랙길이 / 100
                                                  / 가져오기 전역변수 최고기록
```

스프라이트_현재가 **스프라이트_최고**와 경쟁할 수 있도록 지정하기 스프라이트_최고.속도 값 블록을 구성합니다. **스프라이트**는 속도 값이 **0**일 때는 움직이지 않지만 속도를 0이 아닌 숫자로 지정하는 순간부터 매 시간 간격마다 지정된 방향으로 속도 값만큼 이동합니다. 예를 들어, **트랙길이**가 300, **최고기록**이 10이라면 **스프라이트_최고**의 **속도**는 300÷10÷100=0.3이 됩니다. **디자이너** 화면에서 **스프라이트_최고**의 시간간격을 10, 방향을 기본 값인 0으로 지정해 두었으므로 **스프라이트_최고**는 10밀리초(0.01초)마다 0.3픽셀씩 오른쪽으로 이동하게 됩니다. 이런 식으로 이동하면 **스프라이트_최고**는 출발 총 소리와 함께 움직이기 시작하여 10초 만에 화면 끝까지 이동하게 됩니다.

> **TIP**
> 스프라이트의 '방향' 속성은 각도 값으로 지정되며 0이면 오른쪽, 90이면 위쪽, 180이면 왼쪽, 270이면 아래쪽으로 스프라이트의 이동 방향을 결정합니다.

18 **터치** 버튼을 누르는 순간 버튼의 배경색과 텍스트 색상이 바뀌고 진동이 울리도록 언제 버튼_터치.터치다운했을때 블록을 구성합니다.

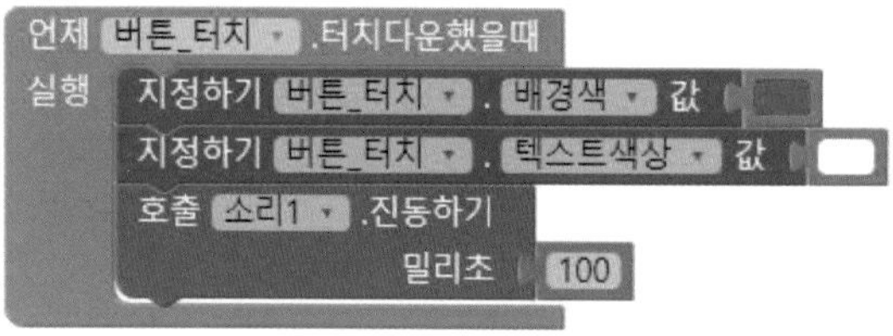

```
언제 버튼_터치 .터치다운했을때
실행 지정하기 버튼_터치 . 배경색 값
     지정하기 버튼_터치 . 텍스트색상 값
     호출 소리1 .진동하기
                   밀리초 100
```

19 **터치** 버튼에서 손가락을 떼면 버튼의 상태가 다시 원래대로 돌아가도록 `언제 버튼_터치.터치업했을때` 블록을 구성합니다.

언제 버튼_터치 .터치업했을때
실행 지정하기 버튼_터치 . 배경색 값
지정하기 버튼_터치 . 텍스트색상 값

20 **터치** 버튼을 클릭할 때마다 **스프라이트_현재**가 오른쪽으로 조금씩 이동하도록 `언제 버튼_터치.클릭했을때` 블록을 구성합니다.

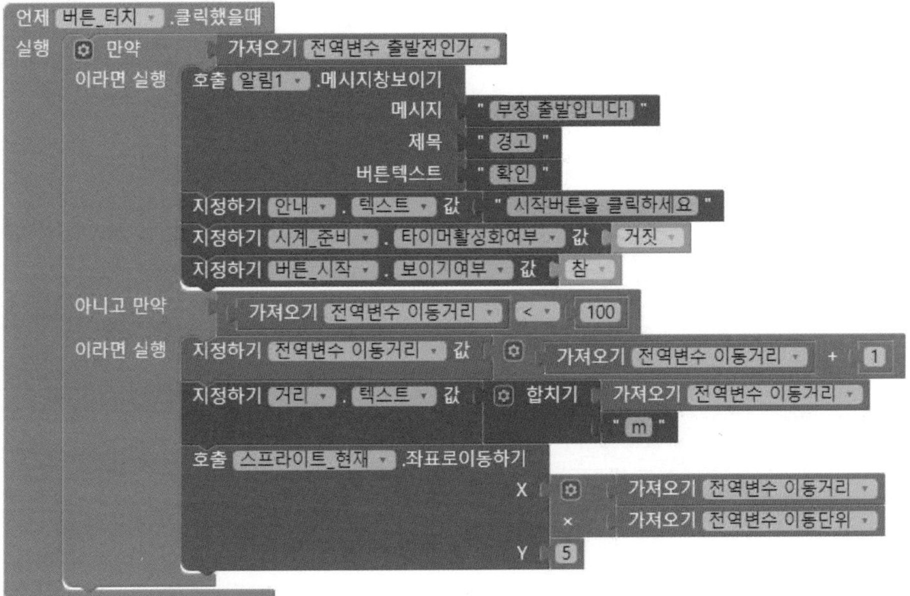

21 출발 신호 이후에 **스프라이트_현재**가 화면 끝에 도착하기까지 걸리는 시간을 측정하기 위해 `언제 시계_기록.타이머가작동할때` 블록을 구성합니다.

❶ **이동거리**가 100이면 **스프라이트_현재**가 화면 끝에 닿아 게임이 끝난 것이므로 **시계_기록** 타이머의 작동을 중지시키고 **스프라이트_최고**가 더 이상 움직이지 않도록 **속도**를 **0**으로 정합니다. 그리고 게임을 새로 시작할 수 있도록 **시작** 버튼이 보이게 만들고 **안내** 레이블의 내용을 바꿉니다.

❷ **스프라이트_현재**가 화면 끝에 닿은 것이 아니라면 게임은 계속 진행 상태이므로 타이머가 작동할 때마다 **걸린시간**을 **0.01** 증가시키고 이 값을 **시간** 레이블에 **초** 단위와 함께 표시하여 **스프라이트_현재**가 화면 끝까지 이동하는데 걸리는 시간을 실시간으로 확인할 수 있게 만듭니다.

22 **스프라이트_현재**가 화면 끝에 도착한 시간이 최고 기록보다 짧을 경우 최고 기록을 경신하는 코드를 언제 시계_기록.타이머가작동할 때 블록에 추가합니다.

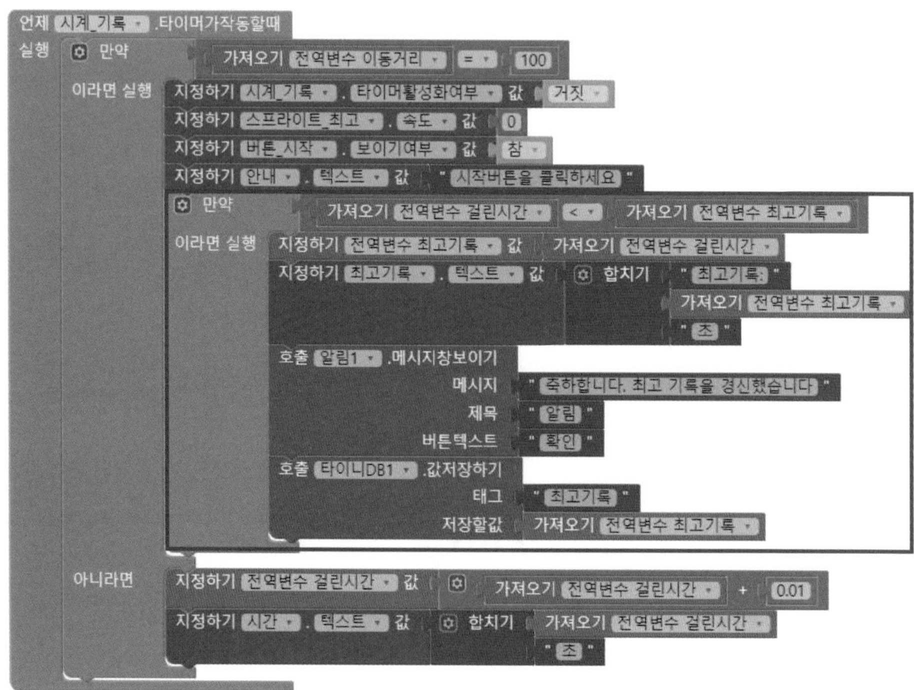

스프라이트_현재가 화면 끝에 도착했을 때 **걸린시간**이 **최고기록**보다 낮으면 **최고기록**을 **걸린시간** 값으로 교체합니다. **최고기록**이 바뀌었으므로 **최고기록** 레이블에 새로운 **최고기록**을 표시하고 메시지창을 띄워서 기록이 경신되었음을 알립니다. 그리고 **타이니DB1**에 새로운 **최고기록**을 저장하여 다시 앱을 시작했을 때 **최고기록**을 가져와서 사용할 수 있게 만듭니다.

TIP

게임이 진행되는 동안 화면에 표시되는 시간은 실제 초 시계로 측정한 시간보다 더 느리게 흐릅니다. 게임 시간이 실제 시간보다 느린 이유는 타이머가 작동할 때마다 언제 시계_기록.타이머가작동할때 블록 안에 있는 블록들이 실행되는 데 몇 밀리초의 시간이 걸리기 때문입니다. 타이머간격이 짧을수록 블록 실행으로 인한 시간 지연 횟수가 늘어나기 때문에 타이머 이벤트를 이용한 시간 측정과 실제 시간과의 격차가 더 커집니다.

지금까지 만든 앱이 잘 작동하는지 스마트폰을 이용하여 테스트해 봅시다. 캠패니언 앱을 이용하여 실시간으로 테스트할 경우 앱 인벤터 화면 상단의 스크린 선택 메뉴에서 record를 Screen1로 바꾼 후 테스트하기 바랍니다.

✓ 체크리스트

- ☐ 메인 화면에서 **혼자서 1인 플레이** 버튼을 클릭하면 **record** 화면으로 이동함.
- ☐ **시작** 버튼을 클릭하면 버튼이 사라지고 준비 단계로 진입함.
- ☐ 준비 단계에서 **터치** 버튼을 클릭하면 경고 메시지창이 뜨고 **시작** 버튼이 나타남.
- ☐ 준비 단계에서 기다리는 시간이 **시작** 버튼을 클릭할 때마다 달라짐.
- ☐ 빨간색 캐릭터는 총소리와 함께 자동으로 출발하여 **최고기록**에 표시된 시간에 맞추어 화면 끝에 도달함.
- ☐ 총소리가 들린 후 **터치** 버튼을 클릭하면 파란색 캐릭터가 오른쪽으로 조금씩 이동하고 이동 거리가 1m씩 증가함.
- ☐ 파란색 캐릭터가 화면 끝에 닿기 전까지 시간이 계속 증가함.
- ☐ 파란색 캐릭터가 화면 끝에 닿으면 시간 측정이 종료되고 **시작** 버튼이 나타남.
- ☐ 파란색 캐릭터가 빨간색 캐릭터보다 더 빨리 화면 끝에 도착하면 기록 경신을 알리는 메시지창이 나타나고 **최고기록**이 바뀜.

나만의 아이디어 더하기

손가락 달리기 게임 앱을 개선하기 위한 아이디어를 여러분이 직접 적어 보세요.

포스트잇 붙이는 공간

인공지능 이미지 분류 앱 만들기

인공지능이라고 하면 어떤 것들이 떠오르나요? 이세돌과 알파고의 바둑 대결, 인공지능 스피커, 자율주행 자동차 등 여러 가지가 떠오를 것입니다. 이번 장에서는 이러한 인공지능 기술을 이용하여 카메라로 강아지를 비추면 '강아지', 노트북을 비추면 '노트북'이라고 알려주는 이미지 분류 앱을 만들어 보겠습니다. 우리가 만들게 될 이미지 분류 앱은 기능이 제한적이기 때문에 실제로 사용하기에는 무리가 있지만 인공지능으로 작동하는 앱을 직접 만들고 테스트해 보는 경험을 통해 인공지능에 대한 이해를 높일 수 있을 것입니다.

미 | 리 | 보 | 기

준비 완료 화면

- 앱이 실행된 후 이미지 분류 작업을 위한 준비가 진행되는 동안은 카메라가 작동하지 않으며 모든 버튼이 비활성화되어 있습니다.
- 앱을 사용하기 위한 준비가 완료되면 카메라가 작동하고 버튼들이 활성화됩니다.
- **카메라전환** 버튼을 클릭하면 카메라가 전면에서 후면 또는 후면에서 전면으로 전환됩니다.
- **실시간 분류** 버튼을 클릭하면 현재 카메라를 통해 보이는 이미지를 분류하는 작업을 시작합니다.
- **갤러리 이미지 분류** 버튼을 클릭하면 갤러리에서 이미지를 선택하여 분류하는 작업을 시작합니다

완성 앱 미리보기

완성된 앱의 실제 동작이 궁금하다면 QR 코드를 스캔하여 파일을 스마트폰에 설치한 후 확인해 봅니다.

- **스마트폰 설치 파일** https://bit.ly/3bAq7rM
- **프로젝트 파일** example_imgClassification.aia

실시간 분류 결과 화면

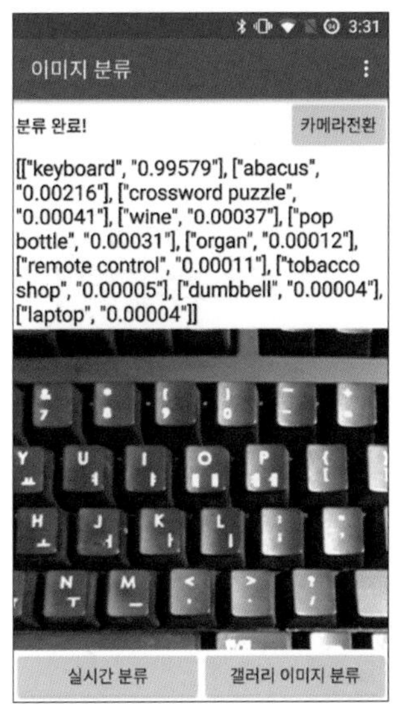

- 실시간 분류 결과는 인공지능이 예측한 물체의 이름과 예측의 신뢰도를 나타내는 숫자로 구성되어 있습니다.
- 10개의 예측 값이 신뢰도가 높은 순서대로 화면에 표시됩니다.

갤러리 이미지 분류 결과 화면

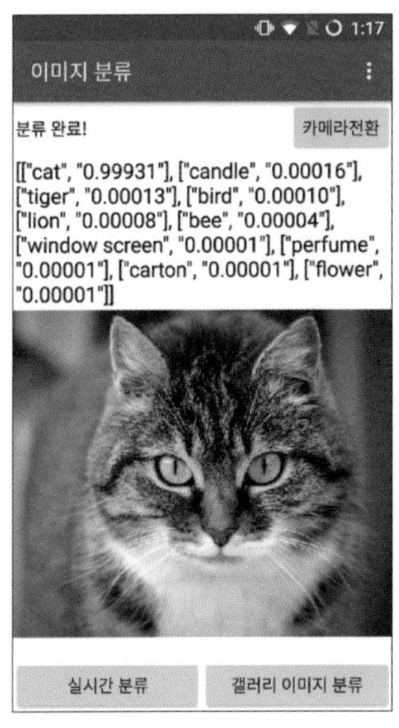

- **갤러리 이미지 분류** 버튼을 클릭하면 **갤러리** 앱이 열리고 갤러리에서 사진을 선택하면 이미지 분류 작업이 시작됩니다.
- 이미지 분류 작업이 완료되면 예측 값이 신뢰도가 높은 순서대로 화면에 표시됩니다.

1 프로젝트 준비하기

이미지 분류 앱을 만들기 위해 새로운 프로젝트를 추가하고 이미지 분류 기능을 만드는 데 필요한 확장기능을 추가하는 작업부터 시작하겠습니다.

1 앱 인벤터(http://ai2.appinventor.mit.edu/)에 접속하여 **프로젝트** 메뉴의 **새 프로젝트 시작하기**를 선택합니다.

2 프로젝트 이름을 **imgClassification**으로 입력하고 **확인** 버튼을 클릭합니다.

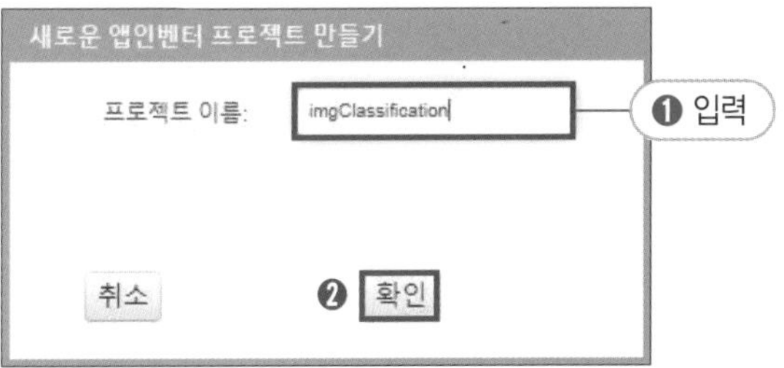

3 이미지 분류 기능을 만드는 데 필요한 컴포넌트를 내려받기 위해 **도움말** 메뉴의 **확장기능**을 클릭하여 MIT App Inventor Extensions(https://mit-cml.github.io/extensions/) 페이지로 이동합니다.

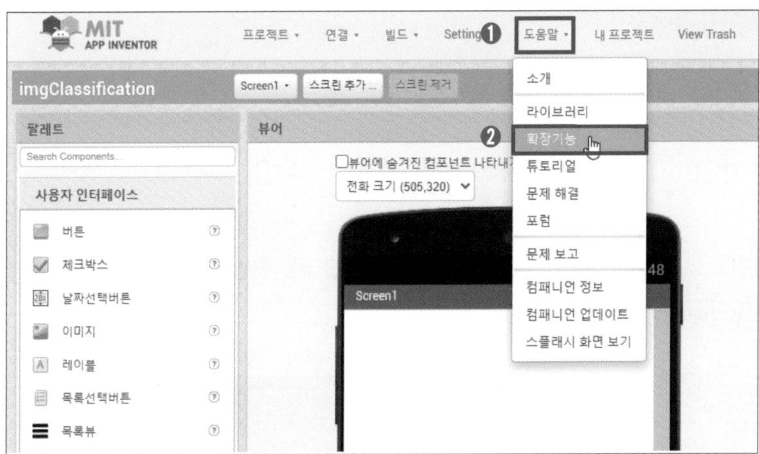

잠깐만요

확장기능(extension)이란?

앱 인벤터에는 이미지 분류와 관련된 컴포넌트가 없기 때문에 이미지 분류 앱을 만들기 위해서는 확장기능을 이용해야 합니다. 확장기능(extension)은 앱 인벤터가 기본적으로 제공하지 않는 기능을 외부에서 가져와서 사용할 수 있게 해 주는 기능으로, 스마트폰의 광 센서 값 읽기, 스크린 샷 찍기, 그래프 그리기 등 기본 앱 인벤터로는 만들 수 없는 기능을 만들 수 있게 도와줍니다.

앱 인벤터에서 공식적으로 제공하는 확장기능 외에도 개인 개발자들이 만들어서 공유한 다양한 확장기능들이 있습니다. 구글 검색창에서 'appinventor extensions'를 검색하면 확장기능 파일을 제공하는 다양한 사이트들이 검색되므로 참고하기 바랍니다.

4 MIT App Inventor Extensions 페이지의 **Supported**에서 **LookExtension.aix** 파일을 클릭하여 내려받습니다.

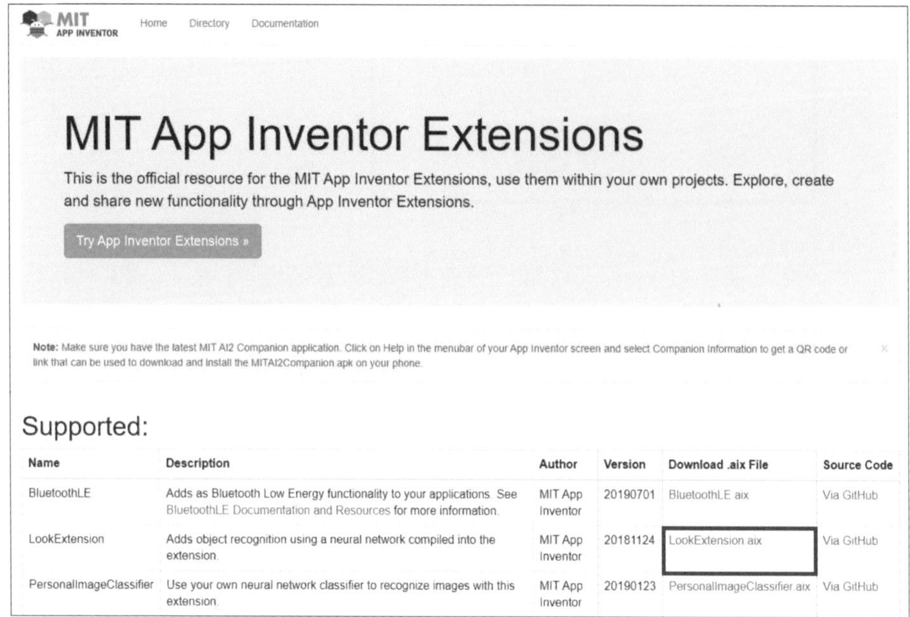

Name	Description	Author	Version	Download .aix File	Source Code
BluetoothLE	Adds as Bluetooth Low Energy functionality to your applications. See BluetoothLE Documentation and Resources for more information.	MIT App Inventor	20190701	BluetoothLE.aix	Via GitHub
LookExtension	Adds object recognition using a neural network compiled into the extension.	MIT App Inventor	20181124	LookExtension.aix	Via GitHub
PersonalImageClassifier	Use your own neural network classifier to recognize images with this extension.	MIT App Inventor	20190123	PersonalImageClassifier.aix	Via GitHub

5 앱 인벤터 화면으로 돌아와 **확장기능** 서랍을 열고 **확장기능 추가하기**를 클릭하여 **프로젝트에 확장 프로그램 불러오기** 창을 엽니다.

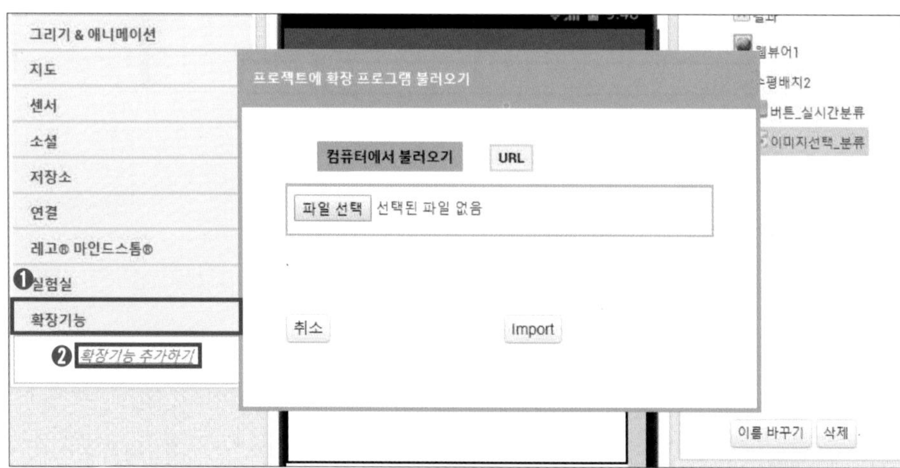

6 **프로젝트에 확장 프로그램 불러오기** 창의 **파일 선택** 버튼을 클릭하여 방금 내려받은 Look Extension 파일을 불러온 후 Import 버튼을 클릭합니다.

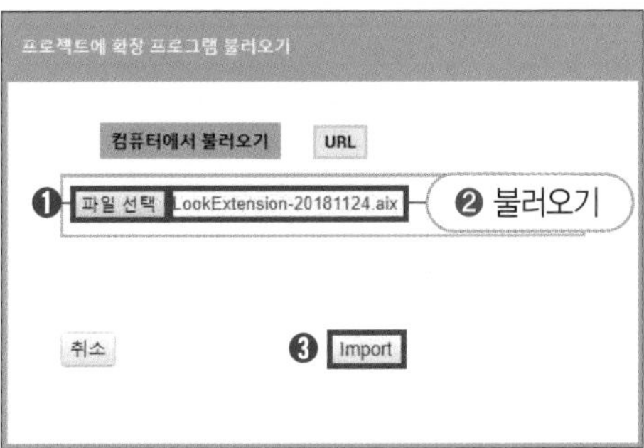

7 **확장기능** 서랍에 Look 컴포넌트가 추가된 것을 확인합니다.

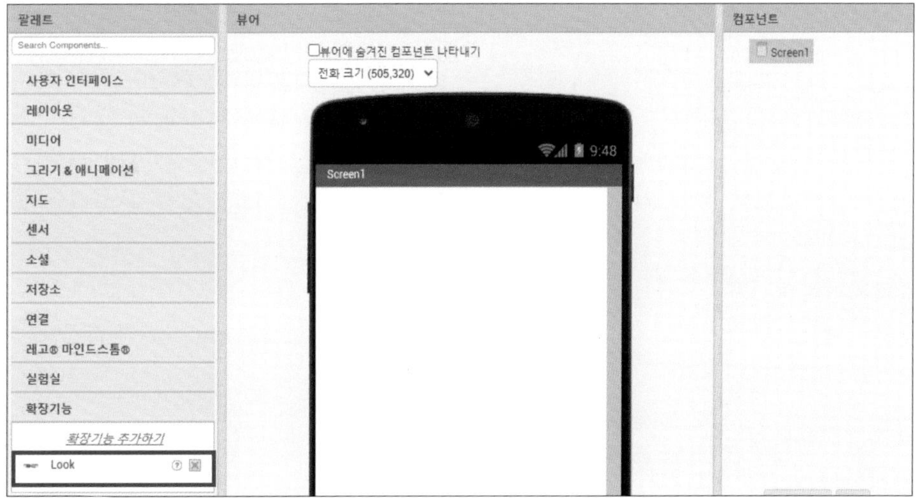

TIP 'Import' 버튼을 클릭한 후 확장기능이 추가되기까지 수십 초의 시간이 걸립니다. 그러므로 '확장기능' 서랍에 'Look' 컴포넌트가 보일 때까지 잠시 기다려야 합니다. aix 파일의 크기가 클수록 확장기능이 추가되는 데 걸리는 시간이 더 길어집니다.

LookExtension은 어떤 일을 하나요?

LookExtension이 하는 일을 이해하기 위해서는 인공지능과 머신러닝(Machine Learning)에 대한 이해가 필요합니다. 인공지능은 컴퓨터가 인간처럼 스스로 학습하고 판단하여 행동하도록 만드는 기술로, 학습한 지식을 바탕으로 바둑을 두거나 작곡을 하기도 하고 소설을 쓰는 등 사람만 할 수 있다고 생각했던 일들을 해낼 정도로 빠르게 발전하고 있습니다. 인공지능을 만들기 위해서는 컴퓨터가 데이터를 이용하여 학습을 해야 하는데, 기계가 학습한다는 의미에서 '기계학습' 또는 '머신러닝'이라 부릅니다.

LookExtension은 머신러닝 기반의 이미지 분류 모델을 이용하여 이미지를 분류하는 앱을 만들 수 있게 해 주는 확장기능입니다. LookExtension.aix 파일을 앱 인벤터에 추가하면 'Look' 컴포넌트가 생성되고 이 컴포넌트를 프로젝트에 추가하면 이미지 분류 기능을 만들기 위한 코드 블록들을 사용할 수 있게 됩니다.

LookExtension에 사용된 이미지 분류 모델은 수백만 장의 이미지를 999개의 클래스(공통된 속성을 가진 것들의 집합)로 분류한 데이터를 학습한 결과로 만들어집니다. 그래서 LookExtension을 이용하여 만든 이미지 분류 앱은 주어진 이미지를 999개의 범위 안에서 분류하게 됩니다. 999개의 클래스는 개, 고양이, 무당벌레, 바나나, 꽃 등과 같은 동식물부터 아코디언, 여객기, 커피포트, 피자 등과 같은 물건이나 음식까지 종류가 다양합니다. 999개의 클래스를 모두 확인해 보고 싶다면 GitHub 사이트에 공유된 문서(https://github.com/mit-cml/appinventor-extensions/blob/extension/look/appinventor/docs/reference/components/classes.txt)를 참고하기 바랍니다.

2 컴포넌트로 앱 화면 디자인하기

프로젝트가 생성되었으면 디자이너 화면에서 앱의 화면을 만드는 작업부터 시작해 보겠습니다. 이미지 분류 앱 화면의 기본 형태는 다음 그림과 같습니다.

1 Screen1의 **속성**을 [앱이름: **이미지 분류**], [스크린방향: **세로**], [테마: **장치 기본값**], [제목: **이미지 분류**]로 바꿉니다.

Screen1의 **속성** 패널에서
· 앱이름: **이미지 분류**로 수정
· 스크린방향: **세로** 선택
· 테마: **장치 기본값** 선택
· 제목: **이미지 분류**로 수정
9:48
이미지 분류

2 Screen1에 **레이아웃** 서랍의 **수평배치** 2개, **사용자 인터페이스** 서랍의 **레이블**과 **웹뷰어**를 가져와 다음과 같은 순서로 배치합니다.

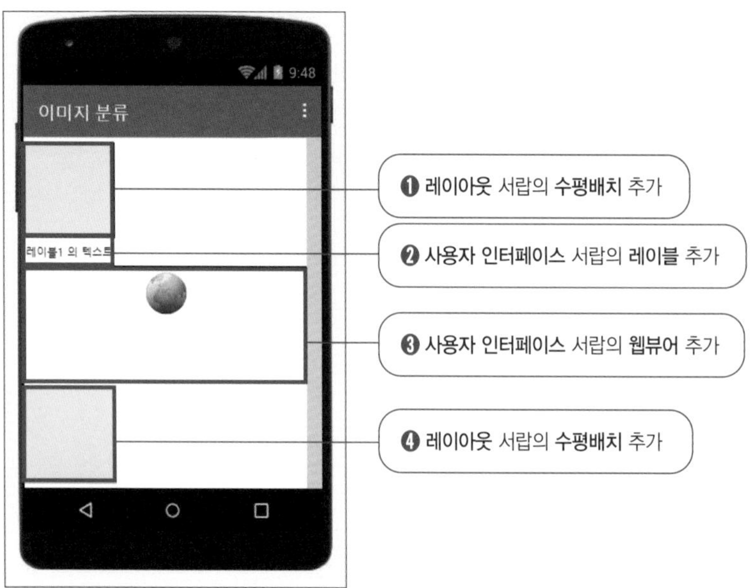

TIP '웹뷰어'는 웹 페이지를 보여주는 컴포넌트로, 주로 웹 브라우저 앱을 만드는 데 사용됩니다. 이미지 분류 앱에서는 '웹뷰어'의 비디오 재생 기능을 이용하여 카메라가 비추는 화면을 실시간으로 보여주는 용도로 사용합니다.

3 ❶ **수평배치1**의 **속성**을 [수직정렬: **가운데 : 2**], [너비: **부모 요소에 맞추기**]로 바꾸고 ❷ **사용자 인터페이스** 서랍에서 새 **레이블**과 **버튼**을 가져와 그 안에 순서대로 추가합니다.

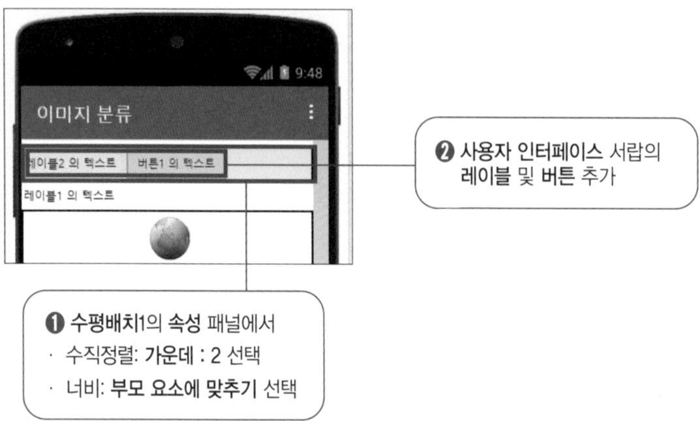

4 ❶ **레이블2**의 이름을 **상태**로 바꾸고, **속성**을 [너비: **부모 요소에 맞추기**], [텍스트: **준비 중...**]으로 바꿉니다. ❷ 그리고 **버튼1**의 이름을 **버튼_카메라전환**으로 바꾸고, **속성**을 [텍스트: **카메라전환**]으로 바꿉니다.

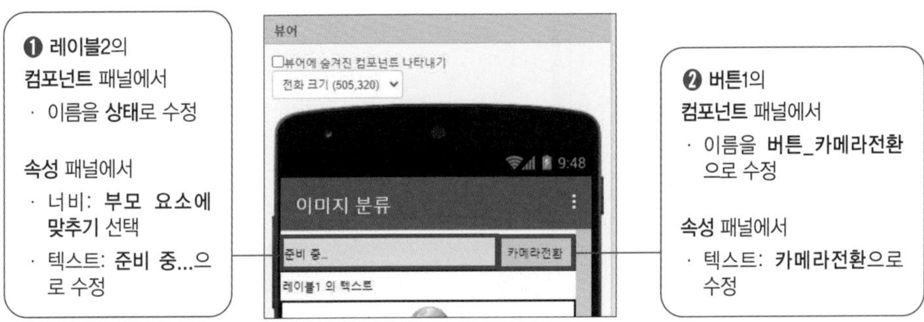

5 ❶ **레이블1**의 이름을 **분류결과**로 바꾸고 ❷ **속성**을 [글꼴크기: **17**], [텍스트: **...**]으로 바꿉니다.

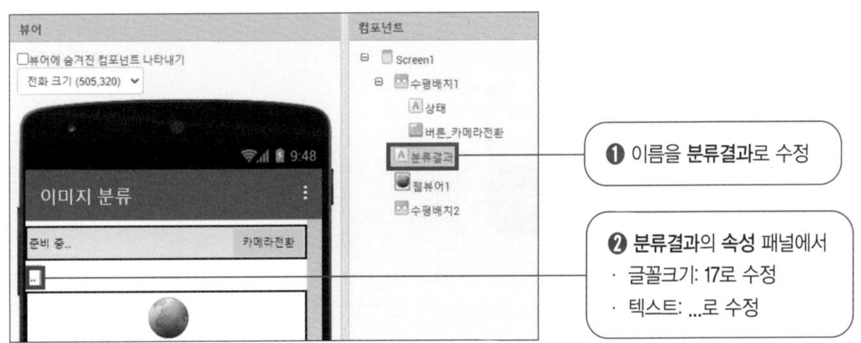

6 ❶ **수평배치2**의 **속성**을 [너비: **부모 요소에 맞추기**]로 바꾸고 ❷ **사용자 인터페이스** 서랍의 **버튼**과 **미디어** 서랍의 **이미지선택버튼**을 가져와 순서대로 추가합니다.

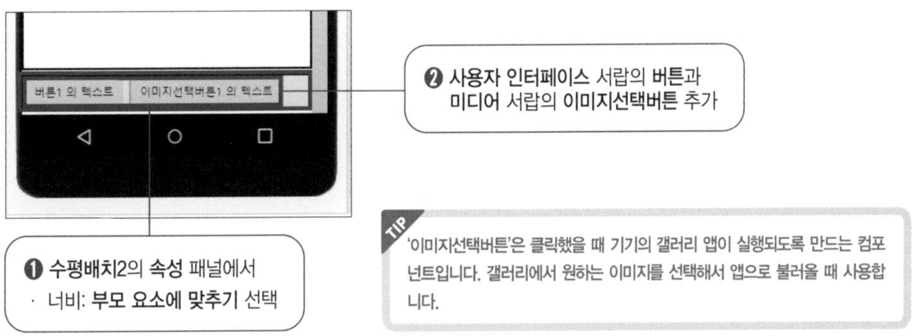

TIP

'이미지선택버튼'은 클릭했을 때 기기의 갤러리 앱이 실행되도록 만드는 컴포넌트입니다. 갤러리에서 원하는 이미지를 선택해서 앱으로 불러올 때 사용합니다.

7 ❶ **버튼1**의 이름을 **버튼_실시간분류**로 바꾸고, **속성**을 [너비: **부모 요소에 맞추기**], [텍스트: **실시간 분류**]로 바꿉니다. ❷ 그리고 **이미지선택버튼1**의 이름을 **이미지선택_분류**로 바꾸고, [너비: **부모 요소에 맞추기**], [텍스트: **갤러리 이미지 분류**]로 바꿉니다.

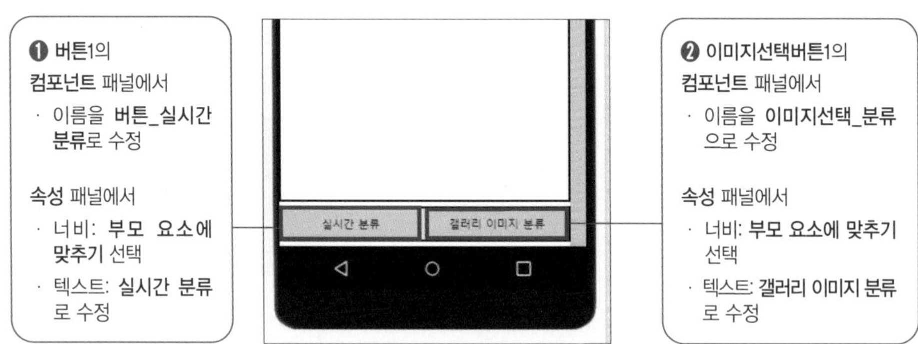
❶ 버튼1의
컴포넌트 패널에서
· 이름을 버튼_실시간분류로 수정
속성 패널에서
· 너비: 부모 요소에 맞추기 선택
· 텍스트: 실시간 분류로 수정
실시간 분류
갤러리 이미지 분류
❷ 이미지선택버튼1의
컴포넌트 패널에서
· 이름을 이미지선택_분류으로 수정
속성 패널에서
· 너비: 부모 요소에 맞추기 선택
· 텍스트: 갤러리 이미지 분류로 수정

8 ❶ **확장기능** 서랍에서 Look을 가져와 Screen1에 추가하고 ❷ **속성**을 [WebViewer: **웹뷰어1**]로 바꿉니다.

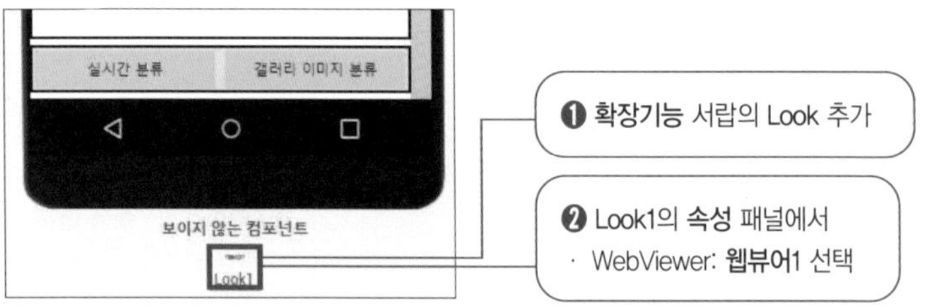
실시간 분류
갤러리 이미지 분류
보이지 않는 컴포넌트
Look1
❶ 확장기능 서랍의 Look 추가
❷ Look1의 속성 패널에서
· WebViewer: 웹뷰어1 선택

3 블록으로 앱 코딩하기

이제 블록 코딩으로 각 컴포넌트에 기능을 적용하여 앱이 작동하도록 해 보겠습니다.

1 오른쪽 상단에 있는 **블록** 버튼을 클릭하여 **블록** 화면으로 이동합니다.

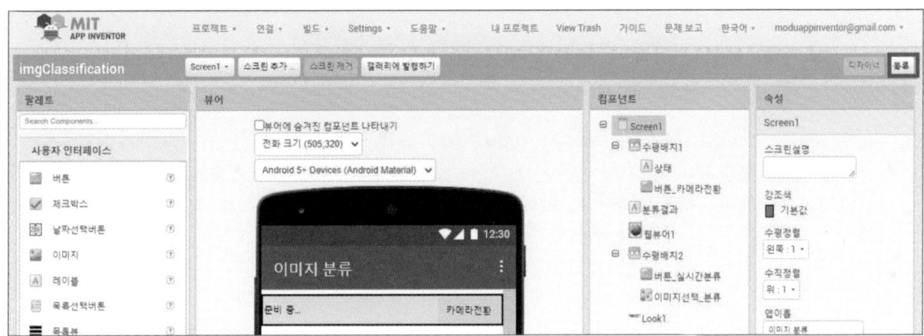

2 앱이 실행되면 이미지 분류 기능이 준비되는 동안 모든 버튼이 비활성화 상태가 되도록 언제 Screen1.초기화되었을때 블록을 구성합니다.

```
언제 Screen1 .초기화되었을때
실행 지정하기 버튼_카메라전환 . 활성화 값 거짓
     지정하기 버튼_실시간분류 . 활성화 값 거짓
     지정하기 이미지선택_분류 . 활성화 값 거짓
```

앱이 실행된 후 이미지 분류 기능이 작동되기까지 약간의 준비시간이 필요합니다. 준비시간 동안 버튼이 활성화되어 있으면 사용자가 버튼을 클릭했을 때 앱의 기능이 실행되지 않아서 앱에 오류가 있는 것으로 생각할 수 있으므로 모든 버튼의 **활성화** 속성을 **거짓**으로 설정하여 사용자가 버튼을 사용할 수 없는 상태로 만듭니다.

3 이미지 분류 기능의 준비가 완료되면 모든 버튼이 활성화되도록 언제 Look1.ClassifierReady 블록을 구성합니다.

```
언제 Look1 .ClassifierReady ―❶
실행 지정하기 버튼_카메라전환 . 활성화 값 참   ┐
     지정하기 버튼_실시간분류 . 활성화 값 참   ├❷
     지정하기 이미지선택_분류 . 활성화 값 참   ┘
     지정하기 상태 . 텍스트 값 " 준비 완료! " ―❸
```

❶ 언제 Look1.ClassifierReady 블록은 이미지 분류 기능이 사용 가능한 상태가 되면 실행되는 블록으로, 앱을 실행한 후 이 블록이 실행되기까지 걸리는 시간은 스마트폰의 성능과 운영체제에 따라 달라집니다.

❷ 이미지 분류 기능을 사용할 준비가 완료되었으므로 모든 버튼의 **활성화** 속성을 **참**으로 설정하여 버튼을 사용할 수 있게 만듭니다.

❸ 앱을 사용하기 위한 준비가 완료되었음을 화면에 표시하기 위해 **상태** 레이블의 값을 **준비 완료!**로 바꿉니다.

TIP
앱을 실행한 후 수십 초의 시간이 지났음에도 '상태' 레이블의 글자가 '준비 중…'에서 '준비 완료!'로 바뀌지 않는다면 해당 기기가 LookExtension 사용을 지원하지 않는 것입니다. 구형 기기에서는 이미지 분류기능이 작동하지 않거나 너무 느리게 작동할 수 있으므로 최소한 2014년에 이후에 출시된 갤럭시 s5(안드로이드 6.0 마시멜로) 이상의 성능을 가진 기기에서 앱을 테스트하기 바랍니다.

4 **실시간 분류** 버튼을 클릭하면 카메라로 비추는 물체를 분류하기 위한 작업이 시작되도록 `언제 버튼_실시간분류.클릭했을때` 블록을 구성합니다.

언제 버튼_실시간분류 .클릭했을때
실행 지정하기 Look1 . InputMode 값 " Video " ❶
지정하기 상태 . 텍스트 값 " 분류 중... " ❷
호출 Look1 .ClassifyVideoData ❸

❶ 웹 뷰어를 통해 실시간으로 보이는 영상에서 물체를 분류하기 위해 Look1 컴포넌트의 Input Mode를 Video로 설정합니다.

❷ 이미지 분류 작업이 진행되고 있음을 화면에 표시하기 위해 **상태** 레이블의 값을 **분류 중...**으로 바꿉니다.

❸ ClassifyVideoData 함수는 영상의 현재 프레임(영상 정지 이미지)을 이용하여 이미지 분류 작업을 시행하고, 작업이 성공적으로 완료되면 `언제 Look1.GotClassification` 블록이 실행되도록 만듭니다.

잠깐만요

이미지 분류(Image Classification)의 원리

이미지를 강아지와 고양이라는 두 개의 클래스로 분류하는 프로그램을 머신러닝으로 만든다고 가정해 보겠습니다. 이미지 분류 프로그램을 만들기 위해 먼저 해야 할 일은 강아지와 고양이 사진을 최대한 많이 구해서 강아지 사진에는 '강아지', 고양이 사진에는 '고양이'라는 이름을 붙이는 것입니다.

강아지
고양이

그리고 이 사진들을 이용하여 프로그램을 훈련시키면 프로그램은 어떤 형태의 이미지가 강아지이고 어떤 형태의 이미지가 고양이인지를 구분할 수 있게 됩니다. 충분히 많은 양의 강아지와 고양이 이미지를 이용하여 프로그램을 훈련시킨 후 훈련에 사용하지 않은 강아지 또는 고양이 이미지를 프로그램에게 보여주면 프로그램은 새로운 이미지가 강아지 클래스에 속하는지, 고양이 클래스에 속하는지를 판단하여 알려줍니다.

고양이

하지만 이 프로그램은 강아지와 고양이만 학습했기 때문에 고래 이미지를 보더라도 강아지 또는 고양이로 분류할 것입니다. 즉 이미지 분류 프로그램으로 사전에 학습한 클래스에 속하지 않는 이미지를 분류하는 것은 불가능합니다.

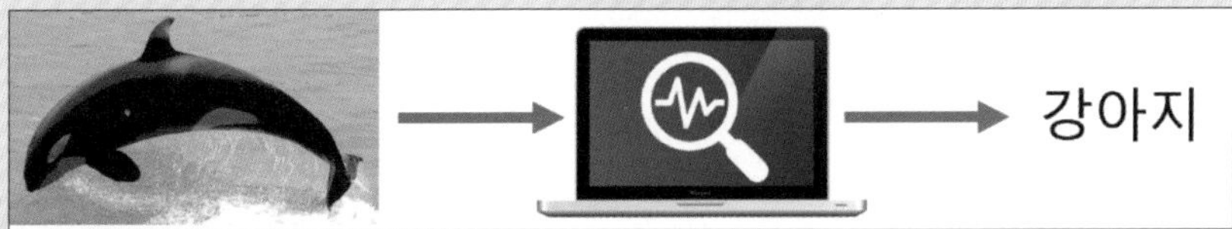
강아지

우리가 이미지 분류 앱을 만들기 위해 사용 중인 'Look' 컴포넌트는 999개의 클래스만 인식할 수 있는 머신러닝 모델을 사용하기 때문에 999개의 클래스에 속하지 않는 이미지는 인식하지 못합니다. 이와 같은 이유로 앱을 완성한 후 이미지 분류를 실행해 보면 실제 이미지와는 전혀 다른 엉뚱한 결과값이 나오는 경우가 많을 것입니다.

5 갤러리에서 선택한 사진에 있는 물체를 분류하기 위한 작업이 시작되도록 언제 이미지선택_분류.선택후에 블록을 구성합니다.

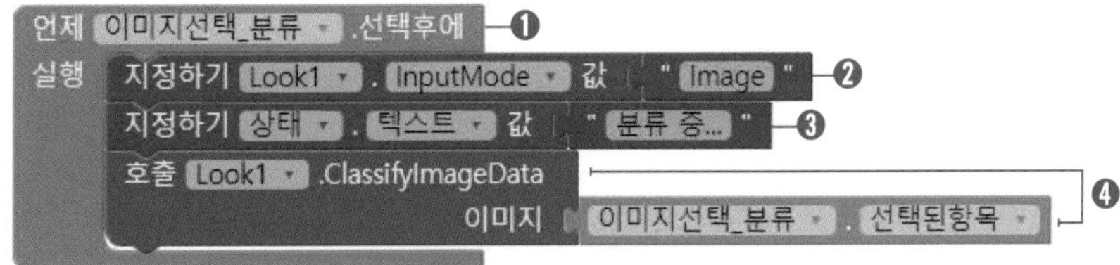
언제 이미지선택_분류 .선택후에 ❶
실행 지정하기 Look1 . InputMode 값 " Image " ❷
지정하기 상태 . 텍스트 값 " 분류 중... " ❸
호출 Look1 .ClassifyImageData
이미지 이미지선택_분류 . 선택된항목 ❹

❶ **이미지선택_분류** 컴포넌트(**갤러리 이미지 분류** 버튼)를 클릭하면 스마트폰에 설치된 갤러리 앱이 실행되고 갤러리에서 이미지를 선택하면 언제 이미지선택_분류.선택후에 블록이 실행됩니다.

❷ 이미지에서 물체를 분류하기 위해 **Look1** 컴포넌트의 **InputMode**를 **Image**로 바꿉니다.

❸ 이미지 분류 작업이 진행되고 있음을 화면에 표시하기 위해 **상태** 레이블의 값을 **분류 중...**으로 바꿉니다.

❹ **ClassifyImageData** 함수는 지정된 이미지를 이용하여 이미지 분류 작업을 시행하고, 작업이 성공적으로 완료되면 언제 Look1.GotClassification 블록이 실행되도록 만듭니다.

TIP
이미지선택_분류.선택된항목 블록에는 갤러리에서 선택한 이미지가 스마트폰의 어느 폴더에 저장되어 있는지를 알려주는 텍스트 값이 들어있습니다.

6 이미지 분류가 완료되면 분류 결과가 화면에 표시되도록 언제 Look1.GotClassification 블록의 구성을 시작합니다.

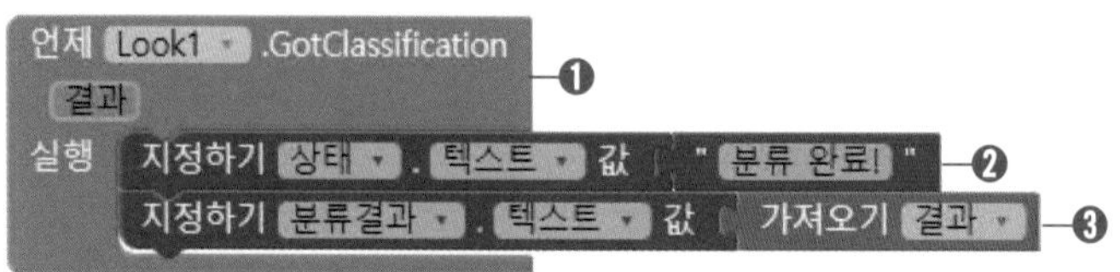

❶ 언제 Look1.GotClassification 블록은 **ClassifyVideoData** 함수 또는 **ClassifyImageData** 함수에 의해 이미지 분류 작업이 성공적으로 시행되었을 경우에 실행됩니다.

❷ 분류 작업이 완료되었음을 화면에 표시하기 위해 **상태** 레이블의 값을 **분류 완료!**로 바꿉니다.

❸ 이미지 분류 결과가 화면에 표시되도록 **분류결과** 레이블에 **결과** 값을 지정합니다. 실제 스마트폰 화면에 출력된 **결과** 값을 확인해 보면 다음과 같은 형태로 보일 것입니다.

((laptop 0.44019) (display 0.21118) (keyboard 0.13318) (mouse 0.08270) (desk 0.06342) (scissors 0.00695) (remote control 0.00625) (tv 0.00585) (book 0.00300) (screwdriver 0.00248)

분류 결과는 10개의 항목으로 구성된 리스트이며, 각 항목은 예측한 물체의 이름과 신뢰도로 이루어진 리스트입니다. 신뢰도는 0에서 1 사이의 값이며 1에 가까울수록 예측한 물체의 이름이 실제 물체일 확률이 높아집니다. 분류 결과는 신뢰도가 높은 순서로 나열되며 뒤로 갈수록 신뢰도가 낮아집니다.

TIP
물체를 촬영한 각도나 이미지의 밝기 등이 조금만 바뀌어도 전혀 다른 결과 값이 나올 수 있습니다. 예를 들어, 전화기를 어떤 각도로 촬영하는가에 따라 전화기로 분류되기도 하고 마우스 또는 컴퓨터로 분류되기도 합니다. 인공지능이 사람이라면 절대로 하지 않을 이러한 실수를 하는 것은 현재 인공지능 기술의 한계이며 이 문제를 해결하기 위한 연구가 계속되고 있습니다.

7 **카메라전환** 버튼을 클릭할 때마다 물체를 비추는 카메라가 바뀌도록 언제 버튼_카메라전환.클릭했을때 블록을 구성합니다.

```
언제 버튼_카메라전환 .클릭했을때
실행 호출 Look1 .ToggleCameraFacingMode
```

ToggleCameraFacingMode 함수는 한 번 실행될 때마다 물체를 비추는 카메라를 전면에서 후면 또는 후면에서 전면으로 바꿔 줍니다. 따라서 **카메라전환** 버튼을 클릭할 때마다 물체를 비추는 카메라가 바뀌게 됩니다.

TIP 이번 앱에서 전면 카메라는 별로 쓸모가 없습니다. LookExtension을 만드는 데 사용된 머신러닝 모델은 사람 이미지를 학습하지 않았기 때문에 전면 카메라로 얼굴을 비추더라도 사람으로 인식하지 못합니다.

지금까지 만든 앱이 잘 작동하는지 스마트폰을 이용하여 테스트해 봅시다.

✓ 체크리스트

- ☐ 모든 버튼들이 비활성화된 상태로 앱이 시작됨.
- ☐ 앱 사용을 위한 준비가 완료되면 카메라가 작동을 시작하고 버튼들이 활성화됨.
- ☐ **실시간 분류** 버튼을 클릭하면 카메라가 비추는 물체의 이름을 예측한 결과 10가지를 신뢰도가 높은 순서대로 화면에 표시함.
- ☐ 실시간 분류에서 **카메라전환** 버튼을 클릭하면 카메라가 전면에서 후면 또는 후면에서 전면으로 전환됨.
- ☐ **갤러리 이미지 분류 버튼**을 클릭하면 갤러리가 열리고, 갤러리에서 사진을 선택하면 사진에 있는 물체의 이름을 예측한 결과 10가지를 신뢰도가 높은 순서대로 화면에 표시함.

4 앱 업그레이드하기

지금까지는 이미 만들어진 이미지 분류 모델을 이용했지만 이번에는 직접 만든 이미지 분류 모델을 이용하여 나만의 이미지 분류 앱을 만들어 보겠습니다.

1. 이미지 분류 모델 만들기

이미지 분류 모델은 MIT에서 제공하는 웹 툴을 이용하면 손쉽게 만들 수 있으며 완성된 모델을 PersonalImageClassifier라는 확장기능에 넣으면 LookExtension을 이용하여 앱을 만들었던 방법과 같은 방법으로 이미지 분류 앱을 만들 수 있습니다. 이번 예제에서는 리모콘과 키보드만 구분하는 간단한 이미지 분류 앱을 만들 예정이므로 우선 학습에 필요한 이미지 데이터를 구한 후 직접 구한 이미지를 이용하여 이미지 분류 모델을 훈련시켜 보겠습니다.

1 구글(https://www.google.co.kr)에서 리모콘을 검색한 후 이미지 검색 결과만 보이도록 이미지 탭을 클릭합니다.

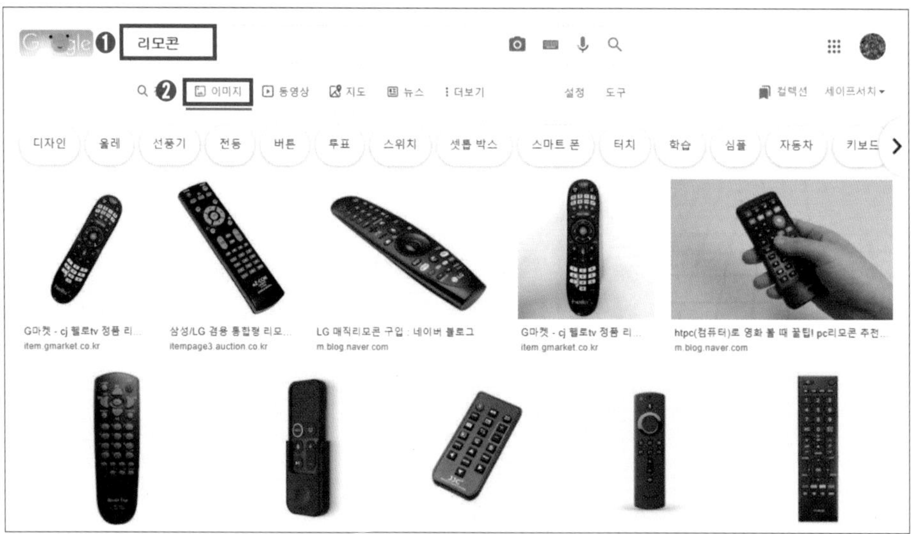

TIP
학습 데이터로 사용할 이미지가 꼭 리모콘과 키보드일 필요는 없습니다. 분류하고 싶은 대상을 마음대로 정해서 필요한 이미지를 구하면 됩니다.

2 리모콘 이미지에 커서를 올리고 마우스 오른쪽 버튼을 클릭한 후 **이미지를 다른 이름으로 저장**을 선택합니다.

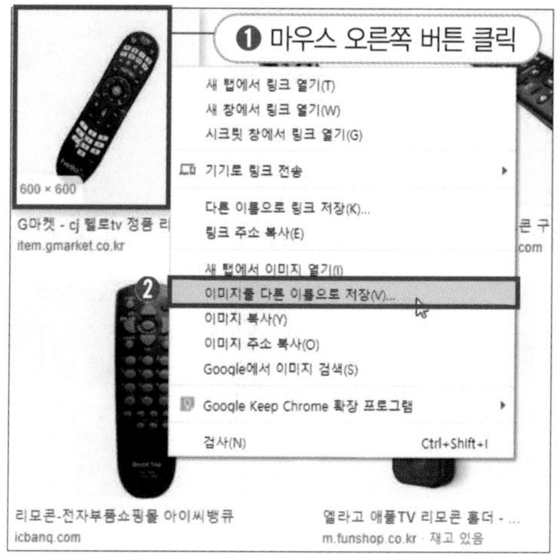

3 이미지를 저장할 폴더를 지정하고, 파일의 이름을 구분하기 쉽게 정해 입력한 후 **저장** 버튼을 클릭합니다.

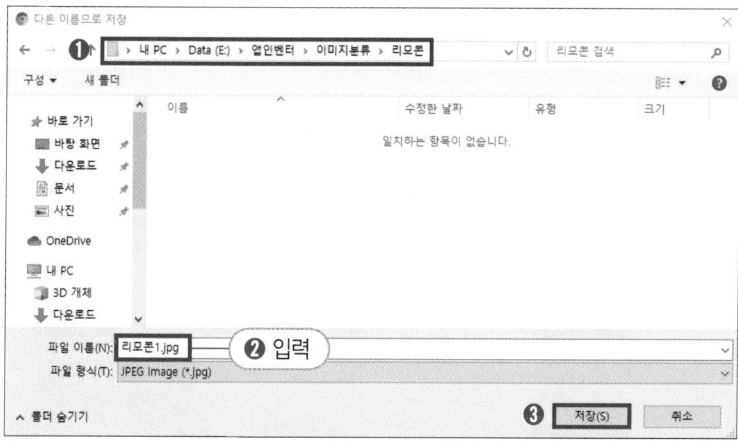

4 이와 같은 방식으로 리모콘 이미지를 총 15개 내려받습니다. 15개의 이미지 중 10개는 학습 데이터로 사용하고, 5개는 검증 데이터로 사용합니다.

TIP
제대로 된 이미지 분류 모델을 만들려면 수백, 수천 장의 학습 데이터가 필요합니다. 하지만 우리는 간단한 이미지 분류 모델을 만드는 실습을 하려는 것이므로 10장 정도의 이미지만 사용하겠습니다.

5 같은 방법으로 구글에서 **키보드**를 검색하여 학습 데이터로 사용할 이미지 10개와 검증 데이터로 사용할 이미지 5개를 내려받습니다.

6 이미지 분류 모델을 만들기 위해 **Personal Image Classifier**(https://classifier.appinventor.mit.edu)의 Training Page에 접속합니다. 먼저, 새로운 클래스를 추가하기 위해 **+**를 클릭하고 텍스트 박스에 **리모콘**을 입력한 후 Enter를 누릅니다.

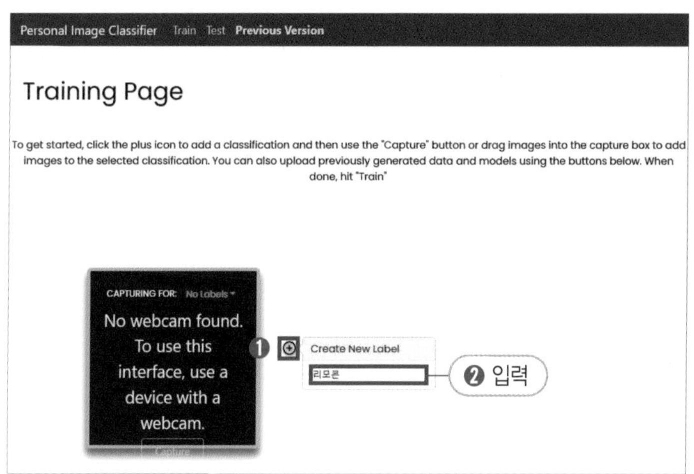

7 리모콘 클래스가 만들어졌으면 파일 탐색기에서 리모콘 이미지를 저장한 폴더를 열어 리모콘 이미지 10개를 선택한 후 Personal Image Classifier 창의 리모콘 클래스 영역으로 드래그하여 학습에 사용할 이미지를 추가합니다.

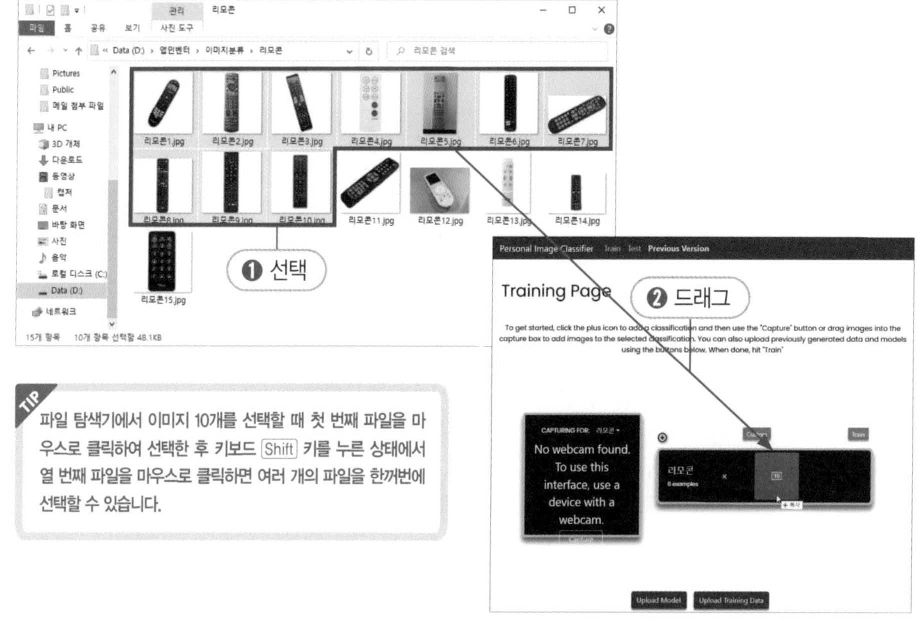

> **TIP**
> 파일 탐색기에서 이미지 10개를 선택할 때 첫 번째 파일을 마우스로 클릭하여 선택한 후 키보드 Shift 키를 누른 상태에서 열 번째 파일을 마우스로 클릭하면 여러 개의 파일을 한꺼번에 선택할 수 있습니다.

8 리모콘 클래스를 만들고 이미지를 추가한 것과 같은 방법으로 키보드 클래스를 만들고 10개의 키보드 이미지를 추가합니다.

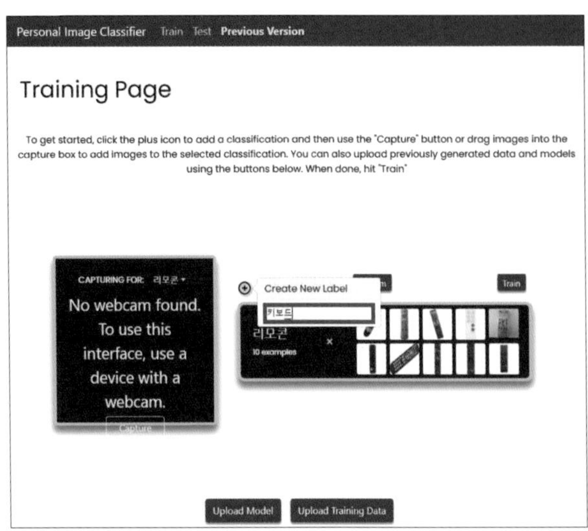

TIP 학습에 사용할 이미지가 꼭 10개일 필요는 없습니다. 좀 더 성능이 좋은 이미지 분류 모델을 만들고 싶다면 수십 장 정도의 이미지를 더 추가해도 됩니다. 다만 Personal Image Classifier는 간단한 이미지 분류 모델을 만드는 체험을 위한 사이트이므로 수백 장의 이미지를 훈련 데이터로 사용하면 사이트가 응답을 하지 않거나 훈련 시간이 너무 길어질 수 있습니다.

9 리모콘 클래스와 키보드 클래스에 이미지를 모두 추가했으면 이미지 분류 모델을 훈련시키기 위해 **Train** 버튼을 클릭합니다.

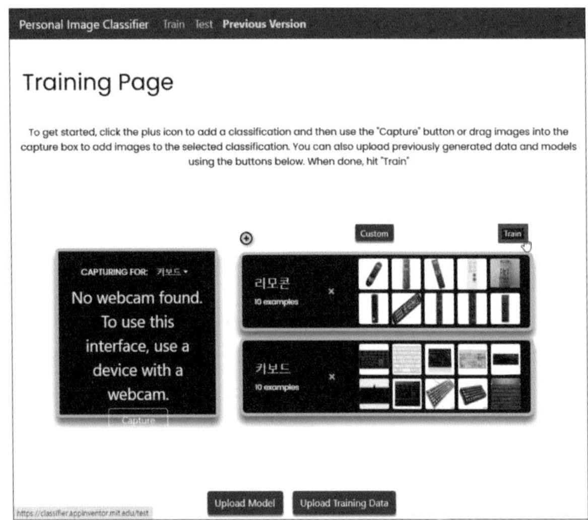

잠깐만요

이미지를 직접 촬영하여 추가하기

노트북처럼 컴퓨터에 카메라가 달려있거나 컴퓨터에 웹캠이 연결되어 있다면 사진을 바로 찍어서 클래스에 이미지를 추가할 수 있습니다. 'Capture' 버튼은 컴퓨터에 카메라가 설치되어 있을 때 사용할 수 있는 버튼으로, 이 버튼을 클릭하면 카메라가 비추는 장면을 선택된 클래스에 바로 추가할 수 있습니다.

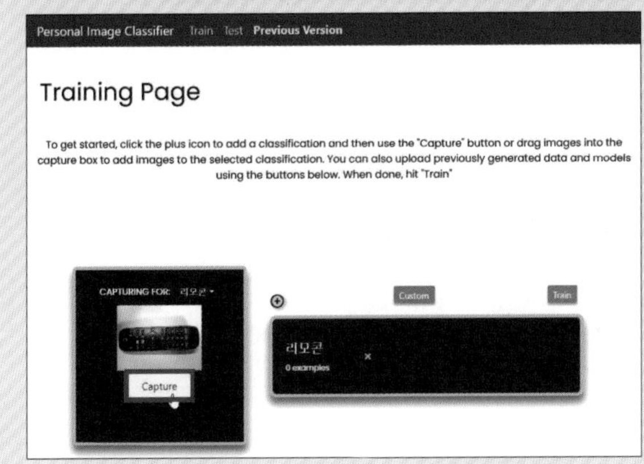

10 Train 버튼을 클릭하면 훈련이 진행되는 동안 진행바가 나타납니다. 훈련이 끝날 때까지 잠시 기다립니다.

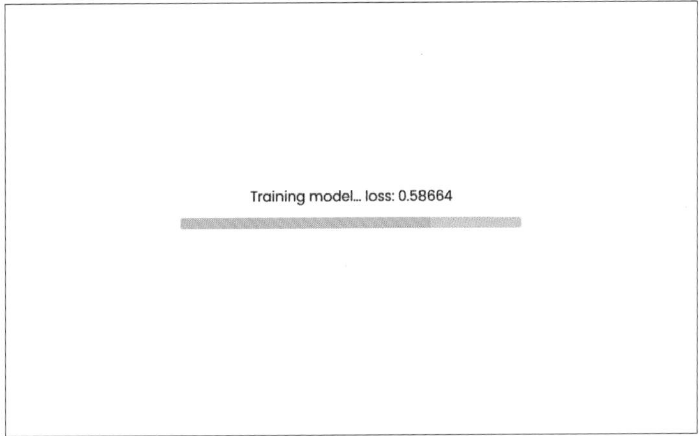

11 훈련이 끝나면 Testging Page가 나타납니다. 파일 탐색기에서 테스트를 위해 내려받은 리모콘 또는 키보드 이미지 파일을 하나씩 드래그하여 Testing Page의 CAPTURED PIC 영역에 넣은 후 CLASSIFICATION 영역의 리모콘 또는 키보드 버튼 위에 마우스 커서를 올리면 테스트 이미지를 분류한 결과를 확인할 수 있습니다.

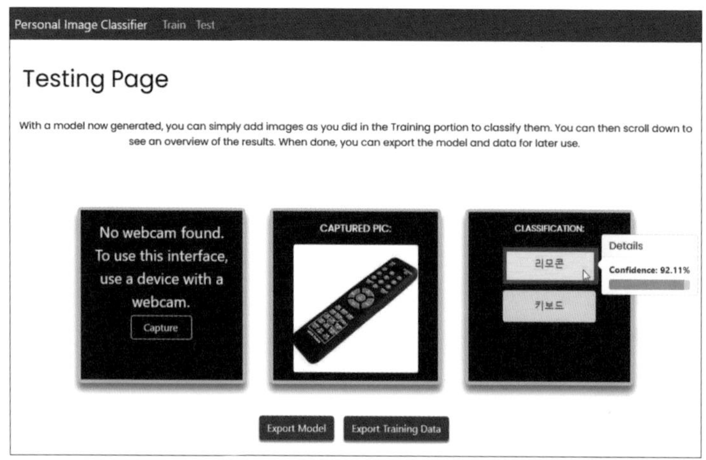

12 Testing Page의 화면을 아래쪽으로 스크롤하면 지금까지 테스트한 이미지 분류 결과를 한눈에 확인할 수 있는 Test Results가 나타납니다. 테스트에 사용한 이미지들이 모두 올바른 곳에 모여 있으면 이미지 분류 모델이 정상적으로 작동한다고 볼 수 있으므로 화면 중앙에 있는 **Export Model** 버튼을 클릭하여 이미지 분류 모델 파일을 컴퓨터에 저장합니다.

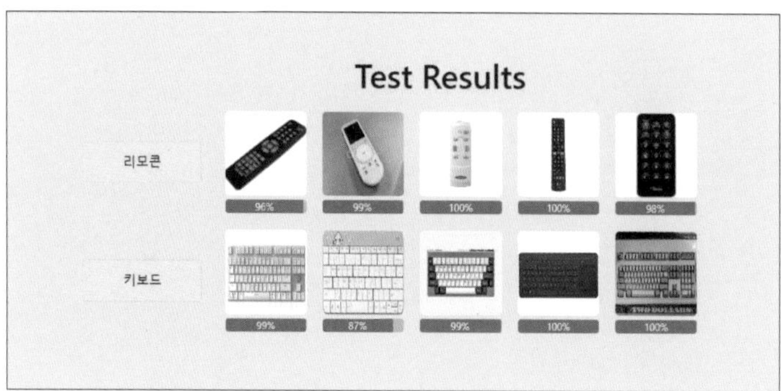

이미지 분류 모델이 제대로 작동하지 않는다면?

Test Results 영역에서 리모콘에 키보드 사진이 표시되거나 키보드에 리모콘 사진이 표시된다면 이미지 분류 모델이 이미지 파일을 정확하게 분류하지 못한다는 의미입니다.

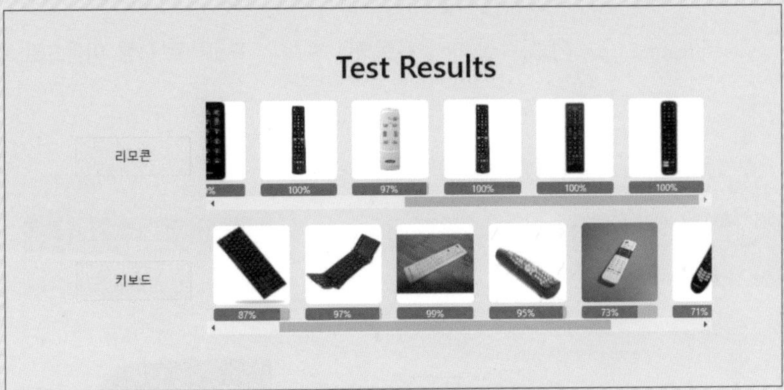

이 그림을 보면 리모콘 이미지 중 일부가 키보드로 분류되어 있습니다. 이미지 분류 모델이 리모콘을 키보드로 잘못 분류한 이유를 짐작해 봅시다. 이미지 분류 모델을 훈련시킬 때 사용한 10장의 리모콘 이미지들이 모두 흰색 배경 위에 검은색 리모콘을 세로 방향으로 놓고 촬영한 이미지입니다. 따라서 이미지 분류 모델은 이러한 공통점들을 리모콘이 갖추어야 할 조건이라고 판단하고 흰색 배경이 아닌 리모콘, 흰색 리모콘, 대각선 방향으로 놓인 리모콘은 키보드에 더 가깝다고 판단했을 것입니다.

이러한 문제를 해결하기 위해서는 다양한 모양, 색깔, 각도, 배경색을 가진 리모콘 이미지들을 추가해서 이미지 분류 모델을 다시 만들어야 합니다. 이미지 분류 모델을 다시 만들고 싶다면 화면 상단에 있는 Train을 클릭하여 Training Page로 돌아간 후 리모콘 클래스에 새로 구한 리모콘 이미지들을 추가하고 다시 모델을 훈련시키면 됩니다. 그리고 다시 테스트했을 때 이미지 분류 모델이 여전히 이미지를 제대로 분류를 못한다면 다시 Training Page로 돌아가서 새로운 이미지를 추가하고 훈련시키는 과정을 반복하면 됩니다.

2. 나만의 이미지 분류 앱 만들기

이제 방금 완성한 이미지 분류 모델을 이용하여 리모콘과 키보드를 구분하는 이미지 분류 앱을 만들어 보겠습니다. 새로 만들 이미지 분류 앱은 LookExtension을 이용하여 만들었던 이미지 분류 앱과 디자인이나 기능이 비슷하기 때문에 기존 프로젝트를 활용하여 만들겠습니다.

1 imgClassification 프로젝트로 돌아가 **프로젝트** 메뉴의 **프로젝트 다른 이름으로 저장**을 클릭합니다.

2 새 이름을 **myClassification**으로 입력하고 **확인** 버튼을 클릭합니다.

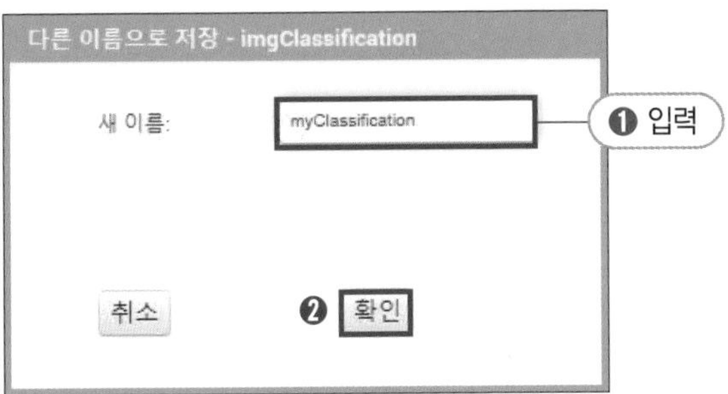

3 myClassification 프로젝트가 열리면 **Screen1**의 속성을 [앱이름: **이미지 분류2**], [제목: **이미지 분류2**]로 바꿉니다.

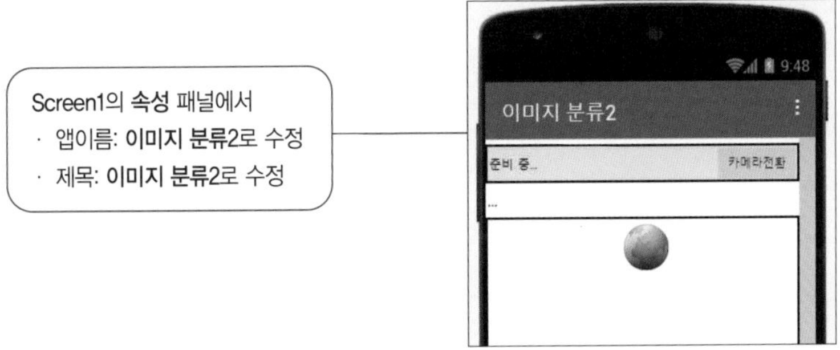

4 직접 만든 이미지 분류 모델을 사용할 수 있게 하는 컴포넌트를 추가하기 위해 **도움말** 메뉴의 **확장기능**을 클릭하여 MIT App Inventor Extensions(https://mit-cml.github.io/extensions/) 페이지로 이동합니다.

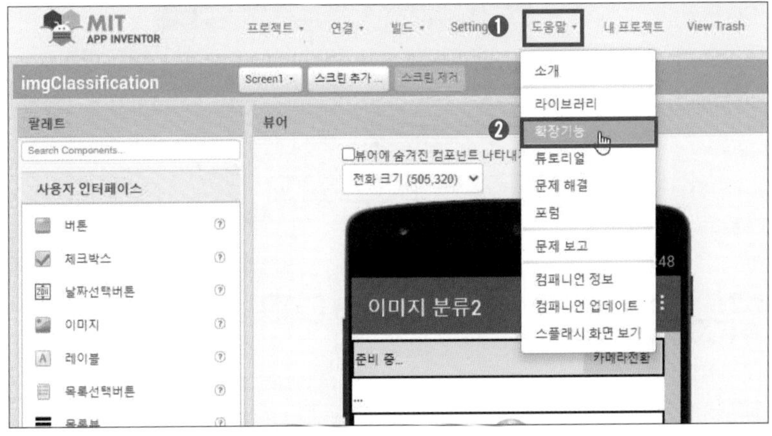

5 MIT App Inventor Extensions 페이지의 Supported에서 **PersonalImageClassifier.aix** 파일을 클릭하여 내려받습니다.

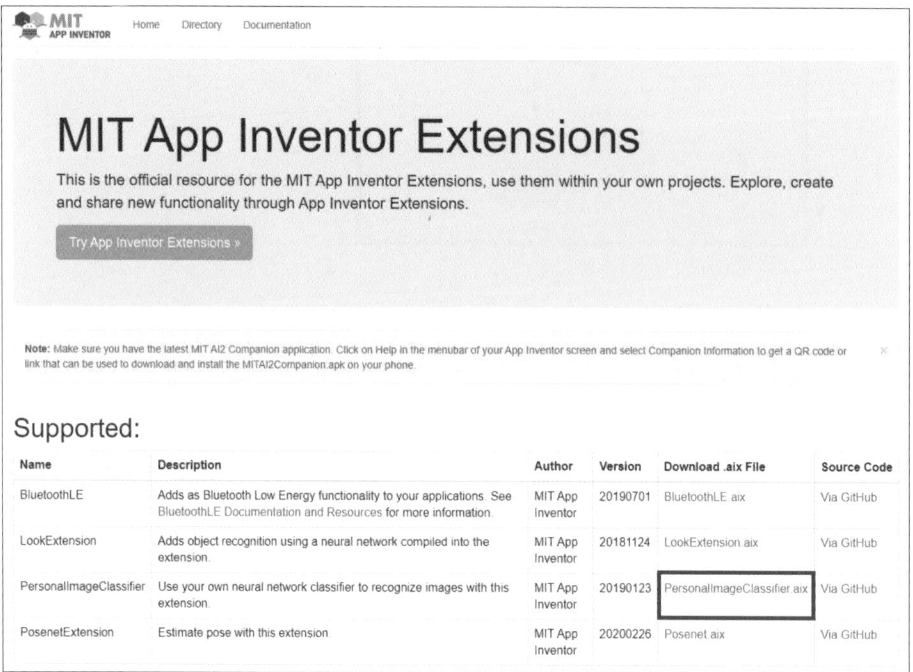

MIT APP INVENTOR Home Directory Documentation

MIT App Inventor Extensions

This is the official resource for the MIT App Inventor Extensions, use them within your own projects. Explore, create and share new functionality through App Inventor Extensions.

Try App Inventor Extensions »

Note: Make sure you have the latest MIT AI2 Companion application. Click on Help in the menubar of your App Inventor screen and select Companion Information to get a QR code or link that can be used to download and install the MITAI2Companion.apk on your phone.

Supported:

Name	Description	Author	Version	Download .aix File	Source Code
BluetoothLE	Adds as Bluetooth Low Energy functionality to your applications. See BluetoothLE Documentation and Resources for more information.	MIT App Inventor	20190701	BluetoothLE.aix	Via GitHub
LookExtension	Adds object recognition using a neural network compiled into the extension.	MIT App Inventor	20181124	LookExtension.aix	Via GitHub
PersonalImageClassifier	Use your own neural network classifier to recognize images with this extension.	MIT App Inventor	20190123	PersonalImageClassifier.aix	Via GitHub
PosenetExtension	Estimate pose with this extension.	MIT App Inventor	20200226	Posenet.aix	Via GitHub

6 앱 인벤터로 돌아와 **확장기능** 서랍의 **확장기능 추가하기**를 클릭하여 **파일 선택** 버튼을 클릭합니다. 방금 내려받은 **PersonalImageClassifier** 파일을 선택한 후 **Import** 버튼을 클릭합니다.

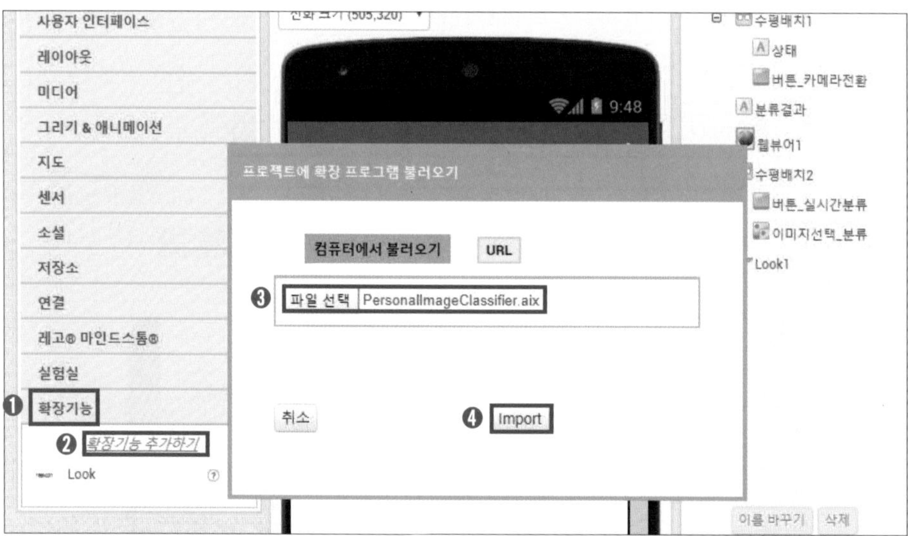

7 ❶ **확장기능** 서랍에 추가한 **PersonalImageClassifier**를 **Screen1**에 추가하고 ❷ **PersonalImage Classifier1**의 **속성**을 [Model: **model.mdl**], [WebViewer: **웹뷰어1**]로 바꿉니다.

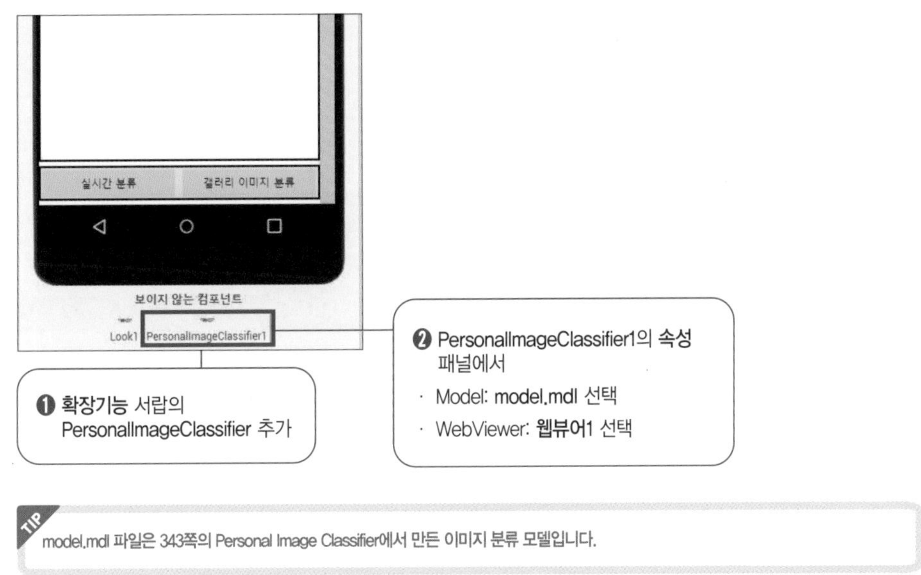

TIP model.mdl 파일은 343쪽의 Personal Image Classifier에서 만든 이미지 분류 모델입니다.

8 **블록** 화면으로 이동한 후 `언제 Look1.ClassifierReady` 블록을 찾습니다. 그리고 `언제 PersonalImageClassifier1.ClassifierReady` 블록을 뷰어로 가져온 후 `언제 Look1.ClassifierReady` 블록 안에 있는 블록들을 `언제 PersonalImageClassifier1.ClassifierReady` 블록으로 옮긴 뒤 `언제 Look1.ClassifierReady` 블록은 삭제합니다.

```
언제 PersonalImageClassifier1 .ClassifierReady
실행 지정하기 버튼_카메라전환 . 활성화 값 참
     지정하기 버튼_실시간분류 . 활성화 값 참
     지정하기 이미지선택_분류 . 활성화 값 참
     지정하기 상태 . 텍스트 값 " 준비 완료! "
```

9 `언제 버튼_실시간분류.클릭했을때` 블록을 찾아 블록의 구성을 다음과 같이 바꿉니다.

```
언제 버튼_실시간분류 .클릭했을때
실행 지정하기 PersonalImageClassifier1 . InputMode 값 " Video "
     지정하기 상태 . 텍스트 값 " 분류 중... "
     호출 PersonalImageClassifier1 .ClassifyVideoData
```

지정하기 Look1.InputMode 값 블록을 지정하기 PersonalImageClassifier1.InputMode 값 블록으로 바꾸고, 호출 Look1.ClassifyVideoData 블록을 호출 PersonalImageClassifier1.ClassifiyVideoData 블록으로 바꿉니다.

10 언제 이미지선택_분류.선택후에 블록을 찾아 블록의 구성을 다음과 같이 바꿉니다.

```
언제 이미지선택_분류 .선택후에
실행 지정하기 PersonalImageClassifier1 . InputMode 값 " Image "
     지정하기 상태 . 텍스트 값 " 분류 중... "
     호출 PersonalImageClassifier1 .ClassifyImageData
                                  이미지 이미지선택_분류 . 선택된항목
```

마찬가지로 지정하기 Look1.InputMode 값 블록을 지정하기 PersonalImageClassifier1.InputMode 값 블록으로 바꾸고, 호출 Look1.ClassifyImageDat 블록을 호출 PersonalImageClassifier1.ClassifiyImage Data 블록으로 바꿉니다.

11 언제 Look1. GotClassification 블록을 찾습니다. 그리고 언제 PersonalImageClassifier1. GotClassi fication 블록을 가져와 언제 Look1. GotClassification 블록 안에 있는 블록들을 언제 PersonalImageClassifier1. GotClassification 블록으로 옮기고 언제 Look1. GotClassification 블록은 삭제합니다.

```
언제 PersonalImageClassifier1 .GotClassification
 결과
실행 지정하기 상태 . 텍스트 값 " 분류 완료! "
     지정하기 분류결과 . 텍스트 값 가져오기 결과
```

12 버튼_카메라전환.클릭했을때 블록을 찾아 블록의 구성을 다음과 같이 바꿉니다.

```
언제 버튼_카메라전환 .클릭했을때
실행 호출 PersonalImageClassifier1 .ToggleCameraFacingMode
```

호출 Look1.ToggleCameraFacingMode 블록을 호출 PersonalImageClassifier1. ToggleCameraFacing Mode 블록으로 바꿉니다.

TIP 카메라 전환 기능은 리모콘과 키보드를 구분하는 데는 필요 없지만 얼굴 표정을 구분하는 이미지 분류 모델을 만들었다면 카메라를 전면으로 전환하는 기능이 꼭 필요할 것입니다.

13 Look1과 관련된 코드들을 다 삭제했으므로 이 프로젝트에 Look1은 더 이상 필요하지 않습니다. **블록** 패널에서 Look1을 선택한 후 **삭제** 버튼을 클릭하여 Look1을 삭제합니다.

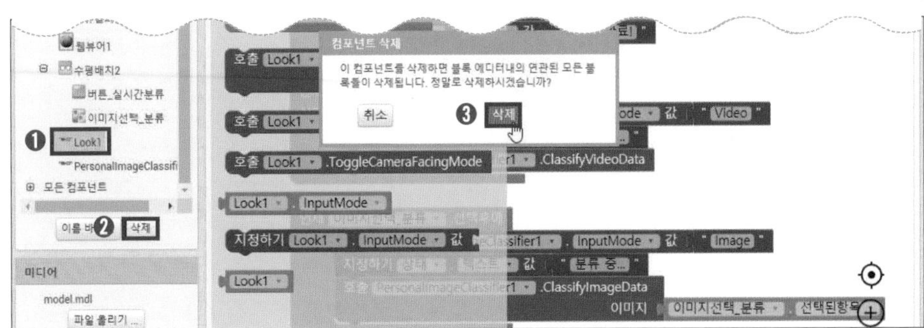

잠깐만요

쉽게 머신러닝을 사용해 볼 수 있는 또 다른 방법

머신러닝을 제대로 사용하기 위해서는 어려운 수학적 개념을 이해하고 파이썬(Python), R, 자바(Java) 등과 같은 프로그래밍 언어를 능숙하게 다룰 수 있어야 합니다. 하지만 우리가 지금까지 사용한 Personal Image Classifier와 같은 도구를 이용하면 어려운 수학적 개념에 대한 지식과 코딩 능력이 없어도 머신러닝을 사용해 볼 수 있습니다. Personal Image Classifier와 같이 웹에서 바로 머신러닝을 사용해 볼 수 있게 도와주는 대표적인 사이트들을 살펴보겠습니다.

첫 번째는 구글에서 만든 Teachable Machine(https://teachablemachine.withgoogle.com/)입니다. Teachable Machine을 이용하면 별도의 프로그램을 설치할 필요 없이 웹에서 바로 이미지, 소리, 자세를 인식하는 머신러닝 모델을 만들어 볼 수 있습니다. 그리고 약간의 코딩 실력만 있다면 직접 만든 머신러닝 모델을 적용한 웹 사이트나 앱을 만들어 볼 수도 있습니다.

두 번째는 IBM 왓슨(Watson)의 머신러닝 기술을 이용하여 만든 Machine Learning for Kids(https://machinelearningforkids.co.uk/)입니다. Machine Learning for Kids를 이용하면 텍스트, 이미지, 숫자, 소리를 이용하여 머신러닝 모델을 직접 만들 수 있고, 완성된 모델을 스크래치, 파이썬, 앱 인벤터에 적용해서 다양한 형태의 인공지능 프로그램을 만들어 볼 수 있습니다.

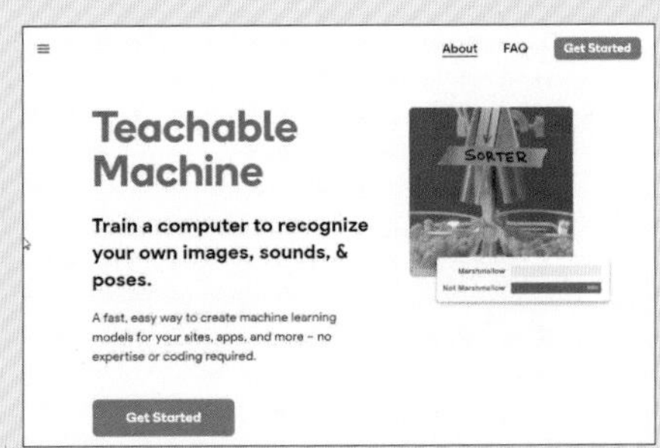

구글의 Teachable Machine

IBM 왓슨의 Machine Learning for Kids

지금까지 만든 앱이 잘 작동하는지 스마트폰을 이용하여 테스트해 봅시다. 만약 테스트 결과가 제대로 나오지 않는다면 이미지 분류 모델을 다시 만들어서 테스트해 보기 바랍니다.

✔ 체크리스트

- ☐ 모든 버튼들이 비활성화된 상태로 앱이 시작됨.
- ☐ 앱 사용을 위한 준비가 완료되면 카메라가 작동을 시작하고 버튼들이 활성화됨.
- ☐ 카메라로 리모콘을 비춘 후 **실시간 분류** 버튼을 클릭하면 리모콘의 신뢰도가 더 높게 표시되고, 키보드를 비춘 후 **실시간 분류** 버튼을 클릭하면 키보드의 신뢰도가 더 높게 표시됨.
- ☐ **갤러리 이미지 분류 버튼**을 클릭하여 갤러리에 있는 리모콘 사진을 열면 리모콘의 신뢰도가 더 높게 표시되고, 키보드 사진을 열면 키보드의 신뢰도가 더 높게 표시됨.
- ☐ **카메라전환** 버튼을 클릭하면 카메라가 전면에서 후면 또는 후면에서 전면으로 전환됨.

나만의 아이디어 더하기

이미지 분류 앱을 개선하기 위한 아이디어를 여러분이 직접 적어 보세요.

포스트잇 붙이는 공간

IoT 전등 앱 만들기

잠들기 전에 전등을 끄기 귀찮아서 켜 놓고 잔 경험, 전등을 끄기 위해 일어났다가 잠이 달아난 경험을 해 본 적 있나요? 잠들기 전에 불을 끄기 위해 일어나는 것만큼 귀찮을 일도 없을 것입니다. 하지만 IoT 기술을 이용하면 누워서 스마트폰 버튼을 누르거나 음성 명령을 내리는 것만으로도 전등을 끌 수 있습니다. 이번 장에서는 IoT 기술이 적용된 제품 중 가장 널리 사용되는 IoT 전등을 스마트폰 두 대를 연결하여 만들어 보겠습니다. 비록 실제로 사용할 수 있는 전등은 아니지만 IoT 전등을 직접 만들어 보는 체험을 통해 IoT 기술을 쉽게 이해할 수 있을 것입니다.

미 | 리 | 보 | 기

블루투스 전등 만들기

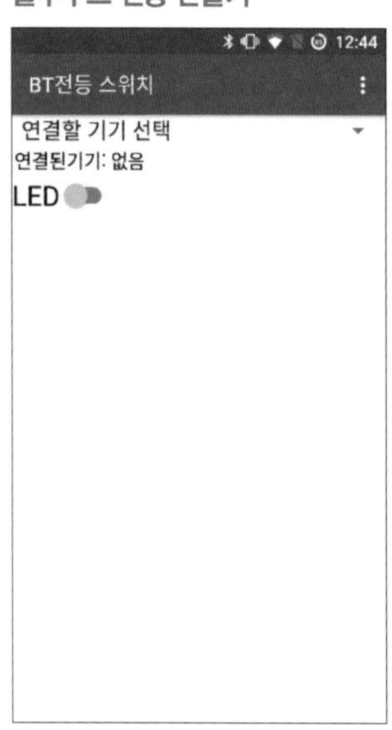

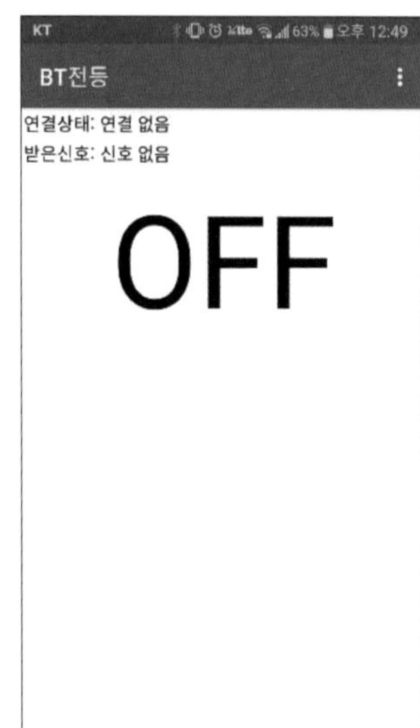

사전 준비

- 스마트폰 2대를 준비한 후 블루투스 기능으로 두 스마트폰을 연결하여 서로를 등록된 기기 목록에 추가합니다.

앱 실행

- 스위치 앱과 전등 앱을 각각 다른 스마트폰에서 실행합니다.
- 스위치 앱의 **연결할 기기 선택**을 클릭하면 블루투스로 연결할 기기 목록이 나타납니다.

기기 연결하기

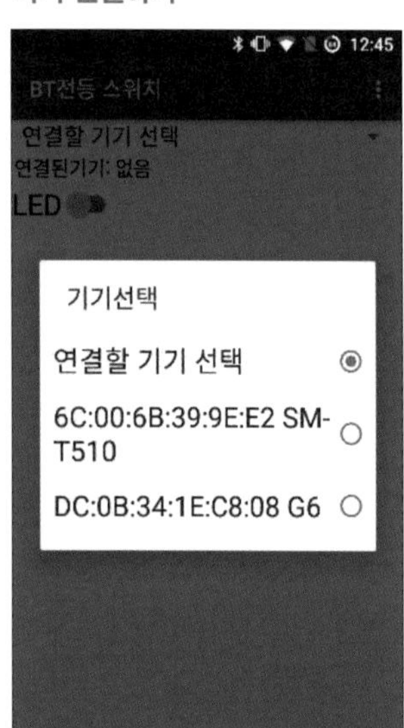

- 스위치 앱의 기기 목록에서 전등 앱을 실행 중인 기기를 선택하면 잠시 후 스위치 앱의 연결된 기기에 **연결된 기기**의 이름이 표시됩니다.
- 전등 앱의 **연결상태**가 '접속됨'으로 바뀝니다.

LED 제어하기

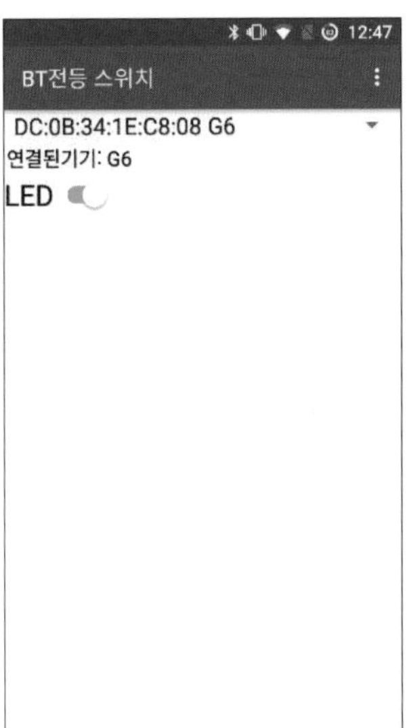

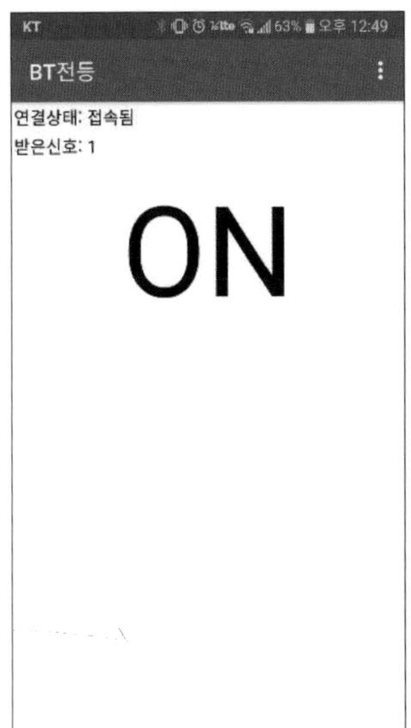

- 스위치 앱의 LED 스위치를 켜면 전등 앱의 받은신호가 '1'로 바뀌고 화면에 'ON'이 표시됩니다. 그리고 카메라 플래시가 켜집니다.
- 스위치 앱의 LED 스위치를 끄면 전등 앱의 받은신호가 '0'으로 바뀌고 화면에 'OFF'가 표시됩니다. 그리고 카메라 플래시가 꺼집니다.

완성 앱 미리보기

블루투스 전등 스위치

블루투스 전등

완성된 앱의 실제 동작이 궁금하다면 QR 코드를 스캔하여 파일을 스마트폰에 설치한 후 확인해 봅니다.

스마트폰 설치 파일

https://bit.ly/3bDKhRL, https://bit.ly/3hdmedw

프로젝트 파일

example_btLight.aia, example_btSwitch.aia

1 블루투스 전등 스위치 앱 만들기

IoT는 Internet of Things의 줄임말로 인터넷에 연결된 기기들이 사람의 도움 없이 실시간으로 데이터를 주고받아 처리하는 시스템을 의미합니다. GPS가 달린 버스의 위치를 파악해서 알려주는 버스 전광판, 집 밖에서 전등을 끄거나 에어컨을 켜는 스마트 홈 서비스 등 IoT 기술은 우리 생활의 많은 곳에 이용되고 있습니다. 이러한 IoT 기술을 이용한 제품 중 블루투스나 Wi-Fi 통신을 이용해 켜고 끌 수 있는 전등은 스마트폰 두 대만 있으면 특별한 준비물 없이도 앱 인벤터로 쉽게 구현해 볼 수 있습니다. 우리가 만들어 볼 전등은 스마트폰 두 대를 블루투스로 연결하여 한 대는 전등을 제어하기 위한 스위치 역할을 하게 만들고, 다른 한 대는 전등 역할을 하게 만들 예정입니다.

1. 컴포넌트로 앱 화면 디자인하기

먼저, 블루투스 전등을 만들기 위해 스위치 역할을 하는 스마트폰에 설치할 스위치 앱부터 만들어 보겠습니다. 블루투스 전등 스위치 앱의 완성된 형태는 다음과 같습니다.

1 앱 인벤터(http://ai2.appinventor.mit.edu/)에 접속하여 **프로젝트** 메뉴의 **새 프로젝트 시작하기**를 선택합니다.

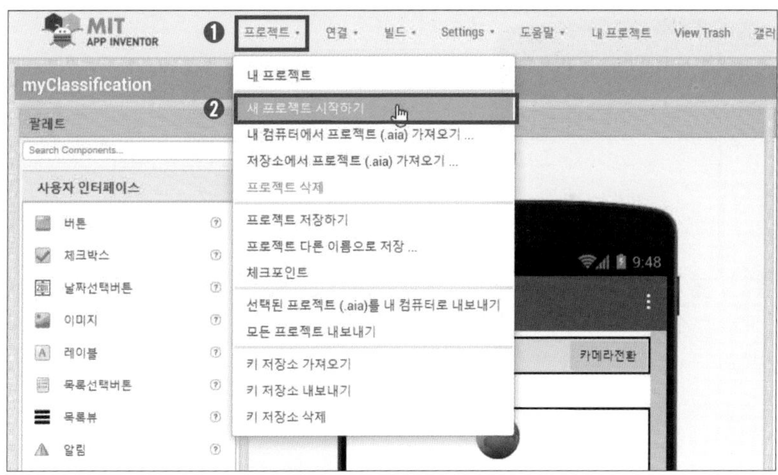

2 프로젝트 이름을 **btSwitch**로 입력하고 **확인** 버튼을 클릭합니다.

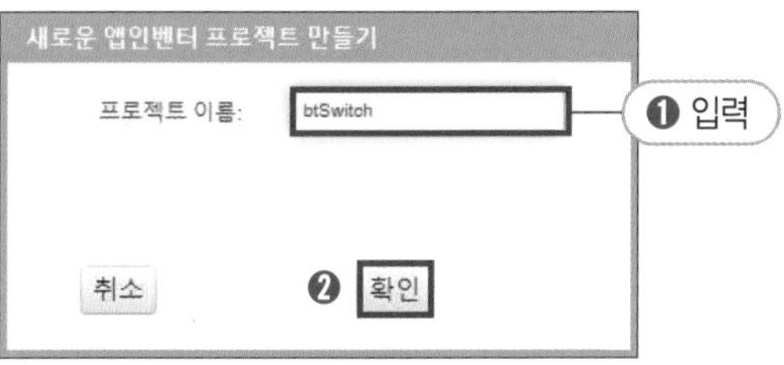

3 Screen1의 **속성**을 [앱이름: **BT전등 스위치**], [테마: **장치 기본값**], [제목: **BT전등 스위치**]로 바꿉니다.

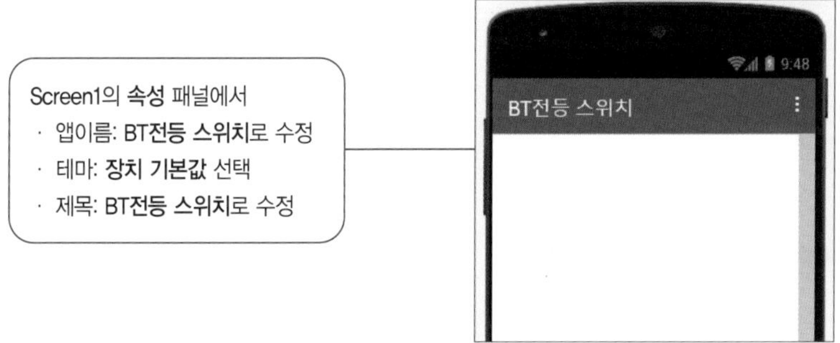

Screen1의 속성 패널에서
· 앱이름: BT전등 스위치로 수정
· 테마: 장치 기본값 선택
· 제목: BT전등 스위치로 수정
9:48
BT전등 스위치

4 **사용자 인터페이스** 서랍의 **스피너**와 **스위치**, **레이아웃** 서랍의 **수평배치**를 가져와 **스피너**, **수평배치**, **스위치** 순서대로 배치합니다.

5 ❶ **스피너1**의 **속성**을 [너비: **부모 요소에 맞추기**], [프롬프트: **기기선택**]으로 바꾸고 ❷ **스위치1**의 **속성**을 [글꼴크기: 20], [텍스트: LED]로 바꿉니다.

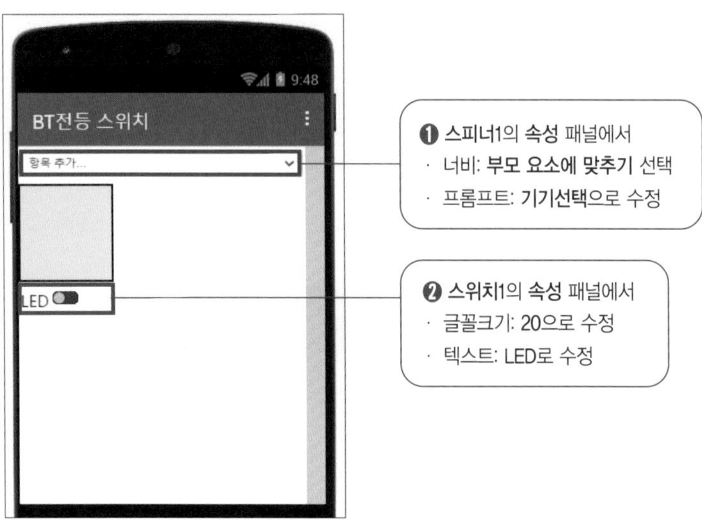

> **TIP**
> 스피너는 목록에 있는 항목 중 하나를 선택하게 해 주는 컴포넌트로, 목록뷰 또는 목록선택버튼과 생김새는 다르지만 하는 일은 비슷합니다. 평상시에는 목록에서 선택된 항목을 보여주다가 클릭하면 팝업창을 열어서 목록에 있는 항목을 선택할 수 있게 해 줍니다.

6 ❶ **사용자 인터페이스** 서랍의 **레이블**을 두 개 가져와 **수평배치1**에 추가합니다. ❷ 그리고 **레이블1**의 **속성**을 [텍스트: **연결된기기:**]로 바꾸고 ❸ **레이블2**의 이름을 **연결된기기**로 바꾸고, **속성**을 [텍스트: **없음**]으로 바꿉니다.

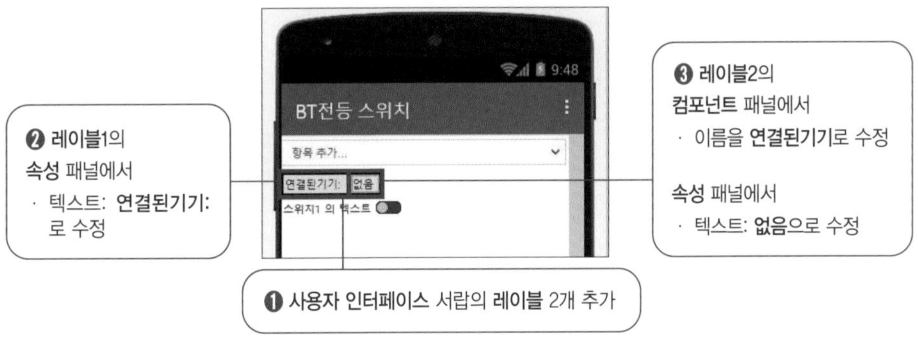

7 **연결** 서랍에 있는 **블루투스클라이언트**를 Screen1에 추가합니다.

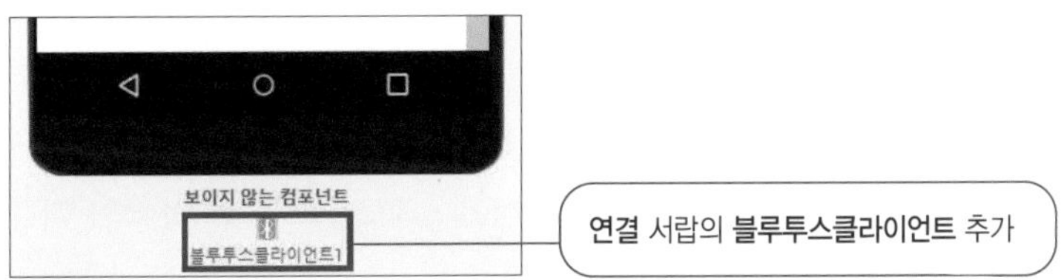

TIP 블루투스(Bluetooth)는 10미터 안팎의 가까운 거리에서 휴대폰, 노트북, 이어폰 등의 기기를 서로 연결해서 정보를 교환할 수 있게 하는 무선 통신 기술입니다. 앱 인벤터에는 블루투스 통신을 위해 블루투스클라이언트와 블루투스서버 컴포넌트를 제공하는데, '블루투스클라이언트'는 연결을 요청하는 역할을 하고 '블루투스서버'는 연결 요청에 응답하는 역할을 합니다.

2. 블록으로 앱에 생명 불어넣기

이제 블록 코딩으로 각 컴포넌트에 기능을 적용하여 앱이 작동하도록 해 보겠습니다.

1 오른쪽 상단에 있는 **블록** 버튼을 클릭하여 **블록** 화면으로 이동합니다.

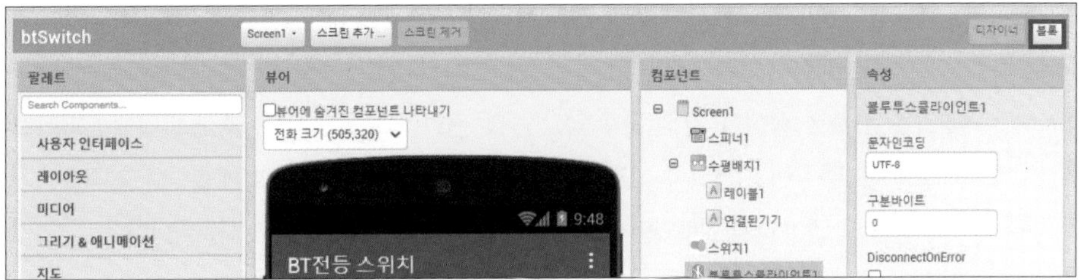

2 스피너의 요소로 스마트폰에 등록된 블루투스 기기의 주소와 이름을 지정하는 **스피너요소지정하기** 함수를 만듭니다.

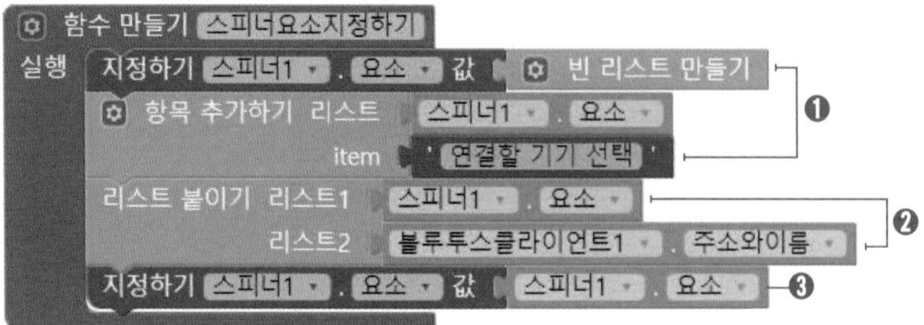

❶ **스피너1**의 **요소**를 빈 리스트로 초기화한 후 여기에 **연결할 기기 선택**을 추가하면 스피너1.요소 블록은 항목이 1개인 리스트가 됩니다.

❷ 블루투스클라이언트1.주소와이름 블록에는 스마트폰에 등록된 블루투스 기기의 주소와 이름이 리스트 형태로 들어있습니다. 스피너1.요소 블록과 블루투스클라이언트1.주소와이름 블록을 붙이면 스피너1.요소 블록은 첫 번째 항목이 '연결할 기기'이고 두 번째 항목부터는 블루투스 기기의 주소와 이름이 있는 리스트가 됩니다.

❸ **스피너1**의 요소로 방금 만든 스피너1.요소 블록을 지정하면 앱을 실행했을 때 스피너에 **연결할 기기 선택**이 표시되고 **스피너1**을 클릭하면 팝업창에 스마트폰에 등록되어 있는 기기들이 목록 형식으로 표시됩니다.

3 앱이 실행되면 블루투스 연결 권한을 요청하고 스피너의 요소를 지정하도록 언제 Screen1.초기화되었을때 블록을 구성합니다.

언제 Screen1 .초기화되었을때
실행 호출 Screen1 .권한요청하기
권한이름 Permission BluetoothConnect ❶
함수 호출하기 스피너요소지정하기 ❷

❶ 다른 기기와 블루투스 연결을 위해 필요한 BluetoothConnect 권한을 요청합니다. 앱을 최초로 실행하면 **권한요청하기** 함수의 호출로 인해 권한을 허용할지 묻는 메시지 창이 뜨고 '허용'을 선택하면 권한이 승인됩니다.

❷ 앱을 최초로 실행한 경우 블루투스 연결 권한이 허용되기 전에 **스피너요소지정하기** 함수가 실행되므로 주변 기기의 주소와 이름을 스피너의 요소로 가져오지 못합니다. 블루투스 연결 권한을 허용한 후 앱이 다시 실행되면 **스피너요소지정하기** 함수가 제대로 작동합니다.

4 블루투스 연결과 관련된 권한이 승인되면 블루투스 스캔 권한을 추가로 요청하고 스피너의 요소를 지정하도록 언제 Screen1.권한이승인되었을때 블록을 구성합니다.

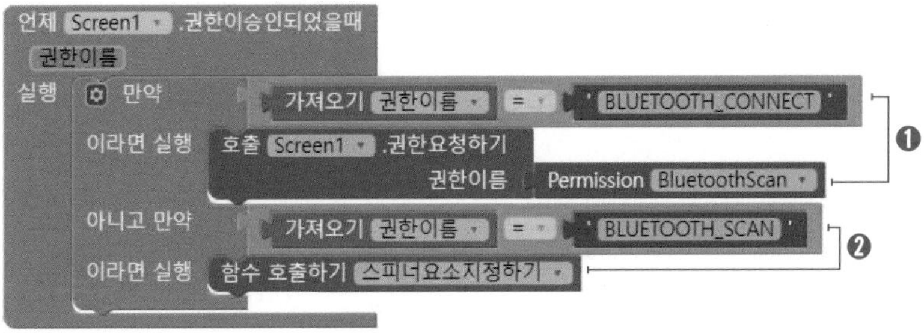

언제 Screen1 .권한이승인되었을때
권한이름
실행 만약 가져오기 권한이름 = 'BLUETOOTH_CONNECT'
이라면 실행 호출 Screen1 .권한요청하기
권한이름 Permission BluetoothScan
아니고 만약 가져오기 권한이름 = 'BLUETOOTH_SCAN'
이라면 실행 함수 호출하기 스피너요소지정하기

❶ **BluetoothConnect** 권한이 승인되면 주변 기기 검색에 필요한 권한인 **BluetoothScan** 권한을 요청합니다.

❷ BluetoothScan 권한이 승인되면 **스피너요소지정하기** 함수를 호출하여 주변 기기의 주소와 이름을 스피너의 요소로 가져옵니다. 최초로 앱을 실행했을 때 언제 Screen1.초기화되었을때 블록에 있는 **스피너요소지정하기** 함수는 제대로 작동하지 않으므로 모든 권한이 다 승인된 이후에 다시 **스피너요소지정하기** 함수를 호출하여 스피너 기능이 정상적으로 작동하게 만듭니다. 언제 Screen1.권한이승인되었을때 블록은 모든 권한이 승인된 이후 앱의 두 번째 실행부터는 실행되지 않습니다.

> TIP
> 블루투스와 관련된 권한 요청은 안드로이드 12 이상의 운영체제를 가진 기기를 위한 것입니다. 안드로이드 12보다 버전이 낮은 운영체제에는 앱을 실행했을 때 권한 요청 코드로 인해 에러 메시지가 뜰 수 있으나 앱 작동에는 문제가 없으므로 무시하면 됩니다.

5 **스피너1**의 팝업창에서 기기를 선택하면 선택한 기기와 블루투스 통신으로 연결되도록 언제 스피너1.선택후에 블록을 구성합니다.

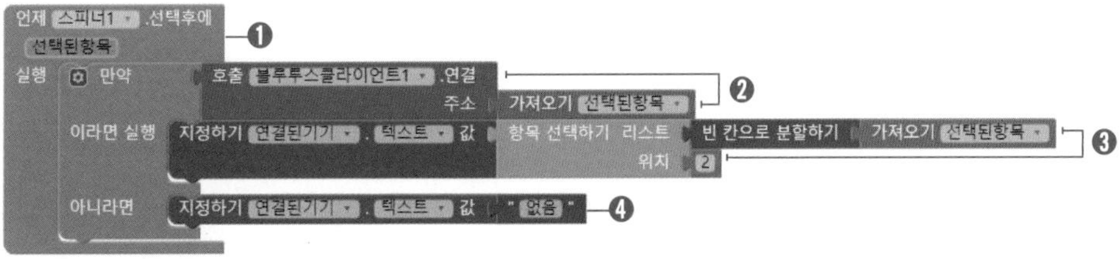

언제 스피너1 .선택후에
선택된항목
실행 만약 호출 블루투스클라이언트1 .연결
주소 가져오기 선택된항목
이라면 실행 지정하기 연결된기기 . 텍스트 값 항목 선택하기 리스트 빈 칸으로 분할하기 가져오기 선택된항목
위치 2
아니라면 지정하기 연결된기기 . 텍스트 값 " 없음 "

❶ 언제 스피너1.선택후에 블록은 팝업창에 있는 블루투스 기기의 주소와 이름 중 하나를 선택하면 실행되며, **선택된항목**에는 팝업창에서 선택한 블루투스 기기의 주소와 이름이 들어 있습니다.

❷ **블루투스클라이언트1.연결** 함수는 연결할 블루투스 기기의 주소 값을 입력 받아 그 기기와 연결을

시도한 후 연결에 성공하면 참 값을, 실패하면 거짓 값을 돌려줍니다.

❸ 연결에 성공했다면 **연결된기기** 레이블에 연결된 기기의 이름을 표시합니다. 예를 들어 **선택된항목**에 들어있는 값이 “DE:0B:1E:34:18:08 SM–T501”이라면 “DE:0B:1E:34:18:08”은 블루투스 장치의 고유 주소이고 “SM–T501”은 기기의 이름입니다. 연결된 기기를 표시할 때 화면에 복잡한 주소까지 모두 표시할 필요는 없으므로 빈 칸으로 분할하기 블록을 이용하여 **선택된항목**을 빈칸 기준으로 나눠서 리스트로 만들고, 그중 두 번째 항목만 레이블의 텍스트 값으로 지정하여 화면에는 기기의 이름만 표시되도록 만듭니다.

❹ 연결에 실패했다면 **연결된기기** 레이블에 연결된 기기가 **없음**을 표시합니다.

6 **스위치1**의 상태가 바뀔 때마다 **연결된기기**에 **스위치1**의 상태를 나타내는 데이터를 보내도록 언제 스위치1.변경되었을때 블록을 구성합니다.

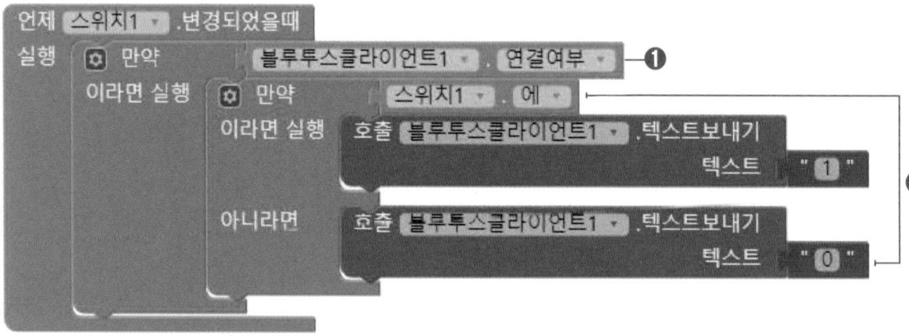

❶ 블루투스클라이언트1.연결여부 블록은 두 기기가 연결되기 전에는 거짓 값이지만 연결된 후에는 참 값이 됩니다. 블루투스클라이언트1.연결여부 의 값이 참일 때만 **스위치1**의 기능이 실행되도록 만들었기 때문에 두 기기가 연결되지 않은 상태일 때는 **스위치1**의 상태를 바꿔도 아무 일이 일어나지 않습니다.

❷ 두 기기가 연결된 후 스위치를 켜면(스위치1.에 의 값이 참이면) 연결된 기기에 **1**을 보내고, 스위치를 끄면(스위치1.에 의 값이 거짓이면) 연결된 기기에 **0**을 보냅니다.

이것으로 블루투스 스위치 앱 만들기를 마무리 짓고, 이어서 스위치 앱과 한 쌍으로 작동하는 블루투스 전등 앱을 만들어 보겠습니다.

2 블루투스 전등 앱 만들기

블루투스 전등 앱은 스마트폰의 카메라 플래시를 전등으로 생각하고 스위치 앱에서 블루투스 통신으로 1을 보내면 플래시를 켜고, 0을 보내면 플래시를 끄는 방식으로 만들어 보겠습니다.

1. 컴포넌트로 앱 화면 디자인하기

앱 인벤터에는 스마트폰의 카메라 플래시를 제어하는 컴포넌트가 없기 때문에 화면을 디자인할 때 확장기능을 이용하여 카메라 플래시를 제어하는 컴포넌트를 추가해야 합니다. 블루투스 전등 앱의 완성된 형태는 다음과 같습니다.

1 **프로젝트** 메뉴의 **새 프로젝트 시작하기**를 선택합니다.

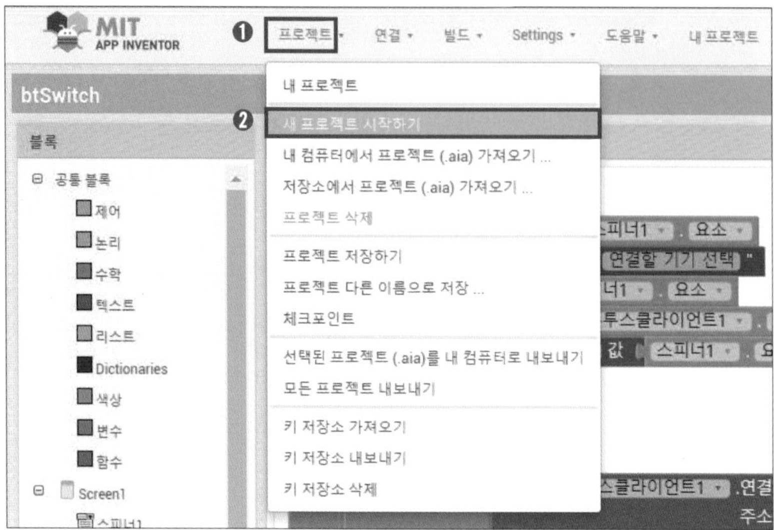

2 프로젝트 이름을 **btLigh**로 입력하고 **확인** 버튼을 클릭합니다.

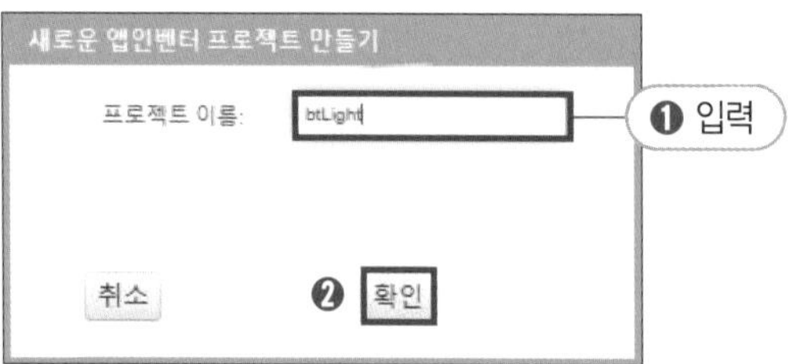

3 Screen1의 **속성**을 [앱이름: **BT전등**], [테마: **장치 기본값**], [제목: **BT전등**]으로 바꿉니다.

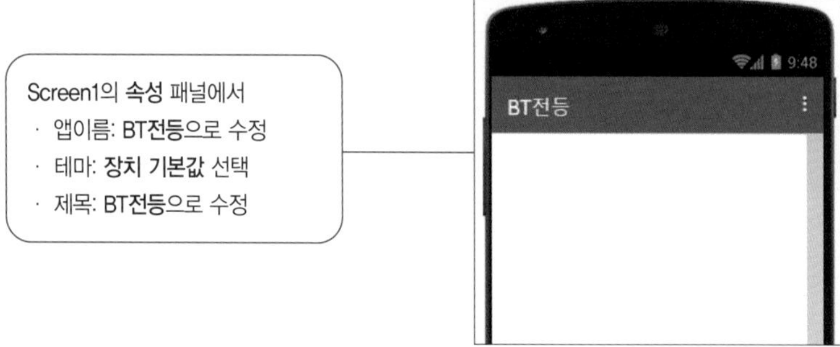

Screen1의 속성 패널에서
· 앱이름: BT전등으로 수정
· 테마: 장치 기본값 선택
· 제목: BT전등으로 수정
9:48
BT전등

4 **레이아웃** 서랍의 **수평배치** 2개와 **사용자 인터페이스** 서랍의 **레이블**을 가져와 Screen1에 차례대로 배치합니다.

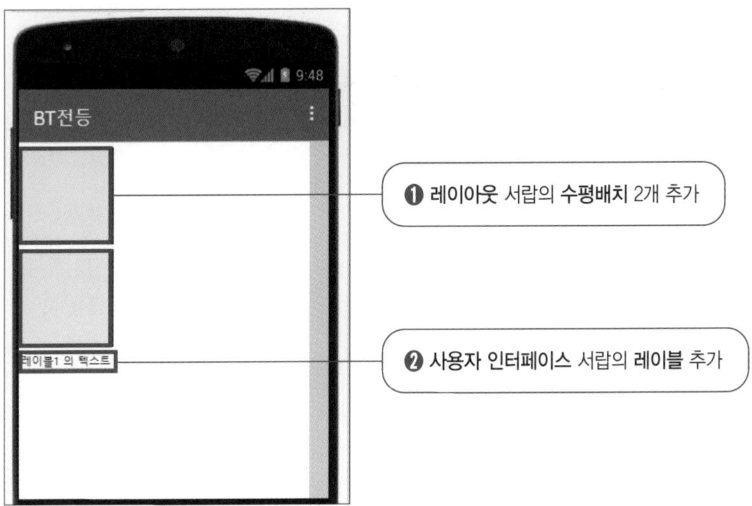

5 ❶ **사용자 인터페이스** 서랍의 **레이블**을 두 개 가져와 **수평배치1**에 추가하고 ❷ 다시 한번 새 **레이블**을 두 개 가져와 **수평배치2**에 추가합니다

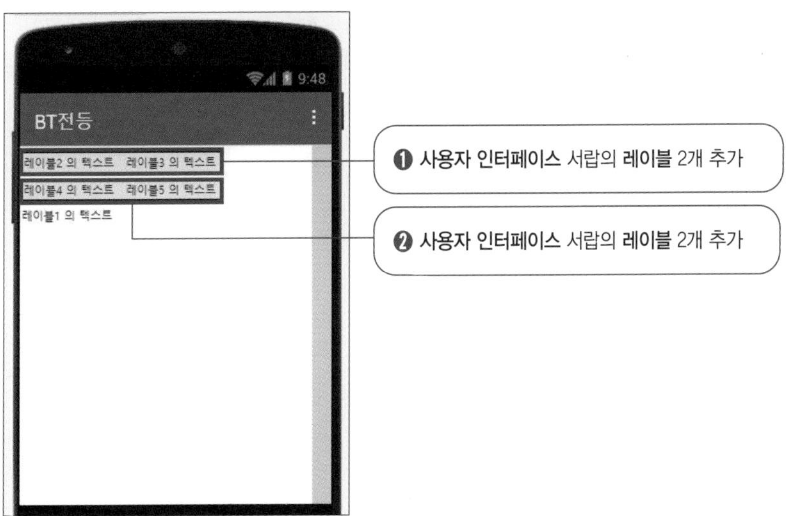

6 ❶ **레이블2**의 **속성**을 [텍스트: **연결상태:**]로 바꾼 후 ❷ **레이블3**의 이름을 **연결상태**로 바꾸고, **속성**을 [텍스트: **연결 없음**]으로 바꿉니다. ❸ 그리고 **레이블4**의 **속성**을 [텍스트: **받은신호:**]로 바꾼 후 ❹ **레이블5**의 이름을 **받은신호**로 바꾸고, **속성**을 [텍스트: **신호 없음**]으로 바꿉니다.

7 ❶ **레이블1**의 이름을 **LED상태**로 바꾸고 ❷ **속성**을 [글꼴크기: **100**], [너비: **부모 요소에 맞추기**], [텍스트: **OFF**], [텍스트정렬: **가운데 : 1**]로 바꿉니다.

8 **연결** 서랍의 **블루투스서버**와 **블루투스클라이언트**, **센서** 서랍의 **시계**를 가져와 **Screen1**에 추가합니다.

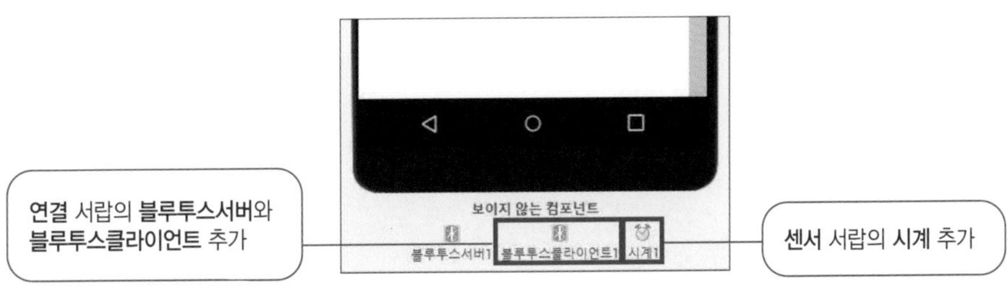

> **TIP** 현재 만들고 있는 전등 앱의 '블루투스서버'가 스위치 앱의 '블루투스클라이언트'의 연결 요청을 승인하면 두 기기가 블루투스 통신으로 연결되어 무선으로 데이터를 주고받을 수 있습니다. 방금 추가된 블루투스클라이언트는 통신에는 관여하지 않으며 블루투스 연결 권한 승인이 원활히 되도록 도와주는 역할을 합니다.

9 카메라 플래시를 제어하는 확장기능 파일을 내려받기 위해 **Pura Vida Apps**(http://puravidaapps.com)로 이동합니다. Pura Vida Apps 상단의 **Extensions**를 클릭하면 나타나는 페이지에서 **Flashlight Extension**을 클릭하여 Flashlight Extension 페이지(http://puravidaapps.com/flashlight.php)로 이동합니다.

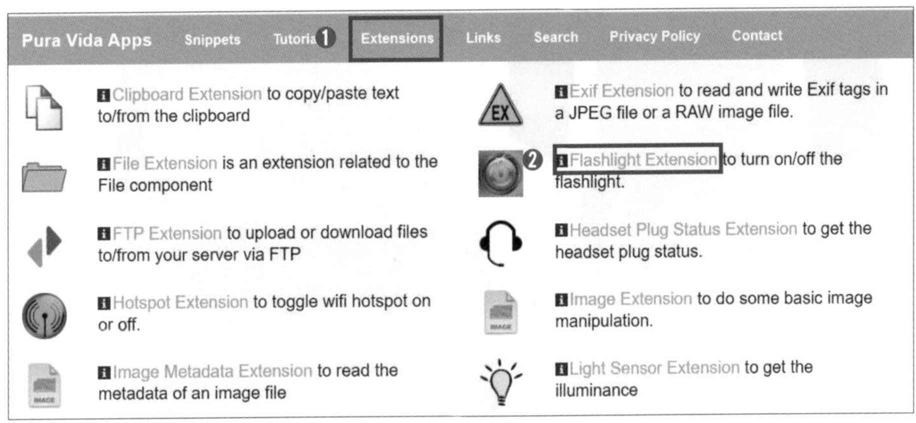

> **TIP** Pura Vida Apps는 앱 인벤터의 한계를 극복할 수 있도록 다양한 팁과 확장기능을 제공하는 사이트입니다. 영어로 되어 있어 다소 불편하기는 하지만, 앱 인벤터에 관한 유용한 정보들을 많이 제공하는 사이트이므로 꼭 한번 방문해 보기 바랍니다.

10 Flashlight Extension 페이지 하단으로 이동한 후 **Download TaifunFlashlight extension**(aix file)을 클릭하여 카메라 플래시 확장기능 파일을 내려받습니다.

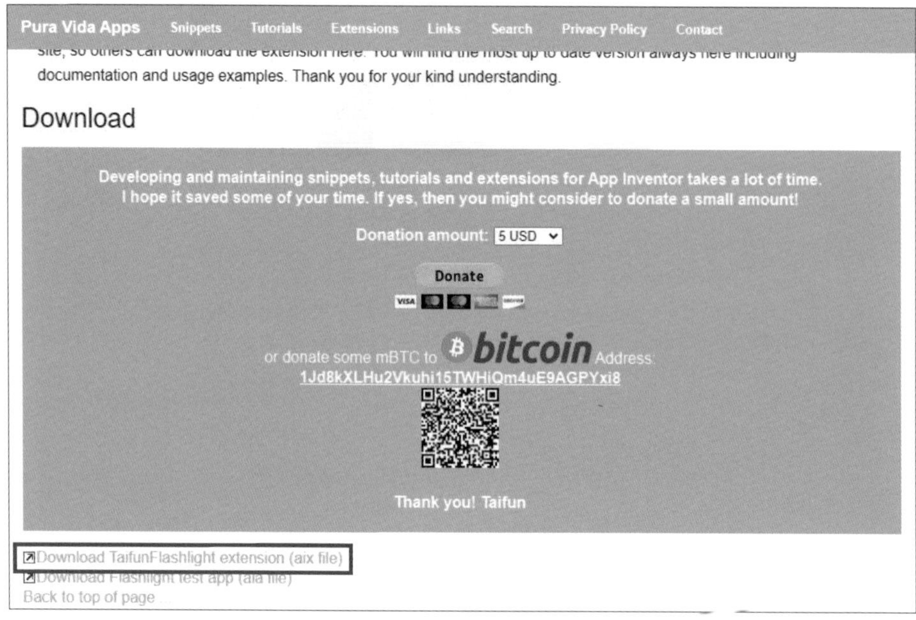

11 앱 인벤터로 돌아와 **확장기능** 서랍에서 **확장기능 추가하기**를 클릭하여 내려받은 파일을 선택하고 **Import** 버튼을 누릅니다.

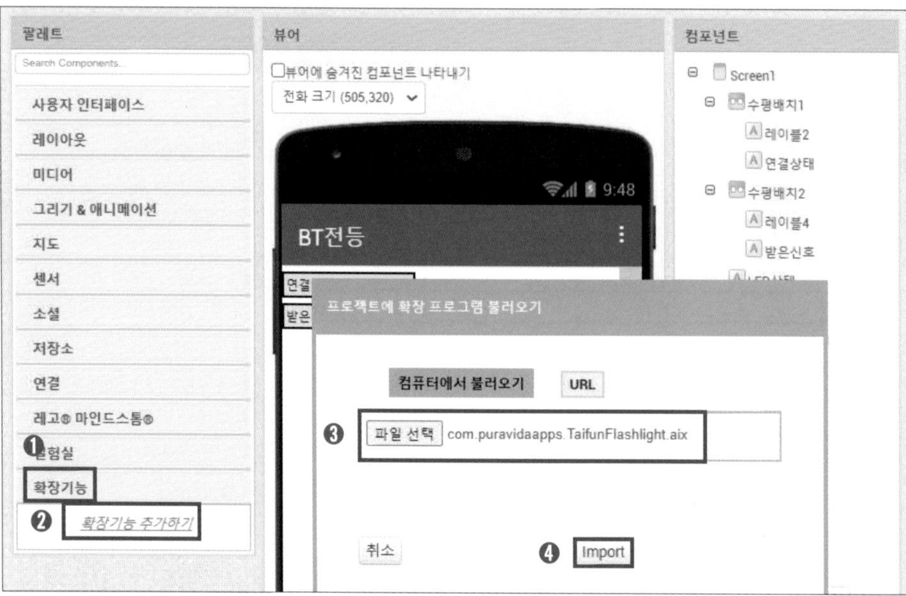

12 **확장기능** 서랍에 추가된 **TaifunFlashlight**를 **Screen1**에 추가합니다.

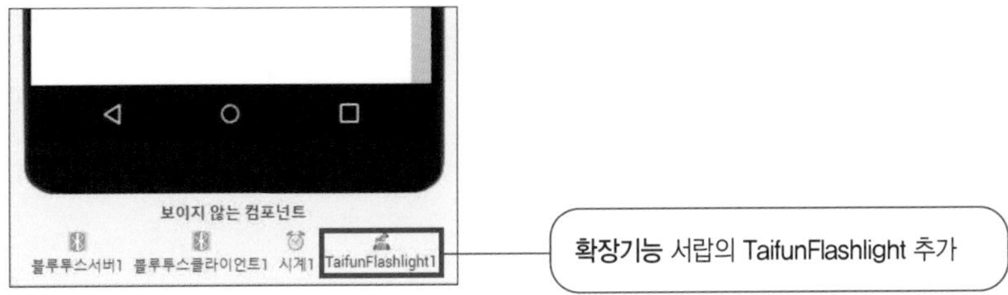

확장기능 서랍의 TaifunFlashlight 추가

2. 블록으로 앱에 생명 불어넣기

이제 블록 코딩으로 각 컴포넌트에 기능을 적용하여 앱이 작동하도록 해 보겠습니다.

1 오른쪽 상단에 있는 **블록** 버튼을 클릭하여 **블록** 화면으로 이동합니다.

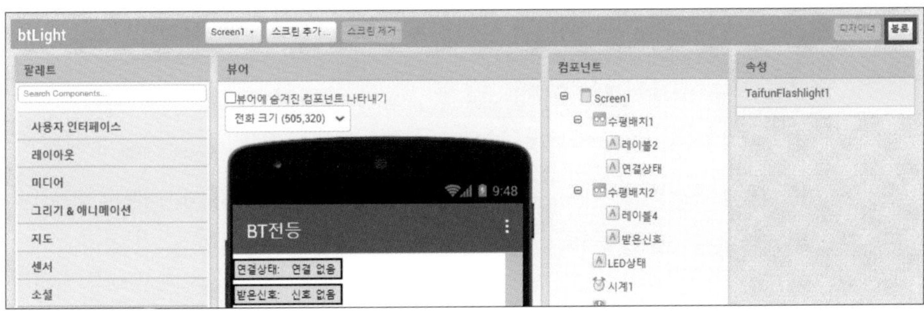

2 블루투스 통신으로 받은 데이터의 크기를 저장하기 위한 변수인 **바이트수**를 만들고, **0**으로 초기화합니다.

```
전역변수 만들기 바이트수 초기값 0
```

3 앱이 실행되면 다른 기기 접속 요청을 받아들일 수 있는 상태가 되도록 언제 Screen1.초기화되었을때 블록을 구성합니다.

```
언제 Screen1 .초기화되었을때
실행 호출 Screen1 .권한요청하기
              권한이름 Permission BluetoothConnect
     호출 블루투스서버1 .접속승인하기
              서비스이름 '스마트전등'
```

앱을 최초로 실행하여 BluetoothConnect 권한이 승인되지 않은 상태에서는 이곳에 있는 **접속승인하기** 함수는 실행되지 않으며 언제 Screen1.권한이승인되었을때 블록에 있는 **접속승인하기** 함수가 실행됩니다. 권한 승인이 이루어진 이후에 다시 앱을 실행하면 이곳에 있는 **접속승인하기** 함수가 실행되어 다른 기기의 연결 요청을 받아들일 수 있게 됩니다. **접속승인하기** 함수가 실행된 후 다른 기기에서 **연결** 함수를 이용하여 현재 기기의 주소로 접속하면 두 기기가 서로 연결됩니다. **접속승인하기** 함수의 서비스이름 값은 형식적으로 지정하는 것이므로 어떤 값을 지정해도 상관없습니다.

4 블루투스 연결과 관련된 권한이 승인되면 블루투스 스캔 권한을 추가로 요청하고 블루투스 서버에 접속을 승인하도록 언제 Screen1.권한이승인되었을때 블록을 구성합니다.

```
언제 Screen1 .권한이승인되었을때
 권한이름
실행 만약 가져오기 권한이름 = ' BLUETOOTH_CONNECT '
     이라면 실행 호출 Screen1 .권한요청하기
                         권한이름 Permission BluetoothScan
     아니고 만약 가져오기 권한이름 = ' BLUETOOTH_SCAN '
     이라면 실행 호출 블루투스서버1 .접속승인하기
                         서비스이름 ' 스마트전등 '
```

앱이 최초로 실행된 후 BluetoothConnect 권한과 BluetoothScan 권한이 차례대로 승인되면 **접속승인하기** 함수를 호출하여 다른 기기의 연결 요청을 받아들일 수 있는 상태로 만듭니다.

5 블루투스 통신을 통해 들어오는 데이터가 있는지 주기적으로 확인하는 언제 시계1.타이머가 작동할때 블록을 구성합니다.

```
언제 시계1 .타이머가작동할때 ─❶
실행 만약 블루투스서버1 . 연결여부                                    ┐
     이라면 실행 지정하기 연결상태 . 텍스트 값 " 연결됨 "              ┘❷
          지정하기 전역변수 바이트수 값 호출 블루투스서버1 .받을수있는바이트크기가져오기 ─❸
          만약 가져오기 전역변수 바이트수 > 0                                            ┐
          이라면 실행 지정하기 받은신호 . 텍스트 값 호출 블루투스서버1 .텍스트받기          │❹
                                              바이트수 가져오기 전역변수 바이트수     ┘
     아니라면
```

❶ 스위치 앱에서 언제 데이터를 보낼지 알 수 없기 때문에 타이머를 이용하여 주기적으로 받은 데이터가 있는지 확인합니다. **시계** 컴포넌트의 **타이머간격** 속성은 기본값이 1000이므로 타이머는 1초에 한 번씩 작동하게 됩니다.

❷ 두 기기가 블루투스로 연결된 상태라면 **연결상태** 레이블에 **연결됨**을 표시합니다.

❸ 받을수있는바이트크기가져오기 블록은 다른 기기에서 보낸 데이터가 있을 때 데이터의 크기를 바이트 단위로 반환합니다. 스위치 앱에서는 1 또는 0을 보내므로 받을수있는바이트크기가져오기 블록의 값은 1이 되고 이 값이 변수 **바이트수**에 저장됩니다. 다른 기기에서 보낸 데이터가 없을 때는 받을수있는바이트크기가져오기 블록의 값은 0이 됩니다.

❹ 변수 **바이트수**가 0보다 크면 받은 데이터가 있다는 의미이므로 텍스트받기 함수를 호출하여 바이트수 크기만큼 **텍스트**를 받아서 **받은신호** 레이블에 표시합니다.

TIP

바이트(byte)는 컴퓨터가 문자를 표현하는 단위입니다. 문자를 나타내는 바이트의 크기는 프로그램의 설정에 따라 달라질 수 있는데, 앱 인벤터가 제공하는 블루투스 컴포넌트의 문자 인코딩 속성은 기본적으로 UTF-8로 설정되어 있으므로 알파벳과 숫자는 한 글자당 1바이트, 한글은 한 글자당 3바이트로 표현됩니다.

6 블루투스 통신으로 받은 데이터 값에 따라 플래시를 제어하는 코드와 화면에 현재 상태를 표시하는 코드를 언제 시계1.타이머가작동할때 블록에 추가합니다.

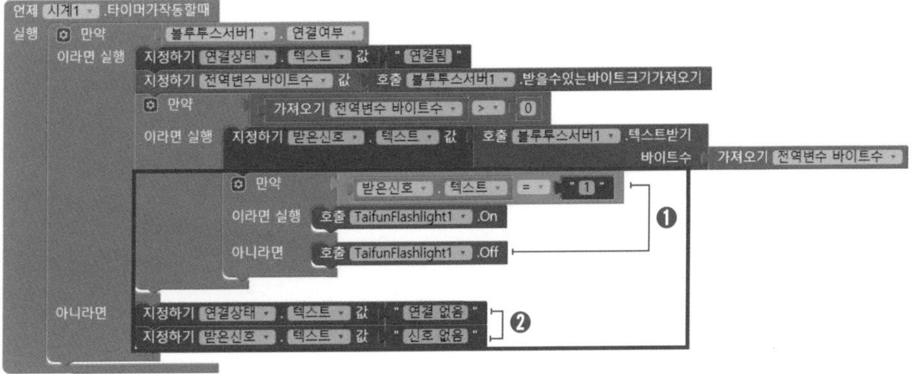

❶ **받은신호** 레이블에는 다른 기기에서 받은 데이터가 표시되는데, 만약 이 값이 1이면 스위치 앱의 스위치가 켜진 것이므로 카메라 플래시를 켜고, 0이면 스위치 앱의 스위치가 꺼진 것이므로 플래시를 끕니다.

❷ 두 기기가 블루투스로 연결된 상태가 아니라면 **연결상태** 레이블과 **받은신호** 레이블에 연결과 신호가 없음을 표시합니다.

7 플래시의 상태가 바뀌면 화면에 ON 또는 OFF로 표시되도록 언제 TaifunFlashlight1.Success 블록을 구성합니다.

```
언제 TaifunFlashlight1 .Success
 isFlashOn
실행  만약 가져오기 isFlashOn                                  ❶
      이라면 실행 지정하기 LED상태 . 텍스트 값 " ON "
      아니라면 지정하기 LED상태 . 텍스트 값 " OFF "              ❷
```

❶ 언제 TaifunFlashlight1.Success 블록은 플래시의 상태가 바뀌면 실행됩니다. **isFlashOn**은 플래시가 켜지면 참이 되고 플래시가 꺼지면 거짓이 됩니다.

❷ 플래시가 켜지면 **LED상태** 레이블에 **ON**을 표시하고 플래시가 꺼지면 **LED상태** 레이블에 **OFF**를 표시합니다.

지금까지 만든 블루투스 스위치 앱과 전등 앱이 잘 작동하는지 테스트해 봅시다. 먼저, 스위치 앱과 전등 앱을 각 스마트폰에 설치하고 두 스마트폰을 블루투스로 연결하여 스위치 앱이 설치된 스마트폰의 [블루투스 설정]–[등록된 기기 목록]에 전등 앱이 설치된 스마트폰이 추가된 것을 확인한 후 테스트해 보세요.

체크리스트

- ☐ 스위치 앱의 **연결할 기기 선택**을 클릭하면 기기 목록이 있는 팝업창이 나타남.
- ☐ 팝업창 목록에서 전등 앱을 실행 중인 기기를 선택하면 스위치 앱의 **연결된기기**에 기기 이름이 표시되고, 전등 앱의 **연결상태**가 **연결됨**으로 바뀜.
- ☐ 스위치 앱의 LED 스위치를 켜면 전등 앱의 **받은신호**가 1로 바뀌고, 카메라 플래시가 켜짐과 동시에 화면에 ON이 표시됨.
- ☐ 스위치 앱의 LED 스위치를 끄면 전등 앱의 **받은신호**가 0으로 바뀌고, 카메라 플래시가 꺼짐과 동시에 화면에 OFF가 표시됨.

3 앱 업그레이드하기

지금까지 만든 블루투스 전등은 블루투스 통신의 특성상 스위치와 전등 사이의 거리가 10m 안팎일 때만 작동합니다. 하지만 Wi-Fi(또는 모바일 데이터) 통신을 이용하면 두 기기 사이의 거리에 상관없이 인터넷이 되는 곳이라면 어디에서나 스위치로 전등을 켜고 끌 수 있습니다. 따라서 이번에는 집 바깥에서 혹은 지구 반대편에서도 집 안에 있는 전등을 켜거나 끌 수 있는 Wi-Fi 전등을 만들어 보겠습니다.

1. Wi-Fi 전등 스위치 앱 만들기

Wi-Fi 전등은 블루투스 전등과 마찬가지로 스위치 앱과 전등 앱으로 구분하여 만들어야 하므로 스마트폰 2대가 필요합니다. 먼저 만들어 볼 Wi-Fi 전등 스위치 앱의 완성된 형태는 다음과 같습니다.

◉ 프로젝트 파일

example_wifiLight.aia,
example_wifiSwitch.aia

Wi-Fi 전등은 똑같은 앱으로 여러 명이 동시에 테스트할 경우 문제가 발생할 수 있으므로 완성된 앱 설치 파일을 제공하지 않습니다.

1 **프로젝트** 메뉴의 **새 프로젝트 시작하기**를 선택합니다.

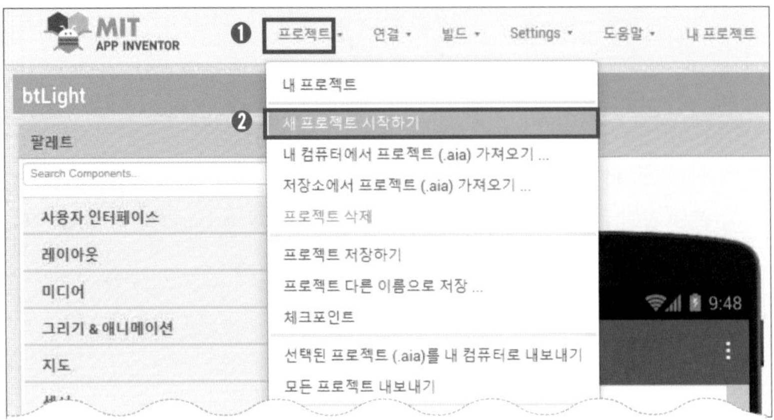

2 프로젝트 이름을 **wifiSwitch**로 입력하고 **확인** 버튼을 클릭합니다.

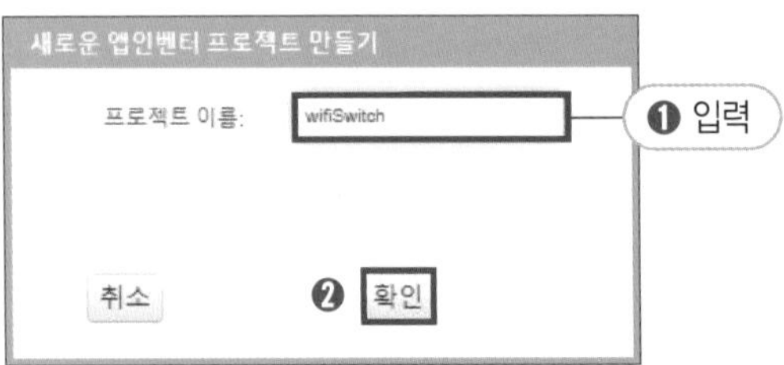

3 **Screen1**의 **속성**을 [앱이름: **WiFi전등 스위치**], [테마: **장치 기본값**], [제목: **WiFi전등 스위치**]으로 바꿉니다.

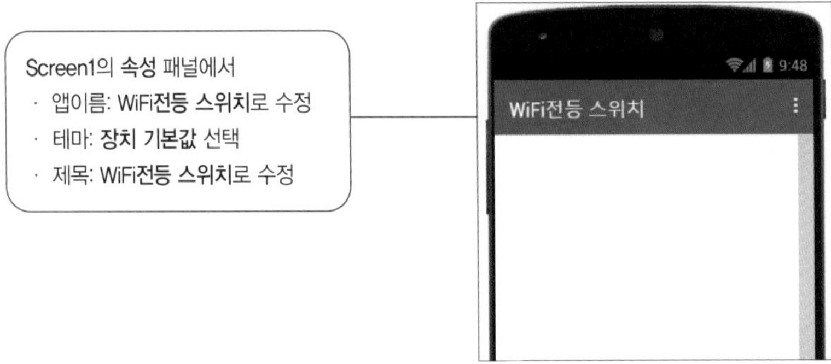

4 **레이아웃** 서랍의 **수평배치**와 **사용자 인터페이스** 서랍의 **버튼** 2개를 가져와 **Screen1**에 배치합니다.

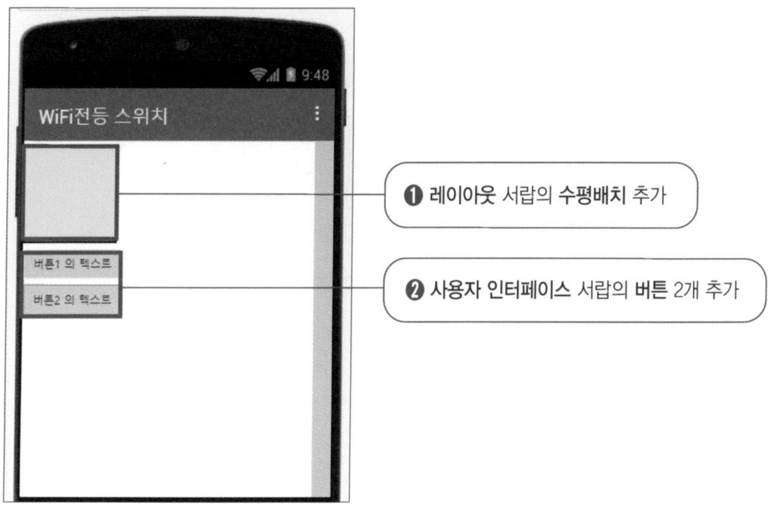

5 ❶ **사용자 인터페이스** 서랍의 **레이블**을 2개 가져와 **수평배치1**에 추가합니다. ❷ 그리고 **레이블1**의 **속성**을 [텍스트: **전등상태:**]로 바꾼 후 ❸ **레이블2**의 이름을 **전등상태**로 바꾸고, **속성**을 [텍스트: **꺼짐**]으로 바꿉니다.

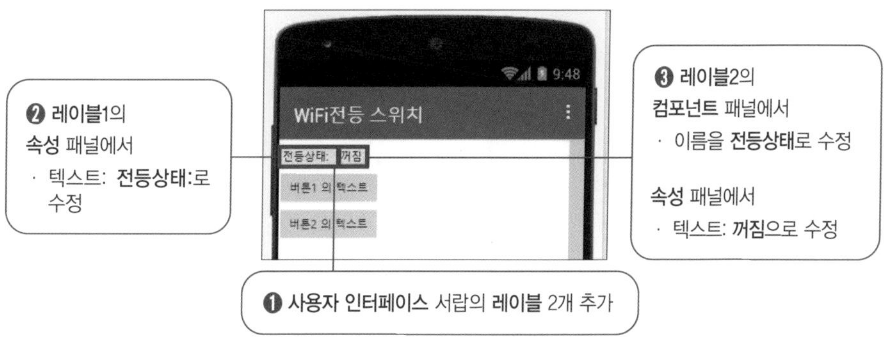

6 ❶ **버튼1**의 이름을 **버튼ON**으로 바꾸고, **속성**을 [글꼴크기: 50], [높이: **부모 요소에 맞추기**], [너비: **부모 요소에 맞추기**], [텍스트: ON]으로 바꿉니다. ❷ 그리고 **버튼2**의 이름을 **버튼OFF**로 바꾸고, **속성**을 [글꼴크기: 50], [높이: **부모 요소에 맞추기**], [너비: **부모 요소에 맞추기**], [텍스트: OFF]로 바꿉니다.

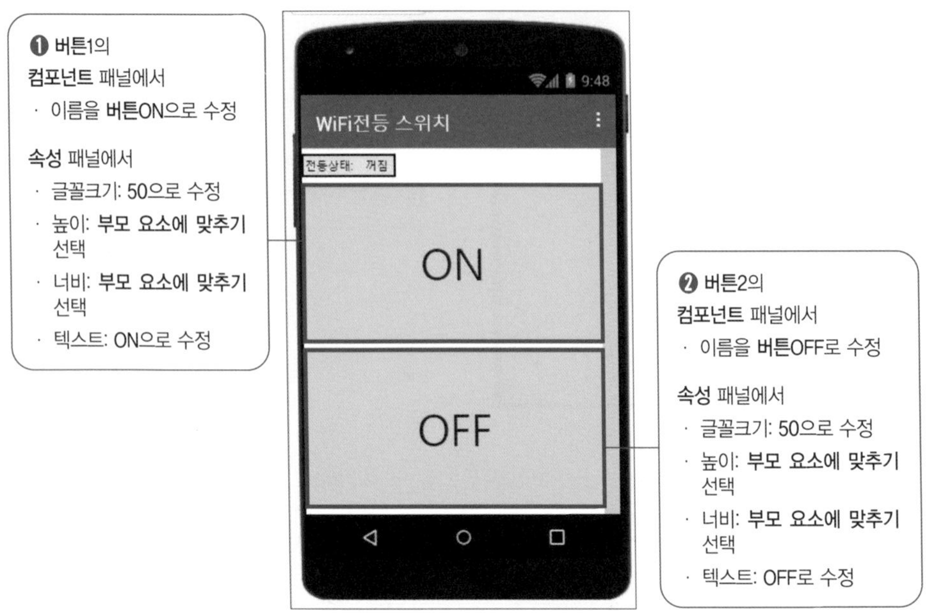
❶ 버튼1의
컴포넌트 패널에서
· 이름을 버튼ON으로 수정
속성 패널에서
· 글꼴크기: 50으로 수정
· 높이: 부모 요소에 맞추기 선택
· 너비: 부모 요소에 맞추기 선택
· 텍스트: ON으로 수정
9:48
WiFi전등 스위치
전등상태: 꺼짐
ON
OFF
❷ 버튼2의
컴포넌트 패널에서
· 이름을 버튼OFF로 수정
속성 패널에서
· 글꼴크기: 50으로 수정
· 높이: 부모 요소에 맞추기 선택
· 너비: 부모 요소에 맞추기 선택
· 텍스트: OFF로 수정

7 **실험실** 서랍에서 **파이어베이스DB**를 가져와 Screen1에 추가합니다.

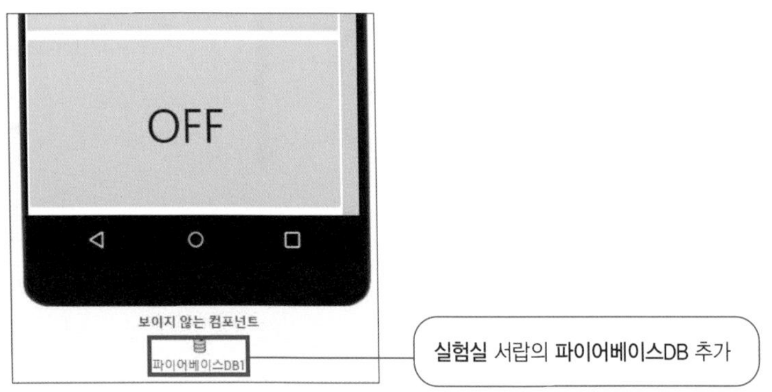
OFF
보이지 않는 컴포넌트
파이어베이스DB1
실험실 서랍의 파이어베이스DB 추가

TIP

같은 앱 인벤터 계정으로 만든 파이어베이스DB를 사용한 프로젝트들은 저장 공간을 서로 공유합니다. 따라서 파이어베이스DB를 이용하면 현재 만들고 있는 스위치 앱에서 저장한 데이터를 잠시 후 만들 전등 앱에서 사용할 수 있습니다. 파이어베이스DB를 이용한 데이터 공유는 같은 앱 인벤터 계정으로 만든 앱 사이에서만 가능하므로 스위치 앱과 전등 앱은 반드시 같은 계정에서 만들어야 합니다.

8 **블록** 화면으로 이동하여 ON 버튼을 클릭하면 **파이어베이스DB1**의 전원 태그에 ON이 저장되도록 언제 버튼ON.클릭했을때 블록을 구성합니다.

언제 버튼ON .클릭했을때
실행 호출 파이어베이스DB1 .값저장하기
태그 " 전원 "
저장할값 " ON "

스위치 앱에서 ON 버튼을 클릭해서 **파이어베이스DB1**의 **전원** 태그에 **ON**을 저장하면 전등 앱에서는 **파이어베이스DB1**의 **전원** 태그에 저장된 값을 읽어와서 플래시를 켭니다.

9 **OFF** 버튼을 클릭하면 **파이어베이스DB1**의 **전원** 태그에 **OFF**가 저장되도록 언제 버튼OFF.클릭했을때 블록을 구성합니다.

언제 버튼OFF .클릭했을때
실행 호출 파이어베이스DB1 .값저장하기
태그 " 전원 "
저장할값 " OFF "

스위치 앱에서 **OFF** 버튼을 클릭해서 **파이어베이스DB1**의 **전원** 태그에 **OFF**를 저장하면 전등 앱에서는 **파이어베이스DB1**의 **전원** 태그에 저장된 값을 읽어와서 플래시를 끕니다.

10 블루투스 통신으로 받은 데이터 값에 따라 플래시를 제어하는 코드와 화면에 현재 상태를 표시하는 코드를 파이어베이스DB1.DataChanged 블록에 추가합니다.

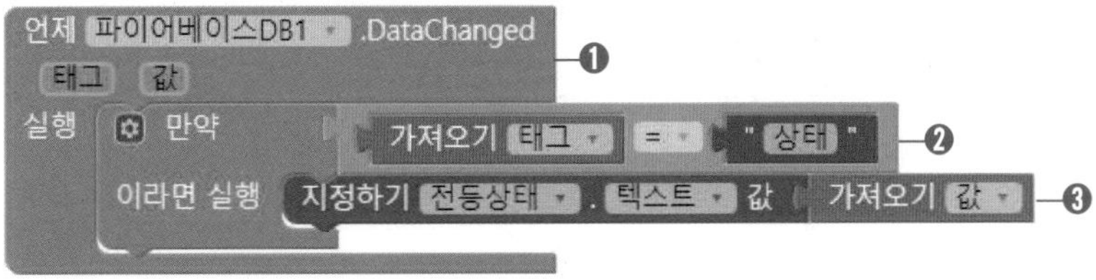

언제 파이어베이스DB1 .DataChanged ❶
태그 값
실행 만약 가져오기 태그 = " 상태 " ❷
이라면 실행 지정하기 전등상태 . 텍스트 값 가져오기 값 ❸

❶ 언제 파이어베이스DB1.DataChanged 블록은 **파이어베이스DB1**에 저장된 값이 변했을 때 실행되며, 이 블록에 포함된 **태그**와 **값**을 통해 어떤 태그에 저장된 값이 어떻게 변했는지 알 수 있습니다.

❷ **파이어베이스DB1**에는 **전원 태그**와 **상태 태그**가 있으므로 **상태 태그**에 저장된 값이 변했을 때만 코드가 실행되도록 **태그** 이름이 **상태**인지를 검사합니다. **상태 태그**를 만들어 값을 저장하는 작업은

잠시 후 만들 전등 앱에서 이루어지는데, 플래시가 켜지면 **상태 태그**의 **값**은 켜짐이 되고 플래시가 꺼지면 **상태 태그**의 **값**은 꺼짐이 됩니다.

❸ **상태 태그**에 저장된 값이 변했으면 이 **값**을 **전등상태** 레이블에 표시해서 멀리 떨어져 있는 전등의 플래시가 제대로 꺼지고 켜졌는지 알 수 있습니다.

2. Wi-Fi 전등 앱 만들기

이번에는 Wi-Fi 전등 앱을 만들어서 방금 만든 스위치 앱으로 전등 앱이 설치된 스마트폰의 카메라 플래시를 끄거나 켤 수 있게 만들어 보겠습니다. Wi-Fi 전등 앱의 완성된 형태는 다음과 같습니다.

1 **프로젝트** 메뉴의 **새 프로젝트 시작하기**를 선택합니다.

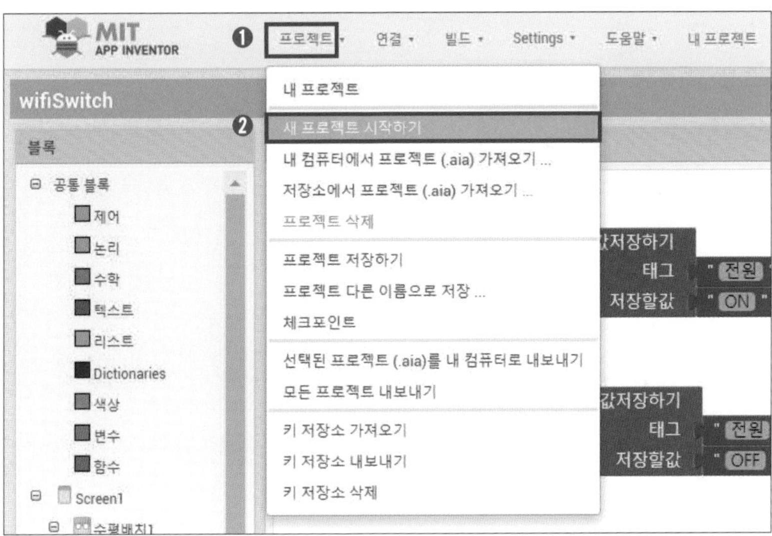

2 프로젝트 이름을 **wifiLight**로 입력하고 **확인** 버튼을 클릭합니다.

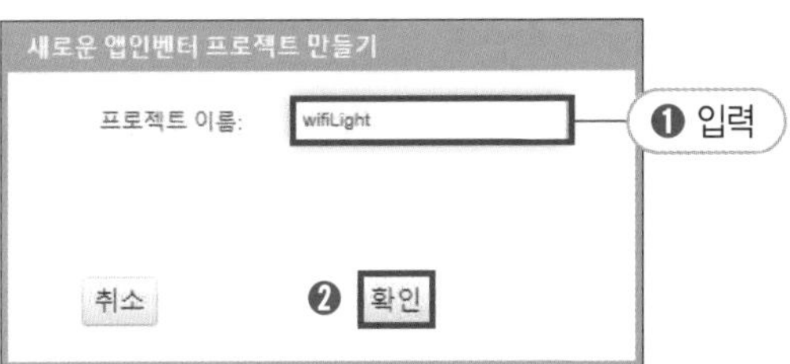

3 Screen1의 **속성**을 [수직정렬: **가운데 : 2**], [앱이름: **WiFi전등**], [테마: **장치 기본값**], [제목: **WiFi전등**]으로 바꿉니다.

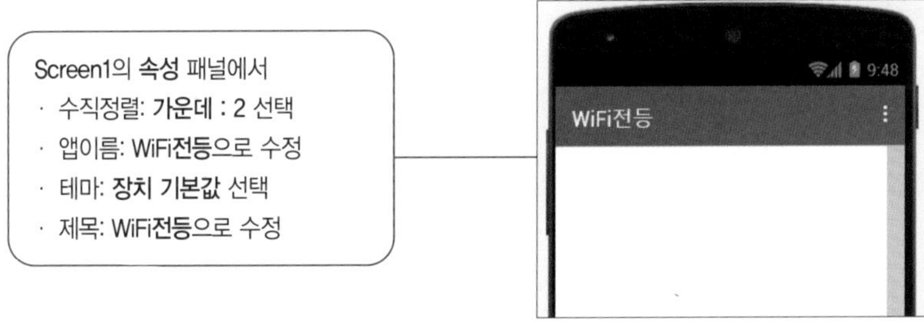

4 ❶ **사용자 인터페이스** 서랍의 **레이블**을 가져와 Screen1에 배치한 후 ❷ **속성**을 [글꼴크기: 80], [너비: **부모 요소에 맞추기**], [텍스트: OFF], [텍스트정렬: **가운데 : 1**]로 바꿉니다.

9:48
WiFi전등
OFF
❶ 사용자 인터페이스 서랍의 레이블 추가
❷ 레이블1의 속성 패널에서
· 글꼴크기: 80으로 수정
· 너비: 부모 요소에 맞추기 선택
· 텍스트: OFF로 수정
· 텍스트정렬: 가운데 : 1 선택

5 ❶ **실험실** 서랍에서 **파이어베이스DB**를 가져와 Screen1에 추가하고 ❷ **속성**을 [프로젝트버킷: wifiSwitch]로 바꿉니다.

보이지 않는 컴포넌트
파이어베이스DB1
❷ 파이어베이스DB1의 속성 패널에서
· 프로젝트버킷: wifiSwitch로 수정
❶ 실험실 서랍의 파이어베이스DB 추가

TIP

앱 인벤터 계정마다 파이어베이스DB라는 서랍장이 하나씩 주어진다고 가정해 보면 프로젝트버킷은 각 프로젝트의 데이터를 구분해서 저장하기 위한 서랍으로 볼 수 있습니다. 프로젝트버킷은 기본적으로 프로젝트의 이름과 같기 때문에 wifiSwitch 프로젝트(스위치 앱)에서는 wifiSwitch라는 프로젝트버킷에 '전원' 값을 저장했습니다. wifiLight 프로젝트(전등 앱)에서 '전원' 값을 알고 싶으면 프로젝트버킷 값을 wifiSwitch로 바꾸기만 하면 됩니다.

6 **확장기능** 서랍에서 **확장기능 추가하기** 버튼을 눌러 Pura Vida Apps 사이트에서 내려받은 **TaifunFlashlight**를 가져와 **Screen1**에 추가합니다.

TIP
Pura Vida Apps 사이트에서 TaifunFlashlight를 내려받는 방법은 367쪽에 있습니다.

7 **블록** 화면으로 이동하여 **파이어베이스DB1**의 **전원** 태그에 저장된 **값**이 바뀌면 바뀐 **값**에 따라 플래시가 켜지거나 꺼지도록 언제 파이어베이스DB1.DataChanged 블록을 구성합니다.

❶ **전원** 태그에 저장된 값이 바뀌었다면 스위치 앱에서 **ON** 또는 **OFF** 버튼을 클릭한 것이므로 화면에 **전원** 태그에 저장된 값을 표시합니다.

❷ **전원** 태그에 저장된 **값**이 **ON**이라면 스위치 앱에서 **ON** 버튼을 클릭한 것이므로 플래시를 켭니다.

❸ **전원** 태그에 저장된 **값**이 **OFF**라면 스위치 앱에서 **OFF** 버튼을 클릭한 것이므로 플래시를 끕니다.

8 플래시의 상태가 바뀌면 **파이어베이스DB1**에 바뀐 상태가 저장되도록 `언제 TaifunFlashlight1.Success` 블록을 구성합니다.

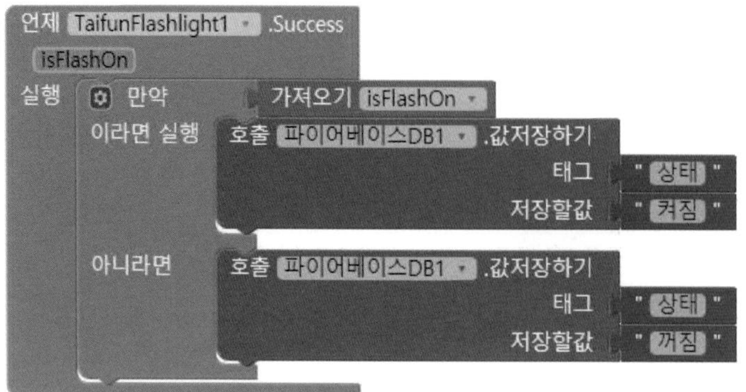

플래시가 성공적으로 켜지거나 꺼지면 플래시의 상태를 **파이어베이스DB1**의 **상태** 태그에 저장합니다. **상태** 태그의 값이 변하면 스위치 앱의 `언제 파이어베이스DB1.DataChanged` 블록이 **상태** 태그의 값이 변한 것을 감지하여 플래시가 켜졌는지 꺼졌는지를 스위치 앱 화면에 표시합니다.

지금까지 만든 Wi-Fi 스위치 앱과 전등 앱이 잘 작동하는지 두 앱을 각각 다른 스마트폰에 설치한 후 동시에 실행시킨 상태에서 테스트해 봅시다. 앱 이름이 Wi-Fi 전등이긴 하지만 모바일 데이터를 이용해서도 앱을 작동시킬 수 있습니다.

✓ 체크리스트

- ☐ 스위치 앱의 **ON** 버튼을 클릭하면 전등 앱에 **ON**이 표시되고 카메라 플래시가 켜짐.
- ☐ 전등 앱의 카메라 플래시가 켜지면 스위치 앱의 **전등상태**가 **켜짐**으로 바뀜.
- ☐ 스위치 앱의 **OFF** 버튼을 클릭하면 전등 앱에 **OFF**가 표시되고 카메라 플래시가 꺼짐.
- ☐ 전등 앱의 카메라 플래시가 꺼지면 스위치 앱의 **전등상태**가 **꺼짐**으로 바뀜.

나만의 아이디어 더하기

IoT 전등 앱을 개선하기 위한 아이디어를 여러분이 직접 적어 보세요.

포스트잇 붙이는 공간

에뮬레이터를 이용하여 앱을 테스트하는 방법

만약 안드로이드 기기를 가지고 있지 않다면 에뮬레이터를 이용하여 컴퓨터에서 앱을 테스트해 볼 수 있습니다. 에뮬레이터를 설치하고 실행하는 방법은 다음과 같습니다.

1 **앱 인벤터 사이트**(https://appinventor.mit.edu/)에 접속한 후 Resources 메뉴에서 Get Started를 클릭합니다.

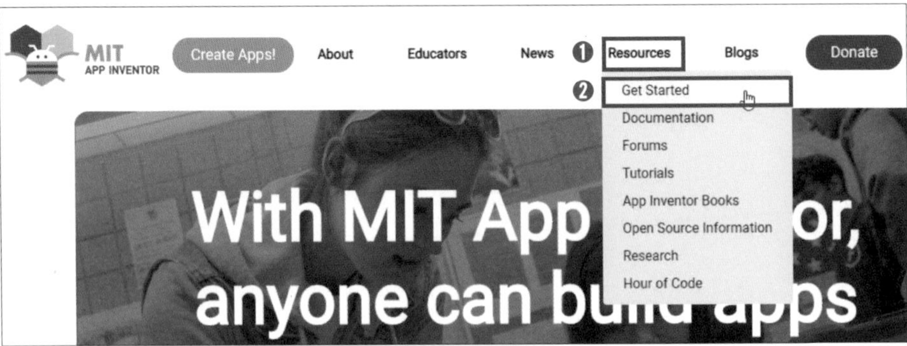

2 Getting Started with MIT App Inventor 페이지에서 Setup Instructions를 클릭하여 안내 페이지로 이동합니다.

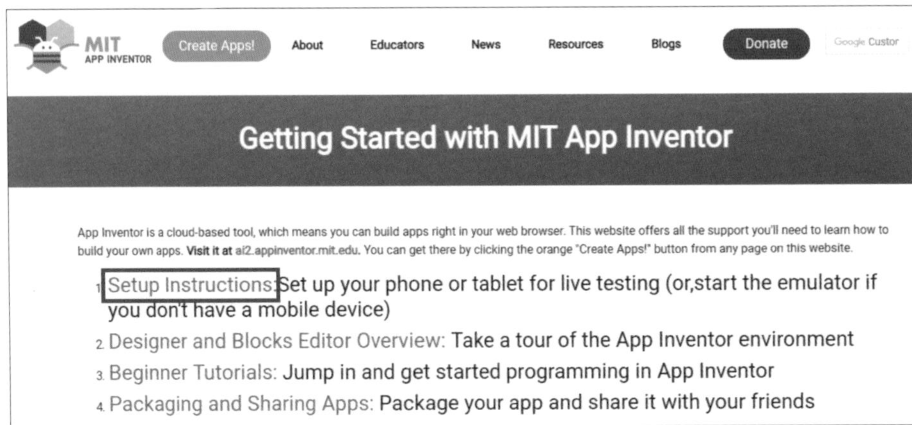

3 Setting Up App Inventor 페이지에서 **Option Three**의 **Instructions**를 클릭해서 에뮬레이터 사용법 안내 페이지로 이동합니다.

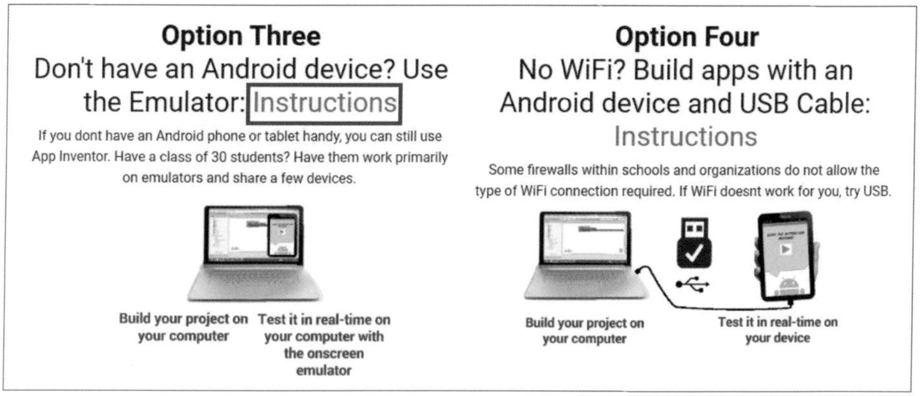

Option Three
Don't have an Android device? Use the Emulator: Instructions

If you dont have an Android phone or tablet handy, you can still use App Inventor. Have a class of 30 students? Have them work primarily on emulators and share a few devices.

Build your project on your computer | Test it in real-time on your computer with the onscreen emulator

Option Four
No WiFi? Build apps with an Android device and USB Cable: Instructions

Some firewalls within schools and organizations do not allow the type of WiFi connection required. If WiFi doesnt work for you, try USB.

Build your project on your computer | Test it in real-time on your device

4 Step 1에서 **Instructions for Windows**를 클릭하여 윈도우용 에뮬레이터 설치방법 안내 페이지로 이동합니다(맥OS를 사용 중이라면 Instructions for Mac OS X, 리눅스를 사용 중이라면 Instructions for GNU/Linux를 클릭하면 됩니다).

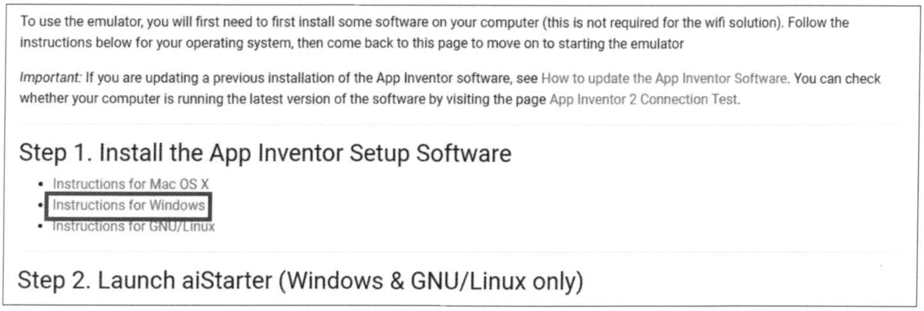

To use the emulator, you will first need to first install some software on your computer (this is not required for the wifi solution). Follow the instructions below for your operating system, then come back to this page to move on to starting the emulator

Important: If you are updating a previous installation of the App Inventor software, see How to update the App Inventor Software. You can check whether your computer is running the latest version of the software by visiting the page App Inventor 2 Connection Test.

Step 1. Install the App Inventor Setup Software

- Instructions for Mac OS X
- Instructions for Windows
- Instructions for GNU/Linux

Step 2. Launch aiStarter (Windows & GNU/Linux only)

5 **Download the installer**를 클릭해서 **MIT_App_Inventor_Tools** 파일을 내려받습니다.

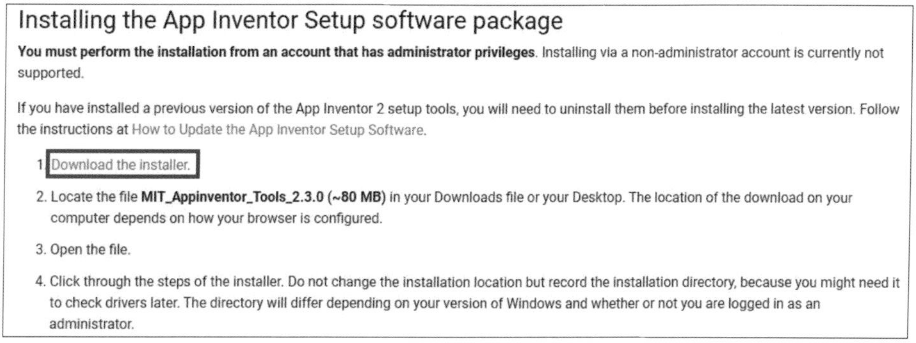

Installing the App Inventor Setup software package

You must perform the installation from an account that has administrator privileges. Installing via a non-administrator account is currently not supported.

If you have installed a previous version of the App Inventor 2 setup tools, you will need to uninstall them before installing the latest version. Follow the instructions at How to Update the App Inventor Setup Software.

1. Download the installer.
2. Locate the file **MIT_AppInventor_Tools_2.3.0 (~80 MB)** in your Downloads file or your Desktop. The location of the download on your computer depends on how your browser is configured.
3. Open the file.
4. Click through the steps of the installer. Do not change the installation location but record the installation directory, because you might need it to check drivers later. The directory will differ depending on your version of Windows and whether or not you are logged in as an administrator.

6 MIT_App_Inventor_Tools 파일을 내려받은 폴더로 이동하여 파일을 실행하고, 보안 경고 창이 나타나면 **실행** 버튼을 클릭합니다.

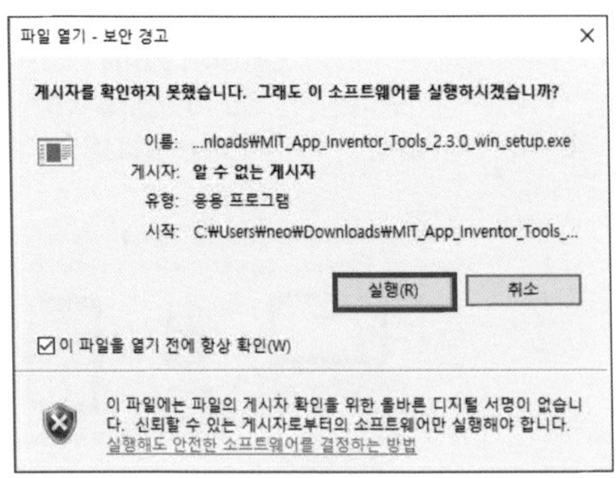

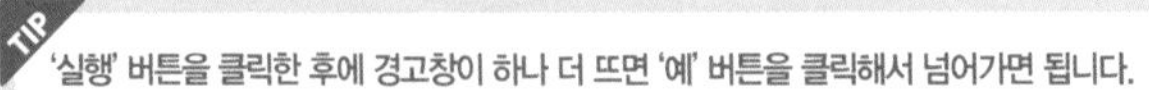

'실행' 버튼을 클릭한 후에 경고창이 하나 더 뜨면 '예' 버튼을 클릭해서 넘어가면 됩니다.

7 MIT App Inventor Tools 프로그램 설치가 시작되면 **Next** 버튼을 클릭하고, 라이선스 동의 화면이 나타나면 **I Agree** 버튼을 클릭합니다.

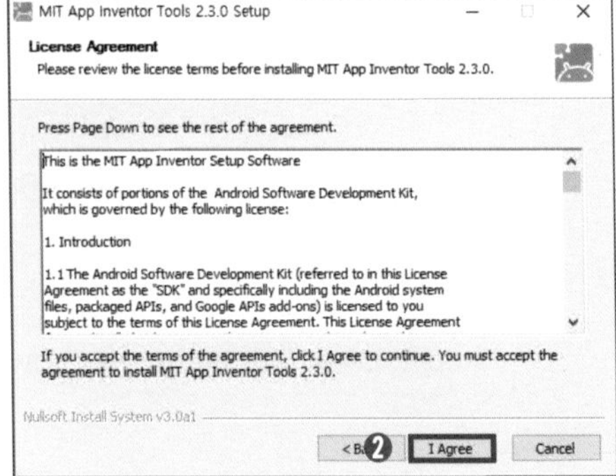

8 설치 옵션을 선택하는 화면이 나타나면 **Anyone who uses this computer**를 선택한 후 **Next** 버튼을 클릭하고, 바탕화면에 아이콘을 설치하려면 **Desktop Icon**에 체크하고 **Next** 버튼을 클릭합니다.

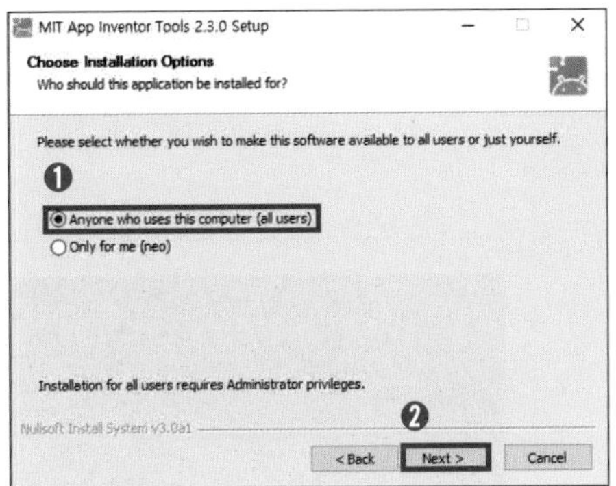

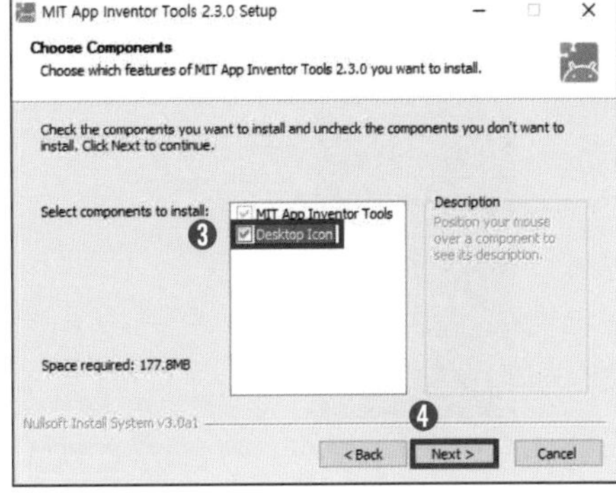

9 프로그램을 설치할 경로가 나타나면 **Next** 버튼을 클릭하고, 시작 메뉴에 이 프로그램을 포함할 것인지 묻는 화면이 나타나면 **Install** 버튼을 클릭합니다.

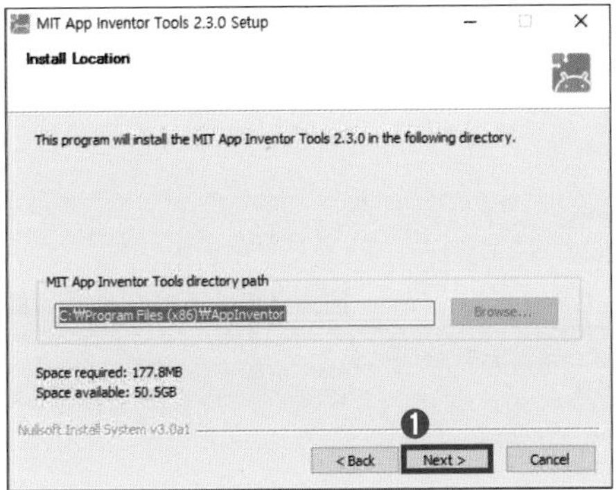

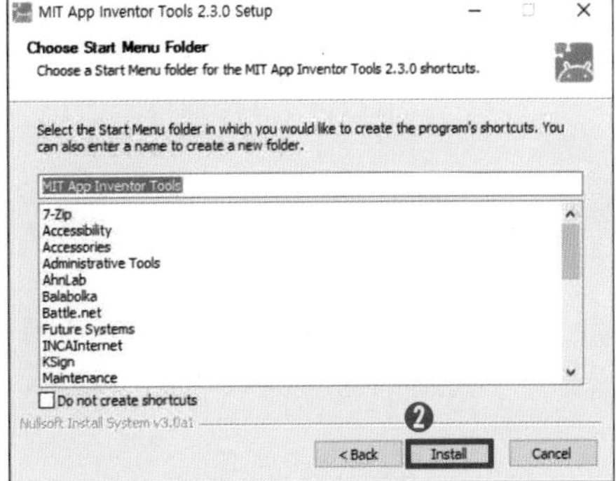

10 설치 완료 화면이 나타나면 **Start aiStarter tool now**에 체크하고 **Finish** 버튼을 클릭합니다. aiStarter가 정상적으로 실행되면 화면에 검은색 창이 나타나는데, 이 창은 닫지 말고 그대로 둡니다.

TIP 프로그램을 지금 시작하지 않으려면 Start aiStarter tool now에 체크 해제한 후, 다음에 프로그램을 실행할 때 바탕화면이나 프로그램이 설치된 폴더에 있는 'aiStarter' 아이콘을 클릭하여 실행합니다.

11 앱 인벤터에 로그인한 후 테스트할 프로젝트를 열고, **연결** 메뉴에서 **에뮬레이터**를 클릭한 후 에뮬레이터가 실행될 때까지 기다립니다.

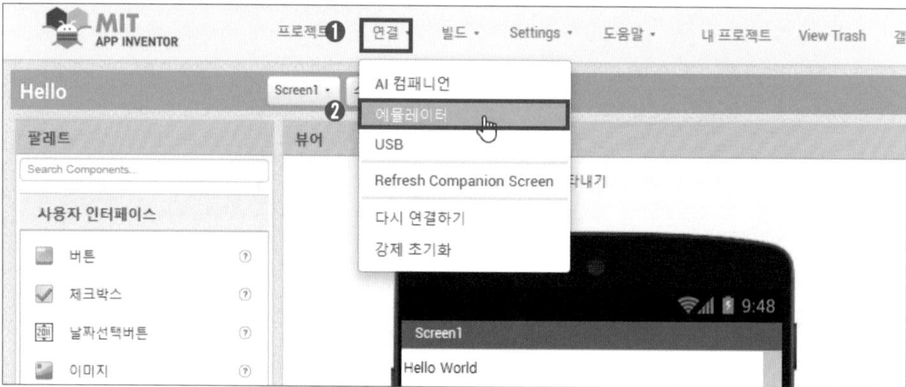

12 에뮬레이터가 실행된 후 에뮬레이터에서 자동으로 컴패니언 앱이 실행될 때까지 기다리다가 앱 인벤터에 Companion Version Check 창이 뜨면 **OK** 버튼을 클릭하여 컴패니언 앱의 버전을 업데이트합니다.

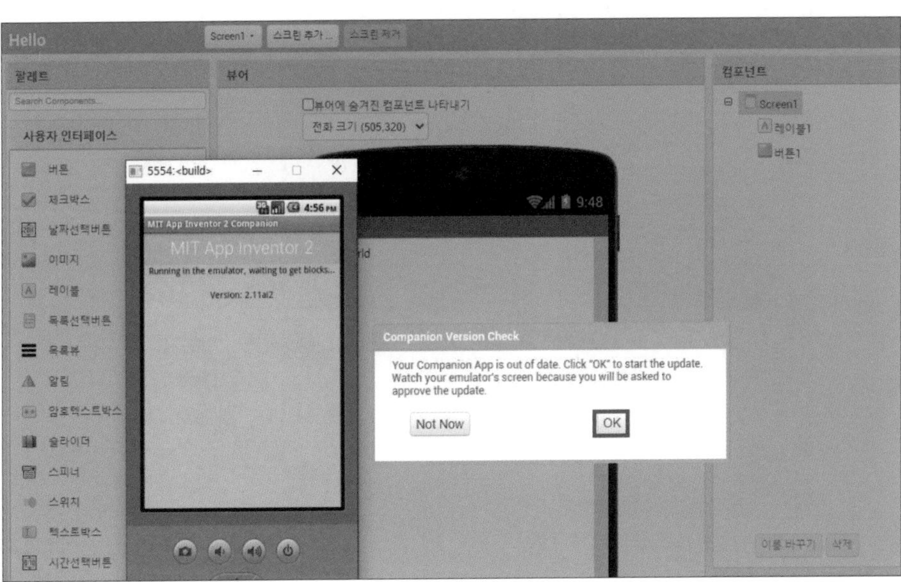

13 Software Update 창의 **Got It** 버튼을 클릭하고, 에뮬레이터에서 **OK** 버튼을 클릭합니다.

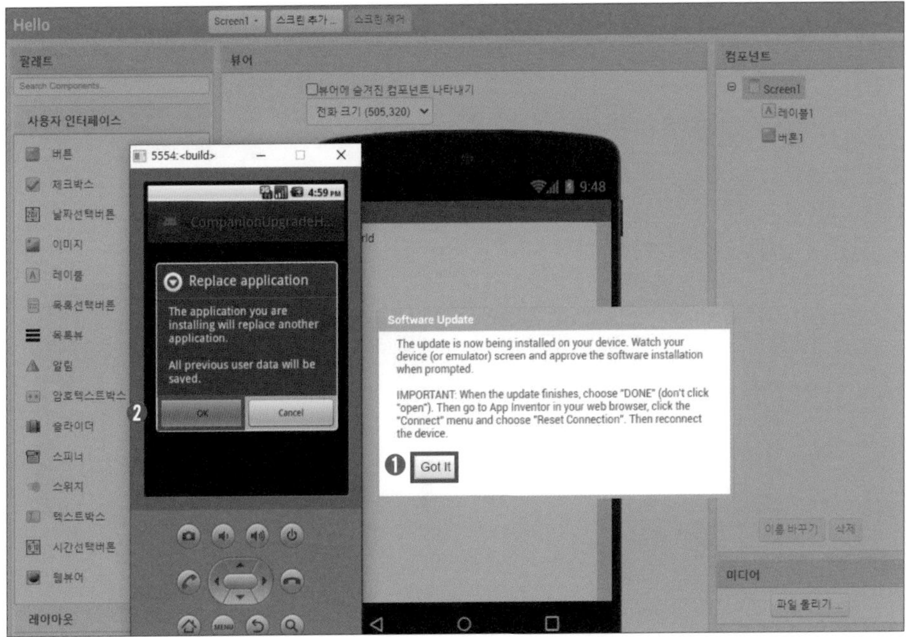

14 컴패니언을 업데이트하기 위해 에뮬레이터에서 **Install** 버튼을 클릭한 후 컴패니언 앱 설치가 완료되면 **Done** 버튼을 클릭합니다.

TIP 두 번째 화면에서 'Open' 버튼을 클릭하면 업데이트 과정을 처음부터 다시 진행해야 하므로 반드시 'Done' 버튼을 클릭합니다.

15 앱 인벤터 **연결** 메뉴에서 **다시 연결하기**를 선택해서 에뮬레이터 실행을 종료합니다.

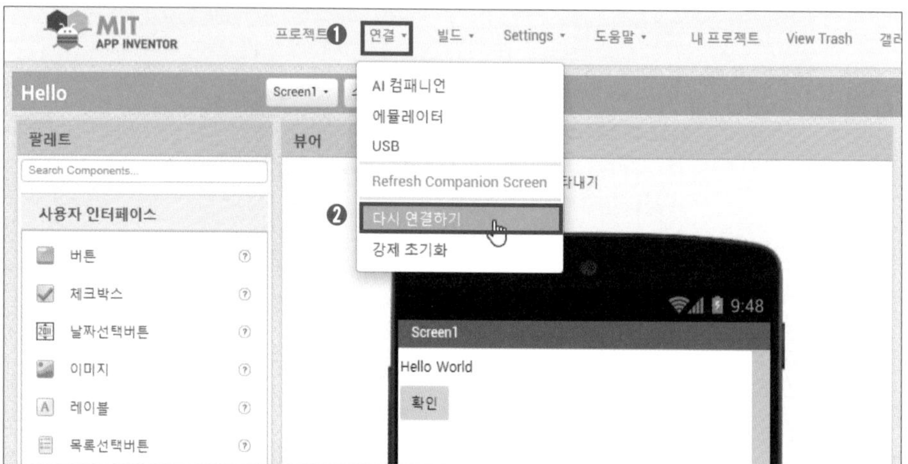

16 다시 **연결** 메뉴에서 **에뮬레이터**를 선택한 후 수십 초 정도 기다리면 에뮬레이터가 실행됩니다.

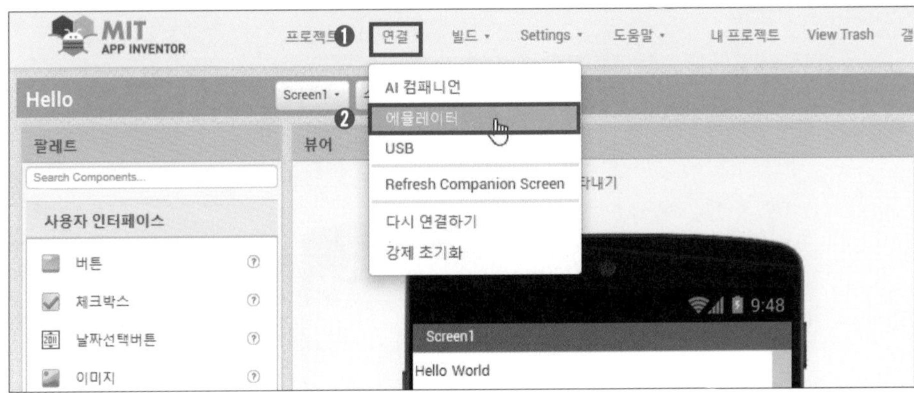

17 에뮬레이터에 Replace application 메시지창이 뜨면 **OK**, **Install**, **Done** 버튼을 차례대로 클릭해서 앱을 한 번 더 업그레이드합니다.

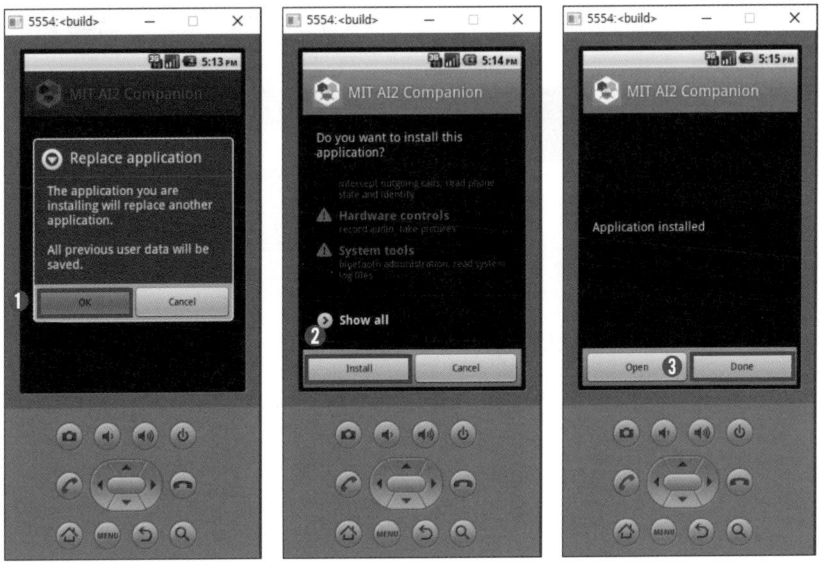

18 **연결** 메뉴에서 **다시 연결하기**를 선택해서 에뮬레이터 창을 닫은 후 다시 **연결** 메뉴에서 **에뮬레이터**를 선택하면 에뮬레이터 창이 다시 열리고, 수십 초 정도 기다리면 현재 프로젝트와 에뮬레이터에 설치된 컴패니언 앱이 연결됩니다.

에뮬레이터를 사용하기 위한 초기 설정이 다소 귀찮기는 하지만 한 번 설정이 완료된 이후에는 바로 연결이 가능하므로 안드로이드 기기가 없을 경우에 에뮬레이터를 유용하게 사용할 수 있습니다. 단, 에뮬레이터의 안드로이드 버전이 2.2로 낮기 때문에 제대로 실행되지 않는 기능이 있을 수 있으며 스마트폰의 센서 기능을 사용하는 앱은 테스트가 불가능합니다.

찾아보기

한글

영어

기호 및 숫자